学科全息育人丛书

丛书主编 朱福荣 饶 英

中学地理
学科全息育人

本册主编 周 飚 张 勇

西南大学出版社
国家一级出版社 全国百佳图书出版单位

图书在版编目(CIP)数据

中学地理学科全息育人/周飚,张勇主编.——重庆:西南大学出版社,2023.1
("学科全息育人"丛书)
ISBN 978-7-5697-1677-1

Ⅰ.①中… Ⅱ.①周…②张… Ⅲ.①中学地理课-教学研究 Ⅳ.①G633.552

中国版本图书馆CIP数据核字(2022)第236873号

中学地理学科全息育人
ZHONGXUE DILI XUEKE QUANXI YUREN

丛书主编　朱福荣　饶　英
本册主编　周　飚　张　勇

策　　划:	王　宁　时曼卿　周万华
责任编辑:	陈才华　李　勇
责任校对:	廖小兰
装帧设计:	殳十堂_未氓
排　　版:	张　祥
出版发行:	西南大学出版社(原西南师范大学出版社)
	地址:重庆市北碚区天生路2号
	邮编:400715
	市场营销部电话:023-68868624
印　　刷:	重庆美惠彩色印刷有限公司
幅面尺寸:	185 mm×260 mm
印　　张:	20.5
字　　数:	471千字
版　　次:	2023年1月　第1版
印　　次:	2023年1月　第1次印刷
书　　号:	ISBN 978-7-5697-1677-1
定　　价:	62.00元

编委会

丛书主编
朱福荣　饶　英

丛书副主编
贺晓霞　黄吉元

丛书编委（以姓氏笔画为序）
于泽元　王天平　艾　兴　代　宁　朱福荣　朱德全
李　鹏　李雪垠　杨　旭　吴　刚　张　良　陈　余
陈　婷　陈登平　范涌峰　罗生全　赵　鑫　胡　焱
饶　英　贺晓霞　唐小为　黄吉元　常保宁

本册主编
周　飚　张　勇

本册副主编
李兴科　李艳华

本册编委
周　飚　张　勇　李兴科　李艳华　杨永迪　缪　羽
张华媚　廖乾勇　刘诗蕾　蒲小川　刘馨橘　刘　燕
刘　信　石弋可

总序

新中国成立以来,我国的教育方针历经多次演进,但强调学生德、智、体等方面全面发展是一以贯之的基本原则和思想。1957年,我国的教育方针是"使受教育者在德育、智育、体育几方面都得到发展,成为有社会主义觉悟的有文化的劳动者"。至1995年,教育方针表述为"教育必须为社会主义现代化建设服务,必须与生产劳动相结合,培养德、智、体等方面全面发展的社会主义事业的建设者和接班人"。2015年,教育方针表述为"教育必须为社会主义现代化建设服务、为人民服务,必须与生产劳动和社会实践相结合,培养德、智、体、美等方面全面发展的社会主义建设者和接班人"。2021年,教育方针表述为"教育必须为社会主义现代化建设服务、为人民服务,必须与生产劳动和社会实践相结合,培养德智体美劳全面发展的社会主义建设者和接班人"。教育方针的演进充分体现了不同时期国家对人的发展的总体方向和要求,但随着时代的发展会增加和融入新的元素和内容。总体而言,对人的身心等方面全面发展的要求始终是我国教育方针的大方向,这也体现了马克思主义关于人的全面发展学说的本质规定性。

党的十九大报告指出,"优先发展教育事业。建设教育强国是中华民族伟大复兴的基础工程,必须把教育事业放在优先位置,深化教育改革加快教育现代化,办好人民满意的教育。要全面贯彻党的教育方针,落实立德树人根本任务,发展素质教育,推进教育公平,培养德智体美全面发展的社会主义建设者和接班人"。2019年,中共中央、国务院在《关于深化教育教学改革全面提高义务教育质量的意见》中进一步提出,"坚持以习近平新时代中国特色社会主义思想为指导,全面贯彻党的教育方针,落实立德树人根本任务""培养德智体美劳全面发展的社会主义建设者和接班人"。要"坚持五育并举,全面发展素质教育",要突出德育实效,提升智育水平,强化体育锻炼,增强美育熏陶,加强劳动教育。我国义务教育和普通高中课程方案中都明确提出,课程要"全面贯彻党的教育方针,落实立德树人根本任务""培养德智体美劳全面发展的社会主义建设者和接班人"。可以说,立德树人作为我国教育的根本任务,围绕人的全面发展而提出的"五育并举",以及由此而引发的学校全面、全程、全员育人机制的转变,是新时代教育发展的关键。

"全息"一词原意指一种可以全面、多角度地再现物体的原貌,反映物体所承载的各种信息和状态的光学成像技术。引用其部分含义,教育领域的全息育人指的是学生成长过程中所涉及时空的全部信息都是育人的信息源,发挥这些信息源的共同与合力作用来有效促进学生的各方面发展。作为一种育人理念,其主张调动和运用各种可以利用的因素,全方位、全过程地促进学生各个方面的共同发展。具体到学科领域,在新时期探索"五育"共同发展的过程中,学科教学中"五育融合"的观念应运而生,并开展了诸多有益的实践探索。

　　我国当前中小学的教学组织形式仍然是班级授课制为主,教学工作仍然是学校的中心工作,学科课程仍然是学校课程的主体,课堂仍然是育人的主阵地。因此,在遵循现行中小学教学形式的前提下,课堂教学还是落实立德树人根本任务、促进学生德智体美劳全面发展的最直接途径。今天,在学科教学中,"育什么人""为谁育人"已经非常明晰,"怎样育人"以及如何提升"育人质量",成为学校教学亟须回答的重大问题。通往学科"育人质量"提升的路径多种多样,全国教育理论研究者和中小学教师都进行了卓有成效的探索,其中"五育融合"是最值得关注的发展方向和路径之一。重庆市北碚区教师进修学院与西南大学教育学部和教育部西南基础教育课程研究中心共同开展的"学科全息育人"研究,就比较好地回答了在学科教学中如何实现"五育融合""怎样育人"的重大问题。他们采取的主要策略是以学科的教科书作为引领载体,以"五育融合"为视角和眼光,以单元教学为单位,按照德智体美劳从学科到单元或主题建立学科育人框架,全面挖掘单元教学内容中的"认知育人点""德性育人点""审美育人点""健康育人点"和"劳动育人点"等,实行基于"五育融合"的整体教材解读和教学设计,进而将德智体美劳等育人要素有机融合,利用课堂主阵地开展学科育人,实现学科教学向学科育人的转变。

　　重庆市北碚区中小学校实施的学科全息育人,坚持以马克思的"人的全面发展"学说和赫尔巴特的"教育性教学"原则为理论基础,高扬"立德树人"的大旗,以社会主义核心价值观为统领,将"德智体美劳"育人要素融入中小学各学段、各学科,使所有学科都从学科性质、地位、任务出发,既体现学科特质,又彰显育人的特殊功能,指向德智体美劳,实现由"学科教学"到"学科育人"的转变,学生通过学科学习,实现"成人"与"成才"的双统一、双发展。在育人理念层面,以学科育人的"全息性",解决学科价值与育人价值分离或单项推进的问题;在课堂实践层面,以学科育人的全面性,解决学科育人随意化、碎片化或无视化问题;在区域推进层面,通过"全要素落实、全学段推进、全学科联动",有效破解了学校、学段、学科等育人壁垒问题。

　　学科全息育人需要育人理念的重构。学科课程是学校落实立德树人根本任务的基本载体,每个学科都要围绕"有理想、有本领、有担当"这三个维度培养未来担当民族复兴大任的时代新人,这是对学科课程和教学的基本要求。所有学科都从学科性质、地位、任务出发,把人的发展作为学科教学的旨归,使学科价值与育人价值融合共生,既体现学科特质,又与其他学科协同为学生的成长起作用,彰显育人的特殊功能,把学科价值作为育人价值实现的条件,把育人价值作为学科价值实现的目的。这样就能把"有理想、有本领、有担当"落实到每个学科的综合素养培养中,落实到每节课、每所学校的育人目标中,学生德智体美劳全面发展的总目标就不会落空。无论是学科教学设计还是课堂教学,教学思维的起点就是将这堂课要达成的教学目标,逆向分解成每一个时段的子目标,同时,在教学中又从一堂课的时间轴进行正向思考,依据逆向设计的子目标开展多样化的学习活动。在此基础上,教师还要立体思考,将除本学科认知目标以外的其他育人目标放在何处,以怎样的方式达成,确保每个学科、每节课都将育人贯穿始终。

学科全息育人需要育人课程的设计。课堂教学既是学校教育的主阵地,也是学校教育体系的核心要素,一旦离开学校教育体系,课堂教学很难真正实现学科全息育人。实现学科课堂教学的全息育人,关键就是要找出能包含教学内容的全部信息,或能进行全息育人教学内容的整体信息,我们称之为"关键信息"(关键知识、关键方法、关键思维等)。贯穿于教学活动中的"五育"是具有"五育间性"的,也就是每"一育"既关涉其他"四育",又在教学过程中保持和谐。教学中通过"五育间性"建立基于教育学立场、育完整人的教学生态体系,实现由"渗透"到"互联"至"互育"达"合育"的逻辑演绎。重庆市北碚区的做法是,每个学科以现行国家教科书为蓝本,以"单元"为单位挖掘五育"育人点"和"融合点"。这个"单元"既可以是教科书上所列的单元,又可以是按照综合学习或跨学科学习的主题、专题设置单元,既考虑了各学科独有的"模式语言"特征,做到学科"双基"扎实"有本领",又关注到融合育人的"五育间性",做到铸魂立德"有理想、有担当",同时,避免"穿靴戴帽"式、"空洞说教"式的"五育融合"、学科全息育人。

学科全息育人催生育人方式的转型。育人方式就是要回答"新时代教育三问"的"怎样培养人",对于课堂教学的主体而言,"怎样培养人"一定是贯穿于学科教学始终的,学科全息育人引领下的教学催生育人方式的转型。一是要对"学科全息育人"理念有非常透彻的理解,把育人方式本身作为育人的重要资源;二是要把党和国家的课程方案、课程标准的要求与课堂教学及其评价关联,将"五育"要求与课程核心素养关联,并恰当融入课堂教学活动之中;三是要在课堂教学、作业布置与批改、学生学习指导、考试评价等育人环节以是否有利于学生综合素养、"五育"全面发展来衡量,将那些不经意的细节都看成会给学生带来终生影响的重要环节。特别是在智能化时代,育人方式更要从"重教书"向"重育人"转变,从固定学习到泛在学习,从储备学习到即时学习,从寻找答案的学习到寻找问题的学习,从接受性学习到批判性学习,从独白性学习到合作性学习,从烧脑学习到具身学习,从线下学习到融合学习,切实破解"见分数不见素养""见学科不见学生"的教育难题。

学科全息育人需要育人师资的再造。学科全息育人的成与败都在教师。什么样的教师能够实施学科全息育人?具有"全息"的视野、思维与能力的教师。首先,教师要有"全息"视野,也就是能从"培养完整的人"角度看待"五育"的整体性、统一性,理解德育、智育、体育、美育和劳动教育有机融合对促进学生全面发展的意义,追求"五育"相互融合、有机统一的整体融通式育人观。正如苏霍姆林斯基所言,"没有单独的智育,也没有单独的德育,也没有单独的劳动教育",这样才能将"全息育人"理念作为学科教学的起点和归属。其次,教师要有"全息"思维,关注育人过程的关联性和整体性,培养教师用关联式、融通式思维设计与实施"全息育人"。教师要摒弃用割裂式思维看待"五育",简单地将单科对应"单育",认为学科课程对应智育,体育课程对应体育,音乐、美术课程对应美育。用关联式思维引导教师看到所教学科有"五育"渗透的可能性和必要性,突破"分科单育"的狭隘认知,在落实学科核心目标的同时兼顾渗透并关联其他"四育",实现学科内的"五育融合"。用融通式思维观念引导教师打破学科逻辑和领域界限,设计跨学科、多学科的综合性主题,看到各学科交叉点与整合点之间的"相融"关系,实现学科间的"五育融合"。

重庆市北碚区中小学学科全息育人研究,切中了近年基础教育时弊,符合教育教学规律以及核心素养教育改革发展方向,以教科书为载体的"五育融合"研究范式切实有效,可借鉴、可推广,其主体研究成果《全息育人教学论》具有学术性和创新性,系列成果各学科全息育人研究对学科开展"五育融合""全息育人"具有较强的指导性和实践性。当然,该项研究主要是在2022年版的义务教育课程方案和课程标准发布之前进行的,可能还与学科课程标准提倡的学科核心素养要求有一定差距,在小学至高中学段也还有个别学科的研究成果没有出来,但是,这些不会影响该项研究及其成果的总结与推广,也希望他们能够继续深入研究,取得更有价值的研究成果。

2022年10月

(朱德全,西南大学教育学部部长,教育学博士、二级教授、博士生导师)

前言

党的十八大提出:"把立德树人作为教育的根本任务,培养德智体美全面发展的社会主义建设者和接班人。"新中国成立以来,我国的基础教育主要经历了三个阶段,即从传统"双基"到三维目标,再到核心素养。"双基"、三维目标、核心素养属于一个整体,是育人目标和学科育人价值在不同教育阶段的具体体现,并在前一阶段的基础上进一步升华与提升。全国教育大会强调,要把"立德树人"融入思想道德教育、文化知识教育、社会实践教育各环节中,贯穿于基础教育、职业教育、高等教育各领域中。学科体系、教学体系、教材体系、管理体系都要围绕这个目标来设计,教师要围绕这个目标来教,学生要围绕这个目标来学。课程育人是落实"立德树人"的主要途径之一。

随着教育事业快速发展和素质教育改革推进,新时期提出了学生应在德智体美劳方面全面发展。为此我们提出了"五育融合,全息育人"理念,落实核心素养要求。随着新兴技术的更新迭代,信息呈爆炸式增长,传统课堂的育人功能已不足以满足未来人们生存发展的需要,这意味着学科教学需要承担更多的育人任务。地理作为一门既年轻又古老的学科,为应对时代的变化发展,呈现出更为丰富的内涵。在实现全息育人的目标上,中学地理学科有着独具学科特色的育人价值。

面对新时期德智体美劳全面育人理念深入学校教育体系,特别是在中学课堂,如何实现"五育融合,全息育人"的策略,《中学地理学科全息育人》一书比较全面地构建了"五育融合,全息育人"实施的方针、策略与方法,引导中学地理教师通过课内与课外,校内与校外,学校与社会共同担当起全息育人的重任。全书主要阐释了中学地理全息育人背景和理论基础,构建了中学地理全息育人体系,提出了教学设计模式和方法,课堂教学实施原则和策略,教学评价原则、工具和方法,以及如何通过不同的研修模式落实中学地理全息育人理念、育人体系、课堂实施策略,提升中学地理教师专业能力和教学水平。

《中学地理学科全息育人》这本书最大亮点是构建中学地理全息育人的体系。图书从德智体美劳五育角度提出了德育育人、科学育人、健康育人、美育育人与劳动育人的地理学科全息育人体系,并着力于对这个体系进行比较系统的建构和阐释,梳理中学地理全息育人价值和育人目标,帮助中学地理教师全面把握中学地理育人方向和目标。

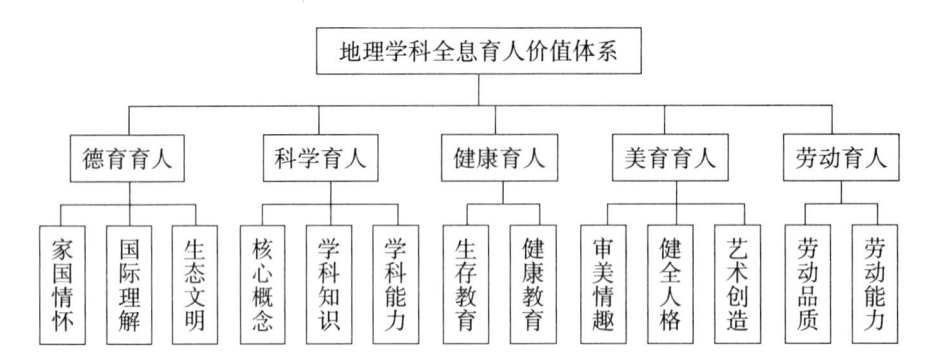

```
                     地理学科全息育人价值体系
    ┌────────────┬────────────┼────────────┬────────────┐
  德育育人      科学育人      健康育人      美育育人      劳动育人
  ┌─┼─┐       ┌─┼─┐       ┌─┴─┐       ┌─┼─┐       ┌─┴─┐
 家 国 生      核 学 学      生   健      审 健 艺      劳 劳
 国 际 态      心 科 科      存   康      美 全 术      动 动
 情 理 文      概 知 能      教   教      情 人 创      品 能
 怀 解 明      念 识 力      育   育      趣 格 造      质 力
```

首先，本书对于全息育人体系的两级指标进行了系统的梳理和归纳，在德育育人、科学育人、健康育人、美育育人与劳动育人方面提出了育人目标。在德育育人中提出了通过学习中国地理和乡土地理培养学生的家国情怀；通过学习世界地理，形成国际视野，理解国际事务和发展，促进生态文明建设的理念。在科学育人中提出了核心概念、学科知识、学科能力，强调了地理概念教学，重视对学生地理基础知识和地理基本能力的培养。在健康育人中提出了学生要学会生存教育和健康教育，热爱生活，重视自身健康，学习健康知识。在美育育人中提出了培养审美情趣，培养学生健全人格，提升学生艺术修为和艺术创作的能力。在劳动育人中提出了培养劳动品质，学会一定劳动技能，培养学生劳动能力。

其次，本书对目前高中新版教材和初中地理教材中育人点进行了梳理。教师要把握育人目标，并落实到每一节课中。每一节课的育人目标如何确立，是当前教师感觉困惑的地方，所以要完成五育育人的目标，除了要细化二级指标，还应当梳理三级指标。本书作者认真梳理高、初中地理教材所有内容的育人点，包括地理概念、地理原理、地理规律、地理案例，系统地分析了每个框题体现的主要育人价值和育人内容。对二级指标下面进行了三级指标细化，让育人目标能够与教材内容进行充分的融合与衔接，让教师使用本书时能够准确把握教材中每一节内容，每一个框题育人目标和育人点。

为了更方便教师通过本书阅读理解育人点，本书作者还通过大量翔实的地理案例进行充分的说明。这些案例都是来源于优秀教师在实践过程中的总结，强化了育人目标落实。

本书虽然达不到完美的程度，但至少给中学地理教师们一些提示和帮助，有利于助推"五育融合，全息育人"目标的实现。

目录

第一章　中学地理全息育人概述

第一节　中学地理全息育人的时代背景　3
第二节　中学地理全息育人的发展历程　6
第三节　中学地理全息育人的内涵与特征　12
第四节　中学地理全息育人的价值　19

第二章　中学地理全息育人体系

第一节　中学地理全息育人体系的内涵　27
第二节　中学地理全息育人体系的结构　29
第三节　中学地理全息育人点梳理　74

第三章　中学地理全息育人教学设计

第一节　中学地理全息育人教学设计模式　87
第二节　中学地理全息育人教学设计方法　90

第四章　中学地理全息育人课堂教学实施

第一节　中学地理全息育人课堂教学实施原则　109
第二节　中学地理全息育人课堂教学实施策略　120
第三节　中学地理全息育人课堂教学实施案例　147

第五章　中学地理全息育人教学评价

第一节　中学地理全息育人教学评价原则　163
第二节　中学地理全息育人教学评价的方法和工具　165
第三节　中学地理全息育人教学效果评价　185

第六章　中学地理全息育人学科研修

第一节　中学地理全息育人研修内涵　201
第二节　中学地理全息育人研修的特征与原则　207
第三节　中学地理全息育人研修模式　212
第四节　中学地理全息育人研修案例　223

附录　234

主要参考文献　311

后记　313

第一章 中学地理全息育人概述

在社会快速发展的背景下,新兴技术更新迭代迅速,各类信息爆炸式增长,传统课堂的育人功能已不足以满足人们生存发展的需要。以知识和技能为核心的教学模式亟待转变,从简单的知识和技能的传授,转向为符合学科特色的全息育人理念。地理作为一门既年轻又古老的学科,经历了以描述地理事物为主的百科全书式教学,再到聚焦于地域山川、地球运行原理等方面的探求。当前地理学科为应对时代的变化发展需求,呈现出了更为丰富的内涵。在实现全息育人的目标上,中学地理学科有着独具学科特色的育人价值。

第一节 中学地理全息育人的时代背景

当今时代,社会发展瞬息万变,新兴事物层出不穷。微信、微博、短视频等平台成为人们获取外界信息的重要途径。信息的快速扩张使得人们逐步丧失独立思考的能力,而被裹挟在把碎片化信息当真知、寻求短暂欢愉感官体验的浪潮中。中学阶段作为人生价值观形成的一个重要时期,外界影响不容忽视。

当前中学生所面临的社会环境由家庭、学校、社会三个重要环境组成,其中,学校环境是一个主要因素。以学校为场所,学科教学为基础,由不同学科实现其独特的育人价值,全息育人成为培育学生德智体美劳全面发展的重要途径。

一、新时期背景下,"育人"比"教书"更重要

随着社会环境的急速变化,"互联网+"时代对传统课堂的教学方式、教学组织形式、教学内容、教师工作方式等产生巨大冲击,"互联网+教育"的技术手段纷繁多样,各种信息技术下的教学模式为教育行业带来了巨大变革。但教育行业由于其特殊性,学校的育人功能始终无法被现代技术手段所代替。苏联教育家苏霍姆林斯基有一句经典名言:"教师不仅是自己学科的教员,而且是学生的教育者、生活的导师和道德的引路人。"这句话说明,学校的教师不仅具有传授该学科显性知识的作用,还应在教学过程中对学生世界观、人生观、价值观等隐性层面产生深远的影响。

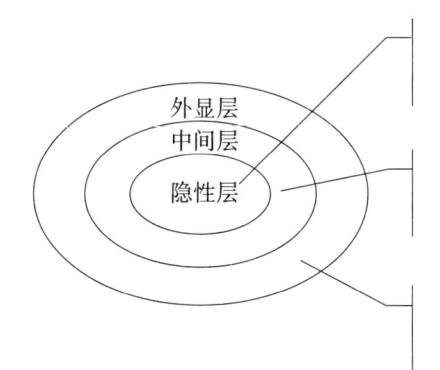

图1-1 学科知识层次结构

隐性层由情感、态度与价值观构成,是人们在知识探索过程中积淀的各种价值体验形式。

中间层由思维方式、方法和过程构成,它潜藏在知识表层背后,是可以通过分析、判断、推理而呈现和展示出来的一组程序和法则。

外显层是数字、文字、术语、图表、线条等。

不同的学科具有不同的特色和长处,在充实学生知识、提升学生能力的同时,我们应当认识到,还需从学科内在特质出发,丰富学生的生命内涵,塑造其良好的人生观、价值观和世界观。据有关部门统计,学生从小学一年级到高中三年级,学科学习的时间占学生在校总时间的80%,学校是实现全息育人的重要场所,学科教学是实现全息育人的重要途径。

二、为实现育人功能,当前教育模式亟待改进

在科学技术快速发展的今天,尽管在教学手段和方式上有了重大突破,但课堂上依然存在重智育轻德育、重教书轻育人的现象。这表现在诸多方面:在课程标准的制订上,学科渗透德育、美育教育的指导性和针对性不够强;在教学内容上,部分内容存在前后脱节、简单重复、育德育美功能分割的问题,其综合育人效果没有得到充分发挥;在教师素养上,教师的育德、育美意识和能力不能适应素质教育的要求,特别是立足学科特点的全面育人能力不够强;在综合评价上,现行的评价、考试、招生制度滞后于教育教学改革步伐,没有充分发挥应有的正面导向作用。"教"与"育"原为一体,在当今的现实工作中却人为将其割裂了。"教"通常是学科教师、教研组、教务处的主要职能,而"育"则成为班主任、年级组、学生处的主要职能。中小学面临"教"与"育"分离,而学科教学也仅仅局限在知识和技能的传授和学科素养的培养上。

三、"教育要培养什么样的人"是教育的根本问题

党的十八大提出:"把立德树人作为教育的根本任务,培养德智体美全面发展的社会主义建设者和接班人。"这是从国家层面系统地提出"教育要培养什么样的人"这一根本问题。此后,习近平总书记围绕坚持"立德树人"这一教育的根本任务做出了许多重要论述,要求"把立德树人的成效作为检验学校一切工作的根本标准"。学科教学作为学校教育的基本载体,是落实德智体美劳全面育人,实现"立德树人"根本任务的关键一环。因此,如何发挥学科教学在育人方面的作用,提升我国社会主义建设者和接班人的综合质量,是非常具有现实意义的。学校不仅是智育培育的场所,也是培养德育、美育、体育和劳育的重要场所,学校工作虽然以教学为中心,但其根本在于育人。

四、学科育人是落实学科全息育人的主要渠道

学科育人是培养学生社会主义核心价值观的主要阵地,依据学科特色,把各学科

中蕴藏的社会主义核心价值观相关内容进行充分挖掘,实现各门课程中所蕴含的社会主义核心价值观的育人功能,使学生在学科学习的过程中潜移默化地受到教育。

学科育人时,教师应将社会主义核心价值观教育与学科教学内容灵活地、巧妙地结合,注重教学过程中情感、态度、价值观的塑造,从学生的学习兴趣出发,培养良好的学习习惯,激发学生学习的主动性和积极性。在教学上,教师还应努力呈现并持续开拓具有学科特色的全面育人内容。

表1-1　学科育人价值概览

学科	教学活动	育人价值
语文	阅读鉴赏,表达交流等。	学习祖国语言和文字,学习中华优秀传统文化,增强民族自信心,弘扬爱国敬业、诚实守信等传统美德;通过革命传统教育,讴歌革命领袖的丰功伟绩,赞颂革命英雄人物事迹,激发学生爱国、爱党、爱社会主义的情感;增加国家主权意识教育内容,培养爱国热情;提升文化品位,塑造积极的人生态度、高尚的思想境界和优良的道德情操。
数学	观察、猜想、推理、实验、计算、证明等。	通过数学所特有的语言系统和逻辑系统,使学生学会抽象地思考,形成准确、严谨的表达能力;同时提供学生认识事物数量、数形关系及转换的不同路径和独特视角,感受数学思维方式的力量,并利用数学的思想和方法逐渐建立起独特的发现方法和理性思维策略,建立判断与选择的自觉意识,形成基本的数学素养;实现数学知识与学生经验的沟通,利用数学知识不断发现、提出问题,在分析和解决问题的过程中,产生主动探究的欲望,产生丰富的体验,形成有意义的认识;通过实现数学与历史的沟通,感受前人的智慧,转化为学生自身的生命成长和发展的力量。
外语	对外交流,阅读理解等。	学习外语是学生接触其他文化、形成跨文化理解意识与能力的重要途径,能促进学生语言能力进一步发展。
科学、物理、化学、生物等课程	解释生活经验,揭示科学规律,进行科学实验等。	自然科学的各门学科有助于帮助学生确立科学的人生观、世界观和价值观,培养学生崇尚科学、追求真理、实事求是的科学精神,掌握发现问题、提出假设、进行实验、收集资料、分析材料、验证假设等科学的研究方法,理解科学与社会、科学与人类、科学与环境的关系,培养人与自然和谐相处的人生态度,形成人类文明可持续发展的意识。
历史	了解历史事件、历史人物、历史发展等。	树立正确的唯物史观,感受中华五千年文明厚重的历史价值,培养民族自信心和自豪感,形成爱国主义意识。开阔观察世界的视野,了解世界历史发展脉络,感受多元文化,形成跨文化理解力,认识世界历史发展阶段,增强对祖国和人民的责任感,逐步确立为实现中华民族的伟大复兴的中国梦而努力奋斗的意识,树立为人类的和平与发展做贡献的人生理想。
地理	学习区域、中国、世界地理基础知识等。	使学生获得区域认知,具有空间思维能力,形成人地关系意识;了解国情国策,增强国家主权意识,达成不同地域间的理解与文化认同,树立可持续发展观念,对人口、资源、环境等方面形成深刻理解。
体育、美术、音乐、艺术等课程	了解和掌握相关的知识和技能,参与、鉴赏、创造活动等。	艺体类课程在塑造健康体魄、健康精神上具有重要作用。提升学生身体素质,提高审美情趣,养成文明高尚的生活方式。培养崇尚美好、热爱世界、积极创造、努力奋进的精神和热爱祖国艺术、热爱人类文明、尊重世界各国艺术的品质。

第二节　中学地理全息育人的发展历程

地理学科的发展离不开时代的进步,时代的进步催生了地理学科更深层次的育人内涵。从"教书"到"育人",从单一的知识传授到全面的素养培育,国内外基础地理教学领域的专家们都在不断探索着地理学科独特的育人价值,中学地理学科在整体思维、人地协调、公民教育等方面都具有非常重要的意义。基于新时期背景全息育人理念的提出,中学地理学科在育人价值和育人方式上均符合全息育人的要求,地理学科全息育人有着充分的理论基础及实践意义。

地理学近百年来才发展成为一门成熟的学科,但"地理"一词在东西方出现的时间均比较早。公元前4世纪,中国的《周易·系辞》就有"仰以观于天文,俯以察于地理,是故知幽明之故"的说法,这是"地理"一词最早出现在我国著作里。班固所著的《汉书·地理志》,则是我国第一部直接以地理为名的书籍,此文记载了上古黄帝时期到西汉的疆域变迁,以及山川、湖泊、风土民情等。在中国历史上,《尚书·禹贡》《山海经》《管子·地员》《水经注》等均是成书较早的地理学相关著作。西方的古代地理课程发源于公元前2世纪的古希腊时期,"地理"一词最早由"地理学之父"——希腊地理学家埃拉托色尼提出,并以此为书名撰写《地理学概论》。西方历史中,也有不少关于地理的早期著作。《荷马史诗》是西方国家最早关于地球的描述。古希腊人将自然界看成一个有机的整体,并称其为地球家园,满怀着对地球家园的好奇与探索兴趣,古希腊人围绕地理事物的"它在哪里""它是什么样的""它代表着什么"等问题展开描绘。[1]古希腊地理研究主要围绕两个主题:其一,人们居住的地球表面是什么样的,且特别关注离自己较远地方的地理事物特征;其二,从更大范围来说,地球是什么样的,在宇宙中处于什么样的位置等。[2]约公元前6至7世纪,古希腊科学家泰勒斯曾对地球表面事物进行定位和测量研究。其后的追随者——古希腊旅行家赫克特斯继承了泰勒斯的理性传统,第一个汇集在米利都的地理资料,并对其进行分类,著有地理散文《地球的描述》。公元前5世纪的希罗多德将历史研究与地理研究结合起来,记述了许多民族聚居地区的宗教信仰、风俗习惯和政治经济情况。

受当时社会发展阶段的限制,古代中西方的地理知识常与历史、文学和天文学等交织在一起,学科尚未明显地分化出来。中国古代地理以描述性知识为主,西方则出现了地理数据的测量与计算,偏重定量的理性逻辑。这两种方式都为地理学的丰富和

---
[1] 李家清,户清丽.西方地理课程知识范式演进审思[J].教育科学研究,2012(5):63-67.
[2] 教育部《基础教育课程》编辑部.中学新课标资源库地理卷[M].北京:北京工业大学出版社,2004:52-53.

发展做出了突出贡献,为人文地理学和自然地理学的分化提供了途径。

直至15至17世纪,欧洲进入地理大发现时期,许多地理探险家如哥伦布、达伽马、麦哲伦等相继涌现出来,他们的发现丰富了地理学知识,加速了地理学的发展。18至19世纪工业革命时期,随着商业发展和各大洲之间交往更加密切,地理知识亟待得到推广与普及,地理学科的意义与价值得到当时各国的肯定与重视,并作为独立课程进入学校课堂。捷克教育家夸美纽斯也于1632年在其著作《大教学论》中第一次专门谈论到了单独设地理一科的必要性。19世纪以后,工业时代的快速发展使单纯以知识拥有量来定义个人价值失去了现实基础,世界各国普遍追求"征服世界、改造自然"的先进科学技术的理性能力。社会在政治、经济、军事、科学考察、城市规划等方面越来越迫切地寻求地理科学知识的支撑,由此延伸出自然地理学、经济地理学、城市地理学、历史地理学等分支的学科体系,地理学科也逐渐被引入中小学课程。地理课程到如今已经历了300多年的发展,在多数国家的课程结构中均占有重要地位,是大多数国家设置的必修科目。

一、国外地理学科育人的发展

课程标准或教学大纲反映了一个国家在某一学科的育人目标。自20世纪90年代以来,世界各国都针对本国国情和世界发展形势对地理课程进行了改革,提出了一些新的地理课程方案和理念,并在此基础上编写了地理课程标准或地理教学大纲。总体上看,国外的地理学科育人主要呈现以下几个特点。

(一)地理学科在中学课程体系中的重要性不断提升

早在1992年,国际地理联合会地理教育委员会在公布的《地理教育国际宪章》(以下简称《宪章》)中就强调:"地理教育为今日和未来世界培养活跃而又负责任的公民所必需"。[1] 2015年8月,国际地理联合会地理教育委员会再次在莫斯科召开,该会议修订了《宪章》的部分内容,重申了地理学科的重要性并指出地理是21世纪全球公民的一项重要学科资源,它让我们能意识到所面临的问题——可持续地生活在一个相互依存的世界有什么样的意义。[2]《宪章》中还提到,掌握地理基本知识的人更能理解人与人之间的关系,也更能明确个人对自然环境及社会的责任。地理教育能协助青少年掌握如何与地球上的生物(包括人类本身)和谐共处的知识。在公民责任、生态意识、区域认知等方面,世界大多数国家认识到地理学科的不可替代性。因此国外大多数发达国

---

[1] 冯以浤.地理教育国际宪章[J].地理学报,1993(4):289-296.
[2] 张建珍,段玉山,龚倩.2016地理教育国际宪章[J].地理教学,2017(19):4-6.

家,如美国、德国、英国、法国、日本等,从小学阶段便引入地理课程,直到高中才完结。美国从幼儿园至高中阶段,均开设地理课程,以此保障地理课程的系统和连贯。[①]国外主要国家地理课程学时约占总学时的6%~10%[②]。

(二)地理学科提供认识世界的独特方式

地理教育为学生提供了看待世界的多样化视角。如美国课程标准中提到地理的空间视角、生态视角和其他视角(历史、经济、公民和文化视角),这些视角提供了学生认识世界的多种途径,形成一个囊括经历、事件、位置、自然环境、人文等多元的认识框架。德国地理教育则从空间的不同划分来突出看待世界的多维视角,比如具体的物质空间,个人的认知空间,社会建构的空间等。地理学上的空间界限是基于不同的人类目的而划分出的特定视角,如欧洲界限是依据地质、文化、政治的视角。在此基础上,个人和群体感知的空间也是不同的。

从这典型的两国课程标准中,我们可以窥见,学生经历地理学科的学习后,能够从不同的视角来分析不同尺度的区域。学生通过这种方式掌握关于区域、国家、世界的地理基本知识,同时形成自身的国家意识与世界认知,进而接受现有多样地看待世界的方式,理解并能解释人们看待世界的个体差异,形成跨文化理解力。

(三)地理学科注重人地协调可持续发展观念的培养

地理学科在人地协调及可持续发展的价值观层面的培养上,具有其他学科无可比拟的优势。人类生存在目前已知唯一有生命的星球上,在人口急剧膨胀的今天,资源短缺、环境污染、生态破坏等问题层出不穷。如何认识人与地球的关系,理解生态环境对于人类生存的重大意义,掌握环境承载力等地理概念,有助于帮助学生形成可持续发展观念。例如南非国家地理课程中要求描述、解释在自然和人文世界间动态的相互关系,以干旱和荒漠化部分的内容为例,包括区域和地方干旱的原因、荒漠化的原因、干旱和荒漠化对环境的影响等,注重识别和建立问题,收集和组织信息,处理和解释数据,制定决策并进行判断能力的培养。澳大利亚在高中学段注重考查学生对地方经济、社会和环境的可持续性决策。比如其中一个研究为:澳大利亚的某个地区面临挑战,学生需要在模拟情境中研究政府、社区、利益集团和个人如何解决这些挑战以保证该地区的可持续发展。在解决问题的过程中需要运用到大量的地理知识及调查技能,包括空间技能和野外考察,从而最终形成地方可持续发展的意识。

---

① 陈皆兵.中美地理课程标准比较初探[J].江西教育学院学报:社会科学,2008,29(1):124–128.
② 张莉华,宋保平.地理课程设置的国际比较研究[J].中学地理教学参考,2014(16):14–15.

(四)地理学科塑造整体思维与科学决策能力

地理学科能提供区域认识的方式,基于不同的认知角度,对事物形成多层次、系统性的认识,进而依据各种因素进行科学决策。德国地理课程标准中,整体思维主要体现在地理是自然科学和社会科学间的综合学科,在解决跨领域问题时具有独特优势,比如城市和区域规划、水资源调配、环境保护问题等。美国地理课程标准中提到,人作为社会成员,时刻面临着不同的决策,比如选择居住地、旅游地、旅游途径,节约资源、管理能源的方式等。在社区决策中很多议题都需要地理能力和数据分析,比如工业、学校、住宅区的布局,在政府和商业决策中超市和机场的最佳选址等。无论是个人还是团队,在面临这些决策时,都需要依据大量的地理知识,了解这个特定区域的综合因素以及未来可能发生的变化,以此做出富有地理性的最佳决策。掌握好地理,人们就能更好地运用整体思维,在综合条件的约束下做出更为科学的决策。

(五)地理学科强调知识与实际生活的联结

学习地理不仅是生存需要,还为了更好地生活。这是诸多国家地理课程的基本理念之一。大多数国家的地理课程目标中都出现了地理课程与实际生活结合的内容。比如美国《国家地理课程标准——生活化的地理学》提出的基本理念为"地理为了生活",其课程标准明确说明,如果学生毕业后想要获得更好的发展,享受体面的生活,需要参与到当地、国家和国际事务中去时,地理学科是必要的。根据该理念,其课程目标中加入了大量贴合生活实际的案例,以体现地理学科的重要价值。比如在发生大的自然灾害时能制定一项计划以保证人和财产的安全。借鉴美、英等国的经验,许多国家新制定的地理课程标准同样注重课程目标的生活化。在2010年澳大利亚出版的《国家地理课程调查报告》中,也有和生活情境密切相关的地理课程目标的描述,例如针对十年级学生,应当知道自己区域和其他区域之间的联系,并将二者进行比较;理解地理事物、现象是如何空间分布的,知道布局对于人们进行经济活动的重要性;运用掌握的地理知识与父母或社区内其他成员进行讨论:当地发生的事情,当地的主要问题,如何对待或处理这些问题,能够提出独到见解;培养世界观念,通过探究学习活动或做决策等方式获得关于世界和当地有价值的地理问题等。

(六)地理学科课程宗旨着眼于培养具有地理素养的世界公民

世界各国的地理课程目标中不乏全球化、世界公民、全球相互依存等概念,地理课程指向培养具有地理素养的世界公民。《地理教育国际宪章》将地理学科育人价值阐述为三个方面:个人教育、国际教育、环境和发展教育。就个人教育方面,受过地理教育的个人,可以理解人与人之间的关系以及对自然环境和他人的责任;在国际教育方面,地理学科能让人们更好地包容和理解世界各地的差异,以促进世界和平;在环境和发展教育层面,地理学科帮助人们获得环境信息,培养保护环境的公民责任意识。以德国地理课程标准为例,其课程中包括人口问题、全球观念、文化认同、环境与资源的持续利用等主题。从这些主题中,可窥探出德国在关注地理基础知识方面,更注重培养学生正确的世界观与环境观。日本的地理课程标准则重点关注三个方面:其一,培养学生的地理能力和技能,如生存能力,识图、绘图能力,处理加工地理信息的能力等;其二,引导学生关注生活及社会热点问题,如防灾减灾教育和海洋教育;其三,培养学生的全球视野。由此可见,世界各国在关注地理基本知识和基本技能掌握的同时,更指向培养具有责任意识和全球视野的世界公民。

二、我国地理学科育人的发展

我国地理相关方面的专著和研究虽然起步较早,但直至19世纪末,北京同文馆新式学校才第一次开设了地理课程,由此地理作为独立的一门学科进入课堂。1878年,近代小学教育创始人张焕纶于上海成立新式小学正蒙书院,开设"舆地"等基本科目。此后国人自办新式中小学多有单独设置地理课程。但全国范围内,中小学各年级设置地理课,以及各地大学堂的文科及示范院校设地理学课程,还是以1904年清政府颁布的《奏定学堂章程》为开端。

新中国成立之前,由于受制于当时地理学发展与时代的限制,地理学科的教学内容大多为百科全书式或地方志式的教材,知识主要为呈现描述性知识,缺乏科学分析,同时缺乏系统的、全面的地理育人理论,育人价值主要体现在知识育人方面。随着新中国成立,地理学科才逐渐走上了全面发展、育人导向明确的道路。纵观我国地理育人的背景,可分为以下三个阶段。

(一)突出教师主体,实现地理学科"双基"教学目标(20世纪50年代—90年代)

"双基"教学,即基础知识和基本技能的教学。"双基"教学源于教学大纲,中国教学历来以纲为本,大纲中对知识和能力的要求,成为"双基"教学的理论基础。从当时的整个社会发展来看,中国经济落后、文化科技水平低下、教育基础薄弱,在这种情况下,迫切地需要一种快速而有效的教学方法,"双基"教学应运而生。这是中国教育界几代人实践探索的理论成果。有别于西方教学的理论流派,中国的"双基教学"理论没有公认的领导者或权威著作,而是在传统古代教育思想和考试文化影响下,经过总结实践经验提出的[①]。这一阶段初中地理以区域地理知识为基本内容,高中地理以地理知识(自然地理、人文地理)为基础,重视视图、用图等基本技能的培养,强调教师精讲学生多练,进而对基础知识和基本技能的掌握达到熟能生巧的地步[②]。总体来说,这一阶段地理教学以教师为主体,学生作为被动接受者,符合中国传统教学思想。

(二)重视学生发展,实现地理学科三维教学目标(2001—2017年)

2001年,教育部颁布了《基础教育理论课程改革纲要(试行)》,要求学科课程目标需要围绕"知识与技能""过程与方法""情感态度与价值观"三个维度进行确立。随着21世纪以来地理课程改革的逐步推进,《义务教育地理课程标准(2011年版)》明确指出,地理课程"三维目标"是相互融合的统一整体,彼此之间相互联系、相互促进,它强调地理课程目标是一个宏观、综合的有机整体,不能机械地加以拆分。即在知识与技能的培养过程中必然采取一定的过程与方法,必然存在情感态度与价值观的渗透。相比"双基"教育目标,"三维目标"的提出更注重学生思维方法和价值观的培养,也是第一次从关注"教学"到关注"教育"。但在实施过程中,地理教学的目标仍然关注"双基"的落实,学生学习地理的过程和思维方法得不到有效的培养,情感态度与价值观的教育浮于表面,这也常成为课程实施中最难落实的问题。

(三)围绕"立德树人",实现地理学科核心素养目标(2017年至今)

在2003年新课程改革的推进下,教育部颁布了《全日制普通高中地理课程标准(实验稿)》,这部具有划时代意义的地理课程标准详细阐述了地理学科的独特育人价值。在该课程标准的前言中写到,要"引导学生关注全球问题以及我国改革开放和现代化建设中的重大地理问题"。其后,又在课程基本理念中进一步提出要"培养未来公民必备的地理素养"。进入21世纪后,无论是课程理念还是课程目标都展示出地理教育步入新的时期,不同以往强调基础知识和基本技能的"双基"目标,地理教学开始注重培养学生对全球问题和世界形势的关注,培养世界公民需具备的基本地理素养和责任意识。2014年教育部印发了《关于全面深化课程改革落实立德树人根本任务的意见》,提出"教育部将组织研究提出各学段学生发展核心素养体系,明确学生应具备的适应终身发展和社会发展需要的必备品格和关键能力",此后,各个中学学科开启了确立本学

---

① 邵光华,顾泠沅.中国双基教学的理论研究[J].教育理论与实践,2006,26(2):48-52.
② 吴慧,朱雪梅.地理基础教育改革开放40年回顾与展望(连载三)中学地理教育目标改革40年——从双基到三维目标再到核心素养[J].中学地理教学参考,2018(7):25-28.

科核心素养的研究工作。教育部发布《普通高中地理课程标准(2017年版)》和《义务教育地理课程标准(2022年版)》将地理学科核心素养阐述为四个方面：人地协调观、地理实践力、综合思维和区域认知。这四个方面体现了地理学科育人区别于其他学科的育人价值，注重提升地理核心素养。

第三节　中学地理全息育人的内涵与特征

地理学科全息育人是以地理学科为载体，对学生进行全方位立体式培养的教育，旨在促进地理学科由单纯的学科教学转向学科育人，即从关注学科学习获得的知识及能力到关注学科如何培养学生的全面发展，如何落实"立德树人"的根本任务。地理学科全息育人的根本仍然是地理教学，全息是途径及方法，育人是目的，地理教学是实现全息育人的载体。所以地理学科全息育人在实施的过程中，既要符合地理教学的一般规律，满足地理学科教学的基本原则，同时也要充分体现全息育人理论的基本特征和要点。因此，中学地理全息育人的特征与价值应该具有地理教育和全息教育的双面性与共同性。

一、中学地理学科在全息育人中的体现

地理是诸多学科中为数不多的跨自然和人文的学科，综合性强。因此，地理学科既要有自然科学的育人价值，如逻辑推理、空间思维等，也要有人文科学的育人价值，如价值观念培养、审美能力等。从育人角度讲，地理学科拥有丰富且全面的育人价值。随着时代的发展和进步，地理学科的育人方式也在不断发生着变化。

(一)中学地理学科育人价值的全面性

什么是地理学科的育人价值？在经济学中，价值指满足人们需要的效用。在教育范畴里，地理学科的育人价值则表示地理学科满足学生自身发展的效用。因此，地理学科的属性和功能并不是地理学科的育人价值。只有当其被传递给学生，并满足学生发展需求时，才表现出学科价值。人类社会的教育目标趋向于五育，即德育、智育、体育、美育、劳育。任何学科应至少满足一个方面的育人价值。地理由于是横跨自然与人文的综合学科，因此在五育上均有所体现。

在德育方面,地理学科的自然科学部分,展现了人与地球相互依存的关系,展示了地球脆弱的生态系统,有助于培养学生热爱环境与自然的社会观念,增强社会责任感。地理学科的人文科学部分,介绍了世界上不同的种族、不同的国家及不同的风土人情,展示了一个多元、包容的世界,有助于培养学生跨文化理解力。在国家地理部分,广袤的国土、壮美的河山、独特的地域文化,有助于熏陶学生的家国情怀。

在智育方面,地理学科独特系统的科学文化知识、技能,能发展学生的智力,例如空间智能。空间智能是加德纳提出的多元智能理论中的一种智能,最初由他观测到太平洋西部加罗林群岛上的土著居民在航海过程中,依据心理地图来确定船舶的具体位置而提出。这是地理教学所需要涉及的问题,这不仅能解决空间位置的问题,还能培养学生认知空间关系,进行空间分析和想象等。地理学科的空间智能能帮助学生从空间的视角来观察、研究和表达世界,具有其他学科所不具有的思维训练价值。

在体育方面,其主要是指授予学生健康的知识、技能,发展他们的体力,增强他们的体质,培养他们的意志力。地理学科中,田野调查这一方式能够满足这方面的育人价值。尽管在中学阶段,出于各方面的考虑,中学生田野调查的实施并不多,但作为一种地理独特的研究学习方法,有着重要的育人价值。在田野调查中,学生或需要长途跋涉,或需要采集标本,有助于体质锻炼与意志力的培养。

在美育方面,地理学科充分展现了地球自然之美,社会人文之美。从格陵兰岛五彩斑斓的极光,到马达加斯加高大的猴面包树;从宽广寂寥的青藏高原,到生机勃勃的热带丛林,无不展示着地球蓬勃的生命力与大自然的瑰丽之美。在这颗星球上,各地的气候、地形、水文等因素孕育出了不同的文化之美,例如与当地气候密切相关的民居,风格迥异的服饰,因地制宜的交通工具等,无不在培养学生的审美观,发展他们鉴赏美、创造美的能力,培养他们的高尚情操。

劳育是培养学生劳动观念和劳动技能的教育。地理学科培养学生学会在野外辨别方向,根据地貌选择合适的露营地址,依据气候条件因地制宜地种植作物等技能,在劳育方面具有独特的育人价值。此外,还包括在地理探究过程中的一系列技能,包括提出地理问题、获取地理信息、组织地理信息、分析地理信息、解决地理问题等能力。让学生掌握有计划、有步骤、系统科学地解决问题的技能。

(二)中学地理学科育人方式的多样化

基于地理学科综合性强的特点,加之时代发展,地理学科的育人方式众多。除常见的讲授式、自主学习式、合作探究式等育人方式外,地理学科在案例讨论式、多媒体教学式、图表式等育人方式上,也具有非常大的优势。同时,由于地理学科具有实践性的特点,在常见的课堂内教学模式外,还有许多课堂外教学模式。

1.课堂内教学模式

案例讨论式教学。该教学模式首先由教师精选案例,激发学生的学习兴趣。再从案例的现象出发,推导地理过程,师生共同研讨,对案例进行深度剖析。最后掌握原理,举一反三。这类育人方式通常以地理学的典型案例为契机,例如福特汽车生产的全球化布局,北海道渔场的成因,地中海气候的分布等。

多媒体教学模式。由多种多媒体手段优化组合,充分吸引学生兴趣,引导学生自主探究。地理学科的空间性、审美性极强,运用恰当的多媒体技术会使得教学效果事半功倍。例如运用谷歌地球展示某地在地球上的位置以及周围的地形等信息;运用百度地图,对地点进行定位,获取周边的道路、交通、居民区等信息,分析某工厂的布局等。

图表式教学。在精心选图的前提下,以图导学,直观教授地理知识。地理的学习离不开各式各样的地理图表,例如某一区域的地理事物分布图,气温曲线及降水柱状图等。图表式教学充分体现了地理学科的教学特色,化繁为简,丰富了学生的感知,有助于培养学生的空间思维能力。

角色扮演教学模式。联系生活确定问题,拟定角色所处的环境背景和条件,由学生参与角色扮演,在此过程中,教师需关注学生的角色体验与发挥,重视角色扮演后的知识归纳和总结。例如位于波斯湾的石油商人需要向三个不同的目的地运输石油,由学生扮演石油商人并确定运输路线,由此归纳出世界石油运输主要航道以及熟悉重要的港口、海峡等地理事物。

情境体验式学习。教师精心营造体验情境,引导学生体验并步步深入,将学生置身于真实的情境之中,直面情境中的问题和可能产生的体验,在亲自观察、思索、研究的这种体验中深化对地理知识和原理的认识。例如在自然灾害的教学中,通过模拟扬沙现象,让学生直观感受到沙尘暴带来的危害,进而思考规避此危害的措施。

2.课堂外教学模式

研究性学习。教师根据教学目标进行课题选取,学生围绕某个特定课题展开探究,提出问题或假设,收集和整理相关资料信息,分析和评价信息,最后解决问题或验证假设。在整个学习过程中,结合多种方法,融汇相关知识。整个探究过程由学生自主建构解决问题的思路,注重过程生成。例如完成某一河流流域的综合治理方案,在此过程中,需要掌握这一河流的水文特征、流经区域的社会经济情况,并讨论流域的可持续发展等多个方面。

野外考察教学模式。野外考察符合我国"读万卷书，行万里路"的教育理念，基于地理学科的实践性，野外考察教学模式也是学习地理的最有效、最直观的方法之一。无论是研究自然地理还是人文地理，都必须具备一定的野外考察知识和能力。野外考察教学模式符合地理学科核心素养所倡导的地理实践力的培养，将学生置于课堂外的真实环境中，传授包括方位确定、地理测量、地理观察等基本技能，在动手做、做中学的过程中，主动获取知识，应用知识，最终解决问题。此教学模式能够促进书本知识和社会实践的深度融合，对培养创新人才，推动全面素质教育都具有重要意义。

二、中学地理全息育人的内涵

"全息"一词原意指一种可以全面、多角度地再现物体的原貌，反映物体所承载的各种信息和状态的光学成像技术。这里借用"全息"的概念来反映学科在育人这个空间里应该发挥的全部作用。全息育人即表示学科实现育人方式的多样化，育人价值的全面性。学科全息育人有以下两个方面的含义：一是由学科教学转向学科育人，即由通过学科学习知识到通过学科培养学生全面发展；二是重视全员、全课程、全方位立体式的育人。

中学地理全息育人，即教育者从德智体美劳五育目标出发，构建全面的育人体系，课堂教学的每一个活动直指五育中某一个或多个目标的实现，充分利用全方位的信息，灵活采取多方式的教学方法，渗透地理教学，实现地理学科独特的育人价值。

三、中学地理全息育人的特征

（一）全面性

学科全息育人指以学科课堂实现教学到育人的功能转变，贯穿全学段、全学科、全过程、全方位的育人方法、路径、策略，它以学科课程为基础，充分开发与挖掘教材等课程资源的育人点，建构基于"学科认知、德行育人、美育育人、健康育人和劳动育人"五个维度的学科育人框架。从全息育人的内涵解读中可以发现，全面性是全息育人的核心特征。"全"的体现是多方面的，既包括教学目的的全面性，又包括教学方法的全学段、全学科、全过程、全方位等基本内涵。中学地理全息育人是以地理学科为载体的全息育人，因此其首要体现就是全面性特征。

全息育人下的中学地理教学，采用的是全方位的教学资源。以往的地理课堂往往以教材为主要的教学资源，关注教材中的基本知识与概念，全息育人下的中学地理教学则基于课标要求,深度挖掘教材中的各项育人点,找到培养学生五育内容的载体,并且强调开发新的情境、新的生活化案例贯穿整个课堂,让教学资源不仅仅局限于课本,生活中的实际情境都可以成为地理教学的重要资源。例如针对初中课标"运用地图和相关资料,简要分析某国家在资源开发、环境保护方面的经验和教训",人教版教材的案例之一为巴西对热带雨林的开发与利用,其内容包含在《巴西》一节当中。另外,《燃烧的传奇——英国的煤》一节中,跳出了教材内容,充分挖掘了课标内涵,选取了英国的煤炭资源为典型案例进行教学,通过创设品鉴英国历史的情境,研究英国发展与煤炭资源之间的关系,最终达成课标要求。

中学地理全息育人的全面性特征还体现在灵活多样的教学方法上。为了培养学生的德智体美劳五大方面的素养,中学地理全息育人的课堂的教学方法相比传统的教学方式更加丰富灵活。德智体美劳五大育人内容,相互之间有很大的差别,这就决定了教法会存在差异,不同的育人内容,为了高效达成育人目标,采用的教学方法可能会有所不同。例如在《他乡茶语》一课中,教师为了培养学生的美学素养,在课堂导入部分播放音乐,朗诵古诗,创设品茶氛围,引导学生"三步"品茶,以感知意境美、茶汤之色彩美以及中国传统茶具的结构形态美。除此之外,教师通过茶叶分布、气温和降水等图表信息来培养学生的地理读图分析能力;通过《扬帆走海丝》的视频,了解社会调查的方法,培养学生地理实践力;通过遮阴树模拟实验,培养学生动手能力和尝试解决生产实践问题的能力;通过板书设计构建知识体系,培养学生综合思维。可以看出,整堂课充分利用了多样化的教学方法来渗透五育并举的地理学科教学,落实全息育人的教学目标和地理学科育人价值。

(二)系统性

首先,中学地理全息育人的系统性体现在地理学科的系统性。地理学科是一门综合性极强的学科,它是地理事物在环境系统综合作用下的产物。地理学科核心素养指出,地理学科的综合性主要表现为要素综合、时空综合和地方综合,在此基础上,地理事物是各要素相互作用、相互影响的综合体,地理事物与周围的环境构成了一个有机整体系统。认识地理事物,就必须从系统出发。地理知识是承载于地理现象和过程之上的,而地理现象和过程具有强烈的综合性,在认识和分析现象与过程时,要求将环境系统各要素综合起来进行分析,同时要考虑时间的变化和空间的特征,因为要素会随着时间的变化不断变化,同一时间不同空间的要素具有不同区域系统的特征,不同空间的要素具有差异也具有联系。

其次,全息育人下的地理学科教学也具有较强的系统性。全息育人下的地理学科教学将学生视为一个有机系统。全息育人的地理教学过程应遵循学生基本的认知规律和发展规律,符合学生的学情和教育心理学的一般原理。地理教学的培养目标从"双基"到三维,再发展到现在的核心素养育人,地理教学目标更加关注教育教学的系统性。地理学科全息育人的主要目的就是利用地理学科对学生进行全方位的德智体美劳教育,使学生能综合地发展。这使得地理教学一方面重视传统目标——基础知识、基本能力的培养,另一方面也重视在此基础之上的人综合素质的培养,其培养目标也具有完善的体系建构,包括德智体美劳五育分别由哪些组成部分,五育分别通过什么途径达成什么样的育人目的等内容。

(三)学科性

地理学科是地理学科全息育人的重要载体,地理学科全息育人依托于地理学科,因此中学地理全息育人具有一定的学科性。中学地理全息育人的教学内容是地理学。地理作为一门独立的科学,具有很强的科学性。在进行教学的过程中,素材和内容需要满足学科本身的科学性。地理学来自人类生产生活的经验总结,在地理教学中非常重视"学习对生活有用的地理",地理学科全息育人的教学内容也应符合这一基本原则和理念。教师在进行地理学科全息育人的过程中,一方面应多开发来自身边的地理要素和内容,贴近生活,引导学生将所学知识与生活紧密相连,激发学生的学习兴趣,让学生学有所得、学有所用。另一方面教学中也应该适当加入考察、调查、实验等动手体验的内容,让学生走出课堂,亲自动手进行实践,提高学生的地理实践力,体现地理学科的学科特色。

中学地理全息育人的教育目标、教学媒介等课堂教学要素也全面地体现了地理学科特色。中学地理全息育人的教育目标即五育并举,共同发展,其中德育育人、健康育人、美育育人在学科中有共同性特性。但地理学科的全息育人应着重体现育人的地理性特征。例如,在美术学科中,美育强调感知美、创造美的能力培养,而中学地理全息育人中的美育更加强调对地理环境要素的审美感知,以及学会如何创造人地和谐带来的美感。教学媒介,即教学媒体,是教学内容的载体介质与表现形式,是师生之间传递信息的重要工具。全息育人下的中学地理教学,是采用全方位的信息,灵活多样的教学方法,例如谷歌地球、AR地球仪等软件和硬件的应用,充分体现了地理学科的学科特色。

(四)时代性

党的十八大明确提出:"全面贯彻党的教育方针,坚持教育为社会主义现代化建设服务、为人民服务,把立德树人作为教育的根本任务,培养德智体美全面发展的社会主义建设者和接班人。"习近平总书记在全国教育大会上的重要讲话中多次提到"立德树人",并强调:"要把立德树人融入思想道德教育、文化知识教育、社会实践教育各环节,贯穿基础教育、职业教育、高等教育各领域,学科体系、教学体系、教材体系、管理体系要围绕这个目标来设计,教师要围绕这个目标来教,学生要围绕这个目标来学。凡是不利于实现这个目标的做法都要坚决改过来。"党的十九大提出:"要全面贯彻党的教育方针,落实立德树人根本任务,发展素质教育,推进教育公平,培养德智体美全面发展的社会主义建设者和接班人。"落实"立德树人"根本任务,是新时代贯彻党的教育方针的重要体现。

在此基础上,中共中央办公厅、国务院办公厅印发了《关于深化教育体制机制改革的意见》与《关于深化教育教学改革全面提高义务教育质量的意见》。"立德树人"是对我国以往教育思想的继承与发展,是中国特色社会主义发展教育的集中体现,充分贯彻了新时代贯彻党的教育方针。但是,究竟如何落实"立德树人"这一根本任务,还需要进一步去探索与研究。中学地理全息育人就是在这样的时代背景下产生的,是落实立德树人的一次教育探索,它着重探讨"立什么德""树什么人""如何立德树人"的问题,研究在新时代的背景下,如何在中学地理教学的过程中落实立德树人,将立德树人落地生根。

(五)开放性

中学地理全息育人的开放性体现在教学目标的开放性。首先,由于每个年龄段以及每个学生、班集体都是特殊的,中学地理全息育人课堂的教学目标要因人而异、因学段而异、因班而异。全息育人应为学生提供充足的发展和成长空间,让不同阶段和层次的学生有选择性地发展自我。其次,中学地理全息育人教学内容也应具备开放性。每节课选择的教学内容和素材不应一成不变,也不应局限于教材,要善于发掘具有时代特色或者贴近生活的素材,根据学生身心发展的需求开发不同的教学内容和教学专题。传统地理教学缺乏创造性,主要体现在教学内容枯燥、媒介单一等方面,学生无法在这样的课堂中获得德育的启发、审美的感知等内容,甚至会影响对学科知识的理解和掌握。相比之下,开放性的教学素材和创造性设计,能够激发学生的表现欲和创造欲,激发学生的创造性潜质,激活课堂的学习氛围,使得学生能广泛地参与课堂活动,想象力和思维力得到充分发展。除此之外,教学过程也应该具备开放性。从课程的设计到教学环节的设置,从作业的选择到评价的实施,传统课堂往往只重视学生对学科知识的理解和应用,忽略了其他方面的发展,全息育人的课堂应呈现多元化的特征,能采用开放的教学手段和评价,以满足学生全面发展的需要。特别是全息育人下的地理课堂的情境创设,教师应贴近学生实际情况设置生动有趣的情境,采用灵活多样的教学素材,引导学生积极主动参与课堂,激发学生的创造性思维,进而培养学生除学科能力之外的其他素养。

第四节　中学地理全息育人的价值

学科是学生发展必要的介质和载体,学生在学科学习的过程中,不仅获得必要的学科知识,而且获得新的认识世界的视角、方法,培养具有学科特色的关键能力和必备品格。不同的学科由于研究对象、内容、方法等存在不同,所以在育人方面均有着独特的价值。

从哲学角度来讲,价值属于关系范畴,是指一事物对主体的积极意义,即客体能够满足主体需要的积极功能和属性。在地理学科教学中,主体是学生,客体就是地理学科,因此,地理学科育人价值是指地理学科对学生发展产生的积极作用。地理教师在教学的过程中需要关注地理学科独特的育人价值,一方面促进学生丰富学习体验,另一方面也促使教师完善自我教育角色。

地理学科到底对学生发展起着怎样的作用,这个问题从地理学科诞生之时就被教育学者广泛讨论。比如夏志芳教授认为自然地理主要是渗透可持续发展的基本观念,人文地理则主要培养学生树立正确的价值观和世界观;袁书琪教授认为学校地理教育的功能包括"三个面向"的教育功能、可持续发展思想的教育功能、公民素养教育功能、地方发展教育功能、综合思维教育功能、社会实践教育功能;仲小敏教授将地理学科育人价值分为:认知价值、可持续发展教育价值、国际理解教育价值、公民教育价值和生活教育价值。

地理学科一方面直接作用于学生,会对学生产生极大的影响,另一方面通过学生的行为间接影响社会,因此从本质上来看,地理学科的价值主要是改变受教育者的个人价值。哲学上认为,人与社会是密不可分的,人是社会的人,社会是由人组成,所以个人的价值包括自我(个体)价值和社会(种群)价值。结合前人学者的研究理论,本文认为中学地理全息育人的价值主要体现在以下两大方面。

一、中学地理全息育人的社会价值

个体的社会价值主要表现为个体对社会需求的满足和对社会进步的贡献。所以,中学地理全息育人的社会价值为全息育人下地理学科教育能满足社会需求和社会发展的价值。

(一)树立正确的人地观

随着社会经济的进一步发展,人地关系的重要性日益凸显。人类活动依托于周围的地理环境,并不断地对周围的环境产生影响,如何处理好人类与环境之间的关系,决定了社会经济是否能稳定地向前发展。人地关系从古至今经历了不断的变化。在古代,由于人改造和利用自然的能力较弱,人对自然产生了畏惧和崇拜之情,产生了人敬畏自然的观念。随着经济的发展,被动的地理环境决定论开始盛行,人们认为经济社会的发展是由当地的地理环境决定的,有什么样的地理环境,就有什么样的人类生产生活方式,人地关系缺乏主观能动性。到了现代,经历过工业革命之后,人们对自我的力量过分肯定,认为人类对自然可以统治,认为人类可以无限制地改造和利用自然,形成了人定胜天的思想观念。这使得大部分资本主义国家在经济发展的过程中,都遭遇了严重的环境问题。

人地协调观是地理学和地理教育的核心观点,体现了人和地理环境的协调发展。人类自身的生存和发展,是建立在周围环境的基础之上的。人类源源不断地从自然界中获取资源,又将废弃物排放到周围的环境之中。只有人类秉持正确的人地关系理念,才能避免资源使用的速度超过资源再生的速度,排放废弃物的速度超过环境的自净速度,才能促使人地关系和谐发展,才能使人类的发展变成可持续的发展。

地理学是一门研究人地关系的学科,所以地理学承担着树立受教育者正确资源观、环境观、人口观的重要任务。学生群体是未来社会发展的重要参与者,是建设美丽新中国的中坚力量,只有学生群体了解了人与地理环境之间的关系,树立正确的人地观念,我国才能在未来真正实现可持续发展。

(二)培养合格的公民观

中学地理教育的一个重要任务,就是为国家和社会培养合格的公民,因此中学地理全息育人的重要功能之一就是承担了公民教育的职责。公民意识教育是指以现代公民的本质特征为基本内容和基本目标而实施的各项教育活动的集合体，其核心是要使受教育者正确地认识、积极而负责地参与国家和社会公共生活，以发展国家和社会为己任，其中，公民意识包括：参与意识、监督意识、责任意识和规则意识等。[1]提高公民的综合素质，尤其是提高青少年的综合素质，为社会培养合格公民，是全社会的共同责任。地理学科作为研究地理环境以及人类活动与地理环境相互关系的科学，为当代中学生提供了必要的地理科学知识。在教学的过程中，有意识地加强公民教育，增强学生的学习能力和生存能力，充分认识到人与自然和谐的重要性，使学生具备一定的地理素养，是一名地理教师义不容辞的责任。

例如地理学科能培养学生的家国情怀和国际视野。因为自然地理环境具有整体性，牵一发而动全身，环境问题不是一国一个区域的问题，更是全球性的问题。酸雨、臭氧层破坏、海洋污染、全球气候变化等，严重威胁着各国的地理环境。在人文方面，随着全球化的进程进一步向前推进，世界各国紧密地联系在了一起。所以学习自然地理和人文地理环境各要素的基本概况，有助于学生用全球化的眼光看世界和解决问题，培养责任感意识，拓展国际视野。

二、中学地理全息育人的个体自我价值

个体的自我价值主要表现为个体需求的满足。结合地理学科教学的性质，地理学的自我价值主要是指地理学科对满足学生个体发展需求的价值。

(一)掌握必备地理知识与基本能力

《普通高中地理课程标准(2017年版2020年修订)》指出，地理学科与其他学科不同，它具备时空性、综合性、区域性，强调人地关系协调的重要性。目前全球面临的人口、资源、环境三大问题，均需要具备地理学基础知识、必备能力和地理学观念的人去处理。地理学科教学就是要帮助学生获得地理学基础知识和必备能力，提高学生对地理学的认知水平。在地理教学的过程中，地理知识体系的构建与完善是首要任务。学生在学习地理知识的过程中，可以有效促进对科学这一领域的认知。另外，地理作为大学专业科目，包括自然地理专业、人文地理专业、地理信息系统、城乡规划等专业。掌握必备的地理知识，有助于选择地理专业的学生顺利与大学专业对接。

地理知识是承载于地理现象和过程之上，而地理现象和过程具有强烈的综合性，

---

[1] 钟小玲.初中地理教学渗透公民意识教育的探究[J].中学地理教学参考,2019(02):12-14.

在认识和分析现象与过程时,要求将环境各要素综合起来进行分析,同时要考虑时间的变化和空间的特征,因为要素会随着时间的变化不断变化,同一时间下,不同空间的要素具有不同区域的特征,不同空间的要素具有差异也具有联系。因此,学生在学习的过程中,一方面提升了认识区域的能力,另一方面提高了地理学综合思维的能力。

(二)初步了解地理职业与生涯规划

地理学可以为社会发展培养特定的人才。地理来源于生活,也势必服务于人类的各项活动。自然地理广泛应用于工农业生产、灾害防治、资源开发等方面,人文地理则与城市、交通、人口、商业等领域息息相关,地理信息技术更是广泛应用到规划领域。在以往的中学地理教学中,地理专业未来的就业方向往往被忽略,因而很多学生对地理学的相关职业不够了解,导致学科学习与职业规划不能有效结合在一起,学生学习地理的热情不高。

随着新高考的推行,职业生涯教育是中学课堂需要补充的内容。学科教学是职业生涯规划教育的主要阵地。初中地理是学生初次接触地理这门学科,良好的学科兴趣与职业启蒙教育至关重要。在高中地理全息育人的教学课堂中,充分利用全方位的信息,重视劳动教育,加强学生的地理社会实践、地理职业体验,引导学生从单纯的学科学习到初步思考职业发展方向,可以帮助学生建立关于地理职业发展的相关体系,增强对地理学科的认可度,强化学生的内部学习动机,树立长远学习目标,对地理教学具有重要意义。

表1-2 地理知识与相关职业方向[①]

课程	地理知识	相关职业方向
自然地理必修1	宇宙天文、地形地质、气候、土壤、水文、生物等。	学术研究者;地质勘探员;测绘人员;气象局、水利局、海洋局、地震局、生物资源开发企业与部门等相关工作人员。
人文地理必修2	人口、城市、农业、工业、交通、环境保护、地域文化等。	学术研究者;相关政府部门、城市规划设计所、农业局、工业规划设计院、交通规划设计院、环境监测保护部门等的工作人员。
区域地理必修3	区域生态建设、区域资源开发、区域经济发展、区域联系与区域协调发展等。	制图学与地理信息系统、区域开发与规划等方面的工作人员;国土局、生态保护区、资源开发等方面的工作人员。
旅游地理选修3	旅游及作用、旅游资源、旅游景观的观赏、旅游开发与保护、旅客素养等。	房地产开发商;酒店管理人员;旅游资源研究者;评估师;旅游规划师;旅游体验师;旅游摄影师;旅游咨询顾问;旅游市场营销员等。

---

① 周代许.从身边地理知识到职业生涯规划[J].中学地理教学参考,2017(9):4-6.

续表

课程	地理知识	相关职业方向
环境保护选修6	环境与环境问题、环境污染与防治、环境管理、资源开发与资源的保护利用、生态环境问题与生态环境保护等。	环境监测人员；环境分析师；环保局相关人员；资源开发企业与部门相关岗位等。
学科地理	地理学科基础知识。	地理教师；地理科普宣讲员等。

(三)积累培养生活经验与生存技能

学是为了用，掌握了地理学的基本原理和地理能力之后，学生可以对一些生活中的地理问题进行研究和解决。中学地理全息育人相比以往的地理教学，开始重视学生的健康教育和劳动教育。一方面，地理课程是生命教育的隐性课程[①]，全息育人课堂采用全面的教学内容，充分挖掘教材中隐含的生活与生存技能素材，适当开发有效脱险、提高生存意识、保护地球和人类的课程资源，合理整合并对学生进行教育。例如，在地球的内部结构的讲解中，渗透地震预报技术与地震逃生技能；在对流雨的讲解过程中，渗透雷电危害，以及生活中如何有效防雷；在讲解各圈层自然灾害时，更要渗透生活中常见的灾害表现形式以及如何在生活中防灾避灾。

另一方面，中学地理全息育人中的劳动教育与地理实践力相结合，从地理观测到地理实验，从地理调查到地理考察，学生在研究性学习的过程中可以掌握地理学特有的学习方法和研究方法以及实际经验，能进一步提高生存和实践技能。例如，实地考察工业旧址，了解工业区位及其变化对工业发展的影响；考察城市不同区域房价的高低并分析原因，理解城市空间结构和区位因素；研究本区域经常发生的灾害，增强学生谋求生存和发展的实践能力；野外实践考察，帮助学生在野外识别方向、躲避地质灾害。

---

① 马卫标.高中地理教学应渗透生存技能教育[J].地理教育,2009(3):32-33.

第二章

中学地理全息育人体系

中学地理全息育人是对学生进行全方位培养的教学过程，它是"立德树人"总要求在学科教学中的具体体现，其价值在于让每一节课成为撬动学生学科整体素养和学生生命发展的全息载体。为了使地理学科全息育人能够达到综合培养学生的目标和功能，就要构建地理学科全息育人体系。地理学科全息育人体系是以全息育人理论作为基本的理论支撑，根据地理学科的基本知识和内在逻辑联系而构建的育人体系，既能满足中学地理学科的教学要求，又能满足"立德树人"的根本任务。本章主要解读全息育人体系的内涵、育人要素以及如何构建中学地理全息育人体系。

第一节　中学地理全息育人体系的内涵

在前面的章节，我们了解到全息育人是核心素养在课堂实践中的全息演绎，中学地理全息育人，即教育者从德智体美劳五育目标出发，构建全面的育人体系，课堂教学的每一个活动直指五育中某一个或多个目标的实现，充分利用全方位的信息，灵活采取多方式的教学方法，渗透地理教学，实现地理学科独特的育人价值。

"体系"泛指一定范围内或同类的事物按照一定的秩序和内部联系组合而成的有机整体。首先，全息育人本身就是一个完整的教育体系。以往的中学地理教学主要注重对学生进行知识的传授，存在着很大的弊端。联合国教科文组织从1972年起，发布了《学会生存》《教育：财富蕴藏其中》《反思教育，向全球共同利益的理念转变》三个报告，这三个报告反映了世界教学价值观的调整方向，即重申人文主义的教学价值观。人文主义教育价值观的核心之一是拓宽知识的概念，知识不仅仅是课堂上教会的知识与能力，还包括在课堂中获得的价值观、品格、态度等其他隐性要素。全息育人从学生的德智体美劳五方面入手，五位一体地培养学生，促进学生的全面发展，促使中学地理教育从"教书"向"育人"转变，全息育人对受教育者的育人功能具备完整的体系。其次，地理学科本身也是一个完整的学科体系。从教学内容上看，地理学科包含自然地理、人文地理以及区域地理等，每个部分下面又可以划分出具体的教学内容。从教学目的上看，地理学科旨在培养和提高学生的地理核心素养，包括人地协调观、区域认知、综合思维和地理实践力等，而每一种素养对学生也有具体的要求。

因此，中学地理全息育人体系既要体现全息育人的基本理念和结构，也要重视中学地理学科本身的学科体系与目标要求，它是中学地理学科与全息育人两者按照内部逻辑联系进行有机结合组成的整体。中学地理全息育人体系满足了中学地理学科的教学要求，也能满足"立德树人"的根本任务。

本书在落实中学地理教学和全息育人目标的基础上，初步构建了中学地理全息育人体系，具体如图2-1所示。

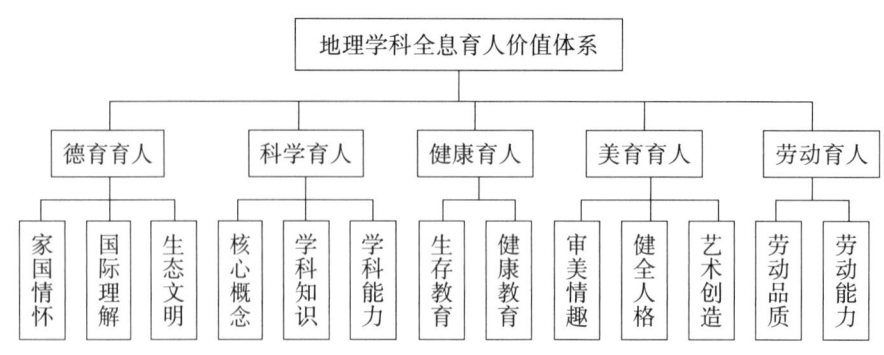

```
                    地理学科全息育人价值体系
                              │
     ┌──────────┬──────────┼──────────┬──────────┐
   德育育人    科学育人   健康育人    美育育人    劳动育人
   ┌─┼─┐     ┌─┼─┐     ┌─┴─┐     ┌─┼─┐     ┌─┴─┐
 家 国 生    核 学 学    生 健     审 健 艺    劳 劳
 国 际 态    心 科 科    存 康     美 全 术    动 动
 情 理 文    概 知 能    教 教     情 人 创    品 能
 怀 解 明    念 识 力    育 育     趣 格 造    质 力
```

图2-1 地理学科全息育人价值体系

中学地理全息育人的教学过程,是以全息育人理论作为基本的理论支撑,以"全息"作为基本的教学手段,因此中学地理全息育人体系在建构的过程中,其一级指标的划分依据就是全息育人将要达成的五育目标与基本育人内容,依次设置为德育育人、科学育人、健康育人、美育育人与劳动育人。

中学地理德育育人即以地理自然和人文景观的欣赏为基础,通过一定的手段和方法,培养学生爱国主义、全球意识、文化多元和可持续发展等观念,并在实践中逐步形成与之相应的行为。中学地理课程是在"教育要面向现代化、面向世界、面向未来"的战略思想指导下构建和实施的,其教学内容更加重视人地关系,引导学生认识世界和祖国,进行国际理解和家国情怀的教育,培养学生科学的人口观、环境观、资源观和发展观。基于党和国家的教育方针,结合地理学科的特点,本书认为中学地理全息育人中的德育要素应分为家国情怀、国际理解和生态文明。

中学地理科学育人即通过全方位的素材向学生系统地教授地理科学知识,奠定学生必备的地理知识基础,培养地理学科基本技能,最终达成学生智力提升、态度正确、素养合格的基本目标。科学育人除了要达成知识目标,还要培养学生地理学习能力,包括阅读地理图表的能力、收集地理信息的能力、进行地理实地考察的能力、综合思维的能力等。良好学习能力的培养必然以完善的基础知识为载体,而知识的完善也会进一步促进学习能力的提升,二者相辅相成。依据地理学科的基本体系与地理学科核心素养的基本要求,本书认为中学地理全息育人中科学育人应包含核心概念、学科知识与学科能力三部分内容。

中学地理健康育人主要包含两个部分:环境生存教育和环境健康教育。两者相互联系,互相渗透。生存与健康都是人类的基本需求,一个人不但要拥有基本的生存能力,为了追求更高的生存质量,还要保障必要的健康。全息育人地理学科教学要充分体现健康育人价值,不仅要让学生知晓健康知识,习得健康技能,树立健康意识,同时还要充分体现地理学科特点。在环境健康教育中,身体健康与地理环境关系密切,心理健康更多是在教育过程中点滴渗透。本书主要依据野外生存、灾害规避、身体健康与环境地理要素的关系构建地理健康育人体系,其内涵主要包括环境生存教育和环境健康教育两方面。

中学地理美育育人以地理教材和地理事物中存在的美学要素为载体,以美学知识为基础,通过具有学科特色的感性教育,提高学生以情感为核心的感知能力,让学生在知识技能提升的同时塑造地理核心素养,人格品质得到全面发展。传统的美育理论认为,地理学科的美育要素体现在地理学科的研究对象和内容中。地理学科的研究对象一是地理环境,二是人地关系,地理学科中的美育要素主要体现在这两方面。目前采用最多,最为认可的是西南大学赵伶俐教授在《大美育实验研究》中提出的美与内容系统,将地理美按照不同的范畴分为自然美、社会美、艺术美、形式美和科学美五大领域。随着社会研究的不断深入,近年来美育除了重视提取学科教学内容中的美育内容,从中分类和欣赏,还逐渐重视受教育者的审美表现力,以及审美教育对受教育者的心理影响。结合中国学生核心素养以及美育学的基本要求和目的,本书认为中学地理全息育人中的美育要素应包括审美情趣、健全人格和艺术创造三部分内容。

中学地理劳动育人以地理实践力为核心,以地理教学为基础,通过具有地理学科特色的劳动教育实践方式,提高学生核心素养,让学生在学习地理知识的过程中习得对生活和人生发展有作用的劳动技能,同时树立"幸福是奋斗出来的"正确的劳动观念,以达到学生全面发展的教育方式。《普通高中地理课程标准(2017年版2020年修订)》中提出了地理实践力的培养目标:学生能够运用所学知识和地理工具,在室内、野外和社会的真实环境下,通过考察、实验、调查等方式获取地理信息,探索和尝试解决实际问题,具备活动策划、实施等行为能力。可见,地理实践力中蕴藏着大量的劳动教育要素,为劳动教育提供了途径。本书以地理实践力与劳动教育的内涵为基础来构建地理学科劳动教育的要素,主要包括劳动品质和劳动能力两方面。

第二节 中学地理全息育人体系的结构

一、中学地理德育育人的结构

德育是维系民族认同、弘扬中华文化、传承民族精神的重要内容与手段。地理学科德育是以社会主义核心价值观为引领,结合地理学科特点和中学生的身心发展规律,聚焦于"立何德,树何人",从家国情怀、国际理解和生态文明三个角度构建和阐释了全息育人下的中学地理德育育人体系。

《地理教育国际宪章》作为世界各地地理教育的指挥棒,指引着世界各地中学和大学的地理学科发展,极力倡导教育要充分发展人的个性并充分肯定了地理对个人教育、国际教育、环境和发展教育等方面的巨大贡献。因此,地理学科在塑造学生个人品质和社会责任方面引起了极大的关注,各地地理教育也越来越注重学习的过程和学生品性的培养。

放眼全球,有两大问题尤其值得我们关注。第一,"全球一体化""地球村""人类命运共同体",这些都传递了一个信息,即世界各国的联系越来越紧密,各国之间竞争与合作并存。如何才能实现合作共赢呢?这是很多国家都在思考的问题。第二,自从工业革命以来,经济快速发展,人类不断地从自然界掠夺资源的同时排放大量的污染物,使得局部地区生态环境问题日益突出,甚至有些已经演变为全球性的问题。如何才能实现未来可持续发展呢?要解决这两大问题,根本在于人,人的意识影响人类活动,人的全球意识促进人类共同和谐发展,人的环境意识促使人类保护地球环境。于是,世界上许多国家的地理教育不约而同地聚焦于公民教育、国际视野和人地协调,即培养满足本国发展所需要的、符合未来社会发展所需要的合格公民。例如:美国中学的社会学课程包含了地理学科,其公民教育提倡全球教育、能源和环境教育、多元文化教育等[1];俄罗斯中学地理提倡培养人类共同家园的地球主人、爱国主义和国际主义;日本提倡尊重他人、敬畏生命、促进社会和国家的发展、维护世界和平、自主性[2]等。不难发现,世界各国中学地理公民教育的内容大多为"关心""尊重""理解""人地关系""国际合作""爱护环境""可持续发展"等方面,旨在帮助学生树立全球意识、合作意识、发展意识、环保意识。基于公民教育,世界发达国家的地理育人可大致概括为培养具有国际视野的接班人和构建和谐的人地关系两大主题。

纵观国内,"唯分数论"在较长时期内占据着重要地位,成绩往往作为考核学生、评价教师和学校、社会用人等的唯一标准,其结果首先导致了地理学科地位较弱。其次是存在学校培养的"人才"与社会所需的人才脱轨,培养的部分学生只会做题,或高分低能,或性格缺失、障碍甚至出现背信弃义等。由此,"立德树人"应运而生,既是时代的呼唤,也是社会的呼唤,更是国家的发展需求。目前以中国学生发展核心素养为依据,我国中学地理学科的德育育人的主要内容聚焦于责任担当,具体表现为社会责任、

---

[1] 王 红.美国公民教育的目标、内容、途径与方法综述[J].外国教育研究,2004(3):14-17.
[2] 侯萌晗.初中地理德育实施现状及对策研究[D].开封:河南大学,2018.

国家认同、国际理解、生态文明,旨在培养学生处理与社会、国家、国际等关系方面所必备的情感态度、价值取向和行为方式。

地理学科在德育方面的育人价值备受关注,德育内容和目标都强调了培养对本国发展有需要和适应未来发展的人才。

(一)地理学科德育育人的内涵

1.德育的内涵

何为德育呢？词典中将"德"解释为"品行、道德和信念",是人作为"社会的人"所必须遵守的行为准则和规范,"育"意为"培养、教育"。所以,德育就是关于品行道德和信念的教育,是以培养人的道德和品行为主要内容,通过探索、体验、感悟等途径和方法,使人真正成为"社会人""道德人",成为社会发展所需要的人。[①] 而本书所指的德育专指学校德育,是针对青少年在学校这一特定场所由教师这一具有专业技能的人,通过专门的教育教学活动对中学生实施包括道德、信念和行为等方面的教育,以适应当前和未来社会发展的需求。

2.地理学科德育育人的内涵

虽然地理学课程在我国起步比较晚,但是地理学思想却是自古就有,例如我国古代就开始对人地关系思考,倡导"天人合一""因地制宜"。改革开放以来我国地理学科德育的主要内容具有明显的时代特征,聚焦于爱国主义。随着我国经济快速发展和经济全球化进程的加快,全球性的经济问题和环境问题越来越受到关注,人类反思的结果就是加强全球视野和可持续发展观念的教育。

当前,为落实"立德树人"根本任务,依据《义务教育地理课程标准(2011年版)》和《普通高中地理课程标准(2017年版)》,结合教学实际,国家制定了《中学地理学科德育实施指导纲要》,明确界定了地理学科德育育人的主要范畴包括可持续发展、爱国主义、全球意识和文化多元。其中,自然地理部分的德育内容做了这样的阐释:首先,自然地理环境是人类生存和发展的基础,人类要更好地生存和发展,就必须尊重自然,掌握自然规律,并按照自然规律办事。因此,学生需要通过地理学习,在尊重自然、保护自然的基础上树立可持续发展的自然观。其次,通过对人文地理部分学习了解人口、民族、种族、工农业生产等,熟悉世界各地社会经济状况、民俗文化和独特的风土人情等,辩证地认识"人与自然""人与社会""人与人"之间的关系,学会尊重文化与文明的多样性,不断提高人文地理素养。

全息育人理念下的地理学科德育育人内涵可概括为:以地理自然和人文景观的欣

---
① 吴元发.教师德育力从何而来[J].中国教育学刊,2020(7):18-22.

赏为基础,通过一定的手段和方法,培养学生爱国主义、全球意识、多元文化和可持续发展等观念,并在实践中逐步形成与之相应的行为。

(二)地理学科德育育人构成要素

中学地理课程是在"教育要面向现代化、面向世界、面向未来"的战略思想指导下构建和实施的,其教学内容主要是通过认识世界和中国的自然和社会地理环境,培养学生的国际视野和家国情怀,通过区域发展中面临的问题引发学生对人地关系的思考。

基于党和国家的教育方针,结合地理学科的特点,本书中构建了包括家国情怀、国际理解和生态文明为主要内容的地理学科德育育人价值体系。

表2-1 全息育人下的地理学科德育价值体系

维度	一级指标	二级指标	三级指标
德育育人	家国情怀	国家认同	领土认同、文化认同、民族认同
		乡土观念	热爱家乡、发展家乡
		中华传统文化	物质文化、非物质文化
	国际理解	全球视野	经济视野、文化视野、政治视野、环境视野
		多元文化	对各种文化的尊重、包容、理解
		国际交流	国际组织、国际工程、国际事务
	生态文明	生态观念	人口观、资源观、环境观、发展观
		生态经济	生态农业、循环经济

1.家国情怀

家,意为家庭、家乡,对地理学科而言,亦可理解为地球这个大家庭。国即国家。家国情怀是一个人对家、对国的情感情谊,是各国中学生爱国主义教育的重要组成部分。但是,随着"地球村"的形成,外来思想强烈地冲击着我们"修身、齐家、治国、平天下"的传统文化,加之"重知识、轻情感"的教育现状,我们呼唤家国情怀的回归。

中学生是一个具有公民身份的人,要热爱自己的祖国,并将之付诸实践。作为中国人,作为中学生要坚决捍卫国家主权和领土完整;了解国情、认清历史,维护国家尊严;在国内外遇到祖国尊严受到挑衅时,能坚定不移地捍卫国家主权、尊严和利益;能在各种场合积极宣扬中华民族的优秀传统文化;在日常生活中积极践行社会主义核心价值观,为实现中华民族伟大复兴而不懈努力。地理学科能帮助学生在认识家乡和国家的基础上,产生文化、民族和政治的认同,应当肩负起家国情怀的教育责任。[1]

例如:湘教版地理八年级(上)涵盖了祖国辽阔的国土面积、壮丽的河山、富饶的物产、经济社会发展的巨大成就等内容,也客观地介绍了我国自然资源总量大、人均量少、时空分布不均等国情,使学生产生一定的忧患意识,树立珍惜资源、保护环境的责任意识。教学中还可以辅以"一带一路"倡议的发展理念和概况,了解中国与沿线各国的经济、社会文化的交流,增强民族自尊心和自信心。湘教版地理八年级(下)以区域为载体,辩证看待区域发展的优势条件和所面临的问题,树立科学规划区域发展的观念和美好愿景,培养建设家乡、建设祖国的强烈使命感。同时,在国家课程之外,我们还有乡土地理作为教学素材,从学生最熟悉的家乡的自然和人文地理着手,增强学生对家乡的了解,树立浓浓的乡土观念、乡土情怀,是我们培养学生家国情怀的基础。

教师要充分挖掘课标教材中的德育内容,激发学生的民族、文化和国家认同感,形成家国一体的共同体意识,当个人意识和国家、集体意识,个人利益与国家、集体利益出现冲突时,个人必须服从社会、国家等共同体。

(1)国家认同

国家认同也是基于同一片土地上共同的理想而产生的情感认可。2014年教育部就提出"各级教育部门和中小学校要大力开展公民意识教育,培养公民美德,发扬社会公德,增强国家认同。"[2]国家认同主要着力点有三个方面,分别是领土认同,文化认同和民族认同。其中,领土认同是前提,文化认同是情感基础,民族认同是社会基础。

例如:湘教版地理八年级的课程内容与领土认同、文化认同、民族认同等融合度很高。第一章第一节的教学任务是通过阅读我国政区图,明确我们的国界线、四至点、领土领海范围,对我国的领土、领海、领空、专属经济区等概念有较清楚的认识,这样才能更加准确地界定领土和主权,对领土产生强烈的归属感,进而形成领土认同。教学中教师可引入一些时事政治,来增强学生对"国家领土神圣不可侵犯"的领土认同。教材中还多处引入我国传统文化,例如有少数民族的节日、我国五岳名山、母亲河——黄河等,处处彰显着华夏悠久的历史。如今中国传统文化的影响力更是遍及世界各地,通过学习,不仅领略到传统文化本身的魅力,而且通过分析传统文化背后的地理环境原因,更加理性地认识传统文化是我国劳动人民智慧的结晶,体现了其探索的毅力和精神,因此,民族文化尤其是中华优秀传统文化的传承是增强国家认同重要的情感基础。最后,民族认同是国家认同的社会基础。我国是一个多民族的国家,少数民族又主要

---

[1] 徐喆,潘彦君,黄妍.中学地理教学中家国情怀教育策略探讨[J].中学地理教学参考,2019(4):83–84.
[2] 中华人民共和国教育部.关于培育和践行社会主义核心价值观进一步加强中小学德育工作的意见[Z].2014-04-03.

集中在东北、西北和西南等边疆地区,还有些少数民族与汉族聚居分布,因此了解民族政策和各民族文化才能实现民族和平共处,最终实现国家稳定。

(2)乡土观念

苏联教育家加里宁说过:"爱国主义教育是从深入认识自己的家乡开始的。"可见,家国情怀的基础是乡土观念。对于中学生来说,爱国首先要科学理性地认识家乡,然后情感上升华为热爱家乡,并立志为建设家乡而努力。

乡土观念的达成主要依靠乡土地理教材,它不仅传授学生相关的地理知识,更是情感的传递与升华。学生通过认识家乡的自然和人文地理环境,了解家乡人民充分利用优势条件进行生产生活所取得的成就以及家乡在发展中面临的困境等方面,培养热爱家乡、建设家乡的情感,最终树立建设祖国的雄心壮志。

例如:我们利用《重庆地理》这一乡土地理教材,书中比较全面地介绍了重庆市的自然条件和社会经济、人文风俗等板块的内容。具体内容包括重庆市的面积、行政区划、地理位置等概况。自然地理部分介绍了重庆的地形地势、气候、河流和动植物资源情况、自然资源以及自然灾害;社会经济方面讲述了重庆的人口、经济、交通、民族和传统民居等内容。另外,我们利用教材引导学生学会用地理视角去分析现实生活中的地理现象,激发学生热爱家乡、建设家乡的浓厚情感和斗志。

(3)中华传统文化

中华传统文化是中华民族的"魂",也是增强民族凝聚力的精神支柱。中华文明在历经五千多年的洗礼后,逐步沉淀形成了各种形式的建筑和服饰以及非物质形式的语言、思想、文学、哲学、艺术等诸多文化元素,是中国劳动人民为了适应当地自然地理环境而创造的智慧结晶。

广义的传统文化既包括思想意识又包括具体的物质外显形式。狭义的传统文化则仅仅局限于思想意识,其中儒家思想长期以来占据着核心地位,所倡导的"修身、齐家、治国、平天下"得到了广泛的认可,是家国情怀的早期表现。而物质外显形式,包括传统艺术(琴棋书画、戏曲、民居、服饰、美食、剪纸等)、民俗与禁忌、传统医术(中医)等。这些优秀传统文化带着深深的地域烙印和时代特征,教学中可借助具体的实物或者影像资料,一方面欣赏中华传统文化的美,实现美育育人;另一方面,通过挖掘其产生的背景和地理原因,认识其中蕴含的智慧和地理思想,更重要的是使得学生的爱国多了一份理性。

例如:湘教版地理八年级(下)中关于我国南北方差异部分涉及传统民居的差异,学生在探究其背后的地理原因时也能充分感悟到我国劳动人民的智慧;再比如人教版地理选择性必修1中关于地球运动部分,教材设计了自学窗"东方智慧——指导农事的二十四节气",教师可结合上课进度选择适当的节气或者选择一些典型的节气加以渗透,这些由我们劳动人民总结出的物候规律,至今仍对生活和生产有着指导意义。这些都是进行传统文化教育的宝贵资源。通过中华传统文化尤其是中华优秀传统文化的教育,有助于培养学生强烈的民族自豪感,也有助于国家认同观念的培养和形成。

2.国际理解

在古代交通和信息不发达的条件下,人类认识世界和生产生活的范围较小。直到区域一体化、经济全球化等成为未来的趋势,国际理解才被人们所了解和重视,所以国际理解具有鲜明的时代特征。

雅克·德洛尔认为国际理解教育的目的是让全世界生活在不同自然环境、不同种族、有着不同语言和宗教信仰的人与人之间能相互了解、相互理解、相互宽容,更能够相互合作,共同解决"地球村"面临的发展和环境问题以及由此引发的局部战争问题等。[1]各国在进行国际理解教育时可引入时事国际新闻,就发生的文化争端、局部战争、重大的环境问题以及各国的风俗习惯等加以渗透。《中国学生发展核心素养》对国际理解做了明确的定义:"是指具有全球意识和开放的心态,了解人类文明进程和世界发展动态;能尊重世界多元文化的多样性和差异性,积极参与跨文化交流;关注人类面临的全球性挑战,理解人类命运共同体的内涵与价值等。"

(1)全球视野

新航线的开辟和新大陆的发现,使人类活动的范围和视野突破了海洋的阻隔。随后一战和二战给人类文明带来了重创,加之美苏为代表的两大阵营的对峙,导致经济和社会发展受阻。冷战结束后,全球逐步由竞争走向分工和合作,全球视野应运而生。全球视野指人们能站在世界的高度,将全球、全人类作为整体看待,追溯评价世界历史、客观审视当今国际社会和评价本国在国际社会的地位,充分认识到在参与国际交流、国际合作时应当承担的义务和享受的权利,并最终通过恰当的态度和行为参与到国际交流和国际合作中。从本质上讲,全球视野实则是一种观念和意识,并受其影响转化为能力和行为,有助于培养具有心态开放、眼光长远的"地球人"。基于全球性的发展和环境问题,培养国际视野可以从经济视野、文化视野、政治视野和环境视野四方面着手。

全球视野的教育更多还是以区域地理作为载体,美国强调"比较、理解不同国家和地区在自然、人文、文化和历史方面的相似性和差异性";日本强调"结合身边事物学习世界

---

[1] 雅克·德洛尔.教育——财富蕴藏其中[M].北京:教育科学出版社,1996.34.

地理""突出区际联系"和"加深对邻国的了解"。我国在全球视野的内容则较为广阔,学生通过学习了解世界各国的政治、经济、历史、科技和文化以及全球生态状况,关心和尊重不同的文化表现形式和各民族风俗习惯的价值观,形成站在全人类的高度去理性地观察和思考问题的能力,树立起"地球村""我是世界公民"等观念,培养学生关心人类、关心世界、学会与人协调共处,形成跨文化的适应能力。[①]

例如:人教版地理选择性必修1第一章第一节《地球的自转和公转》中对于"时差"部分设计了活动主题,其中以世界杯足球赛为情境,创设了如下的问题:俄罗斯世界杯足球赛于当地时间2018年6月14日17:30在莫斯科(东三区)开幕,我国观众观看开幕式的时间是北京时间何时?教学中可以增加开幕式的视频,对俄罗斯文化多一些了解,培养文化视野。人教版地理选择性必修2的第四章第四节专门设计了《国际合作》,主要涉及经济全球化和"一带一路"两大国际背景,帮助学生更好地培养全球经济视野。人教版地理选择性必修3第三章第四节《全球气候变化与国家安全》,从全球整体的视角分析成因和对策,培养学生的环境视野。

(2)多元文化

世界范围内由于区域的差异逐步分化为不同的民族,而民族差异又导致了生活习惯、宗教信仰等差异。所以,多元文化既存在世界范围内,也存在国内。随着全球化的趋势日益明显,我国与世界各国的交流、合作越来越多,形成越来越多的国际组织,促进了跨国事务、跨国工程的开展。这些都是建立在各国、各民族、各种族相互尊重和相互理解的基础之上的,所以联合国教科文组织明确指出,多元文化指了解和尊重所有民族,他们的文化、文明、价值观和生活方式,包括国内各民族的文化和其他国家的文化。对于民族文化的理解,要求认同本民族文化,形成民族平等意识和民族团结合作精神等,包括本国文化对世界文化的贡献,本国与世界其他国家的交流与合作;对异域文化理解,要正视不同民族、国家和地区的文化是有差异的,应以宽容、开放的视野去正视差异,尊重、理解不同的文化和价值观。[②]

例如:湘教版地理七年级(上)第三章第二节《世界的人种》,教师可以通过人种的图片,对比、正视人种的差异,再结合阅读部分,帮助学生理解人种的差异与地理环境有着密切的关系,树立种族平等,无差异无歧视的观念。第三节《世界的语言和宗教》,教师可以采用一句话多语言的方式,让学生充分感受到语言差异的趣味性和魅力,通过图文影像学习世界三大宗教的建筑、信仰等,理解宗教信仰的差异,并能够以存同求异的心态去包容世界,才能避免冲突,寻求和平发展。第四节《世界的聚落》也可以通

---

① 刘洪文.国际理解教育的定义内涵初探[J].江西青年职业学院学报,2015(12):16–17.
② 陶华坤.多元·共存:论国际理解教育[M].长春:吉林出版集团股份有限公司,2016:25–43.

过一些探究性活动理解各肤色民居均是适应当地环境的结果。

中学地理学科的多元文化首先是在本国民族文化认同的基础上了解别国历史、文化、社会习俗的产生、发展和现状。其次是用地理的视角,整体地、系统地、辩证地分析他国政治、经济发展状况及其对本国发展的影响,学会正确认识和处理经济竞争和合作、生态环境、多元文化共存、和平与发展等问题;[1]担负"地球村"的公民应当承担的责任和义务,形成人类命运共同体的价值观。

(3)国际交流

在全球化发展的今天,尤其是我国在"一带一路"倡议的大背景下,国际交流与合作是必然趋势,地理学科更多地关注区域差异和区际联系,所以很多大型国际工程需要以区域地理环境为基础才能实现扬长避短,最终实现合作共赢。国际交流的方式通常包括国际组织、国际工程和国际事务等方面。

例如:湘教版地理七年级(上)第五章第一节《发展中国家和发达国家》中设计了阅读部分,介绍了"和平共处五项原则""南北关系",明确国际交流的原则;第二节《国际经济合作》则通过一些国际经济合作的重要组织的介绍,了解在解决国际经济问题、经济争端和经济合作等方面需要这些组织的协调,这些组织发挥着积极重要的作用。人教版地理选择性必修3第四章则通过国际合作的案例,帮助学生了解世界各国在处理全球性的、区域性的资源、环境等问题时,需要以共同的目标和合作的态度,才能促进国际交流与合作。

3.生态文明

生态主要是指生物的生存状态,以及它们之间和它们与环境之间环环相扣的关系。文明则是人类在改造自然、发展自我的基础上,所形成的物质与精神的总和。生态文明则是指人与自然、人与社会友好发展所达到的和谐状态。在地理教学过程中可利用其课程点多、面广、实践性强的优势,引导学生关注生态问题,了解生态文明的重要性,把人地协调的观念扎根心中。

《义务教育地理课程标准(2022年版)》引导学生通过探究人类活动与地理环境的关系,认识到地球资源是有限的、生态环境是脆弱的,形成保护地球家园的观念、热爱祖国和家乡的情感,以及关心世界的态度,不断增强人文底蕴、科学精神和责任担当,并提高健康生活、终身学习和实践创新等能力。[2]

各个版本的地理教材中都有丰富的生态文明教学内容,教师在教学过程中可以充分挖掘,同时结合日常生活和重大生态问题,激发学生学习的动力,并运用到日常的生活中。通过梳理发现在中学生态文明的教育中可以按照生态观念(人口观、资源观、环

---

[1] 马苗苗.教育的宽容与宽容教育[D].南京:南京师范大学.2009.
[2] 中华人民共和国教育部.义务教育地理课程标准(2022年版)[S].北京:北京师范大学出版社,2022.

境观、发展观)、生态经济(生态农业、循环经济)展开。

(1)生态观念教育

中学地理课程的开设以"立德树人"为根本任务,引导学生树立正确的人地观念,形成可持续发展思想,如正确的人口观、辩证的资源观、科学的环境观和发展观,并能够运用科学的人地观念去认识世界、解释自然现象并作出科学决策,以适应未来社会的发展需要。

首先是生态人口观教育。当今世界人口基数大,增长速度快,社会发展面临着严重的人口压力。在中学地理课程标准中共有五条标准涉及人口问题:运用地图和其他资料归纳世界人口增长和分布的特点;举例说明人口数量过多对环境及社会、经济的影响;运用有关数据说明我国人口增长趋势,理解我国的人口国策;运用中国人口分布图描述我国人口的分布特点;运用资料,描述人口分布、迁移的特点及其影响因素,并结合实例,解释区域资源环境承载力、人口合理容量。

在地理教学过程中,不仅要重点分析人口多、增长快的原因,也要分析人口过多带来的资源短缺、环境污染、生态破坏问题,还要分析人口分布不均、增长不均造成的劳动力短缺、人口老龄化、人口移动过快、性别比例失调等问题,使学生更加全面了解目前人类面临的人口形势,使之形成正确的人口观。

其次是生态资源观教育。资源包括自然资源、社会资源和经济资源。中学阶段的地理教学中着重探讨自然资源。所谓资源观,是指人类对资源的内涵、作用等的看法和观念。资源和资源观,是中学地理教学关注的重要内容之一,在《义务教育地理课程标准(2022年版)》《普通高中地理课程标准(2017年版2020年修订)》中前言部分和课程性质中都有明确表示。资源在全球范围内流动,必然会随之出现资源权益、资源风险和资源安全等方面的一系列问题,因此,在教学中培养学生全球化的资源观非常重要。

例如:湘教版地理七年级(下)第七章第三节《西亚》中,在活动题中要求学生根据"西亚石油海上运输线路示意图"找出从波斯湾到欧洲西部和美国的两条海上石油运输航线,并说明这两条航线经过了哪些大洋和著名海峡。这有利于学生对全球化的资源贸易和资源运输建立初步认知。

充足的资源能够为经济发展提供条件,但过分依赖资源优势,也会导致经济发展的单一性,所以也有必要在教学中培养学生辩证的资源观。

例如:湘教版地理七年级(下)第七章第三节《西亚》中,提到"石油资源毕竟是有限的。目前,西亚的一些石油国在稳定生产的同时,也在努力使经济朝多元化的方向发展。"

在《普通高中地理课程标准(2017年版2020年修订)》中,有四条标准来阐述自然资源开发利用,环境保护,资源、环境对国家安全的重要意义,旨在帮助学生了解资源、环境与国家安全的关系,增强保护资源与环境、维护国家安全的意识。

再次是生态环境观教育。中学地理课程与环境教育内容相关性很强。如《义务教育地理课程标准(2022年版)》提出:"举例说明家乡环境及生产发展给当地居民生活带来的影响和变化。"《中小学环境教育实施指南》中"内容与要求"提出:"关注家乡所在区域和国家的环境问题,有积极参与环保行动的强烈愿望。"[①]《普通高中地理课程标准(2017年版2020年修订)》更是在多个模块中,以更多的课程标准来展示环境保护的要求。因此,地理课程的教学内容与环境教育内容之间是相辅相成的,地理教学是环境教育的重要途径。

例如:湘教版地理七年级(下)第八章《巴西》一节,通过一个阅读材料,一个活动,来介绍巴西热带雨林,并设问"面对乱砍滥伐热带雨林现象,人们发表了不同的观点,假如你是一位地理学家,说说你的观点",以角色扮演让学生从不同的立场分析雨林破坏对人类的影响。湘教版地理八年级(下)教材第五章《西北和青藏地区》一节提到"青藏地区自然环境严酷,生态脆弱。因而,保护本区自然环境,防止生态破坏、草场退化具有十分重要意义。"人教版地理选择性必修3中第三章也提到了环境污染、生态保护、全球气候变化与国家安全。这些都以我们身边能看得见的案例,让学生建立可持续发展的环境观。

最后是生态发展观教育。随着生产力的发展,人类改造环境的能力越来越强、规模越来越大、速度越来越快、程度越来越深,这对生态环境、自然资源产生极大的破坏,各种环境问题频频出现,使人类的发展和生存条件受到威胁。人类对自然的掠夺已经造成了人与自然的尖锐冲突和对立。生态发展观的思想在于,要把人从冲突和对立中解放出来,以确立人与自然的新型伙伴关系,从而实现人与自然的和谐相处。

例如:湘教版地理八年级(下)第三章《中国水资源》一节中通过文字"节约用水,合理用水,保护水资源,防治水污染,提高水资源的利用效率,是缓解缺水问题的有效途径。比如,在农业生产中更多的是用滴灌等节水灌溉模式,将处理过的生活污水用于浇灌绿地、冲洗厕所、浇洒道路等,收集城市雨水作为绿化用水。总之,我们要为建立节水型社会付出更多的努力。"以改变我们生活中的行为为人类的生存与发展贡献自己的力量。

---

① 中华人民共和国教育部.中小学环境教育实施指南[S].北京:北京师范大学出版社,2003.

(2)生态经济

生态文明的知识、意识的培养不仅需要让学生正确地认识和处理自然环境之间的关系，更要以实际的生活生产行为来进行固化。

首先是生态农业。在人类由原始文明到农业文明再到工业文明的进步过程中，农业起到了举足轻重的作用。农业发展一方面满足和丰富了人类生存需要，另一方面，盲目肆意的农业发展也会导致出现耕地面积减少、土地退化、水土流失、灌溉水源减少、水体污染、土壤污染等环境问题。

生态农业是按照生态学原理和生态经济规律，因地制宜地设计、组装、调整和管理农业生产和农村经济的体系。生态农业的基本内涵是：把发展粮食与多种经济作物生产，发展种植与林、牧、副、渔业，发展传统农业与第二、三产业结合起来，利用传统农业和现代科技成果，通过解决人工设计生态工程协调发展与环境之间、资源利用与保护之间的矛盾，形成生态上与经济上两个良性循环，实现经济、生态、社会三大效益的统一。

例如：湘教版地理八年级（上）第四章《中国农业》一节中用文字材料介绍"新型农业"，其中介绍了观光农业、绿色农业、立体农业等常见的生态农业形式，此外还可以补充北方"四位一体"生态农业模式，南方"猪-沼-果"生态农业模式、桑基鱼塘、西北"五配套"生态农业模式等比较成熟的生态农业模式。

其次是循环经济。循环经济是我国提出并坚持的新型经济发展方式，既是出于生态环境的考虑，也是出于我国社会产业发展方式升级的考量，主要在将生态和传统产业两种经济融合发展，既可以降低经济发展对生态环境的影响，又可以促进传统产业的加速转型。[1]比如，目前在城市周边都有一定数量的焚烧发电厂，主要是将城镇地区的生活及工业垃圾统一集中起来，然后通过焚烧将其转换为电能，再将获取的电能分别输送给生活及生产用。这样就可以变废为宝，实现废料资源的循环利用。

例如：人教版地理选择性必修2中第二章第三节介绍以城市转型发展来使资源型城市发展模式发生转变，同时还通过问题研究"景德镇还要不要走世界瓷都之路"来探讨区域循环经济的发展。

二、中学地理科学育人的结构

中学地理科学育人，即对学生进行地理智育，智育是使受教育者通过知识和技能的学习以发展他们智力的教育。智育的内涵与教育科学的发展、时代的变迁密切相关。从历史上教育最早发生之时起，智育就是整个教育行为中最重要的一部分，占教

---

[1] 曾朦瑶.循环经济与经济可持续发展分析[J].科技经济导刊,2020,28(21):213.

育的核心主体地位,为受教育者传授生产生活经验。随着时代的发展和变迁,教育理论的不断深化完善,智育的内容与目的发生了极大的变化。在此基础上,中学地理科学育人对学生进行的地理智育,也与传统教学有着明显的变化,本书对中学地理科学育人内涵及结构进行了重新解读和构建。

(一)地理学科科学育人背景

本书中地理学科科学育人主要是指地理学科智育。在国际上地理学科的科学育人,实际蕴藏在各个国家目前执行的课程标准或教学大纲中。课程标准或教学大纲是指导各国地理教学开展的指导性文件,具有核心地位和关键作用。分析具体国家的课程标准或教学大纲,就能了解各国在地理智育方面对学生的基本要求。

总体上来说,《地理教育国际宪章》(以下简称《宪章》)明确地提出了地理教育的内容和发展方向,是各个国家在设置课程标准或教学大纲时的重要纲领性文献。《宪章》认为"几乎所有学科(经济学、政治学、法律、技术或其他学科)都受到国际性和环境方面的影响。因此学习这些学科的学生必须具备地理素养"。地理教育对学生的发展起着重要的作用,"为今日和未来世界培养活跃而又负责任的公民所必须"。那地理究竟该教些什么,该培养学生何种素养?《宪章》认为发展知识、提高技能、改变情感态度和价值观,是地理教育的三个基本目标。所以在《宪章》的指导下,许多国家的课程目标均分成了三个维度,比如美国分为知识、技能和观点;英国分为知识、技能和理解;澳大利亚分为知识和理解、探究、技能;德国分成知识目标、能力目标和态度目标等。

1.国外背景

美国国家地理课程标准经历了多次完善,它更加强调学生是否能运用地理科学知识解决实际问题。《生活化地理:美国国家地理课程标准》要求地理课堂要通过地理知识、地理视角以及地理技能这三大方面的教学内容和学习内容,使得学生能在生活中有效地使用地理这门学科。英国地理课程标准强调使用"关键概念"组织学生对地理学科的知识进行理解,例如英国关键阶段3(KS3:11-14岁、7-9年级)中的关键词有"地方""空间""范围""相互依存""自然过程和人文过程""环境的相互作用和可持续发展""文化理解和多样性"。一方面,这些关键词涵盖了地理课程在教学过程中的重要知识目标和教学内容,另一方面,这些关键词充分体现了学科本质和目前学科发展的重要问题。澳大利亚地理课程标准具有非常明显的层次性,对不同学段的学生要求不同。初中学段要求学生具有欣赏地理现象所必需的知识、理解、技能、价值观和态度,高中学段则要求学生尝试研究世界的自然、人文现象的空间和生态层面的变化等。总体来说,课程标准非常侧重于学生的技能和观念的培养,课程标准中明确地提出了对学习部分进行地理调查,要将理论学习和实践活动紧密联系,注重学生的创新精神和动手能力。新加坡同样关注学生以地理探究能力为代表的地理技能。初中地理教学大纲要求学生能掌握地理概念、地理术语和地理事实的知识,自然和人文环境现象的空间分布,能认识和分类环境的自然和人文特征,观察、收集和记录一手和二手资料的地理信息,解释地图、图表、表格、照片和野外数据等。

综合对比国外的课程标准或教学大纲可以发现,各国地理课程通过主题和课题的方式学习地理概念和知识,都用学科的基本概念组织课程内容,内容有相对一致的主题内容,重视地理探究和地理思维,强调可持续发展的观念。[①]基于《地理教育国际宪章》的各国地理课程或教学大纲的构成要素,目前一般可分为知识和能力两个方面。其中,地理知识是地理学习的基础,一般包括地理概念、地理原理等。在传统知识的基础上,各国根据目前的时代特色,还增加了一些新的地理知识,比如可持续发展、资源开发利用等。地理能力是另一个重要的智育要素,各个国家对学生收集分析地理数据,利用地理知识解决实际问题,课内及课外的地理实践技能非常重视,学生是否具备良好的地理思维力,是地理教学评价的重点内容。

2.国内背景

我国目前基础教育仍然存在着一些问题,比如学校大多重视分数和升学率,导致教师在教学过程中只关注学生知识的掌握,忽略了学生其他方面的发展,学生也只关注自己学业成绩方面的进步,忽略了自己的个性发展。对于地理学科来说,这种现象尤其明显。传统的地理教学对知识的要求非常高,经过课程改革之后,地理思维越来越受到重视,但是地理实践力长期受到忽视,一方面由于条件有限学校无法开展相关的教学活动,而且学校管理包括课时存在不合理等方面问题。另一方面就是教师的地理实践力水平不高,且对地理实践力的重视程度不够的问题。而学生的地理科学能力是中学地理教学重要目标之一,如果只关注知识和思维,那么学生最终会面对"眼高手低"的现实问题,不能为高等教育的学习做好铺垫。

针对我国目前基础教育的现状和存在的问题,党的十八大报告指出,教育要把"立德树人"摆在第一位,社会主义接班人应该是德智体美劳全面发展的人才,也只有这样的人才能成为社会主义合格的建设者。本轮基础教育改革伴随着课程标准的修订,新修订的地理课程标准提出了地理学科的核心素养体系,明确指出了地理学科应培养学生的哪些必备品格和关键能力。除此之外,《关于全面深化课程改革,落实立德树人根

---

① 王小禹.地理课程标准的国际比较研究[D].长春:东北师范大学,2011.

本任务的意见》文件也指出,要在发挥各学科独特育人功能的基础上,充分发挥学科间综合育人功能,开展跨学科主题教育教学活动,将相关学科的教育内容有机整合,提高学生综合分析问题、解决问题能力。充分利用现代信息技术手段,改进教学方式,适应学生个性化学习需求。强化教学的实践育人功能,确保实践活动占有一定课时或学分。实施实践育人共同体建设计划,建立一批青少年社会主义核心价值观实践基地,充分发挥社会实践的养成作用,引导学生在服务他人、奉献社会中升华对社会主义核心价值观的认知理解。因此,传统的地理教学方式已经不适应时代的发展,地理基础课堂的改革势在必行。

(二)中学地理科学育人概念

1.科学育人

本书提出的科学育人概念是以某个具体的学科为载体,对受教育者进行教育,使得受教育者获得某学科相应的知识与技能的过程,即以往传统教育中的智育。智育即开发智力的教育,有时亦单指文化科学知识的教育,也指教育者有目的、有计划、有组织地向学生传授系统的文化科学知识和技能的教育活动。在智育过程中,教育者一般通过创设情境和问题,引发学生学习和思考的兴趣,从而使学生的智力水平得以提升。

纵观历史,从教育的发展过程中可以发现,智育的内容随着时代的变化而变化,深深地打上了所处时代的经济、政治和文化的烙印,具有强烈的时代性。我国早期的智育主要以儒家经典为主的教育内容。中国早在西周时期的贵族教育体系已有六艺之教,周王朝官学要求学生掌握六种基本才能:五礼、六乐、五射、五御、六书、九数,即"通五经贯六艺"中的"六艺"。在西方古希腊雅典的教育中,学校的智育内容包括了语法、修辞、逻辑(或辩证法)以及算术、天文、几何、音乐等。随后在欧洲文艺复兴时期,体育重新受到重视,增添了历史、地理等学科,自然科学开始被重视,宗教课程已不再占有学校的绝对权威地位。随着资本主义经济和社会科学技术的迅速发展,一些地区开始实施普及初等教育,自然科学越来越受重视,相应占据着极其重要的地位。

而关于智育的内涵,不同的学者的认识也存在差异。苏霍姆林斯基认为智育包括:"获得知识和形成科学世界观,发展认识能力和创造能力,培养脑力劳动文明,养成一个人在整个一生中对丰富自己的智慧和把知识运用于实践的需要。"[1]他认为真正的智育是指引人去认识生活的复杂性和丰富性,智力训练就是"人对世界的观点不仅表现为能够解释世界,而且表现为他具有一种用自己的创造性劳动来证明、确立和捍卫某种东西的志向。"朱光潜在《谈美感教育》中认为,物有真善美三面,心有知情意三面,

---

[1] (苏)B.A.苏霍姆林斯基.给教师的建议[M].北京:教育科学出版社,1984.

教育力求在"物"和"心"两方面同时发展,于是有智育、德育、美育。智育让人研究学问,求知识,寻真理;德育让人培养良善品格,学做人处世的方法和道理;美育让人创造艺术,欣赏艺术与自然,在人生世相中寻出丰富的兴趣。中国特色社会主义学校智育的基本任务是:向学生传授系统的现代化科学基础知识和技能,大力提高学生的科学文化水平并培养科学态度,为学生奠定比较完整的知识基础;积极发展学生的智力,尤其是创造性思维能力,培育勇于探索的精神,发展学生多方面的兴趣和才能。

从智育的内容和内涵的发展变化中可以看出,智育的内容一方面取决于时代背景,另一方面取决于具体学科的发展进程。智育的内涵也可以主要归纳为两方面,一方面指学科知识的达成,二是指学科能力的培养。

2.中学地理科学育人的内涵

地理学从人类文明产生之时就开始被记载,地理现象和人地关系是重要的研究对象。但是地理学形成真正的学科经历了较长的发展过程,直至近现代,地理学才形成了较为完整的学科体系。因此地理智育的内容从古到今变化较大,理论与内容不断在拓展和更新。现代地理学主要是研究地理环境以及人类活动与地理环境相互关系的科学,其研究范围已经拓展到了四大圈层,上至大气层外界,下至地球内部的软流层,其间的地形、地质、地貌、天气、气候、河流、湖泊、海洋、土壤、生物、人口、城市、农业、工业等都是地理智育的重要内容。

地理智育除了要达成知识目标,另一方面要培养学生地理学习能力,包括阅读地理图表的能力、收集地理信息的能力、进行地理实地考察的能力、综合思维的能力等。良好的学习能力的培养必然以完善的基础知识为载体,而知识的完善也会进一步促进学习能力的提升,二者相辅相成。

因此,中学地理科学育人的基本内涵为,通过全方位的素材向学生系统地传授地理科学知识,奠定学生必备的地理知识基础,培养地理学科基本技能,最终达成学生智力提升、态度正确、素养合格的基本目标。

(三)中学地理科学育人构成要素

依据地理学科的基本体系与地理学科核心素养的基本要求,本书认为中学地理科学育人应包含核心概念、学科知识与学科能力三部分内容,并构建了如下的科学育人体系。

表2-2　全息育人下的地理学科科学育人价值体系

维度	一级指标	二级指标	三级指标
科学育人	核心概念	地理位置	经纬度位置、海陆位置、半球位置、相邻位置、经济位置、交通位置
		地理分布	空间分布、时间分布、地域分异/分布形态、分布方式和分布格局
		地理特征	地理位置特征、自然环境特征、人文环境特征
		地理过程	认识有限时段内的变化规律、对于未来可能发生的地理行为进行模拟和预测、研究地理过程与地理分布之间的耦合关系
		地理联系	局部与整体的联系（如地方与全球的联系）、要素间的联系、人地关系、因果关系
	学科知识	地球地图	地球和地球仪、地图
		自然地理	陆地与海洋、地形地势、天气气候、水文、土壤、植被
		人文地理	自然环境与自然资源、疆域与人口、城市、农业、工业、服务业、文化与习俗
		区域地理	中国地理、世界地理
	学科能力	区域认知	区域认识意识、区域认知方法、区域开发评析
		综合思维	地理要素综合、时空综合、区域综合
		地理实践力	地理信息的收集与处理、地理实践活动方案的设计、地理活动方案的实施

1.核心概念

学科核心概念又称为关键概念或基本概念，是组成学科知识体系的重要节点，居于学科中心位置、具有较强统摄力和广泛解释力。张家辉与袁孝亭教授采用比较法和文献法，筛选出了中学地理课程中的地理核心概念，包括位置、分布、地方、区域、尺度、地理过程、空间相互作用、地理环境和人地关系等。[1]袁孝亭教授遵循"从空间看待一切是地理学的根本思想方法"的思路，依据"它在哪里？它是什么样子？它为什么在那里？它是什么时候发生的？它产生了什么影响和作用？怎么使它有利于自然环境和人类社会？"六个问题提出六个地理核心概念：地理位置与分布、地理特征与差异、地理因果关系、地理过程、空间的相互作用、人与地理环境的关系。袁孝亭教授经过进一步的整理和归纳，最终得出核心概念的五个构成要素，即地理位置、地理分布、地理特征（含差异）、地理过程、地理联系（局部与整体的联系、区域间的联系、要素间的联系、因果关系、人地关系）。

(1)地理位置

《地理教育国际宪章》指出，认识人和地方的位置是理解本地、区域、国家和全球的相互依存关系的前提[2]，是地理学六大问题中的基础。位置是某一事物与周围事物的

---

[1] 张家辉,袁孝亭.中学地理课程中的地理核心概念：筛选、释义和特征[J].课程·教材·教法,2015,35(11)：113-118.
[2] 冯以浤译.地理教育国际宪章[J].地理学报,1993(4)：289-296.

空间关系的总和,具有不可重复性和相对性。在中学地理教学中,无论初中还是高中,位置占据着非常重要的地位。从最早的地图到认识地球,如何描述位置信息是初中地理的重要教学内容。学生学习地理,通常也是先通过准确的空间定位将思考对象置于一个特定区域内,继而以此为逻辑起点去认识地理现象和事物的依存关系以及它们的分布与变化规律。[①]位置分为绝对位置和相对位置两个方面。在描述绝对位置时,往往从半球位置、经纬度位置两个方面入手,相对位置的内涵要相对宽泛,包括海陆位置、相邻位置、经济位置、交通位置等。

(2)地理分布

分布是指地理事物在地球表层展开的空间范围和位置排列状态,以及它们在水平方向和垂直方向上的区域分异。[②]在认识了地理事物的位置之后,这些位置有何特征是地理学进一步需要研究的内容。因此,同一种地理事物的空间位置排列与不同地理事物之间的空间分布和相对位置排列,都具备地理研究意义。学生通过对地理分布的学习,不仅可培养他们辨识空间排列状态的能力,以建立空间概念,而且培养了他们探究分布特征和规律的能力。中学地理空间分布的教学内容可以概括为以下三个方面:地理分布事实、地理分布影响因素、地理分布的空间差异。[③]

(3)地理特征

地理特征是指将区域内各地理要素显著特征和标志综合起来。不同地理事物的位置决定了其基本特征,学生是否能区分各区域地理事物的显著特征与标志、对比分析其相同与差异,是中学地理要培养学生的关键能力之一。以地理学的内容作为基本的划分依据,地理特征可分为地理位置特征、自然环境特征、人文环境特征,其中自然环境包括地形、地貌、气候、土壤、植被、水文、生物、资源、生态等特征,人文环境包括人口、城市、农村、农业、工业、交通、国家政策等特征。

(4)地理过程

地理学的研究对象处于不断变化的过程之中。地理学家看问题的方式之一就是要解释所观察的地理事象的空间变化。如果离开了地理学事件随时间演化的过程分析,就只能把地理学变成一门静态的、表象的甚至是僵死的学科。[④]自然地理过程包括气候过程、地貌过程、水文过程等,对于自然地理过程,要把握其驱动力、标志性过程特征与功能意义。人文地理过程是指各种人文事项空间分布的变化和空间格局的演变,

---

① 徐雪,袁孝亭.认识地理位置的方法论及其对地理教学的指向性要求[J].课程·教材·教法,2014,34(3):61-66.
② 袁孝亭,王向东.中学地理素养教育[M].北京:高等教育出版社,2005:88.
③ 方荟蕾."地理空间分布"知识结构和认知方法[J].地理教学,2009(4):7-9.
④ 牛文元.理论地理学[M].北京:商务印书馆,1992:3-4.

包括人口空间过程、经济活动集聚与扩散过程、基础设施网络拓展过程和社会文化传播、扩散过程。对于人文地理过程,要把握其核心问题,包括总体格局如何变化以及未来将如何变化。

(5)地理联系

地理联系主要包括因果关系、要素间的联系、人地关系等。其中,因果关系是地理联系的本质,任何联系都要弄清楚"因"和"果",即原因和结果。在地理教学中,往往是先给出"果",引导学生"执果索因",要求其必须具备相应的逻辑思维能力。要素间的联系是地理联系中最普遍的,自然地理环境由地形、气候、水文、土壤、植被等要素组成,人文地理环境由人口、聚落、经济、文化等要素组成。各要素与所处的地理环境之间有着密切的联系,要素之间也互为因果联系。人地关系是地理学最终要解决的联系,是地理学研究的最终主题。人类的生产生活与所处的地理环境密不可分,地理环境影响着人类活动,而人类活动也会影响地理环境。中学地理应给学生渗透正确的人地关系,了解良性的人地关系是如何形成的,人类应该采用何种"因"才能避免人地关系走向恶化。

2.学科知识

(1)地球地图

无论是初中还是高中,地理课程的知识总是从地球地图开始的。地球和地球仪知识,让学生宏观地了解我们所处的地球环境。地图是学生学习地理知识的载体,是学习地理各种基本技能的核心,是教师进行地理教学的重要工具。地理知识中不管是地理形态、特征还是空间分布等都可以用地图进行显示。地图是地球表面某一地区的缩影,能将广大地区的地理事物表现出来。在进行地理教学活动时,地图是地理教学的重要组成部分,是不可或缺的一部分。特别是初中阶段的地理教学,主要内容是学习区域地理。运用地图可以让学生了解地理事物的位置,如大洲、国家、省份的绝对位置和相对位置;某一山脉的位置和走向,气候的分布特征;某一河流的位置和流向,典型植被和土壤等,都可以通过地图来认识地理事物的地理位置、分布、特征及形态等。并且,每个人在生活中也离不开地图,比如平时出行时需要交通地图,进行日常旅游活动时地图更是必不可少的工具。学习中,也离不开地图,学好其他学科也都需要地图的帮助,如历史学科就经常会用到地图和地理知识;语文、数学、外语等学科,也要用到地图知识。因而,地图是地理学习的重要工具,我们的生活和生产等都离不开地图,学好地图是学好地理知识最主要也是最重要的手段。

（2）自然地理

自然地理是中学地理学习的重点与难点内容,初高中在教学内容上,既有相似性,又有不同之处。从教学板块来说,初中地理从海洋和陆地,世界的地形和气候,中国的地形、气候和河流方面来介绍自然地理,重在科普与基础知识的识记,不要求掌握要素以及要素之间的深层逻辑关系。而高中地理增加了植被与土壤两大自然地理要素,在地形、气候与水文方面,无论是知识点的广度还是深度,都远远超过初中地理。例如在气候要素教学方面,初中地理仅要求学生了解气候的两大组成要素——气温和降水的基本概念与特征,认识世界的气候类型,掌握中国气候的基本特征,对于气候是如何形成以及分布的,并不做要求。高中地理的气候则是学习的重难点知识,教材中虽没有对气温与降水基础知识的讲解,但重点讲述了大气的组成与分层、大气的受热过程、热力环流与三圈环流、气候形成等方面,要求学生理解天气与气候的成因及分布规律,强调对地理要素的深度剖析和逻辑思考。

（3）人文地理

中学地理人文地理教学的内容非常灵活与多样。总体看来,初高中地理在人文地理教学内容方面也存在着较大的差异。初中地理主要介绍了世界的人口与人种、世界的语言与宗教、聚落与文化遗产等方面内容,另外在区域地理中,也涉及了各个区域和国家的自然资源、人口、城市、农业、工业、服务业、文化与习俗等内容。这些内容都选择了该区域典型的人文特征进行讲解,具有代表性。

例如,在湘教版地理七年级（下）中,《西亚》主要就该地区的石油资源、水资源等情况进行教学,《日本》一节重点讲述了日本中西兼备的文化特征,《俄罗斯》主要介绍其农业和工业的发展状况。

总体看来,初中地理中的人文地理更强调对学生的感性教育。高中人文地理部分在此基础上,对各个人文地理要素进行拓展和加深。如"区位"这一基本概念与理论在初中教学中并没有具体讲述,但是高中地理城市、农业、工业、交通、商业等内容均要求学生分析要素的区位因素,综合分析和理解人文地理要素的形成和发展过程。

（4）区域地理

初中区域地理的世界地理部分按照教材安排分为海洋和陆地、世界的气候、世界的地形、世界的居民、地区发展差异、认识区域几大章节。从地理位置、自然地理特征、人文地理特征,再到主要的区域,让学生了解学习区域的步骤和方法,并掌握世界主要的典型区域分布。中国地理部分按照教材章节安排分为疆域与人口、自然环境与自然资源、经济与文化、地理差异、认识区域。通过初中阶段的学习,学生已经初步知道了学习区域的方法和步骤。学习中国区域是让学生了解中国的位置,自然地理特征、人文地理特征、地理联系和差异及主要省区的地理特征。

高中区域地理相比初中区域地理的内容,更具有综合性的特征。各个版本的教材均选择了不同的典型案例,认识区域并分析区域发展中产生的问题及相应的措施,了解区域间的联系以及区域间如何协调发展,明确可持续发展的实际意义。

3.学科能力

(1)区域认知

区域认知是地理学最基本的认知方法,学生可以利用区域认知方法,形成从区域的视角认识地理现象的意识与习惯,用区域综合分析的方法来认识区域特征和区域人地关系,形成正确的区域开发观念。区域认知能力的内涵主要包括描述能力、分析能力、评价能力和预测能力,进而形成区域认知的培养模式。

(2)综合思维

综合思维是地理学基本的思维方法,指人们全面、系统、动态地认识地理事物和现象的思维品质与能力。《普通高中地理学新课程标准(2017年版)》将综合思维划分为要素综合、时空综合和区域综合。人类赖以生存的地理环境是一个综合体,各个地区的地理环境是各个地理要素相互综合的实体。在不同的时空条件下,各个地理要素存在非常大的差异,深深打上了当地的烙印,导致各个区域的地理环境存在着差异。这些要素相互综合,决定着环境的发展。

(3)地理实践力

地理实践力是指人们在户外考察、社会调查、模拟实验等地理实践活动中所具备的行动能力和品质。学生具备地理实践力,就能够运用适当的地理工具完成既定的实践活动,对地理探究活动充满兴趣与激情,并会用地理眼光认识和欣赏地理环境。常见的地理实践力包括地理信息的收集与处理、地理实践活动方案的设计、地理活动方案的实施的能力等。

三、中学地理健康育人的结构

我国公民文化素质不断提高,身体素质各项指标不断增长,但是学生健康问题日益突出。陶行知先生认为"健康既是生活的出发点,同时也是教育的出发点。"《义务教育体育与健康课程标准(2011年版)》从身体健康、心理健康和社会适应几个领域对各学段提出健康教育要求。但如果把体育与健康课程作为唯一的健康育人教学阵地是不完整的,中学地理学科围绕"立德树人"的根本任务这一目标来实施教学,同样承担对学生进行健康育人的教学任务。因而全息育人体系下,中学地理学科教学包括健康育人功能。其中,心理健康和社会适应领域可以通过各学科在学生活动设计以及课堂小组合作探究等过程实施中来渗透,该领域与地理学科关系并不密切。为了发挥学科优势特点,根据地理学科包含自然灾害防治、野外考察的内容,中学地理健康育人价值体系中可以涵盖生存教育的领域。地理学的研究对象是人类生活的环境要素,这个要素与身体健康息息相关,因此,中学地理健康育人涵盖了向学生揭示环境要素与健康的关系这一功能。

(一)中学地理教学中的健康育人现状

1. 环境生存教育

(1)国外现状

国外从20世纪中叶开始提出在基础教育中开展生存教育实践。20世纪70年代,《学会生存——教育世界的今天和明天》的研究报告出炉,学者们指出"我们建立的知识体系需要不断革新,从而教给年轻一代在飞速发展的现代社会中谋求生存,活得精彩的能力",正式提出了生存教育的口号,概括出生存教育的内涵。美国在学校教育领域,不仅要求每个学生掌握灾害规避、野外生存、紧急救治等理论知识,更是因地制宜开展户外教学,强制学生参加生存技能训练,理论联系实践。除学校固定进行生存教育外,美国还有童子军这一非营利组织负责开展生存教育实践技能训练,参与人员覆盖了小学到高中各个年级。相对于学校生存教育理论联系实践,童子军组织更加侧重训练孩子们的野外生存技巧、遇险避难能力。我国的近邻日本是地处板块交界处的岛国,多地震、火山、台风等自然灾害,因而从国家到普通民众对抵御自然灾害具有强烈的忧患意识。日本国民从小学到中学,再到大学都要接受系统的地理学科生存教育。日本的生存教育普及程度明显高于大多数国家,其不同学龄段的地理教学任务各有区别。特别是小学阶段的地理教学强调亲身体验,力求训练小学生的灾害规避、自救技能,务必从小养成强烈的防灾抗灾意识。国外生存教育在理论研究方面走在我国前面,他们整合家校资源强调理论指导实践。很多发达国家和新兴经济体国家建立起覆盖小学、初中、高中、大学各学龄段的体系化学校生存教育,因地制宜、因时制宜教授学生生存知识。在实践过程中依托学校和家庭、社会的相互补充,完成系统的生存教育。学校课程中的生存知识通过家庭、社会教学资源的实践机会,得到验证与强化,使得学生不仅掌握了生存知识,更具备了生存自保的实践技能。学生在校期间能够充分接触社会,走出教室尝试生存教育的真实体验。

(2)国内现状

国内生存教育从20世纪末引起我国教育学者们的重视,我国从上世纪90年代开始研究关注地理教学中的灾害规避,并且逐渐意识到应该不限于学校教授生存知识理论,还要延伸到家庭与社会共同参与构建生存教育体系。随着新一轮教育改革的深化推进,国内生存教育研究拓展到生存能力的范畴,生存能力包含了自我保护能力和社会适应能力。虽然我国生存教育体系尚有待进一步完善,但是在学校生存教育方面的研究发展迅猛。步入21世纪,教育主管部门设置地理学科课程标准时针对中学生学校生存教育提出了明确要求。《国家中长期教育改革与发展规划(2010—2020年)》指出:"教育学生学会知识技能,学会动手动脑,学会生存生活,学会做事做人,促进学生主动适应社会,开创美好未来。"学会生存生活和适应社会的要求需要学生具备劳动实践技能的同时,养成基本生存意识,拥有必要生存自保能力。地理课程标准在课程理念中要求"学习对生活有用的地理""增强学生的生存能力""学习对终身发展有用的地理""使学生逐步形成人地协调与可持续发展的观念"。从生存能力的培养到人地协调可持续发展观念,揭示初中地理教育包含生存教育同时还要追求环境健康,从生存到追求健康生活,延伸拓展了地理学科教育中的健康育人价值范畴。

2.环境健康教育

(1)国外现状

20世纪前半叶,西方发达国家率先完成工业化,随着工业化从轻工业向重工业过渡,创造出更多物质财富的同时,污染问题也愈加严重,当地生态环境也暴露出越来越多的问题。人地关系尖锐,甚至造成了全球公害事件,最终引发一系列社会问题,引起相关发达国家逐步意识到环境教育的重要性,并寻求在学校教育中渗透环境教育的道路。西方发达国家的环境教育和健康教育相互渗透,环境教育更多强调人类作为一个群体与地理环境之间的和谐发展,健康教育则更多从个体出发强调环境与人体健康的关系、个人行为与人体健康之间的关系、个人生活观念与人体健康的关系。美国早在1918年由儿童健康协会提出了"健康教育"的概念。接下来的一个世纪里,在世界卫生组织不懈推动下,各国学校教育中均将健康教育作为重要的组成部分,建立起成体系的学校健康教育。美国的健康教育课程标准要求学校帮助学生理解健康和预防疾病;能分析自然和人文各要素,包括人际关系对健康的影响;能实践增进健康的行为等。其基本理念旨在提高学生健康素养,并且特别重视跨学科的知识运用。相对应的,除健康教育课程以外的各科教学还非常重视在学科教学中渗透健康教育知识和实践技能指导。大部分国家设立专门的环境健康课程,也有一部分国家采取将环境教育和健康教育融入其他学科特别是地理学科的解决办法。

(2)国内现状

1949年之后,我国的健康环境事业从无到有,逐步发展壮大。2005年,国家环保总局和卫生部共同起草了国内首部《国家环境与健康行动计划》(后简称《行动计划》)。《行动计划》确立了2006—2010年我国环境健康行动的目标、内容和保障措施。随着《行动计划》的起草颁布,我国的环境与健康事业进入了一个崭新的快速发展阶段。环境健康学科是环境科学与医学科学相融合的学科,在国内基本没有对环境与健康的关系是如何展开教育教学的研究。目前,我国的环境教育重在传授学生环境保护知识,培养学生的人地协调观念。而中学教育阶段的健康教育主要是通过体育与健康课程实施,重在体能、体质和技能的训练,针对健康生活习惯和人体健康知识的培养散落在各科中难以落实。我国健康教育学科教学重视跨学科知识的融合,但各学科教学中渗透健康教育内容却较为鲜见。直到近些年,这种情况才有所改变。各学科教学中强化了对健康知识和技能的渗透,特别是高中新编课标中强调了"立德树人"的根本任务,围绕这一根本任务提出的各科学科素养都体现到全面育人的观念中。2019版本的人教版高中地理教材明显增加了丰富的健康知识,就拿《地理(必修1)》来说,许多章节都设计安排代入健康教育小情境。中学地理教学围绕人地关系主线,要求学生了解人类与地理环境之间的相互影响,培养学生人地协调的可持续发展观念,教材拥有大量环境教育案例与情境设计。初中地理课程标准在要求学生掌握基本的区域地理知识和原理的同时,还要求学生对相应区域出现的环境问题有正确的态度和观念。在区域的地理各要素学习中渗透环境教育,寻求区域内人与环境协调发展,实现区域可持续发展。其中引导学生了解不同区域的地理环境,针对不同区域的环境保护经验或教训,结合乡土地理,学习身边的地理知识,养成爱护环境、节约资源的良好习惯,树立正确的资源环境观。总体而言,目前的义务教育地理课程标准进行的环境教育重在合理利用资源,保护生态环境,防治环境污染等领域,涉及环境与人体健康的知识相对较少。义务教育地理课程标准健康教育这一方面相比高中新编课程标准而言比较单薄,在全息育人体系中的初中地理课堂教学中需要增加环境与健康育人内容。高中地理课程标准围绕"立德树人"根本任务,落实四大核心素养,其中地理实践力要求地理课堂教学中渗透生存教育,人地协调观意味着环境健康教育成为地理学科教学核心内容。

全息育人地理学科教学要充分体现健康育人价值,不仅要让学生知晓健康知识,习得健康技能,树立健康意识,同时也要充分体现地理学科特点。故而不能将中学健康教育的体系简单移植到地理学科健康育人内涵与结构之中,要有所取舍。健康教育中的身体健康与地理环境关系密切,但心理健康更多层面是各科教育过程中点滴渗透,社会适应也更多属于各科共性的育人价值,考虑将野外生存、灾害规避、身体健康与环境地理要素的关系作为全息育人地理学科的主要内容构建健康育人内涵与体系。

(二)中学地理的健康育人内涵与构成要素

1.中学地理健康育人内涵

全息育人体系中的地理学科生存健康育人主要包含两个部分:环境生存教育和环境健康教育。两者相互联系,互相渗透。生存与健康都是人类的基本需求,一个人不但要拥有基本的生存能力,为了追求更高的生存质量,还要让健康成为必要的保障。我们认为中学地理健康育人内涵是结合中学地理自然灾害内容展开个人避险教育,在地理野外观察等地理实践力训练中渗透生存教育,通过了解自然地理和人文地理要素与健康之间的联系,培养健康意识,了解健康知识,养成健康行为习惯。

2.中学地理健康育人构成要素

中学地理学科知识涉及自然灾害与防治,联系学校安全教育,配合校内应急疏散演练等实践活动,不仅要让学生了解自然灾害的影响、成因和防治措施,还应该增添个人避险和紧急医疗自救等生存教育内容。2020年版高中新课程标准提出了对地理实践力素养的要求,需要因地制宜尽量创造野外考察的机会学习地理现象,例如人教版《地理(必修1)》中专为地貌观察设计了一节内容,教会学生野外考察方法的同时,在野外环境中如何保障自身安全生存必然成为地理学科健康育人内涵与构成要素不可或缺的组成部分。

(1)环境生存育人

根据单超教授对地理生存教育体系的梳理,我们同样得结合地理教学和生存教育的实际,将全息育人体系地理学科环境生存育人分为灾害规避和野外生存两个方面。

灾害规避可以分为大气灾害、水文灾害、地质灾害、生物灾害的规避。结合中学生的学情特点,中学地理课堂教学中的环境生存育人不仅涉及自然灾害防治措施等常规学科知识,还应增加个人避险技能的传授。有条件的学校还应该将安全教育相关实践演练结合进来。

依据地理环境各要素与生存育人的联系,中学地理课堂环境生存育人可以通过灾害地理的学习渗透生存育人、灾害规避知识。比如:学习地质地貌的形成,涉及地震这一地质灾害时,要求学生了解震前征兆,懂得震时远避高大建筑,还了解活火山附近不宜居住等。学习地形时要让学生了解滑坡的形成机制、可能发生滑坡的地区以及发生的征兆,并懂得滑坡发生时人们应该尽量逃向高处,禁止停留在滑坡体下方,向垂直于泥石流前进的方向跑,不能顺着泥石流前进的方向向下跑。学习地球上的水,讲授洪涝灾害时,要让学生了解洪水发生时河中的人应该游向河流的凸岸(弯曲河道)或右岸(北半球平直河道),尽量逃向高处,河流侵蚀岸应该加高加固,以防建筑物坍塌。讲地球大气圈内容时要让学生了解气象灾害,比如寒潮到来时,气压升高、气温降低,常伴有大风、雨雪天气,因此,寒潮发生期间人们应该注意预防感冒,老人要注意预防高血压或者脑出血发生;而高温伏旱天气,人们则应防旱、蓄水、防中暑;梅雨造成连续阴雨天气,因此人们应该注意防潮;了解台风征兆以及台风的移动路径,提前做好防御准备;了解沙尘暴发生的原因,以及根据风向判断沙尘暴移动方向,从而做好防御措施。同时还要了解基地灾害,如山地防火,森林火灾发生时可根据昼夜不同而选择不同的逃生路线,白天时火势向山坡发展,逃生应该向地势更低的山谷方向,夜晚时火势向山谷蔓延,因此应该逃向地势更高的山坡。

地理野外生存育人旨在培养学生在野外的自然生态环境中,远离危险环境要素保障自身安全和临危自救的能力。2017年版高中地理课程标准中地理实践力素养对野外考察提出了要求,在地理课堂中必须为野外考察做好安全教育,其中野外生存知识传授和野外生存实践技能的训练需要因地制宜开展起来。具体包括野外定向、寻找水源、野外宿营、野外避险等。中学地理教材中蕴含着丰富的野外生存知识:经纬网的学习,帮助学生野外判定方位;学习地图的运用,有利于学生野外确定位置;判读等高线地形图,可以得到野外地形信息,从而确定安全行进路线,制订详细计划,安排野外考察观察点;了解天气与生活,可以让学生在现实生活情境中家庭野外宿营前的物资准备工作更顺利;了解不同区域的民俗风貌,旅行中才能和当地居民和谐相处。

(2)环境健康育人

环境健康育人需要寻找地理学科与健康科学之间的交集。从知识点角度看,地理学与生理健康科学重叠度相对较高,故而挖掘地理知识中的身体健康育人点成为重要突破口。心理健康与地理学知识联系不大,因此更多地只能从教学过程与方法中落实健康育人要素。按照环境地理要素划分,我们把地理学科环境健康育人要素划分为两大类:自然地理要素与健康、社会地理要素与健康。高中地理从各地理要素入手,分别在每一种地理环境要素的学习中渗透身体健康知识和技能的学习。

①自然地理要素与健康

大气环境与健康:一方面为大气成分与健康之间的关系,比如不同海拔地区含氧量的变化对运动员训练成绩的影响。另一方面为大气污染,包括气溶胶态污染物和气态污染物两大类,比如大气中的臭氧影响人类健康,在平流层中有助于保护人类免受紫外线的伤害,当其位于地球表面附近时,是城市光化学烟雾的一种组分,对人类造成伤害;全球变暖会造成极端天气而伤害人体健康,比如热带流行的疟疾、登革热等传染病扩散到更高纬度,冰川的消融使深处冻眠的远古病毒也会重新被释放,威胁到人类公共卫生健康等。

水环境与健康:我们可以研究性学习健康饮用水的地理分布,并讨论饮用水中矿物元素、重金属含量对健康的影响,让学生明白科学饮水对促进人体健康有重要作用。

地形地质与健康:结合我国青藏高原的高原反应,向学生普及健康知识和旅游健康提示;也可探究学习西南地区尤其是横断山区的形成而成为宜居地带,适合老龄化社会下康养产业的蓬勃发展。

土壤环境与健康:目前垃圾分类中的电池污染,教学中探究电池造成土壤重金属污染对人体健康的影响;农业栽培技术发展的塑料地膜覆盖成为一种新的有机污染物,教学中可探究其残留于土壤中进入食物链对人体健康的影响。

生物与健康:可以讨论为什么2019年暑假亚马孙森林大火会引发全球性关注。

②社会地理要素与健康

人口,该地理要素知识包含了人口身体素质的内容,人口数量变化和人口的迁移都涉及对区域人群健康的影响。城市中的各种人工环境,包括光环境、辐射环境、热环境对人体健康产生影响。工业要素作为现代工业化社会的重要组成部分,产生的各种生态环境问题必然影响到人类健康。农业肩负着为人类提供食品的重任,故而食品健康有各种各样的话题可以从地理学科的角度去探讨。

学校健康育人包含了身体健康,心理健康和良好的社会适应等,全息育人体系中的地理课堂教学健康育人应该体现学科教学特点。因此,在各科教学过程中都能体现的心理健康与社会适应在此做了删减弱化,转而重点强调地理学科中的生存知识、生存意识、生存技能和健康生活方式、健康生活观念。我们将地理教学健康育人要素结构整理如下表。

表2-3 健康育人价值体系表

维度	一级指标	二级指标	三级指标
健康育人	生存教育	灾害规避	大气灾害、水文灾害、地质灾害、生物灾害
		野外生存	野外定向、寻找水源、野外宿营、野外避险
	健康教育	自然地理环境与健康	大气、水、地质地形、土壤、生物要素与健康
		人文地理环境与健康	人口、城市、农业、工业、交通与健康

四、中学地理美育育人的结构

美育是教育中不可分割的部分。世界各国的教育政策中,均以各种形式包含着美育教育。苏霍姆林斯基说过:"我一千次地确信,没有一条富有诗意的感情和审美的清

55

泉,就不可能有学生全面的智力发展。"一个学生的完整人格,势必要考量其审美、精神、情感等美学素质。

目前我国基础教育普遍存在着急功近利的实用主义,因此,实用功能不突出、不明显的美育被忽视已久。而21世纪是经济社会持续发展的新阶段,人类更加关注落后于经济发展的精神世界。在完整的人格教育和社会发展的需要下,呼吁教师在课堂中实施美育教育,使得学生在获得知识技能的同时,提升人格素质,促使精神和身体得到全面协调发展。这里主要从地理学科美育育人背景出发,解读中学地理美育育人的基本内涵,构建并阐述美育育人的结构体系。

(一)地理学科美育育人背景

1.国际背景

1992年8月,《地理教育国际宪章》确定了世界地理教育的宏观发展方向,对即将到来的21世纪的地理教育使命进行了完整详细的阐述,其中,美育成为地理学科素质目标的重要构成要素之一。"地理教育为今日和未来世界培养活跃而又负责任的公民所必需;地理在各个不同层次的教育中都可能成为有活力、有作用和有兴趣的科目,并有助于终身欣赏和认识这个世界"。"欣赏"是带有强烈美学特征,只有在教学中渗透美育的教育思想和教育方法,让学生掌握必备的审美技能、审美情感、审美想象等能力,才能真正做到"终身欣赏"。

1996年4月,国际教育委员会名为《教育——财富蕴藏其中》的研究报告提出了教育的一个基本原则:"教育应当促进每个人的全面发展,即身心、智力、敏感性、审美意识、个人责任感、精神价值等方面的发展。"该报告为基础教育和课程研究指出了明确的方向,但凡提及全面和谐发展教育,必包含了美育。由此可见,美育不仅成为当今教育中的重要组成部分,而且成为整个教育的基础和整个教育改革的突破口。

无论是历史上还是现代,世界上一些国家非常注重学生人文精神的培养。古希腊柏拉图在其著作《理想国》中提出"心灵和身体的统一",德国席勒在《审美教育书简》中提出"美育的基本框架",奠定了现代美育学的基础,西方教育中的美育理论和实践大多以文化艺术来培养学生的审美情感。日本、韩国的美育,更加强调美育达到的人生境界。现代教育中,许多国家的地理课程标准,均以不同的形式和字眼增加了对学生的"审美教育",重视地理教育中渗透的美育方法。

2.国内背景

美育在我国起步早,孔子作为中国最早的美育思想构建者,认为"诗、书、礼、乐"是美育的最重要途径。不同于亚里士多德,孔子认为美育更加强调人文秩序的内在要求,而不是内在秩序的和谐。"礼乐"之教,是孔子实行"仁政"、教化民众的根本途径,而"兴于诗,立于礼,成于乐"是孔子提出的著名的美育理论。

直到近现代西方思想传入,我国美育才开始进一步发展。近代,王国维在教育上提出"心育"(智、德、美)与体育结合,全面培养人才的教育思想。民初,蔡元培提倡"把美育特提出来,与体智德并为四育""以美育代宗教"。具体培养美育的方式是学习西方,以艺术教育为主,那时对美的理解和认知,大多是狭隘的。20世纪末,美育进一步发展,但由于受到各方因素的影响,一段时间内将美育归为德育,模糊了美育的内涵。现在很多学者将美育的内涵与德育区分开,美育成为教育学中重要的一部分。

目前我国对地理教育中美育体系编写最完善的是黄京鸿编写的《中学地理教育中的美育》。该书就"地理学科的美育要素和特征及其在地理教学中的作用""地理学科美育的内容、途径、方法和基本要求""如何进行审美化地理教学设计"等方面进行了阐述,列举了一些典型的教学实例,并附上了部分一线地理教师对课堂教学中实施审美教育看法的文章。

1923年,《新学制课程纲要初级中学地理课程纲要》中提出了"利用自然的景物,培养审美的观念"的目标要求。这是我国在地理教学大纲中首次明确提出地理美育目标。此后的课程标准(教学大纲)再也没有体现对美育的明确要求。1988年,《九年制义务教育全日制初级中学地理教学大纲(初审稿)》中再次提出"使学生受到美育的陶冶"的要求。1992年修订的《九年义务教育全日制初级中学地理教学大纲(试用)》也明确指出:"培养学生具有一定的审美能力。"2000年,在《九年义务教育全日制初级中学地理教学大纲(试用修订版)》中更明确地提出"对自然美和环境美具有一定的感受力、想象力、判断力和创造力"的美育要求。

2001年6月,教育部印发的《基础教育课程改革纲要(试行)》指出,新课程的培养目标强调"要使学生具有爱国主义、集体主义精神,热爱社会主义,继承和发扬中华民族的优秀文化传统和革命传统;具有社会主义民主法治意识,遵守国家法律和社会公德;逐步形成正确的世界观、人生观、价值观;具有社会责任感,努力为人民服务;具有初步的创新精神、实践能力、科学和人文素养以及环境意识;具有适应终身学习的基础知识、基本技能和方法;具有健康的体魄和良好的心理素质,养成健康的审美情趣和生活方式,成为有理想、有道德、有文化、有纪律的一代新人。"同年,《全日制义务教育地理课程标准(实验稿)》出台,明确提出"初步形成对地理的好奇心和学习地理的兴趣,初步养成求真、求实的科学态度和地理审美情趣。"

这就需要地理教育工作者注重地理课程目标中"情感态度与价值观"的贯彻实施，增加各目标横向和纵向的交流，把美育目标的内容落到实处。在地理教学实践过程中，使学生通过地理学习获得美的享受、美的陶冶，从而培养学生审美的情趣与自身内在美的气质。

马克思主义思想对我国社会主义建设具有指导作用。马克思主义思想立足于人的全面发展，而现代美育的最终目的也是提高人的审美需要和能力，使个体达到感性与理性的平衡发展，以促进人的全面发展。人类发展是一个不断前进的历史过程，党的十九大明确提出了"要全面贯彻党的教育方针，落实立德树人根本任务，推进教育公平，培养德智体美全面发展的社会主义建设者和接班人"。这意味着当前中国美育建设进入了新时代，我们应将学生的人格全面发展作为我们实践和奋斗的目的，为社会主义建设培养素质优良的接班人。

(二)中学地理美育育人概念

1.美育的内涵

"美育"是我国从西方引进的概念，又被译为"审美教育"或"美感教育"。美育既是一种独立的教育，也和其他教育活动密切相关，具有独特的性质和功能。美育覆盖众多领域，包括基本的美学、教育学、心理学、哲学等，内容体系复杂，内涵广泛并具有争辩性。

最早确立美育独立地位的是德国美学家席勒，他在《审美教育简史》中首次提到"美育"一词，认为美育是促进鉴赏力和美的教育。席勒提出的美育深受西方美育思想的影响，即将美育与感性相联系，认为美育对完整人格的形成有着至关重要的作用，这是基于18世纪德国特殊的社会时代背景。席勒认为，不完整的人格会对国家社会带来消极影响。他反对理性对感性的过度压抑，从恢复感性的角度提出了美育。因此，席勒认为美育即对"感性认识的完善"。

从席勒的"美育论"之后，一些西方学者认为席勒的"美育"理论过于空想和夸大，从不同的角度对美育又提出了新的见解，提出了美育即艺术教育、情感教育、大美教育或人性教育等不同的观点。

"美育"一词虽然源自西方，但我国的美育思想起源也较早。中国古代的教育不仅重视知识、伦理，也侧重于通过审美、艺术等活动来陶冶人的品性，形成了传统的美育观。传统美育的核心源于不同学者对人性的理解，主流思想即孔孟的"仁""义""善"。传统中国的伦理教化认为人格需由内向外形成，所以形成了注重内心陶冶的"乐教"和注重行为规范的"礼教",二者相辅相成,成为古人提高个人修养的必要方法。因此与西方不同,中国传统的美育思想以情感陶冶为基础,从一系列有"秩序"的教育以培养个体的道德情感,侧重外在的伦理规范的形成。

中国现代美育思想受西方美育理论影响较大,以王国维、蔡元培等为代表的学者将人的全面发展分为智、情、意、体,分别对应教育中的智育、美育、德育、体育。因此不难看出,最早我们将美育作为陶冶情感、培养习惯、净化心灵的一种方式,与中国古代美育的内涵基本较一致。但结合当时的救亡背景,美学被作为"借思想文化作为解决问题的途径",其基本任务仍然为启蒙国人愚昧的心智,忽略了美和艺术的本质,关注以"无利害性"的美育去除国人心中"自私""利害"等思想。

综合来看,从古至今,美育一致被作为感性教育。康德等众多学者都强调感官、知觉在美学中的重要地位,认为美学就是"关于感性认识条件的科学",黑格尔也提出了美是"理性的感性显现"。根据《现代汉语词典(第7版)》,"审"有详细、周密、审查、知道的意思,"审美"即领会事物或艺术品的美,而"审"的过程势必要运用一系列感官知觉。美育即通过让被教育者运用一系列感性认识提高直觉体验能力,而直觉体验能力对大量创造性工作至关重要。通过感知,个体也能更准确地与周围的人进行沟通和交流。梁启超提出,趣味是生活的原动力,感知教育促使个人内在素质得到提升,外在生活方式得到改变,最终激发个体生命活力,达到个体理性与感性的协调统一。

2.中学地理美育

地理学是研究地理环境以及人类活动与地理环境相互关系的科学。地理学研究的范围为四大圈层,上至大气层外界,下至地球内部的软流层,空间广阔,研究对象涵盖自然地理与人文地理,包括地形、地质、地貌、天气、气候、河流、湖泊、海洋、土壤、生物、人口、城市、农业、工业等。这些要素首先具备美的表象,可以直观地被欣赏。地理要素之间相互联系,地理要素本身的形成发展也有着自己的规律,这些科学性知识充分体现了思维逻辑的有序、和谐。地理学科具备了大量的美学要素,为审美教育提供了条件。

因此,地理学科美育的基本内涵为:以地理教材和地理事物中存在的美学要素为载体,以美学知识为基础,通过具有学科特色的感性教育,提高学生以情感为核心的感知觉能力,让学生在知识技能提升的同时塑造地理核心素养,人格品质得到全面发展。

(三)地理学科中美育育人构成要素

传统的美育理论认为,地理学科的美育要素体现在地理学科的研究对象和内容中。地理学是研究人类赖以生存的地理环境以及人与地理环境之间关系的科学。其中,人类主要指的是人类活动,地理环境也称自然环境,是一定社会所处的地理位置以及与此相联系的各种自然条件的总和,包括气候、土地、河流、山脉、矿藏以及动植物资源。因此,地理学科的研究对象一是地理环境,二是人地关系,地理学科中的美育要素就体现在这两方面。

目前采用最多,最为认可的是西南大学赵伶俐教授在《大美育实验研究》中提出的"美育内容"系统,将地理美育按照存在的领域和构成分为自然美、社会美、艺术美、科学美和形式美5大领域。具体如图2-2所示。

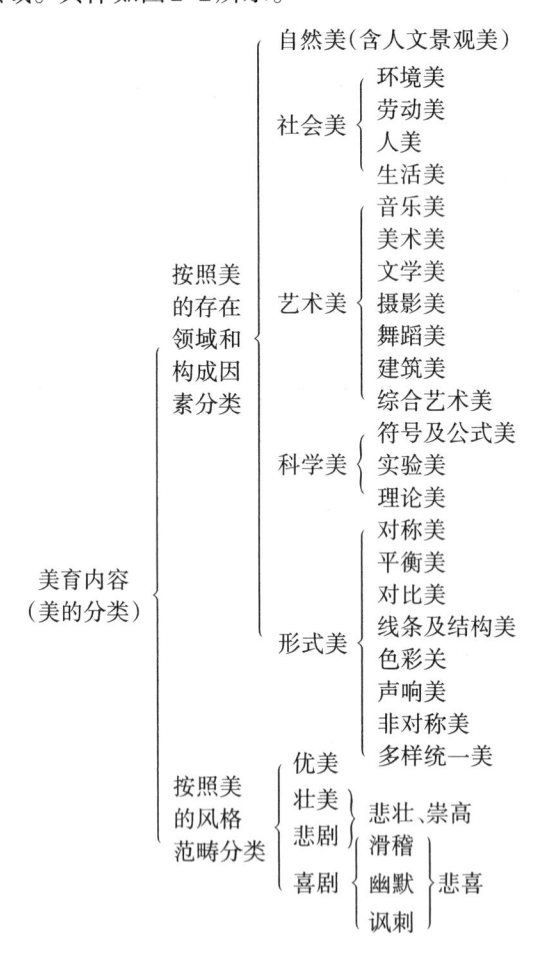

美育内容（美的分类）

按照美的存在领域和构成因素分类：
- 自然美（含人文景观美）
- 社会美
  - 环境美
  - 劳动美
  - 人美
  - 生活美
- 艺术美
  - 音乐美
  - 美术美
  - 文学美
  - 摄影美
  - 舞蹈美
  - 建筑美
  - 综合艺术美
- 科学美
  - 符号及公式美
  - 实验美
  - 理论美
- 形式美
  - 对称美
  - 平衡美
  - 对比美
  - 线条及结构美
  - 色彩美
  - 声响美
  - 非对称美
  - 多样统一美

按照美的风格范畴分类：
- 优美
- 壮美
- 悲剧 } 悲壮、崇高
- 喜剧
  - 滑稽
  - 幽默 } 悲喜
  - 讽刺

图2-2 地理美育的内容

随着社会研究的不断深入,各学科之间开始有了交叉研究。地理学科本身就是一门综合性很高的科学,近现代以来,地理学与美育相联系,出现了景观美学、生态美学、环境美学等交叉学科。在中学地理教学中进行美育教育,也是地理学与美学的交叉合作。以上各交叉学科,根据研究对象和课程建设基础不同,其侧重点各有不同。但总体来看可以发现,近年来美育除了重视提取学科教学内容中的美育内容,从中分类和欣赏,也逐渐重视受教育者的审美表现力以及审美教育对受教育者的心理影响。因此,结合中国学生核心素养以及美育学的基本要求和目的,本文认为地理学科中的美育要素应包括审美情趣、健全人格和艺术创造,而传统意义上的美育要素,即美育内容,是进行地理学科美育的重要载体之一。

1. 地理学科的美育内容

结合赵伶俐教授对地理美育内容的分类系统以及曾繁仁教授对审美力的辨析,以地理学基本概念为依据,以地理学研究对象为载体,以增强可操作性为目的,我们将地理学科美育的内容分为地理环境美育与人地关系美育两大部分。

(1) 地理环境美育

地理环境是指一定社会所处的地理位置以及与此相联系的各种自然条件的总和,包括气候、土地、河流、湖泊、山脉、矿藏以及动植物资源等。地理环境美育包含了地理与美学两大学科,更涵盖了教育学、心理学等范畴。这里中提出的地理环境美育更侧重地理学角度而不是美学角度,地理环境是单纯地"就景论景",加上美育,给人不同的感官体验。

目前对地理环境美育的研究都指出,自然环境的美主要体现在"自然美""形式美"等内容上。本书中的地理环境美育的主要内容是自然美。需要指出的是,"自然美""形式美"等词汇来自美学范畴,其中,狭义的"自然美"指的是未经人工修饰的自然景观之美,广义的"自然美"指的是自然界和一切现象事物之美。自然地理环境美育中的自然美,主要指的是自然环境要素体现的美。

地理环境的美主要蕴含在形式之中,主要指地理事物表现出来的声色形气之美,如画眉鸟的啼叫声、瀑布的轰隆声;大海与天空的蔚蓝之色、油菜花的金灿之色;桂林山水勾勒出的线条之形、华山的险峻之形;花海的芳香、森林的清新之气等。地理要素以不同的形式,刺激人的各项感觉器官,给人以愉悦的审美体验。自然环境要素的美最容易被感知,也最容易在课堂上或课堂外被呈现和体验。

(2) 人地关系美育

人地关系美育侧重于认识人与自然环境相互作用的过程与结果,包括地理科学活动过程和地理科学成果或形式表现出来的美,以及人类对自然界利用和改造后人地关系最终达到和谐时所体现出的美。人地关系美育的主要要素既可以是物质的,也可以是非物质的,包括人口、城市、建筑、农业、工业、交通、习俗、饮食等,如:地图在绘制过程中和已绘制为成品中表现出的简洁美、形象美、和谐美;地理规律和原理在思考分析过程中体现的科学美、逻辑美;不同民族适应自然界创造出来的建筑民居、服饰习俗表现出的艺术美等。

不同于地理环境之美,人地关系之美不仅体现在声色形气,还体现在人类改造和利用自然过程中表现出的品德、精神、文化和智慧。如客家土楼不仅具有形态之美,也体现出客家人的历史和家族凝聚的精神;傣族服饰轻盈秀丽,色彩鲜艳,多喜银饰,具有很强的色彩美,同时也体现了傣族同胞热爱生活,崇尚中和之美的民族个性。因此,对学生进行人地关系美育,不仅能培养学生的审美情趣,还能让学生在审美中感受人类的历史文化、精神品质,使学生得到心灵的净化、精神的升华。

2.地理学科的美育要素

基于美育的基本原理与地理学科的特点,本书中构建如下的地理学科美育育人价值体系。

表2-4 全息育人下的地理学科美育育人价值体系

维度	一级指标	二级指标	三级指标
美育育人	审美情趣	审美感知力	视、听、嗅、味、触
		审美联想力	接近联想、类似联想、对比联想、因果联想
		审美想象力	创造新的物象、移情、共鸣
	健全人格	积极情感	快乐、愉悦、乐观、同情、爱、自豪等
		稳定心境	亲社会行为、积极心态
	艺术创造	情感实物化	载体、符号、结构、规律等
		审美表达	色彩搭配、结构布局等

(1)审美情趣

审美情趣又称为审美趣味,指学生根据自己的审美观点,在对地理环境中的各种现象和事物做出主观的审美评价过程中表现出的审美态度。审美情趣因人而异,体现着个人爱好和偏好。学生的审美情趣决定了学生的审美标准和审美观念。在地理教学中培养学生良好的审美趣味,是进行地理学科美育的重要任务。审美情趣又称为审美能力,是学生对审美内容进行欣赏、鉴别、评判美丑的特殊能力,它是具个性的心理活动和过程,具备着心理活动层次递进的特征。审美能力是从事审美活动的关键能力。因此,地理学科美育的首要功能与价值,是促进受教育者审美能力的发展。因为没有审美能力,便没有审美活动,审美能力是审美活动的基础。审美活动属于典型的心理过程,首先需要通过各种感知觉信息的刺激和主观上的理解与想象,然后达到个体情感上的升华,这是一项综合性的能力。杜卫在《美育论》中指出,这种能力包含了审美感知力、审美知觉力、审美注意力、审美记忆力、审美想象力、审美情感力和审美思维力等。以下就其中三种进行论述。

培养审美感知力是提高学生审美能力的第一步。美育是普通教育的基础,对学生开展美育有利于培养学生的感知力。培根认为:"感觉是一切知识的源泉,是认识的起点。"夸美纽斯认为:"在可能的范围以内,一切事物都应该尽量地放到感官的跟前。"感知力强大,不仅能唤起学生的学习兴趣,还能帮助学生发展创造力、开发各项潜能,使学生的"可教育性"增强。审美过程基于一定的亲身体会,即各种感官对外界的感受。人类正常的感觉器官有眼睛、耳朵、鼻子、舌头、皮肤,因而对外界事物可以获得视、听、嗅、味、触五种感觉。当学生在感受外界事物的过程中,一种或多种感官得到了愉悦的、正向的情感体验,审美教育才能顺利进行,向后续开始发展。在地理学科的教学中,视觉和听觉起主要作用。黑格尔在其著作《美学》中也提出,"人们通过常在注意的听觉和视觉,把现实世界丰富多彩的图形印入心灵里"。因此,教师在课堂中提供的审美内容,要做到颜色搭配适宜、赏心悦目,声音要悦耳有韵律之美,在条件允许的情况下,提供味觉和嗅觉、触觉的体验机会,不断从多方面、多角度地刺激学生的感官,使其获得愉悦感受,以此来提高学生的审美感知力。

审美能力也离不开必要的审美联想力。联想是一种基于记忆的心理活动,学生在获得审美感知之后,需要通过审美联想将以往的经验和经历与审美感知相结合,促使审美能力得到进一步的深化和发展,使得学生获得更高层次的审美体验。到目前为止,人们总结出的联想规律有四种:接近联想、类似联想、对比联想和因果联想,而记忆又分为形象记忆、动作记忆、情绪记忆和逻辑记忆。审美联想力容易和情绪记忆相结合,使得学生在审美体验中更加丰富,而从促进学生以情观景、情景交融。

审美联想力进一步发展和深化主要体现为审美想象力。不同于审美联想力,审美想象力需要受教育者结合自己的审美感知和审美联想的记忆,对信息进行加工和改造,创造出一种新的物象,充分体现对创造力的要求,促使审美能力向更深层次发展。同时,审美想象力和审美感知与联想力一样,具备强烈的情感活动和个人特色,是审美者与审美对象和内容"移情"和"共鸣"的结果。黑格尔在《美学》中指出审美想象力是"主体的创造活动",是"最杰出的艺术本领"。审美想象力仿佛是一个熔炉,将审美者的感知觉、记忆、理性、感性、情绪等内容汇聚成一种新的形象,这种形象带有审美者强烈的主观色彩。

(2)健全人格

在审美过程中首先带给审美者的是积极的情感,这种积极的情感会为审美者带来积极的情绪,如快乐、愉悦、乐观、同情、爱、自豪等。孟昭兰在《人类情绪》一书中指出,

"积极情绪与情感常与人的某种需要的满足相联系,通常伴随愉悦的主观体验,并能提高人的积极性和活动能力。"赵伶俐教授也提到过"美感是一种最典型、最具代表的概括力的积极情感"。心理学相关研究也证明了审美教育能增进人类积极快乐的情感这一心理机制。审美活动调节人体自主神经系统,减轻交感神经的张力,缓解审美者紧张、焦虑、恐惧等负面情绪。如听觉上轻快的音乐和声音会使得审美者放松下来,视觉上柔和的线条和明亮的色彩会使得审美者心平气和,产生愉悦的感觉。

在审美教育过程中产生的积极情感,有助于帮助审美者形成稳定的心境,而心境对于人格的修养具有重要的作用。心理学上认为,心境是一种比较微弱而持久的情绪状态。心境愉快的人,往往表现为处处愉快,周围的事物仿佛都被附有快乐的感觉,这样的审美者也更容易产生亲社会行为,获得良好的人际关系和社会支持。反过来,良好的环境又会刺激审美者进一步产生愉快心境,形成良性循环。一旦良好的心境成为一种常态,那么审美者就会保持积极的心态,这对形成健康人格具有重要意义。

从古至今,美育一再关注和强调人的内外协调发展,并致力于培养受教育者完善的人格,这种人格将会影响个体各方面的表现和发展。从培养未来社会建设者的角度来看,可持续发展、循环经济等应为学生必须形成的理念。在地理学科中进行美育教育,一方面,使得学生能够主动和有能力欣赏自然和社会。另一方面,通过美育展现人类社会与自然的"不美",可以帮助培养学生形成热爱自然、重视生态环境保护等正确的价值观,将"人地和谐"思想的种子埋入大脑中。而这样的思想会影响学生的行为,更会成为个体的一种优秀人格品质,使个体的人格趋于完善。

另外,审美能力是一种综合性的能力,审美行为和审美结果是基于审美者文化和经历而产生的,反之,审美过程和活动可以增加审美者的审美经历,进而提高审美者的文化素养。塞缪尔·斯迈尔斯在《品格的力量》中认为,品格是个人和民族的力量源泉,人的全面发展和品格塑造始终离不开文化的推动。

(3)艺术创造

人具有无限的创造力。学生的审美力不仅体现在审美情趣和人格健全上,还应该包括审美表现,即审美活动最终落实在外在的创造性活动之上。个体在经历审美活动之后,会提高审美情趣,在此基础之上,学生的行为表现会打上相应的印记。特别是在从事与动手创造有关的活动时,这种印记尤其明显。因此,审美表现是审美者思想、情感和愿望的体现,它是审美者在审美体验和意象创造中个人意志的反映,具有强烈的主观能动性。

无论是"李约瑟难题",还是"钱学森之问",都反映出在多方面的因素影响下中国教育的缺陷——学生缺乏创造性思维。无论是西方还是古代的中国,都非常强调艺术在完善人格、丰富受教育者创造力中所起到的作用。创造,一方面指创造的能力,另一方面也意味着完整健全的人格。一个拥有丰富创造力思维的个体,才能拥有更加丰富多彩的人生,才能在所在领域有所突破。在中学地理教学中进行美育教育,利用相应的教学方式,有意识以及无意识地渗透新的情境、生动的体验、直观的感受,让学生在过程中探索、发展和交流,鼓励独创以培养其充满个性的观点和思维。这对于缺乏创造性的学生来讲非常必要。

审美力有助于人将情感实物化与形式化,创造出形象生动富有美感的事物。情感的实物化是指人通过意象创造,将自我的情感体验和感受创造或者转化为一个具体的实物载体或者特定符号。但是单独的载体和符号往往难以达到审美的条件,因为学生在学习之后,大部分并不能顺利地将学习到的主观审美情感表现出来。例如,色彩搭配较好的图片往往被认为是具有美育价值的图片,学生也普遍认可其美学特征,但如果需要自己搭配色彩,则会暴露出搭配颜色选择上的问题;学生对构图结构完整、作图整洁的各类地图也会表现出审美兴趣,但自己在画地图的过程中,图例及要素的选择也会出现审美缺陷。所以审美情感创造出的载体和符号需要按照一定的形式或规律组合在一起,才能形成审美对象。所以,审美表现力即审美者将自己的审美情感按美的规律形式创造和表现出来的能力。审美表现力是审美力的重要组成部分,它对于人类的艺术创造活动至关重要。

五、中学地理劳动育人的结构

劳动教育以特有的方式促进人的身心发展,是全息育人的重要组成部分。一百多年前,马克思就指出:"生产劳动同智育和体育相结合,不仅是提高社会生产的一种方法,而且是造就全面发展的人的唯一方法。"这是新时代的中国教育重提"劳动教育"的重要理论基础。劳动教育和全息育人中的其他育人要素相比,有着其他要素无法替代的独特功能——引领功能。以"劳动教育"为引领,可以综合实现"以劳树德、以劳增智、以劳强体、以劳育美、以劳创新"。

21世纪是一个充满竞争的时代,一个人如果劳动素质低下,劳动能力缺乏,不能具备相应的生活自理能力和动手能力,就会很难适应现代社会快速发展的要求,终将被社会所淘汰。地理学科是一门实践性很强的课程,中学生实践力的培养则是劳动教育在地理学科的最佳渗透方式,能够增强学生的核心素养和竞争力,帮助学生更好地适应快速发展的现代社会以及实现自我发展。因此,在中学地理中充分渗透劳动教育具有重要的现实意义。这里主要从中学地理劳动教育现状、内涵及构成要素入手,对中学地理劳动教育进行相关阐述。

(一)地理学科劳动育人现状

1.国际现状

劳动教育的思想最早来自空想社会主义者托马斯·莫尔所著的《乌托邦》,他在书中主张对儿童进行生产劳动教育,去田野里从事观察和劳动,同时学习科学文化知识。西方教育家洛克和卢梭也提倡劳动教育,他们把劳动教育看作是一种重要的教育手段,认为劳动可以使儿童的身体、智力和道德得到发展。20世纪中期,苏霍姆林斯基从人的个性全面和谐发展的角度出发,认为必要的劳动不但能够激发儿童的创造性,还能更全面地帮助儿童健康成长。

1972年日本教育家小原国芳出版了其著作《全人教育论》,全人教育理论中提出真正的教育应该是人在真、善、美、圣、健几方面的和谐发展,其中劳动教育是"圣育""善育""美育""身体教育""生活教育""学问教育"的统一体。学生只有在实在的"劳作教育"中才会锻炼坚强意志,掌握劳动技能,形成知行合一的可贵品质。

而马克思可以说是对于劳动教育理论研究的集大成者。他在揭示劳动的本质和批判继承前人的教劳结合思想的基础上,提出了著名的"教育与生产劳动相结合"的思想,成为至今国内外学者研究劳动教育都无法跨越。

在国际上,无论是国际地理联合会1992年颁布的《地理教育国际宪章》,还是2016年新颁布的《地理教育国际宪章2016》,都强调了地理"田野"学习对培养地理素养的重要性。世界各国如英、美、澳等国家都将地理"田野"学习写入课程标准,并在教学实践中加以落实。[①]地理"田野"教学,也叫地理户外教学,是指在教室以外的其他场所从事的地理教学活动。中学地理"田野"教学核心就在于"体验"二字,正如库伯呼吁的那样"体验是学习和发展的源泉"。因此,"田野"教育是最能体现地理学科特色、最具有实践活力的教育方式之一,它为地理学科渗透劳动教育提供了良好的载体。

2.国内现状

我国古代就已经萌发出了有关劳动教育的思想。孔子在《论语》中指出:"行有余力,则以学文。"主张人们应该文行合一,兼顾脑力与体力劳动教育。还提出"以劳治身""劳而无怨"等思想,教育大众应在劳动教育中践行道德仁孝之心。颜元的"实学"教育思想中"吾用力农事,不遑食寝,邪妄之念,亦不起""人不作事则暇,暇则逆,逆则惰、则疲"指出了劳动对人有思想道德方面的教育作用,可见中国古代亦重视劳动教育。

---

① 张建珍.中学地理教育走向"田野":意义、方法与保障[M].杭州:浙江大学出版社,2017.

我国一贯重视对学生的劳动教育,自1949年以来先后颁布多项劳动教育政策。1993年中共中央、国务院颁发的《中国教育改革和发展纲要》指出:"各级各类学校都要把劳动教育列入教学计划,逐步做到制度化、系列化。社会各方面要积极为学校进行劳动教育提供场所和条件。"2010年中共中央、国务院颁布的《国家中长期教育改革和发展规划纲要(2010—2020年)》明确提出:"加强劳动教育,培养学生热爱劳动、热爱劳动人民的情感。"2019年,中共中央、国务院出台了《关于深化教育教学改革全面提高义务教育质量的意见》,提出了"坚持五育并举",强调"突出德育实效""提升智育水平""强化体育锻炼""增强美育熏陶""加强劳动教育",以此全面发展素质教育。国务院办公厅则发布了《关于新时代推进普通高中育人方式改革的指导意见》,通过"突出德育时代性、强化综合素质培养、拓宽综合实践渠道、完善综合素质评价等,来构建全面培养体系。"[1]中共中央、国务院出台的《关于全面加强新时代大中小学劳动教育的意见》,强调把劳动教育纳入人才培养全过程、贯通大中小学各学段、贯穿家庭、学校、社会各方面。在2020年全国教育工作会上,针对德智体美劳五育中,一直被视为短板弱项的体育、美育和劳动教育,教育部将精准发力,推动教体相融合、划出美育硬杠杠、构建劳动教育责任链条。教育部正在加快研制大中小学劳动教育纲要,明确劳动教育的具体内容、形式和实施路径。

学者张建珍博士的专著《中学地理教育走向"田野":意义、方法与保障》,通过纵向的历史研究、现状的调查研究、横向的比较研究、实践的行动研究,对国内外地理"田野"教育理论进行梳理,对我国地理"田野"教育研究和实践进行现状调查,并就中、英、美、澳等国家地理"田野"教育进行比较,反思我国当前地理"田野"教育存在的问题。再基于这些问题对我国中学地理"田野"教育的价值、主题开发方法、教学方法、典型教学模式的建构、学习评价、保障等进行详细深入阐述。这对促进中学生地理学科素养的形成尤其是地理实践力的培养具有重要的理论和实践价值,将为我国地理劳动教育的深入研究发挥引领作用。

教育部门也积极推动中小学"研学旅行"活动的开展。这些都为中学地理教育工作者开展地理学科劳动教育提供了良好的契机。中学地理教育渗透劳动教育,注重实践与体验,中学地理课堂必将生机盎然。我国地理课程标准中强调的"学习对生活有用的地理"与美国国家地理课程标准中强调的"地理为生活"异曲同工。

---

[1] 李政涛,文娟."五育融合"与新时代"教育新体系"的建构[J].中国电化教育,2020(3):7-16.

(二)中学地理劳动教育内涵

中共中央、国务院出台的《关于全面加强新时代大中小学劳动教育的意见》强调劳动教育是中国特色社会主义教育制度的重要内容,要全面贯彻党的教育方针,坚持"立德树人",把劳动教育纳入人才培养全过程,劳动教育也因此成为新时代背景下各学段各学科的教育研究热点。但纵观相关资料,大量的研究仅局限于劳动教育本身的研究,极其缺乏劳动教育与各个学科融合的研究,更没有中学地理学科劳动教育的相关研究。鉴于此,下面将从劳动教育的内涵、中学地理育人和中学地理劳动教育的内涵三方面着手,进一步阐释地理学科劳动教育的概念。

1.劳动教育的内涵

不同社会发展时期对劳动生产要素和教育的需求不同,劳动教育也应该呈现出不同的内涵。随着时代的变迁,我们已经步入"信息时代""智能时代",人工智能等技术变革对劳动者素质要求的提高,意味着劳动教育必须与时俱进,应该有其顺应时代的新内涵。新时代的劳动教育应该是教育与现代劳动需求相结合的一种教育实践形式,以培养学生适应社会发展所需的劳动价值观、劳动意识、劳动知识、劳动技能、劳动习惯等为主要内容,从而促进学生德智体美劳全面发展,增强学生社会核心竞争力,提高学生未来生活水平以及幸福感。

2.中学地理育人的内涵

义务教育阶段地理课程理念之一是"学习对生活有用的地理",中学地理课程要以习得地理知识为基础,最终达到学生能在生活中用地理进行生活实践的目的。所以,中学地理的育人价值应与现实社会紧密联系起来,让学生所学的地理知识能应对社会和科技的发展所发生的变化。《普通高中地理课程标准(2017年版2020年修订)》地理学科核心素养的确定充分体现了地理学科独特的育人价值。

因此,中学地理育人的内涵就是以地理核心素养为核心,结合多样化的教学方式和手段,充分挖掘教材、课堂内外的地理育人素材,以帮助学生形成必备品格,掌握地理学特有的研究方法和工具等关键能力,以适应不断变化的社会,使地理教学真正满足学生个人成长需要、社会发展需要,以达到育人目的。

3.中学地理劳动教育的内涵

劳动教育是教育与生产劳动相结合的一种教育实践形式。地理学是一门实践性很强的学科,大部分数据和第一手资料主要来自野外考察,同时生活又是地理学之源,地理教育关注"贴近学生生活的地理",强调"学习对生活有用的地理"。两者的目的和归宿都是生活体验,都是强调学生在现实社会生活的体验中获得自我成长。可见,地理学科教育和劳动教育在育人价值和实践途径上相互渗透、相互促进。地理核心素养中的地理实践力是一种行动意识和能力,是在地理实践活动中表现出的行为品质,也是应对复杂世界的独立生存本领,它与劳动教育的内涵不谋而合。因此,地理实践力是地理学科与劳动教育之间的纽带,通过培养地理实践力能够使地理教育和劳动教育有机融合,形成教育共同体。

综上所述,地理学科劳动教育的内涵是以地理实践力为核心,以地理教学为基础,通过具有地理学科特色的劳动教育实践方式,提高学生核心素养,让学生在学习地理知识的过程中习得对生活和人生发展有作用的劳动技能,同时树立"幸福是奋斗出来的"正确的劳动观念,以达到学生的全面发展。

(三)地理学科劳动育人构成要素

《普通高中地理课程标准(2017年版2020年修订)》中提出了地理实践力的培养目标:"学生能够运用所学知识和地理工具,在室内、野外和社会的真实环境下,通过考察、实验、调查等方式获取地理信息,探索和尝试解决实际问题,具备活动策划、实施等行为能力。"可见,地理实践力中蕴藏着大量的劳动教育要素,为劳动教育提供了途径。本书将地理实践力与劳动教育的内涵相整合,总结出了地理学科劳动教育的相关构成要素,如下表。

表2-5 地理学科劳动育人价值体系

维度	一级指标	二级指标	三级指标
劳动育人	劳动品质	劳动动机	需要、兴趣、成就、压力
		劳动态度	质疑、探究、创新、严谨
		劳动意志	果断、自觉、自制、坚韧
	劳动能力	空间定位能力	查阅地图、地理信息技术的使用
		地理实验能力	模拟实验、模型制作、探究实验
		地理观测能力	设备操作、数据读取、数据记录
		绘制图表能力	信息获取、数据处理、地图绘制
		野外考察能力	线路规划、样本选取、地理工具的使用
		社会调查能力	调查对象的选取、问卷制作、语言表达、统计分析

1. 劳动品质

劳动品质可以理解为学生在劳动中展现出来的动机、态度和意志,代表着一个人的思维方式和思维能力,劳动品质影响着劳动能力,它是达成劳动目标的必备品质。劳动教育可以培养学生勤劳俭朴、吃苦耐劳的精神品质,养成艰苦奋斗、团结合作的奋斗精神,形成尊重劳动、热爱生活的优秀品格,这是中华民族的传统美德,也是社会主义核心价值观的重要内容。地理核心素养中的地理实践力是在行动中表现出的行为品质,是一种应对复杂世界的独立生存本领。可见地理学科中劳动品质的培养是以地理实践力为载体。地理学科劳动育人中的劳动品质主要包括劳动动机、劳动态度、劳动意志。

(1)劳动动机

劳动动机是激发学生产生劳动行为的内部驱动力。学生产生劳动动机的内部驱动力,可以归结为以下几个方面:学生自身的迫切需要、学生对某方面的浓厚兴趣、学生为了产生某方面的成就和学生有某方面的压力促使学生有了动机。因此,劳动动机又可分为需要、兴趣、成就、压力。教师在进行地理劳动教育的过程中,应该充分思考如何激发学生的劳动动机,从而为后续的劳动教育奠定良好的基础。

随着工业4.0时代的到来,技术技能的创新必将成为推动社会进步发展的新动力。地理学科劳动教育可影响学生对于未来职业和职业发展的选择和行动,这种职业观的培养可激发学生的劳动动机。教师在讲授地理信息技术的内容时,便可运用地理信息技术在生活中的实际运用案例来激发学生的劳动动机。比如在应对新冠肺炎疫情时,地理学发挥了重要的作用,国家每日发布疫情实时地图数据,有关部门利用大数据技术协助追踪疫情密切接触者,公众借助手机定位功能查询周边疫情信息等都是地理信息技术的运用。这意味着未来地理信息技术在各领域的重要性,这门地理技术也正是未来学生应对社会发展所需要的技术。

(2)劳动态度

俗话说:"态度决定高度,细节决定成败"。劳动态度就是学生对劳动行为所持有的稳定的心理倾向。良好的劳动态度才能维持劳动行为。学生在劳动教育中产生的态度可分为:质疑、探究、创新、严谨。学生对所学知识有质疑、敢于质疑才更有利于课堂的生成。当学生内心产生了质疑才会进一步激发学生探究疑惑的欲望并有利于创新思维的形成。在探究的过程中,学生科学严谨的态度则是保障。教师在地理劳动教育渗透的过程中,应该把握住劳动态度的核心要素,利用教学上的合理设疑或处理好课堂中生成的疑问,以培养学生的良好劳动态度。

(3)劳动意志

罗伊斯这样说:"从某种意义上说,意志力通常是指我们全部的精神生活,而正是这种精神生活在引导着我们行为的方方面面。"劳动意志是指学生在劳动行为过程中自觉地确定劳动目的,并根据劳动目的来支配、调节自己的行动,克服各种困难,从而实现劳动目的的品质。劳动意志主要包括在劳动过程中展现出的果断、自觉、自制、坚韧等品质。

劳动意志所展现的品质与中华优秀传统文化所要弘扬的优秀品质充分契合。

我们已经进入信息化时代,中学生可以通过网络信息获取多渠道多元化的信息和知识,但每天大量的无效信息也干扰着学生的注意力和价值观。比如对中小学生价值观影响较大的"网红现象",学生通过网络信息片面地看到网红们似乎只需要利用一部手机进行直播就能轻松地赚钱。这些"网红"信息冲击了部分中学生的劳动价值观,使他们产生了不劳而获的思想,在学习中便容易出现思想的懈怠,面临复杂辛苦的劳动实践活动时容易产生退缩和逃避行为。新时代要求劳动者要具备吃苦耐劳和精益求精的劳动品质。中学生若缺乏劳动意志力和恒心是无法形成对于劳动实践活动的专注和追求卓越的,更无法适应社会的发展。地理学科在劳动教育过程中对劳动意志的培养显得尤为重要。

2.劳动能力

劳动能力主要指学生在社会上赖以生存的各种实践操作能力。中学阶段的劳动教育可以帮助学生掌握基本的劳动能力,形成初步的职业认知,这是中学生未来应对社会发展所必备的生存和生活本领,也是促进中学生全面成长的必修课程。劳动的过程即是实践的过程,而实践的过程又需付出劳动,两者之间相辅相成,所以地理学科劳动能力的培养需充分结合地理核心素养中的地理实践力。《普通高中地理课程标准(2017年版2020年修订)》明确表述:"地理实践力指人们在考察、实验和调查等地理实践活动中所具备的意志品质和行动能力。"学生在实践活动中所形成的劳动能力有利于地理核心素养的形成。本书将地理学科劳动育人的劳动能力主要概括为空间定位能力、地理实验能力、地理观测能力、绘制图表能力、野外考察能力、社会调查能力。

(1)空间定位能力

袁孝亭、王向东老师认为地理空间定位能力是指"在认识地理事物空间位置关系时,运用地图、略图、脑中地图作空间透视,从中获取有价值的信息,得出相关的解释与结论所表现出来的能力,并将其划分为地理位置的空间知觉能力、地理位置的分析与简单评价能力和对地理位置关系的表达与交流能力。"[①]地理学具有区域性的特点,而义务教育地理课程内容以区域地理为主,初中生地理学科素养的培养是在区域认知的基础上进行的。所以空间定位能力是培养学生地理核心素养中区域认知的首要能力,也是学生学习地理的起点所在,有助于促进其他能力的发展,进一步落实地理学科劳动能力的培养。地理空间定位能力主要是能够查阅地图或利用地理信息技术找到并描述出某区域的地理位置。

---

① 袁孝亭,王向东.中学地理素养教育[M].北京:高等教育出版社,2005.

(2)地理实验能力

中学地理实验是一种有利于展现在地理现象和过程中最直观、最形象的实践活动方式。在中学地理教学中开展形式新颖、内容多样的实验活动，不仅能高效地完成教学目标，还能有效提升学生的劳动品质和劳动能力，有助于培养学生地理实践能力。地理实验能力主要指的是学生在模拟实验活动中所表现出的外在能力与内在品质，即通过模拟实验活动能够准确观察出地理现象、能够分析地理规律与原理，得出实验结论，在实验准备、开展、归纳三个环节中所表现的综合能力。学生在实验参与的过程中，脑力以及体力得以锻炼，有助于学生形成正确的价值观和良好的劳动能力。中学生的地理实验能力主要是模拟实验、模型制作、探究实验。

(3)地理观测能力

地理观测能力是指学生在对某些地理学要素或自然现象进行观察或测量时，能够操作各种仪器和设备，并能正确读取仪器和设备中显示的数据以及完成相关数据记录，最后得出科学结论的能力。地理学研究的是复杂变化的自然界和人文社会，教材中的理论知识很多抽象且难以理解，地理观测活动有助于理解地理学中部分抽象知识，劳动实践的过程能让学生更好地掌握知识，并在地理观测活动中将所学知识转化为劳动实践能力。地理观测能力是未来公民必备的地理劳动能力，中学生的地理观测能力主要包括设备操作、数据读取、数据记录。

(4)绘制图表能力

地理绘制图表能力是指学生在绘制地理图像时所具备的本领、技巧及利用图像绘制的方式来学习地理知识和解答地理问题的能力。地理图表作为地理学科的"第二语言"，是承载地理信息的重要载体。相比文字而言，地理图表直观形象、信息量大，是学生学习地理的基本工具之一。学生通过绘制地理图像，能够将地理知识与图形建立关系，感知地理事物的空间分布及规律，从而解决相关地理问题及难题。所以，在地理教学中培养学生绘制图表能力契合地理核心素养的能力要求，更是地理学科劳动教育培养的重要能力之一。

学生进行图表的绘制，其实是综合能力的培养。首先，在绘制地理图表前，需要对地理事物进行观察，可培养学生获取相关信息的能力。其次，在获取信息的基础上，需要对数据信息进行处理，可以培养学生处理信息的能力。最后，在进行绘制图表过程中，则体现学生的综合能力。可见，绘制地理图表的整个过程都是学生进行的劳动实践，更是对劳动能力的培养。中学生的绘制图表能力主要包括信息获取、数据处理、地图绘制三方面。

(5)野外考察能力

野外考察能力是指学生在真实世界的体验中用地理视角去观察、行动和思考,从而提高分析和解决问题的实践能力。地理学的大量资料、数据都来源于野外考察,所以野外考察是地理学的重要研究方法和特色研究手段之一。在野外考察的过程中,学生能够欣赏、观察自然界的事物,能够用所学知识解释相关地理现象,能够使用一定的地理工具,对野外地理事物及现象进行简单的考察。开展野外考察活动可以弥补课堂教学的局限性,有利于学生获取更多对生活有用的知识;可以印证课堂所学地理知识,将知识学以致用,解决实践中遇到的问题;可以激发学生对地理的学习兴趣,调动学生主动学习的积极性;可以增强学生的合作意识,提高学生的人际沟通能力。野外的劳动实践活动,既是培养学生野外考察能力的过程,也是促进学生全面发展的过程。中学生的野外考察能力主要是线路规划、样本选取、地理工具的使用。

(6)社会调查能力

地理学科中涉及的社会调查是指面对真实的社会现象,发现问题,提出问题,并通过问卷调查、采访、访谈、入户调研等社会调查的方法,客观认识与地理相关的社会现象,并发现其中的一些规律。《义务教育地理课程标准(2022年版)》倡导在认识家乡教学中安排相关社会调查,可以使学生在真实的社会情境中,应用所学知识培养其多种技能的发挥,还可以使学生进一步了解家乡,增强其热爱家乡热爱祖国的情感。在调查的过程中面对不同的社会人群,还可以培养学生的人际交往的能力。

中学地理教材中蕴含有大量的培养社会调查能力的素材,例如关于"我国的农业"的教学,由于其内容较为抽象,如果教师只停留在课堂教材中介绍我国南北方农业类型的差异以及农产品类型的差异,学生难以理解和掌握。为了使学生更好地掌握地理知识,培养学生的社会调查能力,可以组织社会调查活动把重庆常见的农产品作为调查对象,以小组为单位组织对重庆的各种特产专营店和农贸市场进行走访调查,并对农贸市场的店主进行相关的问卷调查,了解重庆常见农产品的销售情况,撰写重庆本地的农产品以及重庆外地农产品相关差异的调查报告。中学地理社会调查能力主要包括调查对象的选取、问卷制作、语言表达、统计分析。

第三节 中学地理全息育人点梳理

地理全息育人教育旨在综合地理学科育人价值的全面性、育人方式的多样性,联动教学教育要素,实现全面育人的立体教育,具有深远的意义。但如何将立体的目标各个突破,对承担地理全息育人主要任务的地理教师而言,就是要以国家意志为指导思想、学科课标为行为目标、学科知识体系为资源素材、以学生发展为主体需求,将地理学科全息育人目标拆解成面,具体到点,形成地理全息育人重点、要点、亮点和可取之点。

一、中学地理全息育人点的梳理依据

地理学习是学生全面发展必不可少的发展途径,如何在"立德树人"的教育背景下,将地理教育教学转变为全息育人的手段和资源,是梳理中学地理全息育人点首先要突破的问题。基于这一话题,秉承课程设计的一般思路和理论[①],针对课程中可供设计对象进行目标设计、初始能力设计和教学内容设计,将中学地理全息育人点的梳理依据整理为:针对教育的时代背景与国家意志,通过政策研究来确定育人思想;针对地理课程的改革步调和具体内涵,通过研究课程标准来确定行为目标;针对地理学科知识体系和理论特性,通过教材研究来确定育人素材;针对教学关系和教育原理,通过学情研究来确定发展需求。依据育人思想、行为目标、育人素材、发展需求,提出地理全息育人点。

(一)研究政策,形成育人思想

1.五项育人的政策依据

"学科全息育人"是指学科的、课程的、一堂课的全部信息,是以学科课堂实现教学到育人的功能转变,贯穿全学段、全学科、全过程、全方位的育人方法、路径、策略[②]。地理学科全息育人是从地理教学价值到地理育人价值的深度挖掘,也是落实核心素养培养的先行棋。

1954年我国首次提出"我们向社会主义、共产主义前进,每个人要在德智体美等方面均衡发展",其中包含了德育育人、科学育人(智)、健康育人(体)、美育育人四个方面

[①] 余文森.课堂教学设计的思路及理论依据[J].教育理论与实践,1992(4):36-38.
[②] 马福如."全息育人"德育模式的构建途径探析[J].湘潭大学学报(哲学社会科学版),2007,31(2):149-153.

育人目标。2014年教育部发布文件指出"要在发挥各学科独特育人功能的基础上,充分发挥学科间综合育人功能",明确了科学育人任务。2015年12月,全国人大常委会审议通过修改的《中华人民共和国教育法》在教育基本途径中增加与"社会实践"相结合的途径,在教育的目标上也增加了美育方面的要求。2018年全国教育大会提出,全面构建德智体美劳培养体系,这是对"五育"建设正式提出了要求。

从历史沿革看来,我国教育方针从"均衡发展"到"全面培养",从智育为重到德育为先,再到体育、美育、劳育并添,流露出从梁启超先生"两个半圣人"到蔡元培先生"军国民教育、实利主义教育、公民道德教育、世界观教育、美感教育皆近日之教育所不可偏废"的"五育不偏"主张,再到谢安邦博士"全人教育"理论的文化痕迹,体现了中华文脉中对全人、完人教育的评价标准和教育追求。地理学科的全息育人沿袭全学科育人点,以学科特性为区别依据,体现地理学科独有的全息育人价值。

2.德育育人的政策内涵

地理学科的德育功能主要内容体现在家国情怀、国际理解和生态文明三方面。地理学科特有的"因地制宜"的资源利用观念和"人地和谐"的人地关系理念是生态文明教育的宝藏资源,地理学科独具的疆域概念教学、国家边界与海洋权益教学是培养国际理解和家国情怀的重要契机和育人窗口。党政领导人和教育界高层非常重视地理学科独具特色的德育属性,也从政策上对地理德育提出建议和要求。

(1)在地理教学中强化爱国主义教育

2005年,教育部《关于整体规划大中小学德育体系的意见》(教社政〔2005〕11号)指出为努力拓展大中小学德育的有效途径,中小学地理和其他各类课程都要蕴含对学生进行德育的内容,重点强调地理课程的德育任务。2015年国务院教育督导委员会办公室印发《国家义务教育质量监测方案》,提出德育重点测查学生对基本国情、地理常识等的了解,对与他人、与社会、与自然关系的认识,强调通过地理常识培育学生家国情怀、国际理解。2016年,教育部的《用新媒体创新爱国主义教育方式和途径》一文中指出"应将爱国主义精神有机融入大中小学德育、语文、历史、地理、体育、艺术等各学科课程标准、教材编写、考试评价之中,纳入教育教学实践环节"。2016年《教育部办公厅关于深入开展首个全民国家安全教育日活动的通知》(教思政厅函〔2016〕14号)强调为全面贯彻落实习近平总书记系列重要讲话精神,广泛动员部署,整合教育资源,积极组织开展国家安全教育活动,系统宣传总体国家安全观战略思想,加大对《国家安全法》及《反恐怖主义法》《反间谍法》等国家安全相关法律法规的普法宣传力度,义务教育阶段主要在德育、历史、地理等相关学科课程以及综合实践活动中安排国家安全教育内容。2017年,《中小学综合实践活动课程指导纲要》发布,教育部会同相关部门支持各地校外活动场所建设,在全国命名了一批研学实践教育基地和营地,建立横向、纵向相衔接的校外教育资源体系,开展自然类、地理类、人文类等多种类型的研学实践教育活动,与学校课程、德育体验、实践锻炼有机融合,引导学生从课上走到课下,从校内走向校外,从思想认知到亲身体验,让学生走出校园、扩展视野、丰富知识、增长才干,增强对国家、对民族、对家乡的热爱。

(2)向地理教学中渗透生态文明教育

随着社会发展和人民生活水平不断提高,生态环境对人民生活的影响日益凸显,环境问题成为重要的民生问题,国家对环境教育的重视也日益提高。地理学科作为一门以认知环境,理解人地关系为核心内容的教学科目,培养学生欣赏、爱护青山绿水,关心、保护生态环境,是地理学科责无旁贷的育人职责和使命。可见,生态文明教育是其德育教育的重要内容。

2003年,教育部印发了《中小学生环境教育专题教育大纲》,以中小学综合实践活动为途径,落实"环境教育"的教育教学实施。其中,地理学科独有的区域性、系统性、人地性特点,在环境教育有更具体的结合方式,即"了解当前主要的区域性和全球性环境问题,探究其后果;结合地方实际,理解不同生产方式对环境的影响;了解可持续发展的基本含义,理解可持续发展的必要性",对学校实施环保教育大力鼓励。2014年,教育部印发《关于培育和践行社会主义核心价值观,进一步加强中小学德育工作的意见》,明确要求各地各校普遍开展以节约资源和保护环境为主要内容的生态文明教育,引导学生养成保护资源、低碳环保的行为习惯。2016年,教育部会同司法部、全国普法办联合印发《青少年法治教育大纲》(教政法〔2016〕13号),对环境保护教育提出了具体要求。2017年8月,教育部印发《中小学德育工作指南》(教基〔2017〕8号),将生态文明教育作为重要的德育内容加以强调,提出要加强节约教育和环境保护教育,开展大气、土地、水、粮食等资源的基本国情教育,帮助学生了解祖国的大好河山和地理地貌,开展节粮节水节电教育活动,推动实行垃圾分类,倡导绿色消费,引导学生树立尊重自然、顺应自然、保护自然的发展理念,养成勤俭节约、低碳环保、自觉劳动的生活习惯,形成健康文明的生活方式。

就地理课程标准要求而言,2011年,教育部修订了义务教育课程标准,把生态文明教育内容和要求纳入了相关课程目标中。其中,中学地理课程要求学生关注我国生态环境与发展的现状与趋势,了解全球的环境与发展问题。与此同时,为推动中小学环境教育取得实效,满足中小学生参加环境教育实践活动的需求,2012年,教育部同环境保护部印发了《关于建立中小学环境教育社会实践基地的通知》(环发〔2012〕113号),要求各地依托现有环保科展馆、垃圾焚烧厂、污水处理厂、废品回收企业、自然保护区、科研院校实验室等建立中小学环境教育实践基地,面向学生开展环境教育实践活动。

综上所述,时代建设的需要和政策方针的指导,使地理学科德育功能的重要性和德育价值的独特性日益凸显。一是在爱国主义教育方面,通过地理教材编写、教师课堂语言、学生课外考察等多种方式,使学生从国土安全知识认知到爱国主义和国际理解观念,培养学生的家国情怀和国际理解。二是在生态文明教育方面,通过地理课堂引导学生欣赏和关爱大自然,培养学生以地理视角关注家庭、社区、国家和全球的环境问题,结合地理知识认识个人、社会与自然之间的相互联系,帮助学生获得人与环境和谐相处所需要的知识、方法与能力,培养学生对环境友善的情感态度和价值观,引导学生选择有益于环境的生活方式是地理学科生态文明教育的重要内容。

3.科学育人的政策要求

各个学科都有其学科特性,育人既是教学的难点也是育人的突破点,把握学科育人的特质和内涵,才能精益求精。地理科学本质是研究人与自然关系的科学,所以在地理教育教学中,更应以人为本,体现地理育人价值。

地理课程中的科学育人应有两大类体现:一是学科的科学特性,在地理学科中表现为强烈的时空综合性;二是学科的内部原理,在地理学科中表现出强烈的自然与社会综合性。地理科学与一般的实验科学不同,地理过程的发生或白驹过隙,如山体滑坡、火山喷发;或沧海桑田,如滴水穿石、斗转星移;或动辄千里,如地震爆发、海啸突发;或限于一隅,如夏日阵雨、北印度洋洋流。这就要求教师在地理教学过程中紧扣学科特质,厘清时空关系,完成学科教学。基于对地理学科特性的认知,进入内部知识原理的具体探讨,就要求学生养成科学地积累地理要素和地理现象的习惯和能力。

4.健康育人的政策侧重

地理学的分支众多,其中健康地理学作为地理科学的一大分支,其研究内容为人群疾病和健康状况的地理分布与地理环境的关系,是近现代医疗保健机构合理配置的学科。由此可见,健康育人本就属于地理学科育人功能的基本价值。

教育部出台的《基础教育课程改革纲要(试行)》,将安全方面的知识作为必修内容已系统融入初中地理等课程。其主要强调环境安全,包括自然灾害的规避和防范。而地理学科的健康育人就体现在人和地理的交互关系中,如华中师范大学龚胜生教授的研究方向"温泉与百岁老人"。认知地理环境,了解环境灾害、认识人和地理关系及相互影响就体现地理学科健康育人的主要功能。

5.美育育人的政策推进

美学中将美分为现实美和艺术美,其中地理环境的自然美和社会美就是现实美的两大分支。所以,地理学科的美育素材具多样性,它有得天独厚的美育功能。

一直以来,我国教育的育人目标即为培养德智体美劳全面发展的社会主义接班人和建设者。随时代发展,教育追求更新和进步,1999年,教育相关政策文件中关于人才培养进一步强调对学科"美育"的要求。党的十八届三中全会做出了"改进美育教学,提高学生审美和人文素养"的重要部署。国务院办公厅印发了相关文件,对新时期加强学校美育工作提出明确要求。教育部高度重视学校美育工作,把美育作为"立德树人"全面推进素质教育的重要突破口。教育部也提出,教育有五重境界,其最高境界是"美美之教"。而要达到这一境界,美育是关键要素。很显然,以美育人,是实现"美美之教"的关键所在,育爱美之人,则是"美美之教"的自觉追求。

随社会发展需要,审美教育和创美教育成为全人教育、全息育人不可或缺的内容,随着教育部的政策推进,美育要求下的地理课堂是以美育美,美美可期。

6.劳动育人的政策支撑

"工欲善其事,必先利其器"。地理实践力作为地理核心素养之一,是地理学科育人的要点之一。地理学科劳动育人的自身特色在核心素养培养模式下得以尽显,地理学科劳动育人的独有价值在实践和实验中分别体现,地理学科劳动育人的多种途径在政策支持下最大可能实现。

2017年9月,国务院办公厅印发《关于深化教育体制机制改革的意见》,强调在培养学生基础知识和基本技能的过程中,应积极践行知行合一。在2018年全国教育大会上,针对培育怎样的人这一问题,教育部在德智体美育人的基础上增加了"劳",即劳动育人,落实到地理教学中来就是在地理实践中学习、地理观测中学习、地理操作中学习,进而培养地理核心素养的"地理实践力"。2019年教育部发布文件强调实践活动是地理学重要的研究方法,也是地理课程重要的学习方式,是地理育人模式和教学方式改革的重要内容、途径与手段,也是地理学科核心素养"地理实践力"的重要培养手段。

(二)研究课程标准,规划行为目标

义务教育课程标准是国家教育意志力的体现,也是义务教育树人目标的出发点和践行方向。义务教育课程标准前言指明了主旨和目的,前言虽短小精悍,但其中五育暗流,每育必求。

1.德育育人,育德行自治力

"立德树人"是教育事业的根本任务。"德"字词义颇丰,才者,德之资也;德者,才之帅也。"立德树人"的"德",应该是"大德、公德、私德"之总称,与德智体美劳中"德"的含义相同,包括政治、道德、法律等多个方面。

地理学科基本思想之一的人地协调观是理想信念中的重要部分。地理学科区域地理和乡土地理知识模块将国土观、海洋观、生态观、因地制宜原则等概念具象化,如:通过中国台湾的自然地理环境和社会经济环境的学习,认识中国台湾地区自古以来一直是中国不可分割的领土,实现爱国主义观念的渗透,爱国主义观念正是青少年道德品质的政治底色;通过乡土地理的田野调查,让学生进行野外考察、社会调查、参观访问,直接感受到家乡河山大美、资源丰美、环境优美等情境,触发学生爱乡、爱国之情。更进一步,《中华人民共和国环境保护法》第一章第六条指出"一切单位和个人都有保护环境的义务",第九条指出"教育行政部门、学校应当将环境保护知识纳入学校教育内容,培养学生的环境保护意识",中学地理课程标准中则明确指出,"受教育者应初步形成保护环境与资源和遵守相关法律法规的意识,要初步形成尊重自然、与自然和谐相处、因地制宜的意识及可持续发展的观念,养成关心和爱护地理环境的行为习惯。"强调了从道德品质到行为习惯的知行合一,体现了地理学科德育育人的内涵,育人之情感、态度、价值观念,德行自洽;实现意识渗透,行为规范,立实德,树真人的追求。

2.科学育人,育科学认知力

中学地理课程标准在课程目标和性质论述中,从知识与技能、过程与方法、情感态度和价值观以及学科核心素养的角度对地理学科育人价值和科学价值做出具体论述,囊括了科学育人的内涵:培养地理学科视角,运用地理科学标准,透析地理图层,认知大千世界,育人之认知能力。

其中,义务教育课程标准前言部分指出"义务教育地理课程有助于学生感受不同区域的自然地理、人文地理特征,从地理的视角认识和欣赏我们所生存的这个世界",课程目标的知识与技能要求指出,掌握地球与地图的基础知识,能初步说明地形、气候等自然地理要素在地理环境形成中的作用以及对人类活动的影响;初步认识人口、经济和文化发展的区域差异;了解家乡、中国和世界的地理概貌,了解家乡与祖国、中国与世界的联系;了解人类所面临的人口、资源、环境和发展等重大问题,初步认识环境与人类活动的相互关系;掌握获取地理信息并利用文字、图像等形式表达地理信息的基本技能;掌握简单的地理观测、地理实验、地理调查等技能。从学科核心概念、学科知识和能力三个方面对学生行为目标提出要求。高中地理课程标准则在"指导思想和基本原则"中强调"着力提升地理课程的科学性,坚持求真务实,严谨认真,确保课程内容科学",从人地协调观、综合思维、区域认知和地理实践力三个方面集中体现地理学科育人价值,对地理课程育人目标的学科特性提出具体要求。

3.健康育人,育健康发展力

中学地理课程标准中提出"培养学生应对人口、资源、环境与发展问题的初步能力""培养活跃的、有责任感的公民"。可见,地理学科"树怎样的人",就是树知德行,能以德为先;知科学,能科学认知;懂审美,能生活审美;知情境,能情境实践的兼备以上四点的身心健康,全面发展的社会主义接班人。由此,也就引申出全息育人的另一个育人点——健康育人。

地理课程包含"增强防范自然灾害的意识"的健康安全教育内容。地理课程标准在内容标准和活动建议中提出了"围绕自然灾害防治等主题,自拟题目,撰写小论文"等健康安全讨论的教学建议,在教材编写建议中提出应"采用符合学生身心特点和接受能力的内容呈现方式"等关注健康育人的内容。本书所体现的健康安全育人内涵,一方面体现在要求教师因材施教,选择符合学生身心特点的教学教法上。另一方面也体现在要求学生因地制宜,学习掌握不同区域自然灾害防治措施的学习内容上。

综上所述,我国中学地理课程标准中虽不见五育明写,但处处五育并举。五育要求符合国家义务教育地理学科发展需求,是"立德树人"根本任务下教师依据课程标准实施教育教学的更高追求和时代呼唤。

表2-6 《义务教育地理课程标准(2011年版)》中的五育依据

《义务教育地理课程标准(2011年版)》原文摘录	动宾语干	育人要求
运用资料,归纳人类面临的主要环境问题,说明协调人地关系和可持续发展的主要途径及其缘由。 义务教育受教育者要初步形成尊重自然、与自然和谐相处、因地制宜的意识及可持续发展的观念,养成关心和爱护地理环境的行为习惯。	归纳环境问题 说明途径 说明缘由 形成意识 形成观念 养成习惯	育德行自洽力
义务教育地理课程有助于学生感受不同区域的自然地理、人文地理特征,从地理的视角认识和欣赏我们所生存的这个世界。	感受地理特征 认识世界 欣赏世界	育科学认知力
培养学生应对人口、资源、环境与发展问题的初步能力,培养活跃的、有责任感的公民。	培养能力 培养公民	育健康发展力
从而提升生活品位和精神体验层次。	提升品位层次 提升精神层次	育生活感知力
增进学生对地理环境的理解力和适应能力。	增进理解力 增进适应力	育情境适应力

4.美育育人,育生活感知力

地理学科兼具人文与自然双重内涵的特色,对美育教育意义重大,将地理课程作为美育的途径和资源,一方面可以实现自然审美的教育,另一方面也能满足科学美、人文美的教育需求。《义务教育地理课程标准(2011年版)》明确指出,通过地理课程展开地理知识、技能的学习,从而提升孩子的生活品位和精神体验层次。就课程要求而言,包括了审美情趣、健全人格、艺术创造三方面的美育内涵,简而言之,即从学科视角出发,以地理知识为阶,完善感知触角,丰富审美体验,育人之感知能力。

5.劳动育人,育情境适应力

地理学科本就是研究人类生存环境的学科,其最初的研究方法即为观察,所以地理学科具有得天独厚的实践教育意义。地理课程的开展应增进学生对地理环境的理解力和适应能力,学生应学会根据收集到的地理信息,通过比较、分析、归纳等思维过程,初步形成地理概念、归纳地理特征、理解地理规律。更进一步,学生应能够运用已获得的地理基本概念和地理基本原理,对地理事物和现象进行分析,独立判断。学生通过更深入的地理学习,培养其创新意识和实践力,能够发现地理问题,收集地理相关信息,运用知识和方法,提出解决问题的设想。高中阶段的课程则对培养学生的地理实践力提出明确要求,划分为4大能力层次,体现了地理课程实践育人的意志和内涵,其一,育人之实践理解力。理解力即思维训练,地理学科育人以地理科学体系逻辑层次为背景,训练学生从时空维度、区域尺度、人地向度构建思维坐标,量化能力刻度。其二,育人之真实情境适应力。适应力即解决问题的真实能力,地理学科育人以地理科学探究学科特色研究手段为契机,训练学生从感知到认知、从理解到表达、从操作到论述的真实情境适应能力。

(三)研究知识体系,化为育人素材

地理课程是以对科学本质的认识为基础,以提高学生科学素养为宗旨的综合课程。地理课程力图超越学科的界限,强调各学科领域知识的相互渗透和联系整合。[1]地理教材是地理课程的重要资源、地理知识体系的重要载体,也是地理教学的重要工具。[2]

根据中学地理教材知识体系可知,地理教材(以湘教版地理教材为例)内容涵盖地球与地图、世界地理与中国地理等知识,内容类别丰富,结构层次完整,知识体系全面,是全息育人中"全方位""全课程"育人的重要素材。

1.以地球与地图为素材

地理学是研究地球表层事物和现象及其变化规律的科学,其研究范围是地球表层,研究的核心是人地关系地域系统,涉及"它在哪里""它是什么样子的""它是什么时候发生的""它为什么在那里"等问题。[3]这一系列问题都依赖地球、地图知识为素材的空间认知能力以培养学生科学认识世界的重要方法与技能,这也是地理学科科学育人

---

[1] 戴英,余云,叶滢.初中地理科学教育的现状和思考——基于对《中国义务教育质量监测报告》的解读[J].中学地理教学参考,2020(3):44-47.
[2] 徐志梅.中学生地理空间能力及其培养研究[D].长春:东北师范大学,2011.
[3] 袁孝亭.论地理学科的空间观教育[J].地理教学,2003(1):10-11.

和实践育人的重要资源和素材。

表2-7 湘教版初中地理地球与地图的育人素材

教材版本	章	节	条目
湘教版	第一章 让我们走进地理	第二节 我们怎样学地理	学会看地图 学会收集地理信息
	第二章 地球的面貌	第一节 认识地球	地球的形状 地球有多大 地球仪 经纬网
	第四章 世界的气候	第二节 世界的地形	陆地地形 学会看地形图
		第三节 影响气候的主要因素	地球的形状与气候 地球的运动与气候

以湘教版义务教育地理教材为例，对地球和地图的能力要求体现为：学会看图、收集信息和分析原因，通过强调技能与方法实现实践育人，在实践基础上培养学生运用地理视角认识世界的能力。

2.以世界地理、中国地理为素材

地理教学中的重要概念包括了位置、区域和环境[①]，这三者都是地理空间属性的重要体现。义务教育阶段地理教材用了很大篇幅（以湘教版为例，七年级下册到八年级下册）分别以世界地理和中国地理为核心内容阐述区域这一概念，又在世界地理和中国地理的范围下结合自然环境和人文环境进行了讨论，集中体现地理学科的自然属性和人文属性。世界地理作为全息育人的素材，渗透区域的概念和环境美的审美情趣，同时综合了自然地理和人文地理知识，它是科学育人和美育育人的重要素材。

(四)研究学生学情,符合发展需求

地理教育从义务教育阶段正式以独立学科进入学校课程，其受众是身心处于迅速变化和发展时期的青少年。作为比较新鲜的课程，地理学科一方面给孩子们带来一定的吸引，另一方面也对孩子的学习能力、学习习惯提出新的挑战。新中国成立以来，教育教学几经改革，地理学科的课程地位和课程设置也几经沉浮，教育教学环境的变化对学科发展和学科教学也产生着深刻的影响。地理教育以"立德树人"为根本任务，要求地理教育者能够结合教育环境趋势、学生身心发展特点两方面学情，具体分析，梳理需求，以需促教。

---

① 潘舟.初中世界地理核心概念教学现状与改进策略研究[D].长春:东北师范大学,2018.

1.课程改革背景下,多育并求

自1898年《奏定京师大学堂章程》中正式使用"中学"[①]名称,至1951年政务院做《关于改革学制的决定》[②],我国中学教育,历经数次改革,不断求荣发展。

国务院自1999年颁发《中共中央国务院关于深化教育改革全面推进素质教育的决定》(中发〔1999〕9号),到2001年颁发《国务院关于基础教育改革与发展的决定》,均面向全体学生,强调"继续重视基础知识,加强德育的针对性和实效性,重视实践活动和劳动教育,贯彻'健康第一'的思想,养成健康的审美情趣",从课程改革的深化方向对德育育人、科学育人、健康育人、美育育人以及劳动育人五个方面提出要求。

地理学科虽然作为中学教育中重要的传统学科,但在义务教育阶段中没有引起足够的重视,师资力量普遍比较薄弱。高中地理学科经历几番课程改革,学科地位和课程设置亦是几经变化,使得其丰富的育人资源和内涵没有得到充分挖掘和利用。在地理核心素养理念催化下,全息育人对地理课程从课标到教材都进行育人点的梳理,一方面为一线教师追求全息育人设计课堂教学提供了实践资源,另一方面也是全息育人理念对课程改革的回应和溯源。

2.教育理论指导下,遵循规律

教育学者从心理发展理论到学习理论再到认知发展理论都对中学阶段的学生身心特点进行了科学分析,美国心理学家将空间能力、计算能力和语言能力并列为现代教育应当赋予人的"三大基本能力"。多元智力理论的创始人霍华德·加德纳把空间能力作为人的八种智力之一。针对初中阶段的学生特征,因势借力从五个方面开展育人教育,满足学生心理发展的需求,是贯彻人本主义下全人教育的重要思想。

在心理发展理论中,弗洛伊德提出的性心理发展将人的发展分为五个阶段,其中初中学生处于"12岁以后"的"生殖期",这一时期的孩子性冲动被唤醒,就要求这一阶段的学生能够以社会认可的方式合理表达冲动,教育的干预是帮助学生以正确的方式面对成熟的性本能。埃里克森在心理社会发展理论中强调社会和文化的影响,认为12~20岁的人主要面对的心理社会危机是"同一性对角色混乱"。以五育作为目标,将地理知识作为素材和资源开展教学,对学生的干预是在传统教学干预基础上的拔高和深入,同时也是对孩子行为的更全面的回应,全息育人,强调了干预的全面。

在学习理论中,有学者强调个体潜力无穷,独特的环境塑造差异巨大的个体。斯金纳的操作学习理论则强调人的大多数习惯与经验形成基础的学习形式。班杜拉认为孩子的学习是基于观察,并提出相互决定论,反对了环境决定论,认为"积极的人、个

[①] 陈元晖.中国现代教育史[M].北京:人民教育出版社,1981:24.
[②] 张平海.中国教育早期现代化研究[D].上海:华东师范大学,2001.

体行为和环境之间是相互作用的"。全息育人中突出实践育人,在一定程度上是"纸上得来终觉浅,绝知此事要躬行"的教育实践。

在认知发展理论中,皮亚杰认为学习即发现,由此将认知发展分为四个阶段,而中学生处在认知发展的最后阶段——形式运算阶段,在这一阶段,通过对思维本身的思考,青少年的认知运算得到了重组,思维的系统性和抽象性得到长足发展。维果斯基提出社会文化理论,虽然淡化了学习发展的阶段性,但更强调了社会文化的交互性。而全息育人中强调了科学育人,以义务教育阶段的地理学科为例,强调地理环境的综合性、区域性,实则体现了科学思想的系统性。本阶段地理科学以区域地理为重要内容,在这一知识体系中环境概论的细节知识则要求学生"通过对思维本身的思想"完成知识运算的重组,是地理学科育人的重要内涵。

第三章 中学地理全息育人教学设计

全息育人视角下的教学设计不同于传统的教学设计,教师要充分从全学段的角度做统筹安排并整体建构教学体系,需要从教学的全过程、全方位渗透育人思想,需要全面把握学生学习的信息,进行教学设计,并以此为依据展开教与学的活动。本章内容立足于教学设计,从理念到实践全面深入地解读,有利于实现全息育人目标的教学模式——情境体验式教学。

第一节　中学地理全息育人教学设计模式

地理学科具有科学性、生活性和实践性的特点,地理教学评价又需要依托具体的、真实的情境。在教学过程中,教师是情境的创设者,是活动的组织者;学生是情境的体验者,是活动的参与者。经过多年在初中和高中教学的尝试和实践,我们总结归纳出了适合中学地理全息育人的教学模式即情境体验式教学。

一、情境体验式教学概述

情境意为情景和境地,是融合了时空在内的具体情景和意境,学生通过参与并体验具体情境的方式展开学习。情境教学法由来已久,最早可以追溯到苏格拉底"产婆术"中的问题情境和柏拉图的"对话模式"。中学地理教学要求学习对生活有用的地理,因此教师需要创设真实的情境或者借助信息技术创设直观生动的情境,并提出具有针对性和开放性的问题,最后的学习评价也以解决生产生活中的真实问题为情境,最终培养学生的迁移应用能力和创新能力。

体验式教学重在强调学生亲身体验,所以教师要根据学生的认知特点和规律,通过某种形式再现真实情境,使之与教学内容相匹配,让学生在自主学习、合作探究或者亲历的过程中培养其自主建构知识能力、发展能力等。四川师范大学教育科学学院李松林教授曾指出:"'体验-反思'是学生学科核心素养的发生机制,'交互-整合'是学生核心素养的形成机制,'扩展-变构'则是学生核心素养的完善机制。"[1]

情境体验式教学是教师通过创设合理、合适的情境为教学服务,这个情境可以是现实生活的、学生生活体验的真实再现,也可以是虚拟的教学情境,学生在现有的认知水平基础上,通过自主学习、合作探究或者亲身经历等自主完成知识的建构,并在这个过程中实现五育的融合渗透。

二、情境体验式教学理念

教学理念是人们对教与学的本质的认识,也是教师在开展教学活动时需要坚持的

---
[1] 李松林.学科核心素养的发展机制与培育路径[J].课程•教材•教法,2018(3):31-36.

态度和观念。教学理念有理论层面、操作层面和学科层面之分。

(一)理论层面

情境体验式教学是以建构主义、最近发展区理论等为基础,在总结和反思当下教育问题和困境而采取的较为有效的教学模式。建构主义提倡学生是学习的主体,教师则是学习的设计者和指导者,教师和学生两者既有分工又有合作。教师开展教学设计和指导学生活动是在学生已有的认知和体验基础上,并以此为生长点,引导学生产生新的知识和经验,这是最近发展区原理。

(二)操作层面

情境体验式教学倡导教师是情境的创设者,活动的组织者,学生是情境的体验者,也是活动的参与者。具体是要在理论的指引下,将理论行动化,即制定科学的育人目标、创设真实有效的地理情境、提出有探究价值的问题链、制定丰富有效的学生活动和具有可操作性的评价方式。

(三)学科层面

初中地理学科提倡学习对生活有用的地理、学习对终身发展有用的地理以及构建开放的地理课程(场地、资源、学习方式等)。首先,学习对生活有用的地理是践行陶行知"生活即教育"的理论和观点,提倡生活即是最好的教育素材,同时教育也是为了更好地生活。陶行知的另一个重要观点是倡导动手尝试,即行动、体验、实践才是学生获取知识的主要方式,更是创新的基础。其次,学习对终身发展有用的地理是践行终身教育的理念,即我们所常说的"活到老学到老"或者"学无止境"。1965年联合国教科文组织成人教育局局长保罗·朗格朗在一次关于成人教育的会议上提出,终身学习是社会每个成员为适应社会发展和实现个体发展的需要,贯穿于人的一生的,是持续学习的过程。终身学习不仅要求学生有终身学习的动力,还要有主动的、不断探索的学习品质和学习能力,以获得未来更大的发展空间。最后,构建开放的地理课程是应时代发展而提出的,传统的地理课程资源包括教材、教参、练习册等,中学地理教师对这些资源更多的是被动使用,没有选择空间。而情境体验式教学要求教师根据教学目标和教学条件,自主开发学习资源包,这个资源包内可以是常见的图片、文本、视频影像,也可以是课堂外的公共资源。这么庞大复杂的工作,很难由一个教师独立完成,所以需要一个团队的合作,包括地理学科专业的教师、其他学科教师或者学生、家长、社会机构等,最终建立开放式课程资源,实现资源共享。

高中地理学科主要围绕地理核心素养展开,在教学实施方面提出了要重视问题教学、加强地理实践等。首先,问题教学要求创设问题情境,以解决问题为目的,在解决问题的过程中,可能会生成新的问题,本质是帮助学生实现知识的自主建构。其次,地理实践力目的是让学生"走出去""行动起来",是马克思主义的实践原理在教学中的具体体现,这就要求教师创设合理的实践活动,在活动中学生不仅能自主构建知识体系,更能充分体验美、感受美,而且能通过亲身体验丰富自己的情感体验和提高自己的动手能力。

三、情境体验式教学模式

地理学科核心素养不仅是高中地理课程落实"立德树人"的具体途径,也是初中地理课程未来发展方向的指向标。因此,在国家新的教育改革政策下以及地理学科新的改革任务下,初中地理课堂应对新时代的种种变化也在发生转变。课堂的转变依托于教学理念和教学模式的转变。国家提出培养"德智体美劳全面发展的社会主义建设者和接班人",依据此教育方针我们提出了"全息育人"的教学理念。在全息育人的教学理念下,提倡情境体验式教学模式。基于全息育人教学理念下的情境体验式教学模式可以归纳为"两主五步",其中"两主"指的是教师和学生为课堂的双主体,教师是教学的主体而学生是学习的主体,两大主体共同参与完成各个教学环节。"五步"指的是在情境体验式地理教学中,教师通过五个步骤创设有效的教学情境和问题,而学生通过五个步骤体验教学情境和活动。两大主体在课堂中相辅相成,教师充分调动学生的眼

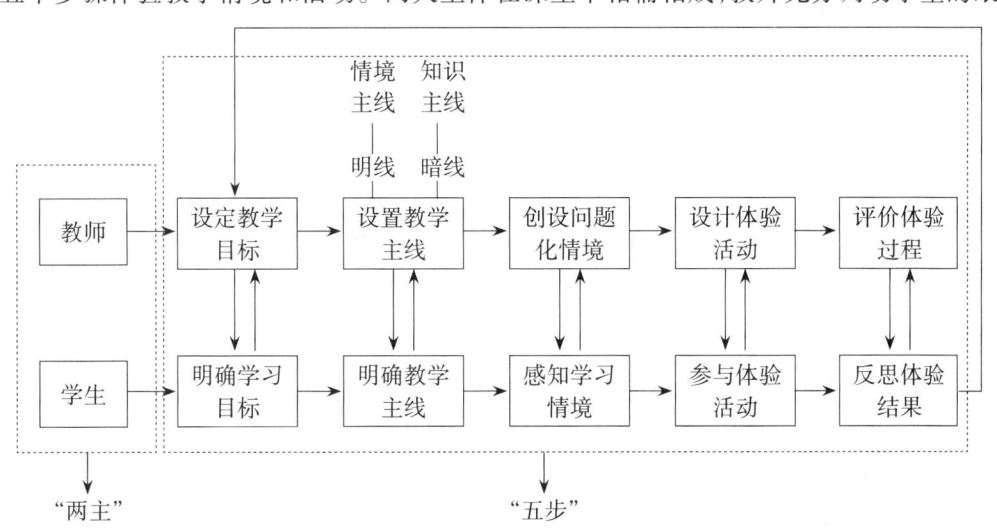

图3-1 地理情境体验式教学模式流程图

睛、耳朵等器官感知事物，学生则亲身感受体验、自主建构知识、反思体验结构、升华情感态度。地理情景体验式教学模式具体实施流程如图3-1所示。

该模式图中教师需根据课标、学生学情、教学内容来设定相应的教学目标。教学目标决定了整堂课的实施过程，所以是教师五个步骤中的基础和依据。在设定好教学目标的基础上，教师结合所要教授的教学内容设置教学主线。教学主线指的是贯穿课堂实施过程的线索，在地理情境体验式教学中，教学主线一般分为明线和暗线，两条线索共同推进课堂形式的呈现。教学明线是指本节课的情境主线。学生在连贯的情境体验活动中逐步生成对应的暗线，也就是知识主线。结合教师设置的两条主线，教师依据明线中所划分的主题板块来创设对应的问题化情境。在每个问题化情境下，教师再根据学生学情状况设计相对应的体验活动，以帮助学生在情境体验中构建知识主线。最后，教师还需通过一定的方法来评价学生情境体验效果，评估学生是否达到预设的学习目标。学生则是在教师教学实施的五个步骤中，通过体验的方式完成对应的五个学习步骤，分别是明确学习目标、明确教学主线、感知学习情境、参与体验活动、反思体验结果。课前学生明确学习目标，有利于学生在课堂实施过程中明确学习方向，快速投入到新的教学过程中。当学生明确教学主线和感知学习情境之后，经历自身认知与情境类似的过程，可以充分调动学生积极性和主动性。参与体验活动阶段，这是学生通过体验活动自我建构生成知识的阶段，学生充分地感悟、体验了学习情境和问题之后，在主动参与中完成自身对教学过程的知识建构。教师在反思学生学习结果的同时改进、修订教学目标，最终达到学生的体验结果与教师预设目标之间相互促进的作用。两者之间的磨合碰撞可以推进教学的改进和创新。

第二节　中学地理全息育人教学设计方法

中学地理全息育人，即教育者从德智体美劳五育目标出发，构建全面的育人体系，课堂教学的每一个活动直指五育中某一个或多个目标的实现，充分利用全方位的信息，灵活采取多方式的教学方法，渗透地理教学，实现地理学科独特的育人价值。中学地理全息育人理念下具体的教学设计方法对于中学地理新课程实施有着促进作用，对于指导、优化课堂教学实践有着积极意义，对于培养学生的地理核心素养有着重要意义。基于地理情境体验式教学设计模式，本节是中学地理全息育人理念下对教学设计方法的深化研究。本节将从几个方面探讨中学地理全息育人教学设计方法：双主共学，转变教与学的观念；课程分析，预设全息育人目标；信息技术，开发全息育人素材；创设情境，搭建全息育人平台。

一、双主共学，转变教与学的观念

"双主"强调教师与学生同是课堂教学的主体，师生共同参与教，也共同参与学。"共学"是指建立师生课堂学习共同体，提升学生课堂参与的广度和深度，从根本上改变单一的课堂形态，达成师生在课堂上共同发展的教育目标。教师是教育活动的设计者、组织者、主导者；学生则是教育活动的参与者、体验者。在中学地理全息育人教学设计中，教师应先形成"双主共学"教学观念，教学观念是影响教学的重要指挥棒，决定着教与学的方向。

"双主共学"则在新课改背景下转变了教与学的观念，即"以科学发展观为指导，以规范教师教学行为为前提，以学生和教师的共同发展为宗旨，以构建地理卓越课堂为目标，坚持'学生发展为本'的核心理念，重视教师在课堂教学变革中的主导作用，以'双主共学'课堂文化引领学生学习，教师教学。通过师生课堂学习共同体的建设，进一步优化地理课堂结构和教与学关系，提高地理课堂教学效率，全面提升地理教育教学质量。"

传统教学主要强调教师通过教学设计活动来进行相关教学，学生在教师设计的教学环节中被动参与学习。"双主共学"课堂形态相对于传统课堂有着较大的转变，基本特征主要体现为：民主、开放、多元、共生、发展。"民主"指的是课堂氛围，师生相互彼此尊重与包容，教学目标的确立、教学方式的选择、教学评价的表达、课堂作业的布置等都倡导通过协作对话来展开，让学生通过课堂获得学习的积极体验。"开放"包括教学内容、教学手段、教学环境等的开放。教学内容要立足教材，超越教材，广泛联系生活。教学手段要充分考虑教学内容与学生实际，合理利用传统与现代教育技术，丰富教学手段。教学环境要利于学生课堂学习。"多元"指教学方式、学习方式和评价方式的多元。教学方式上要改变单一的课堂形态，采取情境设计、问题牵引、活动体验、交流展示、讨论对话等多种方式，引导学生学、思、研、做、评。学生的学习方式是基于尊重学生主体行为的"自主、合作、探究"形式，它是"学生自学、生生共学、师生共学、远程共学"的有机统一体。评价方式要灵活多变，评价目的是激励学生进一步学习，坚持个体与小组评价结合，定性与定量评价结合。"共生"指在课堂上通过"共学"实现师生共成长,最终实现学生更好更优发展的课堂价值。"发展"指师生通过多元的教学和评价,在共建课堂和课后学习训练中,学生明确自己的发展目标和水平,教师确立自己的专业发展方向和层次。

二、课程分析,预设全息育人目标

教学目标是教学预设想要达到的教学效果,因此教学目标制约着教学设计的方向,也决定着教学过程的实施方式。教学目标具有指向性、选择性、整合性、可测量性,地理教学目标设计是地理教学设计的起点。本书倡导从以下几个方面进行全面的课程分析并预设全息育人教学目标:解读课标要求、分析学生学情、拟定教学内容、预设全息育人目标。

(一)解读课标要求

课标是教师教学行为的指南,是教师教学和考核学生学习的依据。仔细研读课标,有利于教师明确教什么、怎么教、教到什么程度。在详细解读课标之后,教师才能更好地把握教学内容,教什么必须立足于课标分析和学情分析基础之上。

【案例】课标解读——"运用地图和相关资料,联系某国家的自然地理环境特点,结合实例简要分析该国因地制宜发展经济的途径"

针对课标中的"运用地图",教师需深入思考地理教学中有哪些地图类型,本内容适合用哪些地图进行呈现。"相关资料",意味着除了运用地图,还可以运用视频、文字资料、图像资料、模型等资料,需要教师掌握多样化资料的呈现方式,让课堂更为直观丰富。"联系某国家"意味着这节课需要利用某个国家作为区域载体,而具体哪个国家由教师自行把握。"自然地理环境特点"这部分,需要教师明确所选国家自然环境的优、缺点,整个课标都是以该国在自然条件影响下产生的区域特征为背景,所以分析自然环境是重点内容之一。"因地制宜"需要教师明确,并不是单纯地利用该国自然条件优点来发展适宜的经济,而是任何一个国家都需要利用自然条件扬长避短,优势自然条件可以发展经济,但一个国家若能克服不利的自然条件而促进经济发展,这更能体现因地制宜的思想。最后解读"发展经济的途径",教师可以深入思考一个国家有哪些经济发展方式,如:农业、工业、交通、旅游业等方面都是发展经济的方式。

以上案例可以看出,在解读课标的过程中需要教师逐字去剖析、挖掘其中蕴藏的信息,为教学提供明晰的方向。

(二)分析学生学情

教学过程是由教师的教和学生的学共同完成的,没有学生的学便没有教师的教,学生的学是教学存在的前提。因此分析教学对象,主要是为了全面了解学生的情况,进而确定适合学生的教学主题与情境,为顺利开展教学打下基础。教学对象分析是开展情境体验式教学不能忽视的环节,为主题的确立、教学目标的设定、教学内容的选择等提供依据。学生学情是由各方面因素决定,比如年龄特点、身心特点、生活经验、学习动机等。教师可以通过访谈、问卷调查、观察等方式获得学生的学习情况并进行学情分析。

(三)拟定教学内容

分析教材的内容顺序、逻辑结构能否与学生的逻辑思维、认知起点相连接,进而考虑是否调整教材的内容。教材是教师进行课堂教学的主要依据和重要的参考,首先,教师需要根据学生的认知规律、身心发展特点以及从日常生活出发,对教材内容进行科学的、选择性地加工、重组、调整,使教学内容与学生的逻辑思维、心理特点相衔接。其次,要加强知识间的相互联系,把知识关联度大的内容尽可能放在一起,帮助学生回忆所学的知识,完成一个个主题模块的学习,使学生能够捕捉到知识间的相关性,而自我进行有意义的知识建构,并辅助学生完善自己的知识体系。最后,教师根据教学需要可对教学内容进行适当的补充,也就是对课程资源的拓展与补充,呈现与知识相近的情境或场景,帮助学生理解知识,使主题式情境教学的知识呈现更真实、更易于理解,也能够完善知识结构,使学生能够汲取更多知识。

(四)预设全息育人目标

全息育人的教学目标是建立在对课标、学情、教学内容充分分析之后。一般是在教学过程中,围绕德育育人、科学育人、健康育人、美育育人、劳动育人进行预设的教学目标。不同的教学内容,所侧重的育人内容有所不同,但教师应尽可能地充分挖掘教学中的五育目标,以达到全息育人的效果。

【案例】水循环

1. 解读课标要求

2017版高中课标中对应的《水循环》课标为"运用示意图,说明水循环的过程及其地理意义"。该课标中的"运用示意图",应该有两层含义,一是学生能运用相关的水循环示意图说明水循环过程及地理意义;二是学生能绘制水循环示意图,学生若能自己绘制水循环示意图,才能自主地建构水循环各个环节之间的联系。两层含义,都突出了本节课标对学生地理实践力的培养。本课标中"说明水循环的过程及其地理意义"的要求,这意味着水循环的意义其实是在水循环过程中各个环节的作用下所形成的,比如降水和地表径流两个环节在形成过程中则会塑造地表形态、输送地表物质,蒸发需要吸热,降水则是放热的过程,这又会影响着全球能量的输送。可见,若能够将水循环的意义融合到水循环的过程中,逐步归纳出来,这样知识更具有逻辑性。

2. 分析学生学情

《水循环》这一节内容需要学生有一定的知识铺垫,比如了解地球的各种水体类型以及水的三态之间的相关转换。展开情境体验式教学需要立足学生的学情和现有知识水平,授教班级的学生基本为重庆人,因此水循环这一情境探究可以以重庆之水来设计情境主题。围绕主题"水循环——巴渝之水",以及结合学生学情,设计不同的情境体验环节:渝——水之源;渝——水之韵;渝——水之用。以学生熟悉的家乡作为情境体验主题,不仅能让学生迅速融入课堂探究活动,更能引导学生感知家乡的美、家乡的发展,培养热爱家乡的情怀。

3. 拟定教学内容

教材中的教学内容顺序为"水循环的过程及类型""水循环的地理意义"。根据学情和课标,若将水循环过程及地理意义孤立开讨论,不仅不利于学生对本内容的整体理解和把握,还不利于学生自我建构有关意义方面的知识。结合前面的课标分析和学情分析,本节内容可以利用实验设疑、实验探究、实验总结的授课逻辑来突破知识重难点,通过实验来帮助学生自主探究水循环的环节、各个环节影响下的意义以及最终的水循环过程的生成。学生在实验中不仅能自主探究、自主建构知识,并且能把握住知识的内在逻辑。

4. 拟定全息育人目标

本节课以前面所分析的课标、学情、教学内容为基础,以充分培养学生基本素养为核心,拟定以下全息育人目标。

德育育人:

(1)通过观看重庆美丽的风光视频、风光图,引导学生感知家乡的美、乡乡的发展,培养热爱家乡的情怀。

(2)通过设计荒漠的取水装置以及观看荒漠取水失败的视频,引导学生感知水资源在全球分布的不均衡,以及水资源的更新速度慢,树立资源观、发展观、人地协调观。

科学育人:

(1)通过模拟实验和动手画重庆的水循环图,知道家乡的水资源的来源与去向以及如何参与水循环的运动。

（2）通过循环圈图、观察模拟实验、重庆的水循环示意图等材料，培养学生从材料中获取和解读信息的能力，以及概念推导和解读能力。

（3）通过观察模拟实验和总结对应的水循环实验结论，培养学生自主建构知识的能力。

（4）通过运用所学水循环知识，动手设计荒漠中的取水装置，培养学生的地理实践力以及方案设计的能力。

健康育人：

通过动手设计荒漠取水装置以及观看视频，感知水资源的更新速度较慢，引导学生感知水资源的枯竭对人身安全的影响，树立环境安全观。

美育育人：

（1）通过观看重庆与水相关的风光图，引导学生感知重庆地理环境的色彩美、形态美，提升对地理事物的审美情趣。

（2）通过优美的语言描述景观图片内容以及具有美感的板书板图，引导学生感知地理课堂教学美。

劳动育人：

（1）通过观看和模拟实验的方式了解地理实验的研究方法，树立和培养动手解决生产实践问题的意识和能力。

（2）通过动手设计荒漠取水装置、动手画重庆的水循环图，培养学生的野外生存能力、地理实践力、绘制图表能力。

三、信息技术，开发全息育人素材

《国家中长期教育改革和发展规划纲要（2010—2020年）》中明确提出："加快教育信息化进程。"在2018年国家又推出了《教育信息化2.0行动计划》，该计划主要目的是积极推进"互联网+教育"发展，加快教育现代化和教育强国建设。中学地理学科与信息技术是相互影响、相互促进的关系。信息技术可以促进中学地理学科的发展，优化地理教学，而地理信息技术又是极具发展潜力的信息技术手段。地理信息技术，是基于信息手段不断完善背景下产生的新兴学科，是获取、管理、分析和应用地理空间信息的现代技术的总称。[1]广义的地理信息技术除了"3S"（地理信息系统、遥感技术、全球定位系统）技术以外，还包括可以用于地理教学的相关互联网技术。通过地理信息技术的运用，教师可以获取丰富的、更具时代性和生活性的全息育人素材，使得课堂情境

---

[1] 张媛.基于地理信息技术的地理情境创设研究[D].西安:陕西师范大学,2019.

更贴近学生生活。本书将常用的地理信息技术分为以下几方面：专业软件类、专业网站类、手机APP类。

(一)专业软件类

与地理相关的专业软件非常的多且全面,在地理教学中借助专业软件中的地理素材可以让教学活动更生动、形象,帮助学生突破教学重难点中抽象的知识。下面介绍两款实用性较强的专业软件。

1.图新地球

图新地球是一款国产的专业三维数字地球桌面软件,提供了超大规模的地图数据,还有强大的数据编辑和管理,地形分享等功能,充分挖掘地图数据,为各行业的应用提供强大技术支持。图新地球提供在线地图浏览,地图数据下载,地图标注,量测,倾斜摄影三维模型浏览等功能。

图新地球支持三维场景的飞行浏览和多视角浏览。用户可以很方便地控制、修改浏览线路和飞行速度,可以很方便的使数据呈现地形起伏效果放大或缩小不同的倍数。可以直接在地图上进行自定义设置取点密度和等高线间距来提取等高线,也可根据自有的高程数据提取。

2.天文通

天文通是一款观测天文气象的应用软件,通过天文通电脑版,用户可以实时观测天气状况、空气质量、污染情况、行星轨迹等,天文通电脑版每天提供最新的公开气象信息,关于地理位置和月亮升落等信息都能及时掌握到。软件功能包括观星条件计算,月相与月升月落,实时空气质量,所在地光污染等级、地图,行星升落图,日升日落,星图等。

(二)专业网站类

随着教育信息化的发展,各类网络资源类型丰富、资源全面、更新速度快,将网络资源应用于教学之中,可以帮助教师获得全面、时代性强的全息育人素材。不同的专业网站可以搜集到不同方面的全息育人素材。下面简单介绍三个拥有丰富地理素材的专业网站。

1.中国知网：中国知网已经发展成为集期刊、博士论文、硕士论文、会议论文、报纸、工具书、年鉴、专利、标准、国学、海外文献资源为一体的中国最大的数据库网络平台。知网中的各类地理期刊和论文,可以促进教师教学能力专业化,同时可以帮助教师接触到中学地理教学领域的最新研究以及明确中学地理教学改革创新方向。

2.香港天文台:是一个负责监测及预测天气,并就与天气有关的灾害发出警告的政府机构网站。香港天文台包括天气、气象、地球物理、天文及授时、辐射监测等栏目。在地理教学中,教师可根据教学需要在该网站查询、获取最新的地理素材资料,以丰富地理课堂内容。

3.国家卫星气象中心:是一个负责拟订中国气象卫星和卫星气象事业的近期计划和长远发展规划,研究和协调气象卫星用户需求,提出气象卫星的使用技术要求的网站。网站包括卫星产品、云图动画、数据服务、空间天气、遥感监测、GSICS等栏目。其中,遥感监测中又可以获取到非常丰富的遥感资料,比如某地区的植被变化、水情监测、蓝藻监测、火情监测、积雪监测等。

(三)手机APP类

手机APP是"互联网+"时代下的产物,为地理教学的智能化开展提供了可能。手机APP具有功能多样、种类繁多的特点,和前面两种信息技术相比,具有易操作性、实用性、高效性、共享性以及再现性等突出特点。简单介绍以下几种手机APP。

1.奥维互动地图:是一款跨平台的地图浏览器,可以进行信息检索,比如搜索周边的餐饮、交通、住宿等。还可以进行多种类地图切换,比如天地图、天地图影像、Google地图、Google卫星图、Google地形图、百度地图等高线图等。其中的离线地图有利于在野外实践前下载保存。地图功能有助于地理教学中获取多样化的地图资源。

2.星图:是一款可以帮助用户认识天体、进入浩瀚星海的手机软件,主要功能是寻星。软件可以根据GPS定位你当前的经纬度来描绘你头顶的星空分布,当你举着手机移动角度的时候星空也会相应变化,帮助用户认识自己眼前的星空有哪些天体。用户还可以了解眼前天体的主要信息,比如类型、距离、坐标等。在讲解宇宙中的地球时,若利用星图软件带领学生认识宇宙中的主要天体类型,能充分地调动学生主动学习的兴趣,培养学生的地理实践操作能力。

3.蔚蓝地图:是一款可以帮助用户掌握各地空气和天气信息的手机软件,可以查看的内容主要包括:空气质量、空气地图、水质地图、污染源地图、绿色供应链、环保百科等方面。软件中的数据和地图,教师可以根据教学需要进行整合处理,应用于课堂之中。

【案例】信息技术在地理情境创设中运用

编号	PPT内容	解说词	效果说明
1	情境展示：鄱阳湖近期洪水现状资料——洪水景观图片、湖口洪水水位数据统计图。	7月上旬以来，江西多地遭受强降雨袭击，其中鄱阳湖正面临前所未有的防汛压力。7月12日，鄱阳湖水位超过1998年历史极值水位。7月5日鄱阳湖水位达19.01米，短短几天后上涨至22.53米。	图片
2	在鄱阳湖近期洪水景观图片收集过程中运用的信息技术以及使用方法。	该图片信息的收集，运用的是"学习强国"软件。打开"学习强国"软件，在首页搜索关键词"鄱阳湖洪水"即可。	图片
3	在鄱阳湖湖口洪水水位数据统计图制作过程中运用的信息技术以及使用方法。	在鄱阳湖湖口洪水水位数据统计图制作过程中运用了"国家卫星气象中心网"、"Excel"软件。登录"国家卫星气象中心网"，进入"遥感监测"→"水情监测"→"水情信息"→选择近期时间段，获取鄱阳湖湖口水位近期迅速升高的数据。将数据导入"Excel"软件，选择"插入"，利用"折线图"将数据制作成直观的折线图表。	视频
4	情境展示：鄱阳湖所处地区的地形地貌图、气候资料图。	鄱阳湖洪水跟该区域的地理概况有着密切的联系。鄱阳湖地势低洼，与长江相连，有江西的"集水盆"之称。鄱阳湖地区为亚热带季风气候，降水多且集中在夏季。	图片
5	在鄱阳湖地形地貌图片收集过程中运用的信息技术以及使用方法。	该图片信息的收集，运用的是"谷歌地图"。打开"谷歌地图"，定位至鄱阳湖流域，获取该地地形地貌图。	视频
6	在鄱阳湖气候资料的收集过程中运用的信息技术以及使用方法。	鄱阳湖气候资料的获取，运用的是"香港天文台"网。打开"香港天文台"网，进入"天气"→"中国天气"→"中国城市天气"栏目，搜索鄱阳湖附近的南昌，获取该地的气候资料图。	图片
7	情境展示：鄱阳湖近期的降水数据和长时间尺度下鄱阳湖面积的变化图。	鄱阳湖近期面临前所未有的防汛压力，不仅跟区域地理概况有关，还和这两个因素有关。自然因素方面，近一个多月以来持续的强降水，平均降水量是多年均值的4倍，刷新了历史纪录。人为因素方面，从1980年至今人们围湖造田，使得湖泊面积不断缩小，调蓄洪水的能力大幅下降。	图片
8	在鄱阳湖近期降水数据收集过程中运用的信息技术以及使用方法。	在鄱阳湖近期降水数据的获取，运用的是"中国气象数据"网。打开"中国气象数据"网，进入国家气象科学数据中心的"实况资料"→"地面观测"→"日降水量"栏目，选择日期及地点获取近一个月的降水数据。	图片
9	在鄱阳湖面积变化图收集过程中运用的信息技术以及使用方法。	鄱阳湖面积缩小的图片信息，运用的是"谷歌地图"。打开"谷歌地图"，选择"显示历史图像"，即可获取鄱阳湖长时间尺度的变化对比图。	图片

【案例分析】本课程以近期真实情境——鄱阳湖洪水为案例,讲解在地理教学中创设真实情境时可运用信息技术及对应的使用方法来帮助我们更直观地分析问题。课程每个情境的创设都是基于信息技术获取、处理、呈现资料。通过本课程可见,信息技术能够实现教学内容的直观化、教学资源的丰富性和课堂的趣味性,运用信息技术创设的各种情境,有利于提升教学效率和效果。

四、创设情境,搭建全息育人平台

中学地理在教学过程中,情境的创设能帮助教师利用多样化的情境,搭建全息育人的平台,以达到教学中对学生德智体美劳五育的培养目标。全息育人理念下,如何创设情境呢?如何通过情境全方位培养学生呢?下面将从以下几个方面阐述:创设情境主线、开发问题化情境、设计情境体验活动。

(一)创设情境主线

"情境主线",就是在课堂上围绕某个或多个情境主题,将课堂教学环节、课堂教学内容贯穿起来的情境线索。一条好的情境主线,可以让学生的思维递进、逻辑连贯,并能快速进入学习情境中,从而获得良好的情境体验感。情境主线的本质就是立足于普通教学设计的基础上,利用生活化的情境素材改装教学内容与教学环节,根据情境将教学内容划分为几大教学环节,在每一个教学环节开始之前,用学生感兴趣的材料或活动进行自然的过渡串联,来吸引学生注意力,以此提高课堂吸引力,最终提高教学效率。从这一角度来说,在教学中使用情境主线,能在学生兴趣与教学内容之间架设一座桥梁,在地理教学内容这剂"良药"外面包上一层能够吸引学生的"糖衣",从而完美解决初中区域地理教学内容与初中生学习心理特征之间的矛盾。[①]

目前情境化的教学在我国各学科的课堂教学中运用普遍,但大部分教师在实施情境化教学过程中,比较强调在教学课堂某一环节的使用,往往以片段的形式出现,对贯穿整个课堂的情境创设往往较薄弱。比如有的教师在导入中使用了情境进入教学,但是后续的各个课堂环节都跟导入的情境没有任何关系,这就使得情境创设没有发挥出最大的作用,也没有通过情境形成完整的课堂主线,课堂较为形散。如果在地理课堂中能实施"一境到底"的情境教学,也就是以情境素材形成课堂明线,在一节课中,将情境的导入、展开及结束与课堂内容相结合,让情境贯穿课堂教学的始末,同时又以情境为主线,串联围绕情境的不同探究主题。这样的情境主线,能够不间断地激发学生学习兴趣,就像剥洋葱

---

① 朱承熙,徐志梅.浅谈初中区域地理教学中情境主线的设计与使用[J].地理教学,2016(11):33-36.

一样,学生一层一层地进入不同的情境探究主题,逐步在有层次的情境探究主题中主动思考、分析、讨论、体验、感悟,自主建构知识主线,充分促进学生核心能力的发展。创设合理的情境主线,需要把握住核心,在普通教学设计的基础上进行改造,改造的方法紧紧围绕这样的思路——内容问题化、问题情境化、情境生活化。这样的思路既能搭建情境主线,又能连接知识主线,形成明线暗线两条逻辑连贯的线索。

【案例】石与水的交响——喀斯特地貌

环节	教师活动	学生活动	设计意图 (育人点及育人效果预期)
导入:武隆风景	教师活动1: 播放武隆喀斯特地貌景观视频。	学生活动1: 学生观看视频,交流感受,判断景观为喀斯特地貌。	1.创设情境引导学生感受喀斯特风光之美。 2.通过情境与视频引发学生思考喀斯特地貌的石、水之间联系的兴趣。
环节一:石与水的交响——喀斯特定义	教师活动2: 1.课件展示武隆区石灰岩分布图(石)和降水量分布图(水),提出问题:武隆的石与水有何特征? 2.引导学生参考碳酸钙$CaCO_3$与碳酸H_2CO_3之间的化学反应来思考"可溶性岩石"和"溶蚀力水"在喀斯特地貌形成中的作用,进而推导出喀斯特地貌的定义。	学生活动2: 1.学生分组讨论,观察并归纳武隆区(石)石灰岩广泛分布和(水)降水量丰沛。 2.学生思考"可溶性岩石"和"溶蚀力水"在喀斯特地貌形成中的作用,并进而归纳喀斯特地貌的定义。	1.了解喀斯特地区地理事物的分布和特征。 2.通过阅读石灰岩分布图和学习化学反应式,培养学生的读图析图能力、空间定位能力,以及概念推导和解读能力。
环节二:前奏——地上乐章	教师活动3: 1.引发学生依据降水到地表的过程,分析得出石与水的溶蚀作用在地上开始进行。 2.课件展示溶蚀作用下溶沟形态的图片,启发学生依据降水到达地面后形成线状流水的现象,推测溶沟的形成过程原理,并引导学生观察和归纳出溶沟景观的特征。	学生活动3: 1.学生观察溶沟图片,思考地面流水与溶沟形成的联系。 2.学生归纳总结地表溶沟形态的特征。	1.通过观看溶蚀作用下溶沟形态的图片,了解野外判断地貌类型的基本过程。 2.思考并说出地面流水与溶沟形成的联系,以及地表溶沟形态的特征,培养综合思维能力。
	教师活动4: 1.提问:地上的溶沟进一步被水溶蚀会形成怎样的地表形态? 2.课件展示溶沟进一步溶蚀的模拟实验视频。引导学生观察实验过程和结果,描述地表形态在进一步溶蚀作用下的演变过程。 3.课件展示溶蚀洼地和峰林峰丛照片,引导学生观察和归纳出溶蚀洼地和峰林峰丛的特征。 4.引导学生思考在进一步溶蚀作用下峰林峰丛消失,地面重新变为平坦的演变过程。	学生活动4: 1.学生思考并推测地上的溶沟进一步被水溶蚀所形成的地表形态。 2.学生观看模拟实验视频,描述实验结果。 3.学生观察和归纳出溶蚀洼地和峰林峰丛的特征。 4.学生总结归纳进一步溶蚀作用下地面重新变为平坦的演变过程。	1.通过分析地上的溶沟的演变过程,理解水(大气降水、地表径流)与石(地上石灰岩)之间的因果联系。 2.通过思考峰林峰丛的产生与消失的过程,培养地理学科时空综合和要素综合的思维能力。 3.通过观看模拟实验的方式了解地理实验的研究方法,培养学生树立动手解决生产实践问题的意识。

续表

环节	教师活动	学生活动	设计意图（育人点及育人效果预期）
环节三：协奏——地下乐章	教师活动5： 1.提出问题：水进入地下会溶蚀出怎样的喀斯特地貌形态？ 2.课件展示溶洞形成模拟实验的准备过程，邀请学生来进行模拟实验操作，并观察现象。 3.课件展示动画，引导学生分析地下溶洞形成的过程。	学生活动5： 1.学生代表上台进行溶洞形成得模拟实验操作，并观察实验结果。 2.学生总结归纳地下溶洞形成的过程。	1.通过动画，分析地下溶洞形成的过程，进一步深入了解水（进入地下的水）与石（地下石灰岩）的因果关系，深入理解地理要素间的联系。 2.通过模拟实验的方式掌握地理实验的研究方法，培养学生动手解决实际问题的能力。
环节四：变奏——沉积乐章	教师活动6： 1.引导学生依据碳酸氢钙中析出碳酸钙的化学过程来分析喀斯特沉积的过程。 2.通过动画演示，引导学生分析石钟乳、石笋的生长方向，并得出石柱的形成过程。 3.展示石钟乳和石笋的岩石标本，邀请学生进行观察，并得出石钟乳和石笋层理构造的特点。 4.课件展示溶洞内各种沉积景观的图片。	学生活动6： 1.学生思考并分析喀斯特沉积的原理。 2.学生代表上台观察岩石标本，并通过观察动画分析石钟乳、石笋的生长方向，并得出石柱的形成过程。 3.学生观看沉积景观图片，交流感受。	1.通过动画，分析石柱的形成过程以及喀斯特沉积的原理，进一步深入了解水（含碳酸氢钙的水）与石（沉积物）的辩证关系，理解地理要素的相互影响。 2.通过实物观看，培养学生观察和提取地理信息的能力。 3.通过观看岩石标本和溶洞内各种沉积景观的图片，引导学生再次感知地理景观美，提升审美情趣。
环节五：间奏——静默乐章	教师活动7： 1.课件展示喀斯特地貌区农田图片，引导学生观察并分析喀斯特地貌区农业发展的条件以及不利影响。 2.课件展示喀斯特地貌区开采石矿、烧制石灰、制作水泥的图片，引导学生观察并归纳以上开发方式对于环境和人体的不利影响。 3.提出问题：如何因地制宜得开发喀斯特地貌，既有经济效益又能保护环境？	学生活动7： 1.学生观察并分析喀斯特地貌区农业发展的条件状况以及不利影响，分组进行讨论。 2.学生观察并归纳对于喀斯特地貌不合理地进行工业开发对于环境和人体的不利影响，分组进行讨论。 3.学生思考怎样的开发方式既有经济效益又能保护环境。	1.通过观看喀斯特地貌区农田图片，了解喀斯特地貌与农业生产的关系，理解各地理要素间的联系。 2.通过观察并归纳喀斯特地貌工业开发对环境和人体的不利影响，讨论可持续的发展策略，引导学生关注环境问题对身体健康的影响，树立科学的环境观与发展观。
环节六：鸣奏——华彩乐章	教师活动8： 1.展示旅游业发展前后武隆经济状况以及旅游业占比对比图表，引导学生总结现代旅游业的发展是对喀斯特地貌有效合理的开发方式。 2.课件展示武隆现代旅游业的发展成果图片。	学生活动8： 1.学生分析武隆经济发展数据，总结现代旅游业的发展是对喀斯特地貌有效合理的开发方式。 2.学生观看武隆现代旅游业的发展成果图片，感受旅游业给武隆带来的巨大发展与变化。	1.通过武隆相关图表材料的分析和总结，培养从材料中获取和解读信息的能力。 2.通过分析武隆经济发展数据，引导学生正确认识喀斯特地貌的开发方式。

续表

环节	教师活动	学生活动	设计意图 (育人点及育人效果预期)
结束语	教师活动9： 师生共同朗读描写喀斯特地貌的诗句。	学生活动9： 学生朗读喀斯特地貌的诗句。	1.阅读诗句，再次感受喀斯特地貌之美及语言文字之美。 2.通过诗句引导学生欣赏、研究、开发、保护神奇美丽的喀斯特地貌，树立人地协调观。

【案例分析】该案例中，以重庆武隆的喀斯特地貌景观为情境背景，根据喀斯特地貌的特征，将喀斯特地貌这一节课内容比喻为交响乐，形成了"石与水的交响"情境主题，明线为石与水的交响→地上乐章(前奏)→地下乐章(协奏)→沉积乐章(变奏)→静默乐章(间奏)→华彩乐章(鸣奏)。知识暗线为喀斯特地貌的定义→典型的地上喀斯特地貌→典型的地下喀斯特地貌→地下喀斯特地貌中的沉积地貌→人类活动对喀斯特地貌的破坏→喀斯特地貌区人地和谐的发展方式。明线连贯地展示了"交响乐"的跌宕起伏、高潮更替，而暗线则连贯地将喀斯特地貌的知识以层层递进的逻辑方式呈现。

(二)创设问题化情境

创设地理问题化的情境是指将收集的情境素材与课堂知识关联起来，挖掘情境素材中的知识矛盾点，将矛盾点以问题的形式呈现，在课堂上以问题化情境激发学生的兴趣，在课堂引导学生独立思考或合作探究分析并解决问题。地理学习过程本身就是一个不断发现问题的动态过程。通过问题的设置来激发学生的好奇心、求知欲，引发学生深入思考，最终解决问题。

问题是知识的核心，学习知识的过程本质上就是一个个问题解决的过程。在情境体验式教学中，将大主题分解成小问题，将高层次的问题分解成具体而明确的低层次问题，便有利于学生学习和探究。围绕主题设计不同层次的问题链，采用抛锚式构建问题序列，注重地理知识的内在关联，打造进阶课堂。

一般而言，有两种主要方式将情境转化为问题。一是根据《地理教育国际宪章》所提供的地理问题的六大分类：是什么、为什么、在哪儿、什么时候、产生什么影响、如何使它有利于人类和自然环境，几乎所有的地理主题内容都可以进行上述的设问。二是从人类认识问题过程的角度来提问，即发现生活中的某一地理现象并提出疑问，若难以解释疑问便提出假设，然后通过考察、实验、观测等手段证明假设，如果假设错误，再提出新的假设，再去验证，直到最后得出符合现实现象的假设。再通过更多的案例来支撑假设,最后成为结论。[①]

地理情境中的问题并不都是显而易见的,教师需要引导学生从地理问题情境中产生问题意识,并从地理的视角将地理情境问题化,从而促进学生积极发现问题并主动提出问题。强烈的问题意识是思维的起点也是思维的动力,重视学生的问题意识,考虑学生的思维状态和求知欲可以调动学生学习的思维积极性[②]。在提出问题后,教师需要指导学生进一步理解情境中的问题,对地理情境素材进行深度加工,洞察问题的本质,确定问题的解决方向。在明确问题的主要方向后,教师要遵循学生思维发展,围绕核心问题并遵照知识点之间的逻辑联系设计链状结构的问题。

(三)设计情境体验活动

体验活动是学生主动参与课堂学习的重要途径。课堂中各种活动都以学生学情和认知为前提,以达到某种课堂目标为目的。所以,课堂活动的设计需要建立在前面两个教学方法之上,才能充分发挥学生主观能动性,参与到教师组织的体验活动中,通过亲身感受和体验,自我构建知识体系和情感认知。这种"做中学"的知识是终生难忘的。不同的知识类型、不同的学生认知阶段,教师需设计不同的体验活动。在地理情境体验式教学中,可以设计以下学生情境体验活动:合作探究、模拟实验、观测活动等。

1.合作探究

由于地理课时紧张,时间有限,所以教师可以组织引导学生以小组为单位进行地理教具制作或者实验操作等活动。例如,在组织学生进行地理拼图比赛时,可以通过小组合作,使个人竞争转变为合作性团体竞争,这样能够强化学生的竞争意识,促使学生高效率学习。在学习中国的铁路干线时,教师可以引导学生画出铁路路线的简图,要求小组合作探究并设计出乘坐铁路的旅游交通路线图。小组间的合作探究有利于学生高效率地实现预定的学习目标,也有利于学生通过群体间的相互促进,使个体得到积极主动发展。在小组合作探究活动中,不同学生提出不同的想法,不同思想之间相互碰撞,形成更精彩的课堂。

2.模拟实验

地理很多知识和原理,是需要借助模拟实验来完成。通过直观的地理实验,学生得以亲身参与体会知识的来由,全面透彻地理解知识,同时也活跃了课堂气氛,调动了学生地理学习的热情,培养了学生的团队合作精神,提高其实践能力。课堂的模拟实验活动,可以根据不同的学生层次和能力,设计不同的模拟实验活动形式。课堂的模

---

① 龙泉.加强地理科学史教育的研究[J].中学地理教学参考,2016(10):13-15.
② 姚本先.论学生问题意识的培养[J].教育研究,1995(10):40-43.

拟实验活动形式可以是教师设计实验并演示实验,也可以是教师设计实验而学生模拟实验,还可以营造更加开放的课堂,如学生设计实验并模拟实验。

【案例】水循环原理应用——沙漠取水

师:水循环使得全球的水总量平衡,但全球水的分布是不均衡的。重庆水资源丰富,但还有很多地区处于缺水的状态。研究水循环有什么作用呢?掌握水的循环运动规律,才能更好地指导人们的生活。

师:若我们不小心在沙漠迷路了,口渴难耐,需要获得水,同学们能利用今天所学的知识在沙漠中设计出取水的装置吗?老师为大家提供三个材料:塑料盒、沙、薄膜。请每个小组的同学,利用这三个材料并结合以下实验提示,完成该活动。学生分组讨论并派学生代表展示小组设计的取水装置。其余同学评价这个装置是否科学。

(1)该装置要想成功取水,欠缺哪些器材?

(2)分析说明各器材在装置中的用途。

(3)该装置模拟的是哪种水循环类型,利用了水循环的哪些环节?

【案例分析】该模拟实验有两大亮点,第一,没有为学生提供完整的模拟实验材料,这样开放性的实验设计,有利于培养学生的科学思维。第二,学生通过动手设计荒漠取水装置,可以培养学生的野外生存能力、地理实践力。整个实验装置设计,充分地将所学知识融合并加以升华,让学生充分地体验知识是可以学以致用,解决生活问题的。

3.观测活动

地理观测是指在自然条件下,观测者运用各种仪器和设备,有目的、有计划地对某些地理要素或自然现象进行长期或短期的观察或测量,并对其进行记录与分析,得出科学结论的活动。在课堂中,可根据教学内容引入简单、可操作性强的观测活动,让学生的情境体验感更直观。在观测活动中学生是探究主体,通过观测体验自主获取相关现象,并归纳出对应的结论。

【案例】感受土壤

师:有人说热带雨林是"长着森林的绿色沙漠",是真的吗?热带雨林物种丰富,植被茂密,你们认为土壤肥力怎么样呢?

生:肯定很肥沃。

师:却偏有人提出了这样的传言,热带雨林是长着森林的绿色沙漠。沙漠土壤这么贫瘠,又怎么可能长出这么多植被,这不是自相矛盾吗?

师:要想知道热带雨林的土壤肥力到底怎样,不如我们先亲身感受下身边土壤的肥力。这是老师从学校山坡上取回来的新鲜土壤,前后两排同学为一组,将烧杯中的两块土壤取出,用自己的办法判断哪块土壤更肥沃。最后请同学告诉我你们组判断的结果,哪种土壤更肥沃,以及你们的判断依据是什么。

【案例分析】在这堂课中的观测活动,其实就是为学生构建了一个开放式的探究活动,没有给出土壤肥力的判断方法,而是让学生结合自身知识和能力进行判断。这样的开放式观测活动,有利于打开学生的思维之门,碰撞出更多精彩的课堂素材。上完这堂课后,也证明了这个活动的价值,观测过程是整堂课中学生积极性最高,并且收获最大的环节。

第四章 中学地理全息育人课堂教学实施

全息育人的课堂，不仅教会学生学科知识，更重要的是将知识作为载体，通过学生的自主学习或者合作探究等方法逐步帮助学生形成科学的思维方法，提高动手实践能力，并在这个过程中渗透价值观念、品格行为、审美能力等。所以全息育人课堂要立足于五育融合，充分发挥信息技术的作用，将知识和能力情境化，将生产生活的问题情境化，并兼顾地理实践力的培养。本章将从原则、策略和案例三方面为教师理解全息育人的课堂教学实施提供参考。

第一节　中学地理全息育人课堂教学实施原则

教学原则，是对教学活动的本质特点和内在规律性的归纳性总结，是教学工作有效进行的指导性原理和行为准则。[1]教学原则贯穿于教学活动的整个过程，不仅对教师的教有指导作用，也引领着学生的学，正确灵活地运用教学原则是实现高效课堂的重要保障。在"立德树人"的大背景下，《中国学生发展的核心素养》已经为我们解决了育什么人的问题，那么怎样实现全息育人这个教育目标成为我们思考的焦点。本节内容以实现全息育人为目标，从五育融合原则、科学性与思想性统一原则、启发性与创造性统一原则、课堂与研学融合原则、传统教具与信息技术融合原则以及突出人地协调原则展开阐述。

一、五育融合的原则

全息育人理念相较于传统课堂，不仅仅是紧扣知识，更多地是从育人的角度出发，教学目标定位五育，教学内容体现五育，教学活动渗透五育，教学效果生成五育，所以全息育人的课堂教学要遵循和坚持五育融合的原则。

无论是蔡元培提出的五育还是现在的五育，五育在实施过程中长期被割裂和孤立。所以，为了培养学生的全面发展，须将五育融合到教学课程体系之中，将五育融合到实际的课堂教学中，将五育融合到教学评价之中。

华东师范大学基础教育改革与发展研究所所长李政涛教授提出"五育融合"是一种育人思维，包含了"有机关联式思维""整体融通式思维""综合渗透式思维"等。[2]稍做对比和思考就会发现，传统教育的思维方式是相互割裂的，将五育分割开来，非此即彼，不能同时出现在课堂或者在教学活动中，教学目标、教学内容和教学方式都是单一的，也由此导致了唯分数论的局面。而在五育融合的理念和思维方式的引领下，教学目标、教学内容、教学方式、评价机制等都将发生重大变革。首先，基于有机关联式思维，五育是一个整体，不能被人为地割裂。对于教学内容而言，一个情境，一个素材可能挖掘出多个育人点，其中可能既包含了科学育人又适合德育育人和美育育人的渗

---

[1] 谢利民,郑百伟.现代教学基础理论[M].上海:上海教育出版社,2003:135-140.
[2] 李政涛.五育融合,提升育人质量[N].中国教师报,2020-01-01(003).

透;或者从教学方法而言,既能丰富学生的情感实践经历,又能提高学生创作美的能力,还可以提高学生的地理实践力。可见,五育之间是相互联系、相互影响的,所以教学中要充分利用有机关联式思维发挥五育的关联度和衔接度。例如,德育育人、科学育人、健康育人、美育育人实施方式和途径都依赖于劳动育人,而德育育人、健康育人、美育育人和劳动育人又都依托科学育人,可见五育是相互交叉,你中有我,我中有你。其次,基于整体融通式思维,在教学过程中要将五育目标融入教学素材和教学情境之中,同时五育也需融入教学评价,即教学目标到教学内容,再到教学实施和教学评价,全过程都需融入五育。最后,综合渗透式思维,是指在学科的基础上充分挖掘教材或者素材中的德育育人、健康育人、美育育人和劳动育人,这四个目标是在科学育人基础上的综合提升,所以教师要理解教材编写意图,挖掘和重组素材,在适合的时候渗透德育育人、美育育人等,实现地理学科的全过程、全方位育人。

五育融合对教师提出了更高的要求,要有五育融合的基本教学素养,同时要求教师挖掘和整合教学素材,充分发挥每堂地理课、每个教学情境、每个教学活动所包含的五育内容。教师还要选择恰当的教学方式,通过学生的实践体验,自主构建知识体系,丰富个人情感,提高审美能力,学会健康生活等,使五育达到最优组合效果,最终实现全面育人的总目标。

二、科学性与思想性统一的原则

科学性和思想性统一的原则是要以马列主义为指导,传授相关学科知识,并结合学科教学对学生进行社会主义品德和正确的人生观、世界观以及美育等教育[①],是全学段、全学科都需要遵循的教学原则。中学地理全息育人是以中学地理课堂为基础,实现学科单一教学到全面育人的功能转变,贯穿全学段、全学科、全过程、全方位的育人方法、路径和策略。

(一)教学内容兼顾科学性与思想性

科学性是开展教学最基础的要求和保证,如果丧失了科学性,知识是错误的、方法是错误的,那么在学生的认知世界里非曲直黑白也可能是颠倒的、错误的、扭曲的。思想性就要求教师充分挖掘教材或素材中的思想要素,梳理育人点,也只有保证了思想性才能保证德育育人、健康育人和美育育人等的渗透和实施,否则将导致重智育轻其他的五育分离的结果。

---

① 冯文全,冷泽兵,卢清.现代教育学新论[M].成都:电子科技大学出版社,2007:135-140.

(二)教学目标注重科学性和思想性

从科学性而言,教学目标要有可操作性、有层次性和针对性。首先,教学目标要有可操作性。由于德育育人、健康育人和美育育人具有内显性,育人效果很难进行量化评析,有些效果甚至是用学生一生去验证的,那么就需要一些具体的行为动作进行描述和界定,将抽象的育人过程转换成可观测、可检验的教学活动。例如,教师在针对"我国的人口"这一节内容时,可以这样描述德育目标:通过图文、表格等材料,知道我国人口的状况,说出我国关于人口的基本国策和政策,树立科学合理的人口观。其中"说出"就是一个可操作的、有评价的目标。其次,教学目标要有层次性。由于人从出生开始,身心特征会随着年龄、环境等发生很大的变化,所以国家对学前、小学、初中、高中和大学各阶段的育人要求具有明显的层次递进的特点。中学生恰逢青春期,正是逐步形成独立的思维、个性化的审美观等关键时期,教师在教学过程中难免会出现与学生已有认知相冲突的时候,此时更应该抓住机会引导学生形成正确的世界观,学会理解和尊重世界各民族的文化习俗,树立正确的生态文明观、审美观和健康安全理念。最后,教学目标要有针对性。从地区而言,我国地域面积广大,区域差异明显,中学生对除家乡以外的地区认识不够,所以学生个体之间在已有的认知,已具备的观念、态度和习惯等方面有较大的差异。从学校而言,各个学校的教学理念各有侧重点,有些提倡艺术类,有些提倡运动健康,而有些看重成绩分数,进一步加大了各学校间的差异。从家庭而言,父母、居住环境的影响,使得学生的个性更加突出。所以,教学目标要依据班级情况和学生个体情况做适当的调整,既要以总目标为中心,又要充分尊重学生个体的发展。从思想性而言,从过去的"双基"教学到三维目标再到核心素养,更加重视全面育人,是德育和美育等迈出的重要的一步。

【案例】以人教版(2020年版)地理选择性必修1第五章《自然地理环境的整体性》为例

本节课的教学目标,从五育的角度加以明确和细化,是对全息育人教学的一种摸索,使教学目标和教学行为更加明确,更有可操作性和可评价性。具体目标如下。

育人目标	具体目标
德育育人	1.通过小龙虾的视频和图片,激发学生了解祖国、热爱祖国的家国情怀。 2.通过模拟实验和地理图表,理解湖泊萎缩可能对武汉的自然地理环境带来的影响,培养学生正确的资源观、环境观和人地和谐的发展观。

续表

育人目标	具体目标
科学育人	1.通过图文材料感知自然地理环境的五大要素,并初步认识某区域的自然地理五大要素的基本特征。 2.通过过去和现在江南的景观对比图和模拟实验,理解地理联系这一核心概念,培养学生的要素综合能力、时空综合能力和地理实践力。 3.通过案例的分析,能归纳出自然地理环境整体性的概念。
健康育人	通过模拟实验和地理图表分析,以及虾稻共作的材料,树立人地和谐的环境健康观。
美育育人	1.通过创设小龙虾美食的情境,激发学生学习兴趣和学会欣赏中国饮食文化的色香味俱全之美。 2.通过过去和现在江南的景观图对比,学会欣赏差异美和和谐美。
劳动育人	通过模拟实验和小组讨论,完成对实验的观察和推测,提升学生的思维能力和小组合作探究的能力。

(三)教学活动兼顾科学性和思想性

全息育人的教学实施与传统教学相比,重在通过体验式学习,学生自主建构形成科学的认知和正确的观念。

【案例】以人教版(2020年版)地理选择性必修1第五章《自然地理环境的整体性》为例

教学环节	教师活动	学生活动	设计意图
环节一：虾源之境（学习目标：认识自然地理环境的基本要素）	创疑：小龙虾被戏称为"最失败的入侵者"。我们不禁产生一个疑惑：小龙虾的原产地在哪里呢？ 展示：小龙虾入侵图文材料。 材料：小龙虾(克氏原螯虾),原产美国,密西西比河下游的路易斯安那州是小龙虾的主要产区。(强调密西西比河下游) 提问：路易斯安那州到底是什么样的地方,那里的自然地理环境是怎么样的呢？我们一起来感受。 朗读：背景音乐并朗读。 跨越密西西比河时, 伸手就能感受那种湿润, 公路好像从森林中切开一条缝, 下面是沼泽,无边无际, 生长在古树上的苔藓漂浮在沼泽上。 师：小龙虾就是这里的常住"人口"之一。 小结：自然地理环境包括大气、水文、生物、土壤和地貌五大要素。	自主学习：通过图文材料感知小龙虾原产地的自然环境特征。 气候：湿润,水文：大河——径流量大,生物：森林、沼泽、小龙虾,土壤：潮湿,地形：平坦。	1.创设舒缓的氛围,感知路易斯安那州自然风光的美。 2.通过图文材料的一一对应,帮助学生感知小龙虾原产地的自然地理环境,再引导学生从感性到理性,从现象到规律,完成思维的提升,最终归纳出地理基本概念——自然地理环境的基本要素：大气、水文、生物、土壤和地貌。

续表

教学环节	教师活动	学生活动	设计意图
环节二：虾存之道（学习目标：自然地理环境具有统一的演化过程）	展示：江南地区的自然景观图。 布置学习任务：从自然地理环境五大要素的角度描述江南地区的自然环境特点。 师：我们发现江南一带与美国路易斯安那州的自然地理环境如此相似，都被打上了"湿润"的烙印，可以说小龙虾在合适的时间来到了适合自己的地方。 承转：为什么说小龙虾来到中国的时间也是最合适的呢？ 展示：古近纪我国干旱带材料。 引导学生读图： 1. 从图例来看我国江南一带在古近纪时期是干旱带。 2. 中国国家地理中做了这样的描述：干旱如撒哈拉沙漠一样。 切换PPT：前世江南和今生江南自然环境的景观图。 布置学习任务： 小组讨论：从自然地理环境的五大要素来对比前世和今生江南的地理环境特点差异。 归纳： 	自然地理环境	气候（干湿状况）	水文（河湖密度）	植被（疏密程度）	土壤（肥力高低）	地貌（外力形式）
---	---	---	---	---	---
前世湖北	干旱	发育稀少	稀少	贫瘠	风力地貌
今生湖北	暖湿	河湖密布	茂密	肥沃	流水地貌 | 承转：江南地区如此巨大的差异是怎么产生的呢？一起看视频学习啊。 播放视频：《青藏高原的隆起对江南的影响》 青藏高原的隆起不仅造就了那里独特的高寒气候，也造就了今生的烟雨江南。 小结： 规律：自然地理环境具有统一的演化过程，一个要素的演化伴随着其他要素发生相应的演化。	小组讨论：结合江南地区景观图从自然地理环境五大要素的角度描述江南地区的自然环境特点。 预设：地形平坦、河流湖泊众多、树木高大茂密、土层深厚、土壤肥沃等。 创设疑问，激发学生探知的兴趣。 阅读图文材料，了解前世江南的自然地理环境特征。 小组讨论：从自然地理环境的五大要素来对比前世和今生江南的地理环境特差异。 1. 预设： 前世：烈日炎炎、沙漠广布、植被稀少、河湖稀少、风力形成各种地貌形态。 今生：雨水充沛、植被高大茂盛、生物种类多、河湖广布、流水作用形成各种形态。 2. 观看视频。 | 自然地理环境	气候（干湿状况）	水文（河湖密度）	植被（疏密程度）	土壤（肥力高低）	地貌（外力形式）
---	---	---	---	---	---
前世湖北					
今生湖北							1. 通过江南自然环境特征的描述，并与美国路易斯安那州做对比，理解其他要素对生物（小龙虾）的影响。 2. 通过古今江南自然地理环境的巨大差异，理解自然地理环境演变是统一的过程，各要素在特征上保持一致。一个地区某自然要素的改变可能会影响其他地区，从区域认知而言，知道青藏高原的隆起对中国乃至世界自然环境演变的重大影响，从而激发学生探究的兴趣和主动性，培养学生关心祖国和家乡的乡土情怀。

续表

教学环节	教师活动	学生活动	设计意图
环节三：虾湖之殇（学习目标：某一要素受到外界干扰时，可能导致其他要素甚至整个环境发生变化）	提问：通过前面几个单元的学习，你知道有哪些原因会导致湖泊萎缩呢？ 追问：为什么山上的树被砍伐了，湖泊会萎缩？接下来我们就用一个小实验来探究"上游植被覆盖率对湖泊底部泥沙淤积的影响" 播放实验视频。 展示：学习任务。 实验结论： 自然状态下，泥沙淤积是缓慢的，湖泊萎缩是自然规律，但是不合理的人类活动则加剧了这一进程，例如上游乱砍滥伐。 展示：长江中下游地区江汉湖群湖泊面积萎缩图。 追问：从上世纪50年代到80年代江汉湖群萎缩的速度有何特点？说明什么问题。 承转：湖泊大面积萎缩不仅使得小龙虾面临着生存空间的威胁，也对其他水生生物带来了巨大的灾难。 展示：材料1：以洪湖为例近40年来生物种类和数量演变。 材料2：以武汉为例1960年来平均湿度变化图。 材料3：长江中下游地区洪涝指数图。 小结：自然地理环境具有统一的演化过程，表现在某一要素受到外界干扰而变化，会导致其他要素及整个地理环境发生改变。	学生回答：围湖造田、乱砍滥伐、温室效应等。 仔细观看实验视频。 观察： 1.对比A、B湖盆水量的差异。 2.对比A、B两湖盆的湖水浑浊度的差异。 推测： 1.根据上述现象推测随着时间的推移，A、B湖盆的泥沙淤积的厚度变化有什么差异？ 2.那么A、B两湖盆的蓄水量会有什么变化呢？ 3.如果A湖盆模拟某种人类活动下的状况，B湖盆模拟自然状态，推测两个湖泊萎缩速度的差异。 学生读图。	1.通过实验视频模拟上游植被覆盖率对湖泊底部泥沙淤积影响的实验，认识到某一要素（生物）的变化可能导致其他要素（水文）发生变化，同时再次证明一个地区某要素的改变可能影响其他区域的自然地理环境，培养学生的时空综合思维。 2.通过各要素之间的相互作用的原理，分析湖北湖泊萎缩可能带来的影响，认识到某一要素的变化可能导致其他要素甚至其他区域发生变化，培养学生的要素综合思维和时空综合思维。

【案例分析】本节课以小龙虾为主线，按照"虾源之境—虾存之道—虾湖之殇"的线索，分析了湖北过去和现在的自然环境演变。通过浸润的方式让学生感知自然要素和自然特征，再通过实验方式理解自然界牵一发而动全身的影响，使教学活动在一步步推进中学生完成知识的自主建构。情境的创设是为教学服务的，除了学科知识的地理概念、地理练习和地理过程等学习，还较好地渗透了家国情怀、生态文明等德育教育，学会欣赏差异美、和谐美的美育教育，也渗透了生态农业的环境健康的育人目标，地理实验的观察和推测则更好地实现了地理实践力的目标。

三、启发性与创造性统一的原则

《论语》有云"不愤不启,不悱不发,举一隅不以三隅反,则不复也。"可见,古代就推崇启发式教学,即在教学活动中教师要鼓励学生充分地思考,学生要敢于质疑,找出自己存在的疑惑,再根据学生的疑惑加以启发和引导,这样的教学才更能掷地有声。在现实的教学中,往往存在学生无法领悟或者思考出现偏差的时候,很多时候为了教学进度会采取打断学生发表意见,或者直接给出问题答案的做法,这种强行牵着学生的教学是不利于学生思维的生成和发展的。那么教师如何更好地启发学生呢?通过长期以来的实践来看,教师可以通过创设情境和提问的方式,围绕一系列有层次、有梯度的问题链来启发学生,最终由学生主动构建,完成学习的个性化体验。

教学活动坚持创造性原则是培养创新性人才的重要方式和途径。有学者认为创造性教学是指具有创造性理念的教师,透过设计的教材,根据思考的原则,运用创造性教学的策略和方法,创设有利的情境,引导学生学习、讨论,在师生、生生之间进行激荡反应、回馈,帮助学生逐步习得学科知识和创造力的一种活动或历程。但是创造性教学并不是全盘否定传统教学,无论是教学内容还是教学手段等都需要秉承"弃之糟粕,取之精华"的理念,将创造性理念融入创造性的教学活动当中。创造性教学的主体是教师和学生,教师要发挥自身创造性思维,寻找具有创造性的教学情境,设计具有创造性探究的地理问题,进而组织创造性的教学活动,学生在体验学习的过程中也要发挥创造性的思维,其中可以提出一些值得进一步探究的问题,或者创造性地提出解决问题的办法,这样的教学才能使学生思维与教师教学产生共鸣,产生互动,才会有即时的精彩的课堂生成。同时,创造性教学还包括灵活的、有效的、甚至有美感体验的教学艺术。首先,教师在教学设计时要善于"因时因情因人而教学",学生永远不知道等待他们的下一节课是什么,在心里埋下好奇的种子。其次,教学活动、教学素材、教学语言要给人以愉悦、快乐的感觉,使学生有美的体验和收获,这样更能因教师语言魅力、学术魅力等而产生学习的动力。

基于全息育人理念的中学地理教学主要采用情境体验式教学模式,无论是教学的内容还是学生的体验活动,教师都需要在原有教材的基础上加以创造和整合,然后通过创设问题来不断启发学生自主思考和合作讨论,最终让学生自主建构知识体系和内化成相应的公民素养。

【案例】以人教版(2020年版)高中地理选择性必修1第一章《地球的历史》中的思考部分为例

教学环节	教师活动	学生活动	设计意图
化石与地质年代表	创设问题： 若将地球46亿年的历史压缩为一天24小时，地球诞生于0点。恐龙作为中生代的霸主，仅仅存活了40分钟左右，对于人类来说则至今只有几秒，这给你什么启示呢？	体验活动一： 1.若将地球46亿年的历史压缩为一天24小时，地球诞生于0点。那么结合地质年代表，计算： （1）寒武纪的起始大约是几点？ （2）中生代大约持续了多久？恐龙生活的时间大约是多少分钟？ （3）人类出现的时刻大约是几点？至今生活了多长时间？ 体验活动二： 观看视频。	通过简单的计算，让学生对漫长的地质年代有比较清晰的认识，同时通过视频，启发学生对人类未来、对保护地球环境的思考，从而自觉地树立正确的资源观、环境观和发展观。

【案例分析】该教学片段是人教版(2020年版)地理选择性必修1的新增内容，课标要求运用地质年代表等资料，简要描述地球的演化过程。对于这一内容，学生和教师都比较陌生，尤其是对地质年代表这一学习工具，因为时间尺度太长，学生是缺乏感知的。所以在教学活动中借助课本的思考部分，设置简单的计算，将漫长的地质年代与我们切身的24小时做类比，增加了学生对地质年代的感知，同时通过恐龙的灭绝启发学生在大自然面前恐龙霸主的灭绝乃自然规律，因此我们要尊重自然规律。再与人类诞生以来的人类活动做比较，更加利于培养学生的资源观、环境观和发展观。

四、课堂与研学融合的原则

"唯分数论"和应试教育导致学生被长期禁锢在课堂和学校，对时政动态、社会焦点一无所知，容易出现高分低能的情况，使得教育培养的人与社会需要的人才无法接轨。于是我们开始鼓励和倡导通过杂志、电视和网络等途径帮助学生获取课外信息，或者教师通过这些渠道获取素材引入到我们的课堂之中。但是"纸上得来终觉浅，绝知此事要躬行"，于是我们开始倡导研学活动，鼓励教师和学生走出去，将理论与实践相结合，从实践中来到实践中去。

为了保证研学活动的开展，国家出台了一系列的文件，例如教育部等部门《关于推进中小学生研学旅行的意见》《中小学德育工作指南》等。从中不难看出研学一方面是将课堂所学知识与生活实践相结合，并在实践中不断发展和完善理论知识。另一方面研学是实现全面育人的一个重要组成部分和保障形式。例如：中学生在家乡附近的地区开展研学活动，可以感受家乡的巨大变化和家乡的传统文化，有些学校附近有国家级风景名胜区，学生可以感受到祖国的大好河山，这样的活动才能真正将热爱祖国和热爱家乡落地，将口号落实到研学活动中去。高中学生尤其强调突出地理实践力的培养，教师要充分利用学校、社区等资源，创造实践机会和活动，不仅能锻炼学生动手动脑解决问题的能力，而且通过同伴间的合作学习做人做事，在实践过程中还能强身健体，磨炼意志，形成吃苦耐劳的品质和精神等。

【案例】以"北碚区自然博物馆"为例，开展地球演化史相关研学

物种演化组：进化厅

研学任务：

1. 通过参观进化厅了解目前关于生命起源的主要观点。
2. 结合教材深入了解蓝细菌作为生命演化"大功臣"的原因。
3. 深入了解古生代代表性生物——三叶虫、菊石等生物特性。
4. 借助图文资料，归纳上新世以来气候变化特征。
5. 绘制地球生物进化图并附上主要的代表性生物的手绘图或者照片。
6. 了解人类出现的地质年代时间和当时的环境特征。

环境变化组：贝林厅、环境厅

研学任务：

1. 了解各大洲代表性的动物，选择2~3种动物，通过电子图书馆了解该物种的主要分布地区、生活习性等。
2. 灭绝动物回眸展墙，选择1种已经灭绝的动物，通过查找资料了解其灭绝的主要原因。
3. 绘制从农业社会开始到现在，人类与地理环境的关系变化图。
4. 结合问题2和问题3，给我们什么启示。（成果形式：可以是小演讲、小论文、绘画等）

【案例分析】北碚区自然博物馆，馆中还设立有恐龙厅、重庆厅、环境厅等，非常适合组织学生开展地球演化、生态文明和乡土地理等的研学活动，不仅利于加深对课堂知识的理解，还能激发学生保护环境的决心。

五、传统教具与信息技术融合的原则

为了切实提高课堂效率，我们经历了从有效课堂到高效课堂到卓越课堂再到现在的全息育人，其主要目的是达到教学最优。传统的地理课堂往往依托地理教具来实现,以达到形象、直观、生动的教学效果。例如,在地球部分的教学中,由于初中学生立体空间思维的局限性,难以建立球体模型,所以我们往往会借助于地球仪,以帮助学生充分认识经线和纬线,经度和纬度。在地图分布的教学中,由于等高线地形图是对实地地貌投影后的图像表达,对山脊、山谷和鞍部等抽象概念的认识不够深刻,所以往往需要借助于等高线地形图的模型教具,这样更容易突破难点。值得一提的是现代信息技术已经更大程度上与传统教具融合在一起,某些教学软件能更加灵活地帮助我们实现直观、形象的呈现。例如,"北斗AR地球仪"是将地球仪与现代信息技术的融合,它运用AR技术将地理教学紧密结合的专用地球仪,该地球仪还装配有其他的教学功能,比如世界政区和重要城市、陆地和海洋、河湖洋流甚至包括星座,雷雨雷电等均可以得到直观的呈现。高中地理中大气部分是较难理解的,教师可以借助于气象地球生成器——EARTH,这是一款在线气象可视化工具,能展示天气、洋流、海面温度、大气污染等数据,是非常便捷的数据可视化软件,可以方便地应用于气候、台风、洋流等章节,将立体的、难以理解的气象知识直观呈现出来,让教学以最少的时间,获得最优的教学效果。

【案例】以人教版(2020年版)地理选择性必修1第四章第二节《野外地貌的观察》借助奥维互动地图软件开展野外地貌的观察教学为例

野外地貌的观察是在常见地貌基础之上的实践性课程,课标要求运用影像资料或者实地观测,来达到增强学生地理实践力的目标。但是受到课时和其他因素的影响,野外实践受到限制,所以借助平面的等高线地形图与立体的地貌影像图来实现教学目标,但是传统的平面地图难、繁、枯燥,我们可以借助现代信息技术来达到最优化教学。

环节	教师活动	学生活动	设计意图
导入	打开奥维互动地图,在右下角"更多"中点击"选择地图",然后在下拉表中选择"天地图影像",并按照四川盆地→华蓥山脉→缙云山的顺序逐步将地貌航拍图呈现给学生。	宏观感受家乡的地貌,识别北碚区所在的地形特点:地势起伏较大。	通过读影像图,从宏观到微观,认识家乡的地貌类型,培养学生的读图能力,并增进对家乡的了解,培养学生的家国情怀。
情境1:初识缙云山	利用定位功能选择"缙云山",然后在"选择地图"中选择"Google等高线地形图",获取缙云山周边的地形图。	根据获取的缙云山及附近的地形图,完成活动探究: 1. 找出缙云山海拔最高的点。 2. 估算缙云山的相对高度。 3. 总结归纳缙云山的地形特点。	通过Google地形图,增强学生的读图能力、归纳能力。

续表

环节	教师活动	学生活动	设计意图
情境2：走近缙云山	在"选择地图"中选择"OpenCycle等高线地形图"，获取缙云山周边的地形图。	根据缙云山的3D图，完成任务： 1. 找出缙云山的阴坡和阳坡，并指出其分界线代表的地形部位。 2. 根据教师提供的植被信息和分布坡向，说说坡向对植被的影响。	OpenCycle等高线地形图能通过3D功能明显地看出阴坡和阳坡，使得教学效果更佳直观。

【案例分析】该教学片段是基于地图和信息技术的融合而产生的地理教学软件实施的，目前网络上有很多地理学科的教学软件和教学设备，选择合理的、合适的工具能增强实时性和直观性，更能创设真实的学科情境，让学生学有所用，真正践行"学习对生活有用的地理"。

六、突出人地协调的原则

关于人地关系的发展历程大致是从古代人类臣服于自然，到对自然既崇拜又畏惧再到人类逐步适应自然，形成了最初的环境决定论。但到工业社会，人类对资源的索取速度加快，排放的污染物也在增多，造成了全球化的生态环境问题。于是人类开始思考人地关系，逐步形成了人与自然和谐发展的观念。

从国内而言，《中国21世纪议程》提倡"公众参与可持续发展"要从儿童和青少年做起，通过教育推进环境保护和可持续发展。从初中地理课程体系而言，以世界地理和中国地理为主体，在认识区域的人口、资源等基础上，课标突出强调区域的环境问题、国土整治、全球变化、可持续发展等内容。通过全息育人的推进，旨在培养学生在面对不断出现的人口、资源、环境和发展问题时，理解并认识到人类必须尊重自然规律才能协调好人类活动与地理环境的关系。高中地理学科核心素养更明确指出人地协调观是四大核心素养之一，其内容包括地理环境对人类活动的影响、人类活动对地理环境的作用以及协调人类与地理环境的关系三个方面[1]，学习前两个的目的在于最终实现人地协调，所以在中学地理教学中，需要以区域为载体，针对性地解决区域性的人地矛盾，最终实现人地和谐。

---

[1] 韦志榕,朱翔.普通高中地理课程标准(2017年版2020年修订)解读[M].北京:高等教育出版社,2018.

第二节 中学地理全息育人课堂教学实施策略

教学实施策略是在教学理念、教学原则指引下,在教学过程中为达到教学效果而借助一定的方法和手段。狭义的教学实施策略指解决教学问题的方法和技术,是教师为实现全面育人而有意识地选择的教学方式。本节分别从德育育人、科学育人、健康育人、美育育人和劳动育人五个方面做了阐释和案例剖析。

一、中学地理德育育人课堂教学实施策略

地理的德育育人是在教育学、心理学和具体学情的基础上,通过教师创设情境,学生参与体验,将德育渗透到学科育人的过程之中,激发学生情感、树立观念,形成具体的德育力。德育教育策略在我国因时因地而纷繁复杂,针对中学地理德育育人的基本特征,结合情境体验式教学模式,本书提出以下教学策略。

(一)提倡浸润教学,促进情感体验

"浸润"词典解释为浸染熏陶。浸润教学最早主要应用于语文教学,教师借助优美的文字,与作者在思想上产生共鸣,最大程度上丰富学生的情感,提高学生的审美能力,有利于丰富学生的生命和思想。

现代教育理论认为,教师的真正本领,不在他是否会讲述知识,而在能否激发学生的学习动机,唤起学生的求知欲望,让他们兴趣盎然地参与到教学过程中来。目前,我国中学教育阶段,教学任务繁重,有些省份地理并未纳入中考,导致学生对地理学科重视程度不够。或者即便是纳入了中考的省份,但学生能走近自然的时间比较少,学生对地理学科兴趣性不高。现在学生更多地通过手机等电子设备了解和认识世界,少了对自然和社会的直接感知,长此下去,学生缺少直接的、丰富的情感体验而对地理学科变得更加冷漠。

地理学科中的德育,需要依托学科知识逐步点滴地渗透到学科教学中。教师如果能尽可能地让学生身临其境,去感知自然、亲历科学探索,则势必能充分调动学生的情感,从中领悟到诸如热爱家乡、建设祖国或尊重民族习俗、理解包容文化差异或学会正确处理人与自然的关系等,这些情感都需要学生自己领悟得出,而不是教师说教式强加给学生的。因此,中学地理的教学要尽可能创造真实的、丰富的情境,让学生多一些体验和感悟。

在教学中教师可以鼓励学生利用节假日与父母一起去附近的公园、去周边的风景名胜区,或者回到农村去体验传统的农业生产,也可以组织学生在校园内进行观察当地植物、月相变化等相关的地理实验活动等,将乡土情怀的教育渗透到与自然和社会的接触中,才能更加全面、立体地实现德育情感目标。

【案例】以北碚区偏岩古镇为例,探究聚落与地理环境的关系

穿越时光　探秘古镇

◆【背景材料】

华蓥山南麓,黑水滩河蜿蜒环绕,这里就是偏岩场,这里已经有200多年的历史。因其下场口外岩壁倾斜高耸,故称之为偏岩镇。明末清初,由于连年兵灾,四川一带几乎杳无人烟,清政府鼓励从长江下游向四川移民,这就是湖广填四川。于是,偏岩的先民来到这里,场镇逐步繁荣起来。后因位于合川、邻水和渝北的交界处,曾一度成为华蓥古道上的重要商镇(旱码头),贩运山货、茶叶、盐等物资。如今的偏岩古镇被奉为"网红古镇",盛夏时尤为热闹。

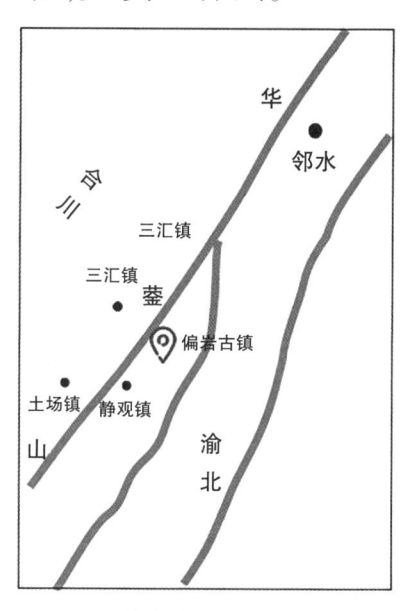

图1　偏岩古镇的地理位置图　　图2　偏岩古镇周边地形图

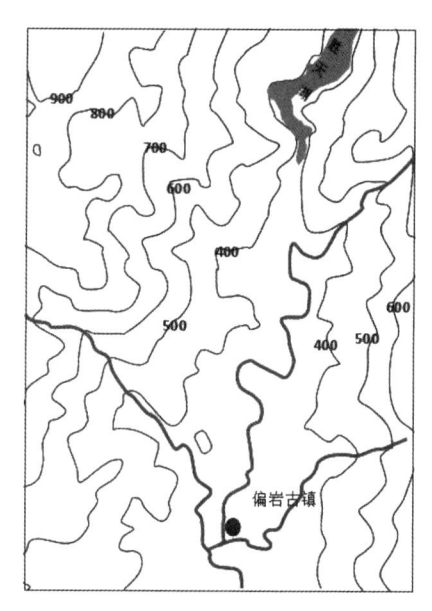

【学习任务】——重拾时光　体味兴衰

观察点:古镇老街

1. 溯"源"——游古镇,了解古镇发展历史并收集相关资料。

2. 忆"兴"——收集偏岩古镇曾是华蓥古道上重要商镇的资料,并与周边场镇相比,说说偏岩镇的优势。

(学习建议:实地考察古镇街道的历史文化古迹或者与当地老者交流)

3. 悟"衰"——调查古镇的商铺数量、服务种类等相关信息,感悟偏岩由盛转衰,并思考其主要原因。

【学习任务】——亲历"网红"感受和谐

观察点:石平桥

1. 亲身体验——选择一到两项你感兴趣的旅游项目进行亲身体验,思考古镇成为"网红"的原因。

2. 实地检测——在教师指导下使用仪器完成石平桥桥头附近河段的相关特征的检测。

石平桥桥头附近河段特征观察表

水体特征	餐馆一侧	对岸	观测方法	特征描述	对生活和旅游的影响
流速(m/s)					
水深(m)					
水温(℃)					

3. 观察记录——描述古镇上传统民居的特点,并推测这些特点与自然环境的关系。(学习建议:可采用素描和拍照形式记录,也可向当地居民请教)

4. 出谋划策——针对"网红"古镇面临的困境,你认为古镇该何去何从。

【案例分析】本教学设计,充分利用当地的资源优势——偏岩古镇,学生与父母一同前往共度周末时,带着问题去游玩,将研学融入生活,同时通过感受古镇悠久的历史,通过兴衰对比,激发学生热爱家乡、建设家乡的情感,可谓"触景生情"。

(二)采用比较教学,激发本真情感

人们认识事物都是由知之不多到知之甚多,由对事物表象的感知深入到对事物有别于其他事物本质的认识,遵循循序渐进的认知规律,因此,我们常说"有比较才有鉴别"。在中学地理教学中,部分教学内容是有很大的相似性也有着差异性,此时我们就可以采用比较的方法,找出异同。

【案例】在讲欧洲西部时,很多教师会以学生熟悉的英国为例,并与日本做比较

情境创设:英国绅士的标配是礼帽加长柄雨伞,请同学们想象他们的样子(配以图片)。

设问:为什么同为岛屿国家,英国绅士的标配是礼帽和长柄雨伞,而日本却没有呢?

学生讨论:英国经常下雨,所以他们需要随身携带一把雨伞,而他们戴礼帽,主要是因为冬季比较冷。

出示图片:伦敦的气候资料图和东京气候资料图。

自主学习:对比伦敦和东京的气候特征。

教师总结:伦敦为温带海洋性气候,冬季温和夏季凉爽,全年阴雨,光照较弱;东京为亚热带季风气候,冬季温和夏季炎热,降水夏季多于冬季。

出示图片:英国和日本的地理位置示意地形图(辅以洋流)。

学生活动:分析英国形成典型的温带海洋性气候的原因和日本形成亚热带季风气候的成因。

教师归纳:首先,伦敦由于地处中纬度40°~60°之间的大陆西岸,常年受盛行西风的影响,所以全年多阴雨天气;其次,其周围被海洋环绕,受海洋影响较大,且沿岸北大西洋暖流,起增温增湿的作用。而东京地处亚欧大陆的东部,主要受东南季风和西北季风的影响,加之海洋影响大,因此形成了海洋性的季风气候。

【案例分析】本教学片段以比较的方法,帮助学生找出两个国家的相似性和差异性,帮助学生认识到世界诸多国家的文化差异主要根源各自的地理环境,从而达到"求同存异"的思想认知,更利于国际理解观念和视野的培养。

(三)鼓励活动教学,丰富情感实践

情感实践是一个人面对问题、解决问题时所具备和展现出来的能力,地理情感实践是将情感付诸解决地理问题时所必备的能力和技巧,如社会调查技能等。实践教学,尤其培养学生的人地和谐观,学生将对环境的情感、认知、伦理和技能落实在个人的行为中,实现知行合一。现在,国内外都有很多主题式的节日,例如世界环境日、世界水日等,我们可以充分利用节日的契机,开展学生活动,倡导"从我做起"。例如,在4月22日世界地球日,教师可组织学生开展"节约和保护自然资源,从我做起"的主题活动,让学生思考生活中可以采取哪些节约和保护自然资源的措施,譬如不购买一次性消费品、拒绝贺卡、拒绝过度包装、垃圾分类回收、绿色出行、不开长明灯等。通过实践将环境理念渗透到学生的日常生活中,将正确的环境行为践行到生活中,成为学生自然而然的行为。

(四)利用讲授教学,完善情感认知

讲授教学就是教师讲,学生听,是最传统的课堂教学方式。新课改以来,自主、合作、探究等方式登上课堂舞台的中心,受到大家的追捧,同时也导致大家对讲授教学持否定态度,将讲授与填鸭式灌输画上等号。其实不然,讲授法一方面具有高效的优势,另一方面能帮助学生更加深刻地掌握学科的思想和方法。

在实际教学中,我们从理论到实践,再回到理论,这一学习过程来提升学生的认知水平。所以除了情感实践,还需要完成从情感实践回到认知的理性提升。对于地理学科而言,人地和谐在未来很长一段时间都将会是我们研究和学习的主题。那么正确的人口观、资源观、环境观和发展观等,是需要教师充分发挥其主导作用,对学生所感所悟做正确的引导,这样才能帮助学生形成完整的、系统的、辩证的地理核心观念,这才是地理学科看待世界的思想灵魂和核心。

中学地理教学中经常会用到以某重大环境问题、某国际纷争等时事新闻为背景,在课堂教学中教师的讲授能帮助学生了解某次国际纷争背后的民族、宗教、资源等一系列的问题,完成从表面评价到深层透视,让学生多角度地看问题,树立求同存异的理念。

【案例】 以湘教版地理八年级(上)《中国的气候》为例,以"山竹"台风创设了感受台风、认识台风和关注台风三个情境

	教师活动	学生活动	设计意图
情境1: 感受台风	播放视频:"山竹"来了	观看视频"山竹"来了 归纳:视频中在"山竹"影响下的天气状况是怎么样的?	关注生活,直观感知。

【案例分析】 本教学片段以2018年影响我国的超强台风"山竹"作为案例,关注度高,符合"与现实生活紧密关联的、真实问题情境"。从德育育人而言,一方面让学生感受大自然的力量,对自然有一定的敬畏;另一方面培养学生了解基本地理国情,关心家国大事的情怀。

	教师活动	学生活动	设计意图
情境2: 认识台风	出示"山竹"形成的经纬网示意图	源地探究——"山竹"从哪里来。	复习巩固地理位置的描述方法。
	播放"山竹"视频	条件探究——说出形成台风的条件有哪些?	突破难点,从科学的角度对台风的发生机理做出解释。
	出示"山竹"路径时间表	路径探究——根据"山竹"的路径时间表,请在学案上画出"山竹"的移动路径图。	通过对经纬网的复习落实地理学科实践育人的要求。

【案例分析】 该教学片段中涉及台风的形成机理,对中学生而言是难点,所以教师采用视频动画的方式来化繁为简。在画台风路径这一环节中,真正体现了"教师主导,学生主体"的地位。课中从感受到认识,即从感性到理性的提升,通过教师科学、规范的术语,帮助学生科学认识台风,形成正确的认知。

	教师活动	学生活动	设计意图
情境3: 关注台风	出示"山竹"的相关微博	结合自己的见闻,说说台风会造成哪些危害?	通过微博的视角,将台风的危害直观地呈现给学生,形成直接的感知。

续表

	出示"山竹"微博留言区	来献计策:请把你的话写下留言框里。	通过体验式教学将台风的应对措施应用于生活中,达到学以致用的目的。
	总结提升	留言。	完成从实践到理论的升华,形成科学的认知。

【案例分析】本教学环节,首先从灾害链的角度与天气特征出发,分析台风的影响,有利于学生思维层次的提升。接着采用了微博留言方式,通过学生间相互讨论计策的方式,加强了合作学习,从学生的回答中可以体现关心他人的人文关怀和正确应对的科学精神。通过台风这一典型案例,从特殊到一般,从现象到规律,利于学生思维层次的提升,最终培养学生敬畏自然,与自然和谐相处的思想。

二、中学地理科学育人课堂教学实施策略

高效的课堂需要高效的地理教学方法。教学方法是指在师生共同的教学活动中,为完成教学目的和任务采用的方法和手段,它既包括教师的教法,也包括学生的学法。这些教学方法可以帮助教师和学生完成五育育人目标,但是针对五育中的科学育人,教学方法的细化,才能满足科学育人的基本要求。根据以往地理教学方法和科学育人的基本内涵,本书提出以下几点建议。

(一)围绕核心概念设置可操作性强的教学目标

教学目标是在备课时确立的一个期望,这个期望是在教学活动发生后,学生将会获得何种收获,学生应该能达到何种学习成果。教学目标是整个课堂和教学活动的导向,课堂中所有的教学活动都应该围绕教学目标来设定。

在传统的三维目标的设置中,教师在设置目标时,一方面往往因为教学目标设置得不精准、不科学,导致目标失去了可操作性。另一方面教学目标浮于表面,不能使课堂达到一定的深度。为了高效地实现科学育人目标,教师在设置教学目标的时候,应该重点选择重难点知识、"节点知识"、生活化知识和实践性技能。[①]而这些内容大部分都与学科核心概念密不可分。学科核心概念又称为关键概念或基本概念,是组成学科知识体系的重要节点,居于学科中心位置,具有较强统摄力和广泛的解释力。因此,教师在设置目标时,要关注本节课要学习的核心概念有哪些,需要达成哪些主要知识和基本能力,抓住重点内容。

在选定好内容主体后,要以学生已有的知识作为节点知识,对学习起到承前启后

---

① 袁晓薇.基于体验式学习理念的初中地理教学设计[D].武汉:华中师范大学,2007.

的作用,也就是已有知识是学生本节课将要学习知识的基础,教师应充分了解学生本节课应该具备怎样的知识铺垫。同时,教师也应将核心概念进行剖析,将本节课要学习的基础知识深化并分层,设置几个不同层次,或者设置具有逻辑联系的问题,层层递进,帮助学生厘清逻辑思维。

同时,为了能高效达成教学目标,教师应将教学目标细化到每节课,同一章节不同课时的教学目标应有所区分,不能一概而论。

【案例】以湘教版地理七年级(上)《认识地球》为例设置科学育人目标

1. 通过分析古人眼中的地球形状,提高信息获取和解读能力,培养学生的综合思维能力。

2. 通过演示和模拟验证地球的形状,培养学生的地理实践力和问题解决能力。

3. 通过认识地球的过程,了解认识事物的一般过程。

4. 通过读图,能用平均半径、赤道周长和表面积描述地球的大小。

【案例分析】本节课主要教学任务是认识地球,主要地理知识点为地球的形状是两极略扁赤道略鼓的不规则椭球体。知识点内容本身很简单,但如果仅停留在知识层面,教学内容就非常简单,但对学生的思维能力的培养就存在缺陷。因此本节课的重点内容要放在认识地球的过程上。本节课在设置科学育人目标时,将认识地球的过程细化分层,包含于目标之中,目标层层递进,帮助教师和学生理清教学和学习思路,高效达成教学目标。

(二)采用情境式教学渗透学科知识

中学生由于认知水平有限,课程容量较大的原因,很多知识只能靠死记硬背。特别是初中地理,存在大量碎片化知识,学生学习起来困难很大,主要原因就是缺乏体验。而采用生活化、问题化的情境式教学可以帮助学生有效地将抽象的知识具体化、形象化,快速地构建知识体系。情境式教学是在教学的过程中,教师有目的地创设一定的情境,让学生在精神情感方面得到一定的体验,从而帮助学生理解知识的教学方法。地理教材是教师进行地理教学活动的主要载体,但不是唯一的载体,教师还要从生活中、自然环境中、社会新闻中、自己的经历中开发出相应的课程资源和教学情境。教师创设的情境也应是多样的,比如实物演示情境、图画展示情境、音乐渲染情境、生活展现情境、表演体会情境等。这些情境能把课堂的教学内容巧妙地转化成为学生"发现"的情境,以贯穿整个教学活动,层层设疑,引发心理矛盾,继而提高学生的学习、探究效率。

【案例】以湘教版地理七年级(下)《东南亚》居民的衣、食、住为例

问题一:泰国的传统服饰有何特点?

问题二:泰国的传统服饰为什么会有这样的特点?

问题三:为什么泰国人们喜欢吃咖喱料理?

问题四:为什么东南亚传统建筑增设披檐?

问题五:为什么东南亚传统建筑周围多绿化带?

【案例分析】通过分析东南亚的气候对衣食住的影响,培养学生的综合思维。具体体现为①通过泰国传统男装与女装的图片,可以发现泰国传统服饰是比较宽松的,主要因为泰国全年高温,从此使学生明白泰国的服饰与它的气候之间的联系。②泰国人们喜欢吃咖喱料理,并把咖喱炒饭作为他们的传统饮食,主要因为泰国全年高温,而咖喱是用姜黄、生姜、胡椒、大蒜等的粉末混合而成,具有辛辣又香气十足的黄色调味品,吃完辣的食物后,人通常全身流汗,在炙热的天气中反而有一种清爽的感觉,使学生明白泰国的饮食与它的气候之间的联系。③通过照片分析东南亚传统建筑的特点,发现东南亚传统建筑增设披檐且周围有较茂密的绿化带,这主要因为东南亚全年高温,需要依靠增设披檐、绿化带来削减太阳辐射,从而减低房屋内的温度。

(三)利用思维导图培养学科能力

思维导图是一种将发散思维具体化的方法,它调动大脑皮层的所有"资源",包括语言、逻辑、形象和空间意识等,采用图文结合的技巧,把各级主题相互关系用图的形式表现出来。区域地理的教学主要是学习方法的指导,教师在教学中如果要把各要素之间的相互关系讲透,单单靠口头表达很难实现,且学生容易产生疲倦感。如果教师能结合板书来渗透学习,学生可以更好理解。但实际教学中,我们发现不少教学的板书过于传统,只是把教学环节体现出来,这样八股式的板书对学生来说其实是可有可无,有效性很低。如果教师能将每节课的板书都以思维导图形式呈现,或者帮助学生自己绘制思维导图,那每节课就主线分明,有助于学生逻辑思维能力的培养,进而有效地构建学生的综合思维核心素养。教师可以根据某一知识点的分解和细化,再结合每节课具体教学内容来设计相应的思维导图,并以板书形式呈现,给学生留下教学痕迹,以便很好地进行课堂学习和课后巩固。

(四)重视地理能力的训练

地理课堂教学内容的确定和组织,应当围绕地理思维方法的训练和提高,并渗透现代地理科学观念及地理意识来进行。地理教师要引导学生参与对地理事象的感知辨析、归类比较、设疑解惑等各种活动,从而使学生形成用地方、区域乃至全球的视野来看待世界各种事物和现象的整体意识,发展学生的思维能力和创造能力,并关注自身对地理学习结果的表达能力的提升。

(五)注意教学方式方法的多样性和实效性

地理教学方法的改进与运用要体现多样性,更要体现实效性,不能为多样而多样,避免花哨。倡导探究性学习不是要放弃接受性学习,倡导自主性学习也不是要否定指导性学习,要真正提升学生的主体性,而不削弱教师价值引导、智慧启迪的神圣职责。教师组织教学、实施教学计划,应该针对学生的身心发展特点,有序而又灵活。教师应该使所选定的教学方法为促进学生发展服务,而不能舍本求末,让学生被动地成为展示某种教学方法的道具。在实际的课堂教学中,尤其是在公开课、示范课、观摩课的实践中,教师要坚决杜绝为维护教师的权威或教案的完整而牺牲学生的实际问题解决与实际需求,为追求过程的统一性或严密性而影响学生主动性与积极性发挥的现象。

教师必须重视地理教学信息资源和教学媒体的利用,使现代信息技术的运用成为地理课堂教学的有机组成部分。教师可以先从部分章节开始,尝试利用网络搜索引擎,在课堂上即时查找与教学内容相关的教学资料,逐步积累经验。条件具备的学校,要适当增加网络授课次数和提高其使用频率。教师在指导学生运用现代信息技术获取地理信息资源的同时,要积极尝试运用现代信息技术进行师生之间的对话、讨论与释疑,注重发挥一般教学手段无可替代的现代信息技术优势,促进地理教学方式方法的优化组合。

三、中学地理健康育人课堂教学实施策略

在中学地理课堂教学中实施健康育人,应当立足于中学实际情况,遵循中学生身心发展的客观规律,结合地理学科教学的特点制定出相应的教学目标。另外,进行健康教育教学不应该仅限于健康知识的学习和积累,还应将知识转化为能力,加强培养学生的地理学习能力和健康生活能力,养成健康生活意识。地理健康育人教学要运用情境教学模式,让学生在真实生活中去体验学习。

(一)结合地理教材,挖掘健康知识

中学地理健康育人作为地理学的育人目标,我们当然应该以《义务教育地理课程标准(2022年版)》和《普通高中地理课程标准(2017年版2020年修订)》为指导,找出地

理学科原理与健康教育的契合点开展中学地理健康育人。地理学科注重宏观的空间概念,关注空间格局、时空关系及其相关性,强调人与自然环境的相互关系。目前,人类面临的人口、资源、环境等问题,都需要地理知识、地理分析能力和地理观念才能被正确认识。尽管健康教育知识在地理教材中处于隐性地位,但地理学科教学要帮助学生理解"人与自然""人与社会"和谐相处需要一定的环境健康知识做铺垫。地理学科教学还要教会学生在自然灾害面前规避危险,在野外考察中远离威胁,需要一定的环境生存意识和技能做前提。

(二)体验真实情境,提升健康技能

地理学科的情境体验式教学要求教师在课堂上努力创设出真实情境,帮助学生学习生活中的地理。其中,乡土地理是地理学科的重要组成部分,是教师为学生创设生活中真实情境的绝佳素材。教师可以充分重视和整合家乡及周边区域包括自然环境和社会环境在内的乡土地理资源,并在地理课堂教学设计中补充当地的一些生存安全、健康生活素材等,让学生进行深入探究。教师还可以利用学生身边发生的真人实事,这更能引起学生的关注,从而加深学生对相关生态环境知识的理解,认识到环境各要素、人地关系与身体健康的关系。乡土地理资源在学生家庭和学校所在地区周边,学生对家乡的大气、水文、地形、植被、土壤、人口分布、城镇空间结构、工农业生产、交通状况和生态环境都很熟悉,具备亲身体验的直接感知。利用乡土地理资源让学生在学习过程中感到亲切而有趣,能够迅速将真实生活情境中的地理原理和知识提取出来,把书本中的理论知识落实到实践当中。这样,在让学生掌握了生存健康知识的同时,还让学生对家乡城市建设和经济发展过程中,认识到不能忽视生态环境效益,有一定的理性认识,更重要的是让学生提高自身生存能力,培养健康意识。

学生除了对身边的乡土地理知识比较感兴趣,对一些时事新闻也比较感兴趣。在对学生进行生存健康教育时,不妨引入一些发生在当前的有关生存健康的时事,更容易吸引学生的注意力,加强生存健康教育。例如,近几年的城市雾霾等大气污染问题、全球变暖、臭氧层空洞等。最好是用一些直观的图片导入,或者播放一段相关的视频,引起学生的心灵震撼,地理教师进而提问学生"该生态环境问题形成的原因,"进一步让学生思考解决"该生态环境问题的措施",并做引导分析。中学生具有较强的好奇心,喜欢和更加容易接受新鲜的事物,尤其对一些近期的新颖的新闻时事,地理教师在进行生态文明教育时,要善于结合生态环境时事,这样利用好每一个机会进行生态环境教育。

针对难以理解的地理原理,教师通常采用各种地理教具或者地理实验模拟真实情境,这就是广义的地理课堂情境体验式教学。例如在学习冷暖气团相遇造成的锋面系统时,学生理解比较困难,教师通过地理演示实验可以比较直观地观察到不同性质气团相遇的过程性变化。学生在学习沙尘暴的时候,对于哪些因素可以影响到沙尘暴的形成条件比较困惑,教师通过设计比较实验,分别用干燥的沙子和湿润的沙子,在大风和微风条件下,植被覆盖和裸露地表等方面分组对比,学生根据实验结果进行归纳总结,能更好地理解沙尘暴的形成条件。

【案例】探寻户外野营的安全——《简易等高线地形图的判读与应用》

学习任务:徒步行走,挑战体能

师:同学们,这是徒步行走的地形剖面图,请你们画出MN一线的地形剖面图。

师:我们在画图过程中要注意以下三点。

①找出MN与等高线的交点,并将其垂直投影到基线(M'N')的相应位置上。(注意:需在剖面线上标出地势最高点或最低点)②过投影点作基线的垂线与各点相应高程线的交点。③把各交点用一条平滑的曲线连接起来。

动画演示:地形剖面图的绘制

学生活动:亲绘地形剖面图

师:指出哪段比较陡?哪段比较缓呢?地势陡缓与等高线的疏密有什么关系呢?

师:密陡疏缓。

师:那么在陡的路段我们需要注意哪些安全问题呢?

生:上方落石、脚底易摔。

师:结合所绘制的剖面图想一想,哪一路段需要设置警示图标呢?

(学生发表意见)

师:徒步一天该找个地方休息一下,他们都携带有帐篷,有人建议把帐篷搭在河边,你认为合适吗?

(学生发表意见)

学习任务2:安营扎寨,享受安静

师:露营地要注意规避暴雨山洪,所以尽可能选择离河流较近的高地;露营地的选择还需要考虑:平整、避风、避虫蛇。

师:如果考虑"避风"这一因素,你认为夜间安置帐篷时,门应该朝向河流还是背向河流?(提示:从热力环流的角度思考)

(学生小组合作交流)

师:应该朝向河流这是因为夜间风由山坡吹向河流。

师:如遇突发山洪应如何逃生呢?

(学生绘制逃生路线)

师:我们应该向两侧山坡的高处快速奔跑。

【案例分析】这一教学设计片段中,教师预设户外野营真实生活情境,安排的学习任务也符合户外旅游的情境。学生带着兴趣进入户外考察情境中,教师首先进行了野外考察安全教育,依据陡坡落石路段的灾害规避原则设置警示标志;其次,通过活动实践培养安营扎寨等野外生存技能;最后提前设计山洪来袭时的逃生路线。这样既完成了地理学科教学中的防灾减灾、自救与互救相关地理原理的学习目标,同时也对学生的安全意识和安全技能进行了情境化教学,帮助学生树立安全健康观念。

(三)运用信息技术,增强健康意识

地理学科教学中许多地理事物和地理过程学生很难直接观察或亲自感受到,其中灾害规避方面更是由于其威胁生命安全无法创设真实情境,而野外考察和健康技能训练都需要户外活动,在目前我国中学教学的社会大背景下,很难追求身临其境。因此,在课堂教学中利用现代信息技术营造真实体验情境是实施环境教育的条件。信息技术在地理学科中的应用本身属于教学内容,比如地理信息技术在防灾减灾中的应用、地理信息技术在服务业中的应用等教材内容与活动设计板块。同时,信息技术作为一种教育教学媒体早已渗透到各科课堂教学。信息技术作为一种教育教学手段,具有提供图文、影视声音、交互操作功能,在课堂教学中运用信息技术能增大教学容量,使教学内容化虚为实、化远为近、化静为动、化繁为简,生动逼真,创设出的情境更形象、生动、直观、易于接受,使学生有一种身临其境的感觉,从而调动学生的学习兴趣,激发学生学习的主动性和积极性。教师通过现代信息技术与生存健康教育的整合,创设真实的情境可以达到预期的教育目标。

(四)依托区域认知,养成健康行为

地球的面貌千姿百态,地理事物和现象纷繁复杂,如何将这看似"杂乱无章"的地球理出"头绪"来,需要有一种地理学特有的思维方式。[①]这种认识地球表面复杂性的

---

① 韦志榕,朱翔.普通高中地理课程标准(2017年版2020年修订)解读[M].北京:高等教育出版社,2018.

思维方式和能力就是区域认知。每个人的健康状况很大程度上取决于他与环境之间的关系,环境要素处于变化中,人体借助机体内在调节和控制机制,与各种环境因素保持相对平衡,表现出机体对环境的适应能力。[1]区域差异的存在要求人类采取适应当地环境的生产生活方式,因此,学生要能够形成"空间-区域"视角,认识人地关系对人类安全与健康的影响。在区域地理的学习中,当地的大气、水文、地质地貌、植被、土壤等自然地理要素,人口、城镇化、产业活动等社会地理要素都与人类健康紧密联系。教师可以在学习素材中有意识地涉及健康知识,在学生活动中安排安全与健康技能训练,在思考探究中渗透人地协调观念培养正确的资源观、环境观、发展观,引导学生养成健康的生活方式。具体到区域地理情境体验式课堂教学,面向中学生,教师可以采用角色扮演的方式,使学生尝试设身处地去扮演另一个在现实生活中不属于自己的角色的生活方式和行为模式。教师通过多媒体提供该区域的各种地理环境要素背景,学生通过身临其境的角色扮演,从当地环境要素条件去思考探究各种地理事物与健康的关系。

【案例】湘教版地理八年级(下)《贵州省的环境保护与资源利用》之康养旅游

播放视频:贵州省康养旅游蓬勃发展。

师:同学们请思考贵州省的康养旅游发展迅速,与当地环境有何关系?

PPT展示:贵州省自然地理环境特征。

(小组讨论交流并归纳)贵州当地气候宜人、生态环境质量优越有利于人体健康;山地地形变化复杂,适合中草药种植,民族特色医药注重养生之道服务于康养产业的蓬勃发展。

【案例分析】这段教学设计在本节中属于资源利用的成功经验教学内容,设计通过信息技术手段和地理图表分析为学生创设贵州省发展康养旅游环境的要素背景,学生在贵州高原山清水秀、民族众多、传统文化的真实情境中,思考如何利用自身生态环境优美的资源优势,促进当地区域发展,实现当地居民脱贫致富。在开发各环境要素康养功能的学生活动中,不断渗透健康知识,帮助学生逐渐培养健康行为。

四、中学地理美育育人课堂教学实施策略

我国美育地理教学已经具备一定的研究基础,但是具体的实践操作较少,经验累积得不够丰富,在此基础上归纳总结形成的指导地理美育教学的理论和方法还不够。

黄京鸿老师在《中学地理教育中的美育》一书中,总结归纳了地理学科中的美育方法,他将地理学科中的美育方法分为:形象感染法、情感激励法、暗示教学法、寓教于乐

---

[1] 柳丹,叶正钱,俞益武.环境健康学概论[M].北京:北京大学出版社,2012.

法、实践审美法、自由创造法,具体如表4-1。

表4-1 地理学科美育的方法

形象感染法	地图欣赏、图片欣赏、绘画欣赏(漫画赏析)、仪器欣赏、模型欣赏、标本欣赏、幻灯欣赏、影视欣赏、虚拟空间欣赏等。
情感激励法	讲述法、美听法、美视法、情境法、情感法、延伸法等。
暗示教学法	语言暗示、形象暗示、氛围暗示、活动暗示、综合暗示(角色扮演、游戏、讨论等)等。
寓教于乐法	地理故事会、地理诗歌朗诵会、地理音乐会、地理文艺表演、角色扮演、地理游园、地理游戏、地理旅游、地理智力竞赛等。
实践审美法	地理观测、地理参观、地理考察、地理调查、地理实验、地理实习等。
自由创造法	地理写作、地理制作、地理摄影、地理活动创意(旅游、探险、环保……)、专题研讨会、论证会等。

教师可根据每节课教学内容和教学进度的不同,在课堂教学环节和课外活动中单一或交互采用以上方法。其中,形象感染法和情感激励法最为直观和常用,教师可以使用多媒体、地图、实物等作为载体进行美育地理教学,学生在视觉和听觉的刺激下,能更容易进入审美情境,产生审美表现。

暗示教学法又称启发教学法,强调为学生创造高度的动机,建立激发个人潜力的心理倾向,从学生是一个完整的个体这个角度出发,在学习交流过程中,力求把各种无意识结合起来。教师可以通过语言、活动、游戏等环节启发学生,培养学生直觉思维能力,加快学生审美过程。

寓教于乐法、实践审美法和自由创造法更适合于课外活动和作业,教师可利用这些方法,让学生在进行地理活动以及跨学科、跨专业活动的时候,在获得知识和灵感的同时,感受美和发现美。

针对中学地理美育育人的基本特征,依据地理教学基本过程,本书提出以下教学建议。

(一)以美育地理教学目标落实地理美育育人

教学目标是关于教学将使学生发生何种变化的明确表述,是指在教学活动中所期待达到的学生的学习结果。教学目标是教学的指挥棒和检测剂,教学活动应以教学目标为导向,紧密围绕教学目标来开展教学工作。目前课堂教学目标有三个维度,知识与技能目标,过程与方法目标,情感态度与价值观目标。课堂教学任务与课程目标应形成"一对多"和"多对一"的关系,将课程目标落实到位。美育地理教学与传统地理教学有相似性也有差异性,在确定美育地理教学目标的时候,应该做到以下几点。

第一,美育地理教学目标应从属于整节课的地理教学目标。中学地理教学目标分为知识与技能目标,过程与方法目标,情感态度与价值观目标,地理美育目标应包含其中,相互融合,共同促进中学地理学科的育人目标的达成。美育目标不能脱离地理教学目标而存在,没有服务于课堂实质的教学活动会使得课堂逻辑关系不严密,结构散漫。

第二,美育地理教学目标应具有可操作性。审美过程本身就是抽象的,审美结果也是难以衡量的,因此在设计美育地理教学目标时,应从具体的行为动词、对象上对美育教学进行描述,将抽象的审美过程转换成可观测、可检验的教学活动,使美育目标脱离"假大空",具有更强的实践意义和价值。

第三,美育地理教学目标要体现学生发展的个性化。学生是美育地理教学的对象,每个学生对象具有自己的个性特点和兴趣爱好。班级也是美育地理教学的对象,每个班级与人类似都有独特的风格。美育地理教学目标在设计时,应充分尊重学生个体和班级整体的特征,因材施教。教学目标应具有开放性和自由性,为学生的审美表现提供充分的空间和余地,用教学目标引导学生积极大胆地展现个性,鼓励审美表现的独创性和新颖性。

第四,美育地理教学目标要符合学生发展的阶段性。个体的发展具有阶段性,不同阶段的学生的审美需要以及审美能力具有很大的差异性,目标的设立需要结合学生的审美需要和审美能力。中学生的审美理解能力比学前阶段和小学阶段都有所提高,他们在审美过程中融入了自我的意识,具有自我批判、辩证、模仿、创造等特征。此阶段的审美教育不能只停留在表面,教师在美育教学过程中,应引导学生欣赏和理解更为深刻的审美形式,让学生合理表现自己的审美个性。

(二)充分发掘美育地理教学的素材以提高审美情趣

美育地理教学的素材广泛存在地理教材、网络资源、地理教室、板书等实物载体中,以及教师语言、手势、活动、教学方法等抽象载体中,教师应在备课的过程中,充分地发掘可用于本节课的美育素材。美育地理教学属于学科美育的范畴,学科美育必须要依托于具体的学科教学。地理作为一门独立的科学,具有很强的科学性。在地理教学中进行审美教育,即教师应运用符合学科内容的方式培养学生的审美情趣。在美育地理教学过程中采用的素材、方式必须符合地理学科的科学性以及教育心理的科学性。因为归根结底,学科美育应服务于学科教学,以达成知识与能力、过程与方法、情感态度与价值观目标为目的,所以美育地理教学必须基于地理学科的科学性,避免过度非科学的感性化表达。

地理教材和网络资源是发掘美育素材最多的途径。但是,教材上的图文信息以及网络上的图文、音视频、案例故事等内容是单独存在的,教师找到美育素材后,还要找到和地理知识之间的逻辑关系,结合课程内容对素材进行加工和整理,以符合教学目标的指向以及学生的审美逻辑过程。审美素材也应注意品质和种类,低品质的图片、音视频等内容会影响学生的审美体验。审美素材种类可以丰富多彩,形式多样,多感官刺激学生的审美感觉,以引起学生的兴趣,提高审美表现力。

地理学来自人类生产生活的经验总结,在地理教学中非常重视"学习对生活有用的地理",美育地理教育也应符合这一基本原则和理念。教师在进行美育地理教学的过程中,应多采用来自身边的地理要素和内容,贴近生活,引导学生从生活中发现地理之美,培养学生感受美的能力。只有当来自生活的直观审美体验越来越丰富的时候,抽象化的美育地理教学才能高效地进行。教师最好能将地理实践与美育相结合,在地理实践过程中让学生切身感受到地理之美,使得美育地理教学的形式更加多样化。

另外在一些"走班制"学校,当地理教室固定后,教师可以对教室进行具有地理学科特色的布置,如采用一些地理挂图、地理模型、地球仪、地理书籍、实验器材、地理标本等。这些物品具有形象直观、色彩丰富、新颖生动等优点,可以为教学创造美的环境和学习氛围,学生包括教师都能更好地融入其中,间接地营造了审美氛围,能有效地促进学生审美体验的产生。

【案例】以湘教版地理八年级(下)第五章第二节《北方地区和南方地区》为例

(教师在课前布置预习作业:收集带有南和北的四字成语)

师:"同学们,上节课我们布置了一个小作业,让同学们收集带有南和北的四字成语,以下就是同学们的部分答案。"

(课件展示:南船北马、南辕北辙、南征北战、南涝北旱、南箕北斗、南阴北阳、南橘北枳、南稻北麦、南来北往、南腔北调、南拳北腿……)

师:"这些成语是什么意思呢?"

(学生回答)

师:"这些成语当中,有很多都向我们展示了南北方地区自古以来就存在着很大的差别,今天这节课,我们就一起走进北方和南方,领略它们独特的地理环境。"

【案例分析】课堂导入是一节课的重要环节,有效地导入可以迅速激发学生的学习兴趣,为课堂目标的达成做好铺垫。本节课导入采用学生主动收集成语,从成语中发掘南北方的独特之处,将课堂内外有效地联系在一起。从美育角度来看,成语多为四字,一般表达了一个故事或典故,是传统文化中的典型体现,具有一定的对称美和结构美。学生在收集和分析成语的过程中,一方面可以体验成语的形式美,另一方面可以体验成语背后蕴含的地理知识所具备的科学美和逻辑美。

(三)锤炼美育地理教学的语言以健全学生人格

语言是课堂上师生之间传递信息的重要载体和基本工具,语言表达的质量直接决定了学生学习成果。教育家苏霍姆林斯基认为:"教师的语言修养在极大的程度上决定着学生在课堂上的脑力劳动的效率。"教师在进行美育地理教学的过程中,应重视语言的锤炼和美化。审美教育的语言很容易流于形式和表面,如"美不美""好看吗"。在进行美育地理教育的时候,教师的语言除了具备一般教学语言的优点,还应简洁、清晰、逻辑性强、抑扬顿挫有层次,比如在讲解地理原理时,只有教师的语言干净利落、逻辑性强,学生才能在理解的前提下感受到地理学科的科学美,如果教师语言混乱零碎、冗长拖沓,学生就会感到不知所云,更不会在这个过程中有美的感受。除此之外,教师的语言还应该生动、形象、幽默、有情感变化,具有思维的引导性,以引导学生进入审美情境,激发学生的审美情趣,使学生在学习的过程中感受美、享受美。

(四)设计美育地理教学的过程以激发学习兴趣

审美是一种心理过程,因此在进行美育地理教学设计的过程中,首先应重视审美情境的设计,通过创设不同的情境,营造审美的氛围,为学生进行审美这一心理过程做好铺垫。情境应贴近生活,能更容易与学生引起共鸣,使学生进入到审美情境之中。美育地理教学一个非常重要的目的就是唤起学生的审美意识,培养学生的审美能力,进而引发审美表现力。学生的审美情感很多不能自发产生,需要教师设置一定的条件,利用一定的方法,诱导学生产生审美体验,进而引发审美表现行为。所以,美育教学应该与审美表现紧密结合。教师应在课前充分掌握审美的心理过程是如何发生的,在课堂上创设符合学生心理发展的审美情境,如教师的情绪、语言、手势、姿态是否有感染性,学生的兴趣是否被激发出来,是否为学生提供多种审美表现的方式等。只有学生真正在课堂上获得审美体验并能表现出来,美育教育才有可能达成目标。若课堂变成教师的一言堂,教师按照自己的方式传递"这幅场景很美"或一味地简单要求学生"大胆想象",而忽略了学生是否真正有审美表现,那审美化教学将事倍功半,甚至影响课堂的教学效率。

其次,美育地理教学的过程也应具有审美价值。如果教学环节紧密相扣,教学语言干练精简,教学逻辑清晰顺畅,教学节奏张弛有度,学生也能在这种充满审美要素的过程教育环境中,潜移默化地受到影响,形成活跃的课堂气氛以及体验丰富的审美感受。

【案例】以湘教版地理七年级(上)第二章第一节《认识地球》为例

师:"同学们是怎么知道地球是个球体的呢?以前的人们没有现代的工具和方法,

那他们的眼中,地球又是什么样的呢?"

(学生回答)

师:"我国早在两千多年前的周代,就有'天圆如张盖,地方如棋局(棋盘)'的盖天说。这种认识有无科学依据?为什么又会产生这样的看法?"

(学生回答)

师:"2000多年前的人们,由于科学技术水平的限制,活动范围狭小,就会告诉他们的后代,世界就是一块平地,上面盖着一个叫天空的东西。因此,不同的生活环境决定着人们对地球的看法。随着科学的进步,人类的活动空间越来越大,那人们看到的世界又有什么不一样呢?"

(课件展示:在此时,人们可以驾驶帆船出海。若此时你站在岸边,一艘帆船由远及近,你会看到怎样的景象呢?这说明了什么?)

(学生回答)

师:"因此,此刻的人们认为地球是个曲面。除了桅杆的证据外,人们还发现了在陆地上旅行,如果向北走去,一些星星就会在南方的地平线上消失,另外一些星星却在北方的地平线上出现。如果向南走去,情况就相反。这些现象,只有大地是弧形的才好解释。曲面的两种可能:凸面和凹面,究竟是凸面还是凹面?能不能用事实说明?"

(学生回答)

师:"随着航海事业的进一步发展,人们可以做远距离航行。例如在1519~1522年,有一位伟大的航海家叫麦哲伦,他带领船队首次完成环球航行。从西班牙出发一直向西,回到了西班牙。地球如果仅仅只是一个凸面能回到出发地吗?那这又说明了什么?"

生:"地球是一个球体。"

师:"是这样吗?难道麦哲伦的环球航行真的结束了人们关于地球形状的争论吗?地球可不可以是这个样子呢?"

(教师用纸卷成筒状)

(学生回答)

师:"因此,麦哲伦的航行只能验证地球是个封闭体。那地球到底是球体还是圆柱体呢?有一句话叫作不识'庐山真面目,只缘身在此山中',这时候善于观察的古人又从天上找到了线索:那古人在天上能看到些什么呢?"

(课件展示:太阳和月球)

师:"既然我们看太阳和月亮是个球形,那如果我们站在月亮或者其他星体上看地球，地球会不会也是一个球体呢？"

【案例分析】"地球是一个两极略扁、赤道略鼓的不规则球体"这一知识对现在的学生来说是基本常识，教师在课堂中往往很快带过，忽略了人类认识地球的过程，而在这个过程中充分体现了地理学科的科学美和逻辑美。认识事物往往遵循着定性到定量，感性到理性的过程，在教师的引导过程中，学生一方面体验从古到今人类认识地球的基本过程，感受着理性思维之美。另一方面，人类认识世界的过程和意志，充分展示着人类的精神品质之美。教师只有在课堂中重视对学生思维的启迪和引导，才能让学生在潜移默化中感受地理学科的美，才能潜移默化地进行美育教育。

（五）多样的评价方式以提高艺术创造能力

美育地理教学是否达成教学目标，需要通过评价的结果来反馈。学生在接受美育教育过程中，首先通过内隐学习进行感知，然后通过外显的方式进行审美表现，而教师要能从这些外显的审美表现中评价学生获得的美育教育结果。审美表现可以由学生自发形成，如在课堂上对审美素材在语言和行为上的直接反馈，也可以由教师为学生提供活动，学生在活动中外化自己的审美能力和倾向，如绘图、手工制作等形式。

教学评价应充分尊重学生的个性化，使评价的主体多元化、评价的结果开放化。教师可以对学生的审美表现进行评价，学生之间也可以进行互评，交流想法，促进课堂的活跃和思想的碰撞。评价氛围越开放，评价主体越丰富，学生就更容易在这个过程中形成自己的审美价值观和自我意识，从而促进学生的整体发展。

在尊重个性化的前提下，评价的内容也应多样化。教师不仅可以从审美结果、审美作品中评价学生的美育教育结果，还能从学生的学习态度、课堂表现等情况来辅助评价。除了评价内容，评价的方式也应多样化。在课堂上，教师可直接通过言语的方式对学生进行即时评价；在课后，则可以通过绘图、论文、社会调查实践、探究、手工等作业完成情况来评价学生的审美表现。

五、中学地理劳动育人课堂教学实施策略

地理学科有别于其他学科的一个重要特性就是有很强的实践性。地理现象和成因复杂多变，地理课堂上讲授的地理知识只是前人研究和实际总结得到的一般原理和规律，需要通过实践活动来验证和理解。[①]新时代背景下，国家呼吁劳动教育，中学地理呼吁地理实践力的培养，劳动教育是培养地理实践力的重要途径，地理实践力是渗

---

① 周勤.中学地理课程与教学论[M].长春：东北师范大学出版社，2006.

透劳动教育的最佳方式。而课程改革的前沿阵地是课堂,所以课程的改革最终是要靠课堂教学的变革来落实。在中学地理课堂中实施劳动教育便成了地理课堂教学变革中最契合时代发展的重要内容。本节将结合中学地理学科劳动教育构成要素以及地理实践力的特点,提出以下几方面的中学地理劳动育人课堂实施策略,为教师在课堂教学中实施劳动教育提供参考。

(一)基于"互联网+",融合多元化劳动教育素材

信息化已经成为全球经济和社会发展的大趋势,对于教育领域来说,"互联网+教育"模式是指将互联网与教育教学相结合,以互联网基础平台为依托,将最新的信息技术应用到实际教学当中,对教育教学进行深层改革的模式。[1]现在我们已进入"互联网+教育"的时代,信息技术改变了中学生学习地理的方式与教师教学的方式。

基于"互联网+"时代背景下进行地理课堂劳动教育,不仅为教师在开发课程资源上提供了更多优质的劳动教育素材,更提高了学生在课堂中的参与程度。融合了信息技术的课堂,更能突出学生的主体地位,突破传统教学模式中时间与空间的束缚,增强师生之间的交流,有效弥补传统课堂教学的低效性。因此教师应当提高信息技术的使用频率,不断探索地理劳动教育素材,丰富课堂形式,促进地理劳动教育课堂教学的改革与创新。

信息技术对于中学地理学科而言,既是辅助教师地理教学和学生地理学习的必备工具,也是地理学科知识体系中的一部分。信息技术作为教师教学工具时,可以帮助学生获得更真实的劳动实践体验,促进学生在直观与抽象之间建立联系,从而更好地构建地理知识与地理思维。信息技术作为学生学习工具时,在现实问题的渗透与解决中,信息技术是学生所必备的技能,可以帮助学生利用信息技术解决现实问题,从而体现地理劳动能力的运用。

在地理学科知识体系中的信息技术其实就是地理信息技术,《普通高中地理课程标准(2017年版2020年修订)》中很重视地理信息技术这部分知识。新版本的高中地理教材中信息技术所占比重有所增加,这使得地理信息技术与高中地理课程内容连接更加紧密,从自然地理、人文地理和灾害地理三个方面来体现地理信息技术的功能与应用,使得地理信息技术的学习更具有实践性,更能突出地理具有劳动教育的功能。

运用信息技术可以优化地理情境,例如,可以利用Google Earth中丰富的地理信息替代过去传统静止的地图素材。Google Earth中丰富、可视、可动的情境素材可以拓展学生的知识面,加深学生对地理原理与知识的理解,从而提高学生学习地理的兴趣和

---

[1] 万军宁."互联网+"时代背景下的高中地理教学[J].中学课程资源,2017(11):65-66.

学生的地理劳动能力。通过各类互联网平台,教师可以获取更丰富、更新颖、更贴近时代的教学素材,比如专业的备课网站、视频网站、图片网站、气象网站等,根据学情选择合适的劳动教育素材。随着信息技术的发展,虚拟现实等信息技术日趋成熟,将其引入课堂,可以相对减少带领学生外出进行野外考察而带来的安全隐患。

(二)提倡地理实验,深化课堂劳动体验

2017年版课程标准明确提出要加强地理实践,而劳动教育则是依托于实践活动进行,地理实验是课堂中的最佳实践活动形式。地理实验教学以参与性、开放性、实践性为显著特征,在地理实验中,学生能够通过亲自动手操作,主动思考,积极合作探究,去认识地理事物现象、揭示地理事物原理、把握地理事物规律、解决地理学习问题,增强了地理学习的意识,提高了地理学习的兴趣与积极性,促进了学生实践能力的生长。[①]地理实验将枯燥的知识设疑并进行实验探究,让学生从实验现象中习得知识。课堂中的地理实验可让学生自主操作甚至是设计实验,并通过实验现象进行相关探究,有利于劳动技能的培养。在自主参与实验设计或操作的过程中,可以培养学生科学求真的态度,以及促使其形成主动探索知识的劳动品质。

【案例】模拟"水循环"主要环节

实验材料: 透明塑料盒两个、若干沙、一瓶水。

实验步骤:

1. 将泥沙装入其中一个塑料盒中,倾斜一定角度,并戳几个小孔,利于水的下渗,模拟自然界的地表形态。

2. 另一个塑料盒放于下部,并放入倾斜的塑料和盖子,模拟地下形态。

3. 缓慢向上部的盒子中倒入水,模拟大气降水。

思考问题:

1. 描述看到的现象。

2. 上部盒子的地表形态发生了什么变化?说明水有什么作用?

实验结论:

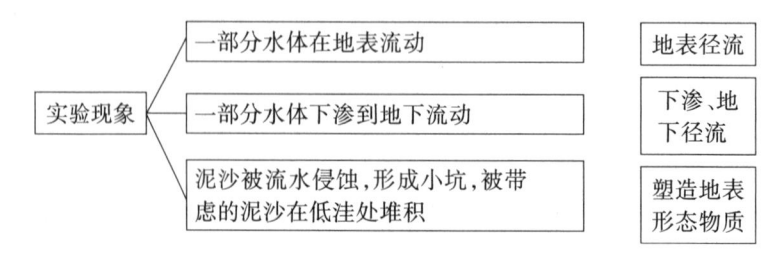

实验现象		
	一部分水体在地表流动	地表径流
	一部分水体下渗到地下流动	下渗、地下径流
	泥沙被流水侵蚀,形成小坑,被带起的泥沙在低洼处堆积	塑造地表形态物质

---

① 彭清思.实验教学培养学生地理实践力的策略研究[D].武汉:华中师范大学,2018.

【案例分析】该课堂实验案例通过对水循环主要环节的实验探究,让学生更直观地感受到水循环的部分过程,有助于学生在认知基础上生成新的知识。该实验不仅能让学生理解水循环的环节,更能深入感知水循环的意义,让水循环的知识不再是零散的而是有逻辑的。学生在参与实验的过程中,有助于培养劳动能力和科学求真的态度。

(三)利用研学活动,培养劳动技能和品质

在国外,研学活动早已是一种普遍的学习方式,特别是像美国、英国、澳大利亚、日本、韩国等国家,研学活动具有起步早、发展快、普及广等特点。目前这些国家无论是理论研究还是实践操作,都非常成熟,同时还有完善的研学旅行课程设置及管理机制。这些国家的研学成果对我国快速推行以及落实中小学的研学活动有重要的借鉴意义。

我国研学活动起步晚,在2013年以前并没有明确提出"研学"一词,而更多的是使用"游学""读万卷书行万里路"等来表达。因此,教育界各层面也并没有对此教育形式产生关注以及重视。2013年至今,随着国家相关部门及各省、市颁发的研学活动相关政策文件,极大促进了研学活动在我国的推广,研学活动具有的重要作用更是引起了各省(市)学校、社会机构及越来越多的学者密切关注。研学活动对教师和学生的发展都有非常重要的促进作用。研学活动有助于将地理课堂劳动教育延伸至课外,学生亲自实践才能达到知识与技能的内化,这也是培养地理核心素养的最佳载体。研学活动对教师的专业素养要求也很高,这在某种程度上能促进教师的专业发展,促使教师进行教学方式的转变。研学活动对学生而言,可以在不同的真实场景中实现知识与技能的融合,塑造地理核心素养所需要的劳动能力,如动手能力、地理问题探究能力、地理现象观测能力等。同时,在户外环境中存在一定的不可控因素和突发情况,大部分研学线路都需要学生全程步行,这需要学生有一定的身体和心理准备,也意味着能培养学生吃苦耐劳的劳动品质。

一般来说,地理研学活动是教师根据一定的研学主题结合相关的教学内容,来设计对应的研学活动,下图是地理研学活动设计的一般流程。

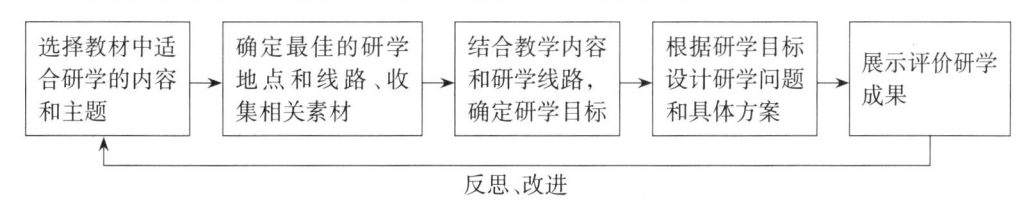

选择教材中适合研学的内容和主题 → 确定最佳的研学地点和线路、收集相关素材 → 结合教学内容和研学线路,确定研学目标 → 根据研学目标设计研学问题和具体方案 → 展示评价研学成果

反思、改进

图4-1 地理研学活动设计流程

地理研学活动主题按照中学地理知识体系,可以分为自然地理类和人文地理类。吴先芳老师将地理研学主题按照自然地理类和人文地理类做了详细的划分,如下表所示[①]。

表4-2　自然地理类研学旅行活动主题一览表

类别	自然地理类研学旅行活动主题
地质地貌类	观察基本地貌类型(侵蚀地貌、堆积地貌等);观察基本山地地形类型(褶皱类型、断层类型、岩层类型等);主要岩石的辨识;褶皱与断层的观察。
气象气候类	海陆热力性质小实验、大气温室效应小实验、水循环或洋流运动的动画、调查家乡大气与水资源等污染状况;温室效应调查;热力环流实例调查;学生模拟天气预报。
水文植被类	调查家乡某河流的水文特征、发展演变、开发与利用状况并探讨其对交通及聚落发展的影响;对某地典型植被进行观察并分析其生长条件。
土壤生物类	某地区典型土壤的成分及性质测定与分析;植被观察和标本制作;观测生物小群落变化;调查家乡撂荒土地的原因以及如何规划和开发。

表4-3　人文地理类研学旅行活动主题一览表

类别	人文地理类研学旅行活动主题
人口与城市类	调查某城市人口变化及家庭人数构成情况;讨论某城市或古村落的文化特色,以及该如何保护该市文物和历史变化;城市环境问题调查,并提出具体的解决建议;绘制某城市主要的功能分区分布图,分析其布局是否合理。
工农业类	参观典型农业、工业生产基地,了解其布局特点和发展过程,分析其区位条件;调查当地农业、工业污染情况等。
交通类	校园周边交通调查;某一城市的交通运输方式的类型、转变、影响;调查城市公共自行车使用情况、布局点特,以及公交车发车间隔时间,并利用GIS分析。
人地关系	调查本地经常发生的自然灾害,并实地考察易产生灾害地区及其与人类活动的关系;校园垃圾调查及处理建议;调查本地主要生态环境问题及其危害、治理措施;讨论某企业对社会发展的利与弊;探讨某地城市化进程及其与地域发展的关系。
地域文化	某地饮食、建筑、习俗的地域文化调查与分析。

教材是教学内容的重要来源,也是获取研学主题最直接的途径,中学地理教材中蕴含有丰富的研学内容和主题。研学地点,按照教学条件和教学内容,可以分为校内微研学和校外研学。教师可以将教材活动进一步丰富,以自然地理微主题设计相关校内微研学活动,作为地理课堂教学的延伸。下面以人文地理主题为例,呈现研学活动的应用案例。

【案例】水土的变迁

研学目标:

1. 通过感知水土地区的发展变迁,学会用发展的眼光看待区域发展区位条件。

2. 通过实地考察数据中心这一高新产业的布局原则,以及分析附近能源发电厂产生的优劣影响,培养学生的辩证思维。

[①] 吴先芳.高中地理研学旅行活动教学模式构建研究[D].信阳:信阳师范学院,2018.

3. 通过实地考察、走访询问认识水土"产-城-人"融合的基础及影响、措施等，培养学生的综合分析能力，树立热爱家乡、建设家乡的情怀。

研学准备：

知识储备："工业区位因素"及"工业地域的形成"等章节知识。

行前准备：学生分成不同小组，每小组设组长和副组长各一名，建立小组制度和规则，禁止携带危险物品，严禁破坏沿途的自然环境，注意保护的自身安全。

研学工具：手机（导航APP）、笔、笔记本。

背景材料：

重庆两江新区水土高新技术产业园位于两江新区西北部，处于两江新区高新技术产业带，定位为"水土高新城"，以"两高三心"（即高新技术产业区、高端人群居住区；数据处理中心、医药服务中心、电子信息软件研发中心）为发展目标。十年前，沉睡的一方水土"衣衫褴褛，形象不佳"。十年后，一座集天生丽质、山水气质、现代颜值的多维高新产业新城快速崛起，水土脱胎换骨、形象蝶变。十年来，水土园区全面实施了以打造投资环境、优化营商环境的筑巢引凤战略，已成功引进莱宝高科、京东方、中国移动、中国电信、中国联通、华能国际、北大方正等企业。

研学任务一：初探蝶变新城

1. 追问前世——查阅相关资料，推测十年前沉睡的一方水土"衣衫褴褛，形象不佳"的原因。

2. 探秘今生——思考现今的水土能够蝶变为高新技术产业新城的原因。

3. 集思广益——请提出至少1个在水土高新技术园区实地考察过程中观察到的地理现象或问题，与导师共同探讨、解决问题。

研学任务二：深入智慧之城

观察点：数据中心集聚区。

背景材料：

数据中心是互联网的重要节点，是互联网信息存储的场所。其需要大量的电力支撑其设备运营。目前已经汇聚了两江云计算、中国联通、中国电信、中国移动、腾讯、浪潮、重庆有线、网宿科技、腾龙等9个数据中心，协议总投资351亿元，协议总规模8.25万个机柜，可容纳100万台服务器，是西部地区最大的数据中心聚集地。

1. 析区位——找一找众多数据中心选择落户于水土的原因。

2. 寻目的——谈一谈这些数据中心集聚的目的。

3. 辨优劣——辨一辨数据中心产业集聚区附近布局能源发电厂的优缺点。

(学习建议:从经济和环境效益方面综合考虑)

【案例分析】本片段将教学内容与研学内容紧密联系。通过研学地点的材料整合,设计出了有知识梯度、知识逻辑的研学问题。同时,研学地点为学校周边就近的区域,不仅有利于研学活动的成功开展,更能利用学生熟悉的环境提升学生的研学兴趣和研学质量。

(四)基于劳动教育,构建实践型课堂评价

科学合理的教学评价,可以准确及时地为地理教师提供反馈信息,根据这些信息可以发现教学中的问题与不足,适时地调整教学进度,改进教学方法,革新教学手段,从而提升地理教学水平,提高教学质量。地理中的劳动教育,依托于各种实践活动而实现,因此关于学生地理劳动教育的评价很难通过传统的、单一的形式来进行,这就意味着教师要结合劳动教育使用多元化的评价形式。地理劳动教育的评价一方面是为了检验学生对课堂知识的掌握情况与实践活动之间的迁移能力状况,另一方面是为了通过课后评价活动进一步提升学生的劳动能力和劳动品质。学生也可以通过科学合理的多元化评价方式,来提升自身核心素养。2019年版的人教版地理教材中,新增有丰富的劳动实践活动,可充分利用教材中丰富的劳动实践活动开发地理劳动教育评价的多元化形式。

1.观察型作业

观察型作业一般是指地理户外观察,或针对某一地理现象的变化进行观察,是对地理环境各要素和人类社会经济活动进行的观察方式。[1]学生观察地理现象,一方面激发学习地理的兴趣,另一方面有利于学生通过劳动实践活动去正确地认识地理学科,更好地感悟自然界发展变化,提高对未来生活的适应能力。

【案例】观测月相

作业开始及完成时间:2020年9月23日到2020年10月10日。

作业应用章节:人教版地理选择性必修1中《地球的宇宙环境》。

作业形式:拍摄月相图片及完成月相观测表。

作业辅助工具:月相观测记录表、手机自带指南针APP、手机相机。

作业具体开展方式:

观测月相作业分三次完成,第一次任务观测上弦月,于9月23日(农历初七)—9月26日(农历初十)开展。第二次任务观测望月,于10月1日(农历十五)—10月2日(农

---

[1] 黄婉庆.高中地理作业生活化研究[D].上海:华东师范大学,2013.

历十六开展）。第三次任务观测下弦月，于10月9日（农历二十三）—10月10日（农历二十四）开展。每次观测作业需完成月相观测记录表和拍摄月相照片。月相观测记录表如下图所示。

月相观测记录表

日期		观测项目		
公历	农历	月亮水平方位	月亮高度角	月亮形状

【案例分析】该观测型作业，可以帮助学生将课堂所学的月相知识在课后进行运用实践，进一步掌握有关月相及天体观测技能、相关观测工具，提升学生的劳动技能和对相关软件的操作能力。

2.模型作业

模型指模拟事物原型，是借助于具体的实物将其形象通过一定的方式进行准确表达，这里所指的模型也可称为教具。教具也定义为教学中为学生提供感性材料的实物、模型、图标等教学用具。课堂中学生参与模型制作的机会很少，但若能在课后给学生创造制作地理模型的机会，不仅能加深学生对课堂知识的理解，更能留给学生充分的时间进行思考和创作，用生活中的实物诠释对所学知识的理解。

【案例】"三圈环流"模型制作

作业应用章节：人教版地理选择性必修1中《地球上的大气》。

作业具体开展方式：

5~8人为一个小组进行模型的制作，请同学们课后自行选择适当的材料制作三圈环流模型（最好是身边的废旧物品）。

要求：用箭头表示出气流运动方向；用不同颜色表示上升气流、下沉气流、高空气流和近地面气流。

【案例分析】该案例让同学们自行选择材料制作三圈环流模型，所用材料要求环保简约最好是废旧物品，有利于培养学生勤俭节约的劳动品质。同时这项作业没有标准答案，是开放性的创作型作业，学生有足够的时间和空间对作业进行创新、实践，有利于培养学生劳动能力。学生以小组合作的形式共同完成，还有利于培养学生的合作精神。

3.调查型作业

地理调查活动是经过充足的活动准备，以培养学生地理实践力为导向，学生走出课堂，在客观、真实的社会环境中对特定的社会现象进行调查、了解、分析，提取和整合所需的地理信息,形成活动记录,撰写调查报告,开展总结和评价的教学实践活动。[①]在真实的情境中进行地理调查可以培养学生地理信息获取的能力,也有助于学生深入探索人地关系,对地理劳动能力的培养具有独特的育人价值。

【案例】校园植被调查

作业应用章节:人教版地理选择性必修1中《植被》。

作业形式:拍摄校园植被图片或制作校园树木登记表,5~8人为一组提交一份汇报课件。

作业辅助工具:校园树木登记表、手机形色APP、手机相机。

作业具体开展方式:

首先,利用手机"形色"APP软件和手机相机调查校园植被,完成校园树木登记表和拍摄对应植被的图片。其次,通过网络查阅相关植被的资料完成相关问题的探究。校园树木登记表和相关问题如下所示。

1. 查阅资料,了解每种树生长所需的环境条件,如气温、湿度、光照、土壤等,并查阅当地气温、土壤等信息。

2. 将收集的树木分为"当地树种"和"引进树种"。

3. 针对"引进树种"类树木的生长状况(良好或不佳),探究原因。

4. 以"因地制宜绿化校园"为题,为校园绿化提出合理化建议。

校园树木登记表

编号	名称	生长状况	栽种地点

【案例分析】该案例以校园植被为调查对象,既有利于学生利用所学知识认知地理环境,又有利于学生深入了解校园,培养学生对学校的热爱之情。在校园植被调查的过程中,以小组合作的形式进行,有利于培养学生相互合作的能力。该调查活动还需借助手机软件、网络等资源,获取相关信息,有利于培养学生使用信息技术等劳动技能。

---

① 陈梦.高中地理调查活动与地理实践力培养[D].石家庄:河北师范大学,2020.

第三节　中学地理全息育人课堂教学实施案例

【案例】地球地图篇

\multicolumn{4}{c	}{"全息育人"地理教学设计案例 ——《认识地球》}
课标	\multicolumn{3}{l	}{1.了解人类认识地球形状的过程。 2.用平均半径、赤道周长和表面积描述地球的大小。}
课型	新授课	\multicolumn{2}{l	}{总 1 课时　第 1 课时}
育人目标	\multicolumn{3}{l	}{(一)德育育人 　1.通过了解人类认识地球的过程,感受人类在追求真理的过程中体现的坚持不懈和不畏艰险的精神,以及梳理严谨的科学观。 　2.通过对比观看微信登录图片和风云四号卫星图,增强学生的民族自豪感。 (二)科学育人 　1.通过分析古人眼中的地球形状,提高信息获取和解读能力,培养学生的综合思维能力。 　2.通过演示和模拟验证地球的形状,培养学生的地理实践力和问题解决能力。 　3.通过认识地球的过程,了解认识事物的一般过程。 　4.通过读图,能用平均半径、赤道周长和表面积描述地球的大小。 (三)美育育人 　1.通过欣赏古人眼中的地球图片和现代卫星云图,感知地球之颜色美、自然美和形象美,提升审美情趣。 　2.通过递进式追问,感受地理思维逻辑过程之美。 (四)健康育人 　无。 (五)劳动育人 　通过模拟实验的方式掌握地理实验的方法,培养学生动手能力和尝试解决生产实践问题的能力。}
学习 重难点	\multicolumn{3}{l	}{人类认识地球形状的过程。}
\multicolumn{4}{c	}{教学过程}
环节	教师活动	学生活动	设计意图 (育人点及育人效果预期)
导入:猜谜	教师活动1: 　说它像球不是球,肚子里面啥都有。 　人物动物和植物,全都生活在里头。 　高山森林处处见,江河湖水向海流。 　天天围着太阳转,猜猜它是什么球。	学生活动1: 　猜谜语。	1.通过猜谜,了解地球的基本外貌。 　2.通过谜语感受文字工整之美。
	教师活动2: 　1.人类对大自然的一切认识,都是从地球开始的。说起地球,我们心中就会涌起无限热情。因为它是我们人类可爱的故乡,唯一的家园。 　2.提出问题:作为地球的儿女,关于地球,大家都知道些什么呢?你们是怎么知道地球是个球体的呢?以前的人们没有现代的工具和方法,那他们的眼中,地球又是什么样的呢?	学生活动2: 　学生回答问题,并阅读课本,完成知识清单第一块:地球的基本知识。	1.通过完成知识清单,说出地球的基本形状。 　2.通过自主完成预习任务,获取、整理利用信息,培养良好的自我学习能力。

续表

	教师活动3： 　　1. 展示图片：天圆地方。 　　2. 提出问题：我国早在两千多年前的周代，就有"天圆如张盖，地方如棋局"的盖天说。这种认识有无科学依据？为什么又会产生这样的看法？ 　　3. 展示图片并提出问题：我们的生活环境决定着我们对于地球的看法。2000多年前的人们，由于科学技术水平有限，活动范围狭小。请同学们推测，生活在这样的地理环境中的人们，他们认为地球是什么样的呢？他们认为地球表面重要的要素是什么呢？	学生活动3： 　　1. 观看图片，回答问题。 　　2. 观看图片，推测生活在这样的地理环境中的人们，他们认为地球是什么样的。	1. 通过观看盖天说的图片，欣赏古代人眼中的世界。 2. 通过思考古人眼中的世界的外貌，培养学生的综合思维能力。
环节一： 天圆地方？			
环节二： 凸面凹面？	教师活动4： 　　1. 提出问题：随着科学的进步，人类的活动空间越来越大，那此时人们看的世界又有什么不一样呢？ 　　2. 讨论：在此时，人们可以驾驶帆船出海。若此时如果你站在岸边，一艘帆船由远及近，你会看到怎样的景象呢？这说明了什么？	学生活动4： 　　1. 理解生活范围的大小对人们认识世界的影响。 　　2. 讨论和自制模型模拟会看到的景象，思考原因。	通过自制小船模拟现象分析原因，培养学生的地理实践力和国际理解。
	教师活动5： 　　1. 追问：如果地是平的会是这样的现象吗？ 　　2. 活动能证明你的答案吗？你需要什么材料？ 　　3. 总结：此刻的人们认为地球是个向上凸的曲面。 　　4. 追问：是凸面还是凹面？	学生活动5： 　　思考并回答问题，验证现象。	1. 通过追问和回答，感受地理思维逻辑过程之美。 2. 通过用简单的材料验证，培养学生的问题解决能力。
环节三： 圆柱球体？	教师活动6： 　　1. 展示图片：麦哲伦环球航行图。 　　2. 提出问题：麦哲伦船队首次完成环球航行。从西班牙出发一直向西，又回到了西班牙。地球如果仅仅只是一个凸面能回到出发地吗？那这又说明了什么？	学生活动6： 　　1. 观看麦哲伦环球航行图，感受人类探索外界的勇气。 　　2. 思考环球航行的必要条件和地球此刻在古人眼中的外貌。	1. 通过了解麦哲伦环球航行的故事，用人类探索外界的勇气和精神进行德育教育。 2. 根据环球航行推测地球外貌，进一步感受人类认识地球的过程，体会科研过程，培养科研能力。

续表

	教师活动7： 1. 追问并用书本模拟：是这样吗？难道麦哲伦的环球航行真的结束了人们关于地球形状的争论吗？地球可不可以是这个样子呢？（用书卷成一个圆柱体） 2. 总结：麦哲伦的航行只能验证地球是个封闭体。	学生活动7： 反思麦哲伦环球航行是否能证明地球是个球体。	1. 用手中课本模拟圆柱，培养学生地理实践力和问题解决能力。 2. 突破定式思维，反思已知常识，感受科学严谨之美，树立严谨的学科研究态度和观念。
	教师活动8： 1. 提出问题：那地球到底是球体还是圆柱体呢？有一句话"不识庐山真面目，只缘身在此山中"，所以这时候，善于观察的古人又从天上找到了线索。那古人在天上能看到些什么呢？ 2. 展示图片并提问：（太阳和月亮）是什么形状？既然我们看太阳和月亮是个球形，那么如果我们站在月亮或者其他星体上看地球，地球会不会也是一个球体呢？ 3. 展示浑天说的图片并讲解。 4. 活动：用仪器演示月食形成过程和原理。	学生活动8： 1. 思考并回答问题。 2. 了解浑天说，进一步了解认识地球的过程。 3. 活动：观看演示，理解月食的形成原理和机制。	1. 通过回答问题，培养逻辑思维能力。 2. 学会用教具理解地理基本原理，掌握学科知识。
	教师活动9： 1. 展示微信登录界面，讲解图片"蓝色弹珠"来源。 2. 展示新的微信登录图片，讲解"风云四号"最新气象云图。	学生活动9： 1. 观察图上地球的外貌，对比两张地球的差异。 2. 感受卫星云图之美。	1. 了解"蓝色弹珠"的来源，了解人类认识地球的科技和方法。 2. 欣赏"风云四号"气象卫星最新气象云图，感受地球之美，树立国家自豪感，培养国家情怀。
环节四： 地球真貌！	教师活动10： 1. 提问：图片上展示的地球是什么形状？ 2. 引导：看上去的确很像正球体，后来经过卫星的精密测量发现地球是一个两极稍扁，赤道略鼓的不规则球体。 3. 用具体数字和实物描述地球的大小：这个球非常的大，赤道周长为4万千米（重庆到乌鲁木齐至少飞行4个小时，而如果我们绕赤道飞行一圈的话，大概要两天多），地球表面积5.1亿平方千米（大概是53个中国的大小，6千300多个重庆的大小）。再来看球的半径，赤道半径是6378千米，两极半径是6351千米，比赤道半径少了27千米。 4. 追问：为什么我们看上去还是很像正球体？	学生活动10： 1. 认识地球的形状。 2. 用具体数字感受地球之大。 3. 思考并回答地球为什么看起来是正球体。	1. 通过数字对比，使得学生对地球的大小获得直观的认识，更易于认识地球的大小。 2. 通过对比地球的真实形状和卫星云图上的地球，培养学生辩证思维能力。

续表

结束语	教师活动11： 承上启下：总结课堂内容，引出下节课内容。在麦哲伦船队进行环球航行时，当时西班牙国王送给航海家们一个地球仪。上面刻着一行寓意深刻的题字——"你首先拥抱了我"。正是这些勇敢探索真理的人，首先拥抱了地球，后来才有了人类的文明历史。那人类还认识了地球的哪些信息呢？	学生活动11： 再次梳理并感受人类认识地球的过程，体悟人类的探索精神。	1.通过梳理人类认识地球的过程，培养学生良好的地理思维能力。 2.用麦哲伦的航海历程和地球仪，展示人类探索过程中体现的勇敢无畏的精神。
作业布置	1.关于地球形状的叙述，正确的是（　　）。 A.地球是一个正圆的球体 B.地球是一个两极略扁的不规则的球体 C.地球是一个赤道略扁的不规则的球体 D.地球是一个两极略鼓的不规则的球体 2.下列关于地轴的说法中叙述不正确的是（　　）。 A.地轴经过地心　　　　B.和纬线所在平面垂直 C.和经线所在平面垂直　　D.北端始终指向北极星附近 3.科学家经过精确测量，得到有关地球的数据是（　　）。 A.赤道半径是6371千米　　B.极半径是6371千米 C.赤道周长约为4万千米　　D.地球陆地面积为5.1亿平方千米			

【案例2】世界地理篇

	"全息育人"地理教学设计案例 ——《他乡茶语》	
课题	运用图表说出某地区气候的特点以及气候对当地农业生产和生活的影响。	
课型	新授课	总 1 课时　第 1 课时
育人目标	（一）德育育人 1.通过中国与南亚地区的茶文化渊源和茶经贸交流，了解中华优秀传统文化、增强学生的民族自豪感、尊重世界多元文化、培养全球合作交流意识。 2.通过讨论应对旱涝灾害的防灾减灾措施，树立科学的环境观与资源观。 （二）科学育人 1.通过分析气温和降水的特点，说出热带季风气候的特征，并理解气候与农业的因果关系。 2.通过阅读与茶叶相关的图文材料，培养学生的读图能力、空间定位能力及地理信息的收集与处理能力。 3.通过欣赏美食的图文材料，培养学生的区域认知能力和综合思维能力。 （三）美育育人 通过吟诗、品茶、欣赏美食图片，感知饮食文化美和传统文化美，提升审美情趣。 （四）健康育人 1.通过品茶引导学生习得健康的生活方式。 2.通过中国与印度采茶女的肤色对比，引导学生关注太阳辐射对身体健康的影响。 （五）劳动育人 1.通过观看考察茶叶生产的视频，了解开展社会调查的方法。 2.通过模拟实验的方式掌握地理实验的方法，培养学生动手能力和尝试解决生产实践问题的能力。	
学习重难点	重点：南亚地区主要气候类型的特征及其对当地农业生产和生活的影响。 难点：归纳南亚地区主要气候类型的特征。	

续表

教学过程			
环节	教师活动	学生活动	设计意图（育人点及育人效果预期）
导入：品茶	教师活动1：播放音乐，朗诵古诗，创设品茶氛围，引导学生"三步"品茶。	学生活动1：学生"三步"品茶，谈感受，判断杯中茶为红茶。	1.通过品茶，了解关于茶的传统文化。2.播放音乐、吟诗感知意境美；通过品茶，感知茶汤之色彩美；通过茶具感知形状美。3.通过品茶引导学生习得健康的生活方式。
环节一：图识茶域	教师活动2：1.出示"阿萨姆奶茶"包装，引导学生发现阿萨姆红茶的源地——印度。2.课件展示世界四大红茶品种分布，引导学生观察并归纳其中三种都位于南亚地区。	学生活动2：学生观察并归纳其中三种红茶都位于南亚地区。	1.了解地理事物（世界红茶和南亚的地理位置）的分布。2.通过读世界四大红茶分布图，培养学生的读图能力和空间定位能力。
	教师活动3：1.播放视频：家住云南、种植普洱茶的中国姑娘前往南亚考察当地的茶叶生产，与印度阿萨姆邦的采茶女结朋友，采茶女向她介绍了阿萨姆红茶。2.提出问题：为什么阿萨姆地区的红茶在6~8月份期间产量最高，滋味最浓烈呢？	学生活动3：观看视频。	1.通过观看考察茶叶生产的视频，了解开展社会调查的方法。2.通过视频中中印茶文化的差异培养学生的全球视野，尊重文化差异。
环节二：数说茶性	教师活动4：1.以印度阿萨姆茶树主要种植区古瓦哈提市的气候图表为例，出示古瓦哈提市的各月平均气温表格，并提出问题：找出最低和最高月均温，判断古瓦哈提市的气温有何特点？2.出示古瓦哈提市的各月平均降水量图，并提出问题：①通过参考资料，判断古瓦哈提市气候（湿润/半湿润/半干旱/干旱）；②观察并说出古瓦哈提市年内降水分配的特点。3.教师逐步引导学生观察图表，归纳出南亚主要气候的特征。	学生活动4：1.学生完成学案上相应问题。2.归纳总结南亚主要的气候类型的特征。	通过读气温和降水图表，说出热带季风气候的特征，培养综合思维能力。

续表

	教师活动5: 1.提供阅读材料,要求学生结合当地气候特征,分析为什么6~8月份是古瓦哈提市阿萨姆大叶茶产量最高,滋味最浓烈的时候? 2.教师引导总结茶树习性以及热带季风气候对茶叶产量、品质的有利影响。 3.课件展示南亚地区气候类型分布图,显示南亚地区主要的茶树种植区域,南亚是全世界生产茶叶最多的地区。总结气候对茶叶生产规模和产量的影响。	学生活动5: 1.学生通过朗读"阿萨姆茶树的习性"了解,并勾画关键词句,结合气候特征自主分析原因。 2.综合分析气候对茶叶产量、品质的影响。	1.通过分析茶叶生长习性的相关材料,理解热量、降水与植被之间的因果联系。 2.通过阅读茶叶生长习性的图文材料,培养学生的时空综合和要素综合能力以及地理信息的收集与处理能力。
环节二: 数说茶性	教师活动6: 1.课件展示茶树生长对光照的要求,引导学生解释"喜光怕晒"的含义;PPT展示世界年太阳辐射量分布图,学生对比观察南亚地区的年太阳辐射量程度。 问题:可以采取什么措施为当地的茶树适当遮阴? 2.手机拍摄同步展示学生模拟实验的照片,总结点拨茶园遮阴面积在30%~40%左右最佳。	学生活动6: 1.小组合作。 遮阴树模拟实验:根据茶树对光照的要求,为阿萨姆地区某茶园的茶树创设合理的遮阴效果,并说明理由。 2.交流评价实验效果。	1.了解太阳辐射的空间分布。 2.理解光照和植被间的因果联系。 3.通过对比中国与印度采茶女的肤色,引导学生关注太阳辐射对身体健康的影响。 4.通过模拟实验的方式掌握地理实验的方法,培养学生动手能力和尝试解决生产实践问题的能力。
环节三: 雨定茶量	教师活动7: 1.播放视频:大学生体验采茶、聊收入。 2.依据视频内容,引导学生发现问题:南亚地区年降水量的变化对茶叶产量、采茶女收入的影响。	学生活动7: 观看视频,感悟当地气候对茶叶生产及采茶女生活的不利影响。	1.通过视频资料,了解降水变化与农业生产、农民收入的因果关系,理解地理要素间的联系。 2.通过讨论应对旱涝灾害的防灾减灾措施,树立科学的环境观与发展观。 3.通过旱涝灾害,引导学生正确认识气象灾害和水文灾害对农业生产和安全的影响。

续表

环节四：他乡美食	教师活动8： 1. 播放视频：大学生采茶后感觉口渴疲惫，与采茶女一家喝下午茶。 2. 以视频内容，引导学生说出该地区气候与茶叶生产对当地人喝茶习惯的影响，了解南亚地区的传统喝茶方式。 3. 情境过渡：大学生与采茶女聊天愉快，不知不觉到晚饭时间。中国姑娘受到了采茶女一家的热情款待，参考资料，根据当地主要的气候类型特点，指出晚餐中用本地食材制作的美食。	学生活动8： 小组活动：中国姑娘受到了采茶女一家的热情款待，参考资料，根据当地主要的气候类型特点，指出晚餐中用本地食材制作的美食。	1. 通过欣赏美食图文材料，培养学生的区域认知能力和综合思维能力。 2. 通过欣赏美食图片，引导学生感知饮食文化美，提升审美情趣。 3. 通过视频材料，了解印度茶文化的发展过程，建立对多元文化的尊重、包容、理解的意识。
结束语	教师活动9： 情境前后呼应：在"一带一路"的基础上，引导学生共同梳理中国与南亚地区的茶渊源和茶经贸交流。	学生活动9： 梳理中国与南亚地区的茶渊源和茶经贸交流。	1. 通过了解"一带一路"背景下中国与南亚地区茶经贸交流，培养学生的全球交流意识。 2. 通过梳理中国与南亚的茶渊源，加强学生对中华传统文化的保护与传承意识。
作业布置	斯里兰卡古称"锡兰"，因此把当地的红茶品种统称为锡兰红茶。1839年，苏格兰人詹姆斯·泰勒从印度的加尔各答引入中国的茶种带到斯里兰卡康提市进行试种，并获得成功。一百多年后，斯里兰卡从无茶之国快速成长为现在的顶级红茶产区。康提市的茶叶主要为低地茶和中地茶，滋味浓厚，但比阿萨姆红茶的香气更浓。 根据材料，完成相关问题： 1. 根据所给的康提市月平均气温和降水量数据统计表，绘制康提市一年内各月气温曲线和降水量柱状图。 		1月	2月	3月	4月	5月	6月	7月	8月	9月	10月	11月	12月
---	---	---	---	---	---	---	---	---	---	---	---	---
月均气温（℃）	23.4	24.2	25.6	26.1	25.7	24.8	24.5	24.4	24.3	24.4	24.2	23.7
月均降水量(mm)	79	74	72	188	144	132	128	113	155	264	296	196 | 2. 根据茶树喜温喜湿的特性，观察并说出康提市茶叶生长迅速，产量最大是什么时候？ 3. 昼夜温差大，生长缓慢，有利于茶叶中芳香物质的积累，且空气湿度较低，有利于红茶在萎凋、发酵等加工过程中香气的转化形成。思考康提市什么时候采摘的茶叶香气较浓？		

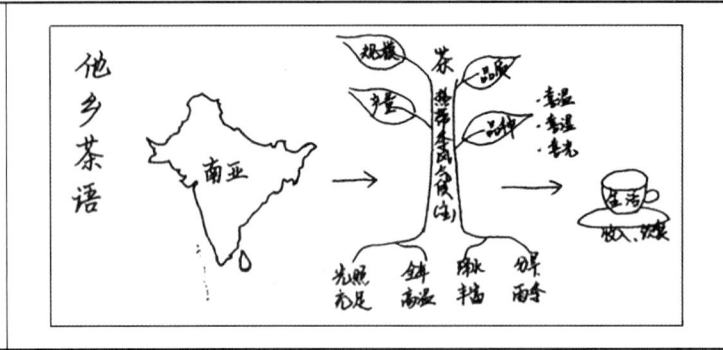

续表

| 板书设计 | （茶树形板书图：他乡茶语——南亚——茶树（印度季风气候）——规模、成就、销售；光照充足、降雨、灌溉、解酵——生活、经济） | 1.构建知识体系、培养学生综合思维。
2.通过茶树形的板书设计,引导学生感知结构美。 |

【案例3】中国地理篇

	"全息育人"地理教学设计案例 ——《沙尘暴》
课标	分析沙尘暴的成因和危害,了解我国是一个自然灾害频繁发生的国家。
课型	新授课　　　　　　　　　总1课时　第1课时
育人目标	(一)德育育人 　1.通过视频学习和实验模拟了解沙尘暴的危害,讨论可持续发展的策略,树立科学的环境观与发展观。 　2.通过实例探讨学习,认识到人和自然必须和谐相处,树立正确的人地协调观。 (二)科学育人 　1.通过声音的聆听学会辨别不同的天气现象,通过图片的解读和分析,理解沙尘暴的含义,培养学生分析概括能力。 　2.通过扬沙实验模拟,推导沙尘暴的形成条件,培养学生的综合思维和地理实践力。 　3.通过图像材料了解沙尘暴这种地理现象的空间分布和时间分布,培养学生区域认知的能力。 　4.通过图片和材料分析北京的沙尘暴,培养学生辩证思考的能力和综合思维的能力。 (三)美育育人 　1.通过创设情境引导学生聆听自然之美。 　2.通过观看沙漠治理措施的图片,感受生态和谐之美。 　3.通过对传统文化的回顾和学习,感受中国传统文化的博大精深。 (四)健康育人 　通过视频和现场实验模拟,感受沙尘暴对人类的不利影响,引导学生关注身边的环境问题对身体健康的影响。 (五)劳动育人 　1.通过观看沙尘暴的图片、视频和实验,了解沙尘暴的真实状况和如何做好个人防护。 　2.通过视频观看和模拟实验的方式了解地理学习的方法,树立和培养学生动手解决实践问题的意识和能力,培养地理实践力。
学习重难点	重点:理解沙尘暴的形成条件、分布、危害和治理。 难点:特殊地区北京沙尘暴的时间分布;如何因地制宜保护环境,实现可持续发展。

续表

\multicolumn{4}{c	}{教学过程}
环节	教师活动	学生活动	设计意图（育人点及育人效果预期）
导入：聆听自然	教师活动1： 1.等待学生全体安静，用柔和的言语和平静的语调烘托安静气氛。 2.播放音频：①鸟语声；②纯风声；③风雨声。 3.提出问题：每播放一种声音，问学生听了什么？什么样的心情？	学生活动1： 全体安静，闭目聆听，放开身心，感受自然之音，分享内心的感受。	1.创设情境引导学生感受自然的声音，体会自然之美。 2.通过音频的变化，感受多变的天气现象，风和很多事物可以产生不同的天气现象。
环节一：沙尘暴定义	教师活动2： 1.课件展示：西北地区沙尘暴图片。 提出问题：什么是沙尘暴？ 2.引导学生观察图片，挖掘图片中隐藏的信息，描述沙尘暴的定义。	学生活动2： 学生分组讨论，观察图片，能找出：大风、吹起、沙子、能见度降低等关键信息，归纳沙尘暴的定义。	通过沙尘暴图片，培养学生的读图和析图能力，概念推导和解读能力。
环节二：制造扬沙	教师活动3： 1.提前准备实验器材： ①干沙子；②湿沙子；③多档吹风机；④电源插板。 2.提出问题：生活中常见扬沙天气，什么是扬沙？扬沙是如何形成的呢？ 3.请学生代表上台利用实验器材动手制造一点扬沙。	学生活动3： 1.学生通过观察身边的扬沙天气，分析得出扬沙的定义。 2.学生通过多组实验对比操作制造扬沙，总结出扬沙产生的条件：大风、干沙。	1.通过从身边常见的地理现象扬沙着手，培养学生的观察能力，关注身边的生活现象。 2.通过制造扬沙实验培养学生的动手能力、观察能力、思考能力并理解扬沙产生的过程。
	教师活动4： 提出问题： 1.扬沙和沙尘暴最大的区别在哪里？扬沙要成为沙尘暴需要具备哪些条件？ 2.沙多的地方地理环境具有什么特点？气候有什么特点？ 3.干旱的地方植被有什么特点？ 4.风大的地方一定是缺乏地形阻挡，什么样的地形条件才形成风大呢？	学生活动4： 1.学生思考分析扬沙和沙尘暴的区别：两者强度差异很大。 2.学生观看扬沙的模拟实验。从而推导沙尘暴的形成条件：风大、沙多。 3.在教师的引导下分析归纳风大的原因：干旱、植被少、地形平坦。	1.通过分析扬沙形成过程，分析扬沙和沙尘暴的区别，推导出沙尘暴的形成条件，培养学生的演绎推导能力。 2.通过思考沙尘暴的形成条件，培养地理学科要素综合的思维能力。 3.通过观看模拟实验的方式了解地理实验的研究方法，培养学生树立动手解决实际问题的意识。

续表

	教师活动5： 1. 课件展示三幅图：中国季风区和非季风区分布、中国干湿地区分布图、中国地形图。 2. 提出问题：请同学们看这三幅图，结合沙尘暴的条件，找一找A、B、C、D这四个地方哪里更容易产生沙尘暴？具体分布在中国哪里？并说出你的判断依据？ 3. 提出问题：西北地区的沙尘暴多发生在什么季节？ 4. 课件展示：中国沙尘暴的路径和天数图。 提出问题：除了西北地区还有哪些地方也易发生沙尘暴？ 5. 课件展示：北京沙尘暴的图片、中国干湿地区分布图、北京植被图片。 提出问题：①北京也多发沙尘暴，但是北京位于半湿润地区，植被茂盛，还受夏季风影响，为什么北京多沙尘暴？②北京的沙尘暴多发生在什么季节？ 6. 课件展示：老舍《北京的风》文章中描写北京春风的片段。	学生活动5： 1. 学生通过三幅图的观察和分析，结合沙尘暴产生的条件，小组讨论分析归纳沙尘暴的主要分布：西北地区、冬春季节。 2. 学生观察图和结合生活常识发现特殊地区：北京；小组讨论推导出北京沙尘暴多发的季节：春季。 3. 学生通过分析中国的传统文化，同时印证自己的推导过程，交流找出北京春季多发沙尘暴的缘由，感受中国文化的智慧。	1. 通过对中国地理分布格局的分析，利用因果关系分析方法，深入理解地理现象是地理多要素综合联系产生的——时间和空间综合作用的结果，培养学生的综合思维能力。 2. 通过对北京地区沙尘暴的分析，培养学生的辩证能力，并让学生了解一般性中存在特殊性，看问题要全面分析，并深层思考探讨。 3. 让学生在传统文化中寻找依据，同时感受中国文化的精妙，传承传统文化的优良品德。
环节三：沙尘暴的分布			
环节四：感受沙尘暴	教师活动6： 1. 播放视频：青海格尔木沙尘暴。 提出问题：观看视频，说出沙尘暴的危害有哪些？ 2. 现场实验模拟：假设学校发生了沙尘暴，同学们该如何做好个人防护？ （提前准备好实验器材：沙子、鼓风机） 3. 课件展示：沙尘暴中的防护措施图片。	学生活动6： 1. 学生观看视频，感受沙尘暴的危害，说出自己的体会。 2. 通过现场实验模拟，学生通过各种方法保护自己，学会应对沙尘暴的个人防护措施。	1. 通过视频，理解地理现象对当地和其他地方的影响并了解地理具有时间性、空间性的特点。 2. 通过实验模拟，增强了学生的对地理现象危害的应对处理能力。
环节五：治理沙尘暴	教师活动7： 1. 提出问题：沙尘暴对我们的危害很大，甚至影响到了我们的首都北京，那我们该如何治理沙尘暴呢？ 2. 课件展示：西北地区和华北地区沙尘暴治理图片。 3. 课件展示：治沙之父——远山正瑛。 4. 身在学校的我们可以通过哪些途径力所能及地帮助治理沙尘暴？	学生活动7： 1. 学生分组讨论，各抒己见，综合考虑经济效益、社会效益、生态效益。 2. 学生观察图片，总结沙尘经验：因地制宜地植树种草、三北防护林、方格状沙障、滴灌技术引水等。 3. 学生在"治沙之父"的感染下，思考如何践行自己的微薄之力。	通过讨论对沙尘暴的治理，让学生关注生态可持续的发展意义，引导学生关注环境问题对国家、社会、个人的影响，树立科学的环境观与发展观，保护环境人人有责，培养学生的家国情怀和爱国主义精神。

续表

结束语	教师活动8: 课件展示:支付宝蚂蚁森林。 结语:倡议大家使用蚂蚁森林,鼓励绿色低碳行为,让我们行动起来,为沙漠做一点贡献,给自然多一点宁静的声音。	学生活动8: 学生了解蚂蚁森林,分享交流。	提供一种便捷的环保方式,激发学生保护环境的责任心和使命感,树立正确的人地协调观。

【案例4】乡土地理篇

	"全息育人"地理教学设计案例 ——《探秘嘉陵》	
课标	举例分析自然资源、自然灾害对家乡社会、经济等方面的影响。	
课型	新授课	总1课时　第1课时
育人目标	(一)德育育人 1.能结合生活实际说出正确利用河流的方式,树立正确的人地协调观。 2.通过认识嘉陵江、观看嘉陵江污染图片,激发学生爱国爱家的情怀。 (二)科学育人 1.通过归纳总结,掌握分析河流的一般方法和总结评价河流水能资源和航运价值的一般思路。 2.通过讨论,认识到嘉陵江等河流对于沿岸人类活动的有用之处。 3.复习回答外流区和内流区的分布特征、长江黄河的水系和水文特征,以及长江黄河在利用过程中产生的问题,能分析说出影响河流水系特征的因素。 (三)美育育人 1.通过观看嘉陵江介绍视频,欣赏河流的自然美,提升审美情趣。 2.通过观看嘉陵江污染图片,指出人地关系不和谐带来的景观破坏。 (四)健康育人 通过展示嘉陵江污染情况,引导学生思考水质与人体健康的关系。 (五)劳动育人 1.在小组讨论的过程中,学会合作交流、相互分享。 2.分析地理环境得出河流的水系和水文特征,培养学生综合思维和问题解决的能力。	
学习重难点	1.嘉陵江的水系和水文特征。 2.嘉陵江对周围人类生产活动的作用和影响。 3.嘉陵江环境问题的产生和治理。	

教学过程

环节	教师活动	学生活动	设计意图 (育人点及育人效果预期)
导入	教师活动1: 在上节课,我们学习了长江与黄河,对于我们身边的嘉陵江,同学们有了解多少呢?今天,就让我们一起走进嘉陵江,认识家乡的河流。	学生活动1: 回答问题,想象心目中的嘉陵江。	创设情境,连续设问,以探究身边的河流——嘉陵江为主线,激发学生的好奇心和求知欲。
	教师活动2: 1.提出问题:在探秘嘉陵江之前,同学们还记得认识一条河流的基本思路吗? 2.课件展示:河流的水系特征和水文特征。	学生活动2: 学生回答问题。	1.通过完成知识清单,回顾认识河流的一般方法。 2.归纳认识河流的一般方法,形成地理思维。

157

续表

	教师活动3： 1. 提出问题：嘉陵江是外流河吗，和长江有什么关系？ 2. 知识回顾：内外流河的基本知识。 3. 小结承转：嘉陵江最终可以流入海洋，是外流河；嘉陵江是长江的一条支流，除了嘉陵江之外，长江还有哪些支流？	学生活动3： 1. 完成学案：内外流河的基本特征。 2. 观看长江流域图片，回答问题。	1. 利用内外流区分布图，培养学生的读图能力。 2. 复习河流的基本概念。
探究一	教师活动4： 1. 知识回顾：长江的支流情况。 2. 小结承转：认识一条河流的水系特征，除了支流状况，还要了解发源地、流向、水系形态、水网密度、弯曲情况等源流状况，请一位同学梳理长江和黄河的源流特征。 3. 提出问题：这些源流特征中，流向等信息属于河流的水系特征。那这些水系特征受哪些因素影响，流向受什么影响？ 4. 课件展示：影响河流的水系特征的因素	学生活动4： 1. 回顾长江的支流状况。 2. 梳理长江和黄河的源流特征。	1. 复习长江的支流状况和长江和黄河的源流特征。 2. 提出问题，引导学生回顾复习长江黄河基本的水系特征，归纳影响河流水系特征的一般因素，培养区域认知和综合思维。
	教师活动5： 1. 提出问题：受地形和气候影响，嘉陵江的源流状况如何？ 2. 学生活动：观看视频，记录视频中嘉陵江的源流特征。	学生活动5： 观看视频，记录特征。	通过观看视频记录特征，提高学生的观察和归纳信息的能力。
探究二	教师活动6： 1. 知识回顾：长江和黄河的水文特征，分析河流水文特征的一般思路。 2. 学生练习：结合所学知识，比较长江与黄河水文特征的差异。	学生活动6： 1. 学生回答长江和黄河的水文特征。 2. 比较长江与黄河水文特征的差异，完成表格。	在思考比较水文因素的过程中，培养学生的逻辑思维能力，体现地理之"理"。
	教师活动7： 1. 提出问题：以小组为单位，根据中国气候类型分布图和嘉陵江流域图，嘉陵江的水文特征是怎样的呢？ 2. 引导学生展示成果。	学生活动7： 小组讨论并派代表发言，说出嘉陵江水文特征并分析原因。	通过合作探究，培养学生的观察能力、总结能力和小组合作能力。
探究三	教师活动8： 1. 提出问题：对于这样嘉陵江，我们可以怎么利用呢，还记得长江和黄河的利用方式吗？ 2. 课件展示：河流的不同利用方式的图片。	学生活动8： 说出长江和黄河的利用方式。	通过理解水能和航运价值的影响因素，反推嘉陵江的情况，利用逆向思维帮助学生运用所学知识，体现"学习对生活有用的地理"。
	教师活动9： 1. 提出问题：嘉陵江可以修建水电站和发展航运吗？ 2. 结合所学知识，请左侧同学完成表格并分析嘉陵江的电站可能分布的位置，请右侧同学完成表格并分析嘉陵江的航运价值。	学生活动9： 合作探究，分组完成表格和问题。	通过思考嘉陵江的价值，培养学生良好的地理思维能力。

续表

探究四	教师活动10： 1. 承转：除了开发水电，发展航运，嘉陵江还为沿岸提供了生产生活的必需水源。这是一条充满价值的河流，但是近年来，嘉陵江遇到的问题也越来越多。 2. 课件展示：嘉陵江两则新闻 ①2017年5月嘉陵江水污染案；②2018年10月嘉陵江北碚段餐饮船拆解完毕。 3. 提出问题：指出两则新闻中存在的河流问题，谈感想并分析该如何做。	学生活动10： 认真观察，思考回答，各抒己见，总结河流的问题和正确的利用方式。	利用图片和新闻等视觉的刺激，感受家乡河流问题的严峻性，引起共情。
	教师活动11： 1. 承转：污染同样存在于长江和黄河，但是在长江黄河的开发中，我们还面临其他问题。 2. 结合所学，完成流程图的填空，分析气候对长江黄河灾害的影响	学生活动11： 完成练习。	通过流程图，帮助学生复习旧知，完成河流问题的深入思考和归纳。
结束语	教师活动12： 在本节课中，我们复习了长江黄河的基本信息和特征，通过身边的嘉陵江再次温故了认识河流的一般方法，也认识了嘉陵江对我们生活环境的影响。	学生活动12： 回忆本节课内容。	1. 通过梳理知识的过程，培养学生良好的地理思维能力。 2. 回顾课程，课后完成真题演练，进一步巩固基础知识。

第五章 中学地理全息育人教学评价

所谓教育评价,指依据一定的教育目标和评价标准,对教育活动满足社会与个体需要的程度做出系统分析和价值判断的活动。[1]地理教学评价是指依据国家的课程标准,在地理教学活动过程中,对满足教师和学生需要的程度做出分析和价值判断的活动。中学地理全息育人教学评价就是指依据国家相关政策,基于《义务教育地理课程标准(2022年版)》和《普通高中地理课程标准(2017年版2020年修订)》,在实践地理教学活动过程中,根据全息育人的理念,对满足教师和学生需要的程度做出分析和价值判断的教学活动。

本章就中学地理全息育人教学评价进行说明,主要阐述中学地理全息育人教学评价应当依据的原则,明确中学地理全息育人教学评价的方法和工具,构建课堂教学过程性评价量表,注重过程性评价和终结性评价等方面内容。

---

[1] 陈效民.简明基础教育评价常用词汇汇释[M].北京:高等教育出版社,2012:8.

第一节　中学地理全息育人教学评价原则

教学评价有利于提高教学质量,促进教师专业发展,保障全息育人目标的实现。在制定教学评价时,主要遵循科学性原则、目标性原则、导向性原则、实践性原则、层次性原则和发展性原则。

一、科学性原则

评价指标的科学性原则主要指地理全息育人教学评价指标的选取、指标的体系构建应当具备相应的科学依据。地理教学评价指标的确定必须契合地理新课程标准要求以及全息育人的理念。

地理教学评价指标设计的整个过程,主要从三个维度进行考量和设计,即教师维度、学生维度和效果评价维度。在全息育人理念下,教师是否在教学目标、教学内容和教学过程中落实德育育人、科学育人、健康育人、美育育人和劳动育人的全息育人目标。学生在教学过程中,是否完成课程标准和教师设立的全息育人目标。效果评价分为教师和学生两者全息育人目标的达成情况,其中通过过程性评价与达成度评价方式来评估。

二、目标性原则

目标性原则指评价目标应当明确,即从德育育人、科学育人、健康育人、美育育人、劳动育人角度思考,注重五育的全面性、重点性、可行性和灵活性。五育目标的设立应当主要是根据国家教育方针政策和地理课程标准,通过一学期或一学年的地理教学工作,促进学生德智体美劳的全面发展,实现地理学科的全息育人的目标。

由于地理教学内容涉及地球地图、自然地理、人文地理和区域地理。每一节的地理教学内容不能够全面实现五育目标,而应当突出其中的几个育人目标,也就是要强调重点的育人目标。例如讲述中国的气候,主要突出全息育人中的科学育人、美育育人和劳动育人,通过描述中国的气候特点和分析主要成因,突出科学育人;通过观看地图或图片,绘制地图,认识地图的美,强化美育育人;通过教师与学生进行相关的气候资料的统计与绘制,体现劳动育人。

地理课堂教学目标的设立,应当在依据地理课程标准的同时,也要考虑学生的学情,因此目标应当具有可行性。设立的目标在地理课堂上,师生通过教学活动能够完成,并且让学生感觉到,通过自己的努力能够达成目标,并且对于不同层次的学生,分别完成不同层次的目标。

地理课堂除了预设目标以外,还有生成目标。因此在全息育人目标设立的过程中,应当注重育人目标的灵活性。根据课堂教学的实际状况,师生灵活完成教学目标。当课堂教学发生变化时,既有适应变化的课堂预设方案,又有根据课堂实际的应急措施,使课堂教学的师生始终处于主动地位。

三、导向性原则

评价指标的导向性原则主要指地理教学评价指标构建的方向。评价指标不仅是检验教学学业质量的工具,也为教师的教与学生的学提供一定的目标与努力方向,落实全息育人理念。

地理教学评价指标的构建须以课程标准地理学业质量要求为基点,以培养学生五育共举,落实"立德树人"为根本目的。在地理教学评价指标设计中,明确地理教学评价的核心是体现培养学生全面发展,落实五育共举理念。通过细化地理教学的评价指标类别,以期为学生在地理课堂内外,有自我提升的目标与方向提供诊断或激励等功能,助推学生全面发展。与此同时,可帮助教师在培育学生五育共举方面,更具有针对性与引导性。

四、实践性原则

评价指标体系在制定和设计评价方案与指标时,是以评价思想和地理教育教学理论为依据,应当特别注重地理学科的特色之———实践性。

在评价指标体系的制定过程中,要结合教师在实际课堂中的教学行为、教学方式、教学内容、教学手段等多种方式的运用,指标选取教师和学生两个主要主体进行课堂行为的观察,关注地理实践性的落实状况,设立相应的评价指标,判断教师主导性和学生参与性的程度。例如教师通过创设情境,让学生认知我国的大好河山,激发学生的家国情怀。通过我国与其他国家合作创建相关工业园区的认知,让学生理解我国实施"一带一路"倡议目标。

五、层次性原则

教学过程的评价体系,主要是运用教学效果进行分层次设计。其主要是通过教师或学生在课堂的行为表现为依据,将课堂教学大体归纳到相应的层次,再针对每个维度可能出现的差异性表现为基础,进行初步设置,后期可以根据具体情况做进一步的调整。

在教学过程层次评价中,参加评价的教师可以根据教学过程性评价表,对教师的教学行为进行课堂观察,依据具体的教学状况进行评价。评价教师还应当熟悉评价层次的各个要求,尽量准确把握评价标准,从而更好评价教师在课堂教学的层次,引导教师教学向高层次发展。在学生的课堂教学评价过程中,评价教师应当集体与个体相结合。教师根据评价表的层次要求,对整体状况与个别学习状况学生进行比较,作出客观的评价,在后面的课堂中对学生整体与个体进行关注,以提升课堂效率。

六、发展性原则

发展功能是指教学评价能够为教学活动提供及时有效的诊断和反馈,激励或提出改进措施,保证教学活动的顺利进行,促进和激发教师教学和学生学习能更好地发展。[1]所以整个教学评价体系构建的目标就是教师和学生的发展,特别是学生的发展。学生的发展关键又在教师的发展。教师的自身素质的提升不仅是对教师个人的有力促进,更多的是促进学生学习效果的进一步提升。

教学评价体系采用层次性评价,其目的也是让教师明确课堂教学应当发展的目标是什么,对应自己的课堂了解存在的问题,向更高层次努力,达到全面育人,五育共举。

第二节 中学地理全息育人教学评价的方法和工具

中学地理全息育人教学评价是基于全面育人的理念,全方位、全时空、全过程、全学段地评价,因此,将运用定性评价与定量评价、过程性评价与达成度评价、学生评价与教师评价、地理认知评价与地理实践评价相结合等方法进行全面结合评价教师和学

---

[1] 刘本固.教育评价的理论与实践[M].杭州:浙江教育出版社,2001.

生。在评价工具方面选择的是课堂教学评价量表。

一、中学地理全息育人教学评价的方法

(一)定性评价与定量评价相结合

1.定性评价

定性评价主要体现是在地理教学过程中的评价。地理教学过程性评价内容主要是对教学目标、教学内容、教学活动以及教学效果的评价。定性评价可以关注教师的教学目标及学生的学习结果,通过课堂教学现场和专业判断,对学生课堂中的种种表现试图做出具有教育学、心理学意义的解释与推论。

(1)教学目标的评价

对教学目标进行定性评价要关注其目标是否明确,也就是整个课堂教学活动是否围绕教学目标进行,教学目标是否贯穿于教学活动过程中。由于教学目标对于教师来说,存在各种客观因素,其对教学目标把握程度存在差异。因此在评价时应采用层次目标,有基本目标和高层次目标之分。这样可根据学生学习的状况,调整目标层次,促进学生发展。

(2)教学内容的评价

对教学内容进行定性评价首先看教师在教学过程中能否明确教学内容在章节中地位和作用,教学内容能否围绕教学目标、实现教学目标。其次看教师能否准确地把握重难点,教学中能否突出重点、突破难点,详略得当,讲授清楚、正确。最后看教师能否整合教学资源并充分利用,完成课堂教学内容,提升学生学习能力。

(3)教学活动的评价

教学活动定性评价主要包括对教师的评价和对学生的评价。教师的评价关注点是教师的综合素养,不仅包括在课堂上的驾驭能力,组织课堂能力,调动学生的学习能力,还包括在课堂教学活动中的语言、板书、教态等综合方面的能力,如服饰仪表是否自然大方,言谈举止是否亲切庄重等。教师的评价采用分层评价,主要目的是让教师明确自己的优势和不足。对于地理学科来说,读图、析图、绘图能力是学科特色,也是培养学生地理能力的重要组成部分,通过定性评价找到问题所在,确立后面地理能力的培养方向。

学生的评价主要是对学生在教学活动中的兴趣度、参与度、反馈度进行定性评价。在教学过程中学生是课堂的主体,学生对地理课堂的兴趣、参与、反馈与教师的教学行

为有很大的联系。教师教学目标的设定状况,教学内容的难易处理,教师个人的基本素养都会影响学生。而学生对地理学科的重视程度,对地理的兴趣,学生自身的素养都会影响评价。所以在评价过程中也采用了层次差异评价,其目的是反映课堂真实状况,提出发展目标。

(4)教学效果的评价

教学效果的评价主要表现在过程性评价。过程性评价是在课堂教学过程中对教师的教学行为和学生的学习行为的评价。一般可以通过评价工具来完成。教学效果的评价,主要从教师教学效果和学生学习效果角度进行评价。教师教学效果的评价,主要从五育内容的落实情况,五育定位状况,教学活动渗透五育状况,课堂气氛活跃情况,学生注意力集中情况等方面来判别。学生学习效果的评价,主要从学科知识掌握情况,德智体美劳五育的体现和提升方面来判别。

2.定量评价

定量评价主要体现在地理达成度的评价。定量评价强调数量计算,以教育测量为基础。定量评价具有客观化、标准化、精确化、量化、简便化等鲜明的特征,所以对教学达成度的判断是比较有说服力的,相对来说也比较公平公正。定量评价主要是指终结性评价,即书面考试评价和非书面考试评价,也就是在每学期的期末学校对学生的统一测试的评价。对于书面考试评价的试题要求相对较高一些,就是判断出题者,要求在情境材料蕴含五育内容,是否在问题设计中考查五育内容,而不能只是学科知识的考查。非书面考试评价主要是地理学科的野外考察、模型制作、地理实验、社会调查等内容,通过设立相应的评分标准,教师根据学生情况给出相应的等级或分数。

定性评价主要是一种感性评价为主,评价者主要依据评价量表进行评价,评价者对于表中问题的认知有很强的主观性。定量评价强调是依据评价量表,将观察的结果进行分值评价或归类评价,相对来说客观性较强,并且通过培训能够将评价者对评价等级或分值进行统一。两者的优势各不相同,都有一定的缺陷,所以两者相结合,有利于相对公正、公平评价教学活动。

(二)过程性评价与终结性评价相结合

1.过程性评价

过程性评价主要是对教师和学生在课堂教学活动中的表现的评价,以及课堂作业和课后作业完成质量的评价。

在课堂教学过程中,教师和学生在进行教学活动时产生的成果或表现,通过各种评价工具,对教师和学生在课堂上展现出来的各种行为信息和发展状态进行收集、分析、诊断和评价,从而提出具体的、有针对性的改进建议,提升课堂效益,促进学生健康成长。过程性评价目前可以通过成长记录袋、课堂观察量表、访谈法、问卷调查法、观察法、数据分析法等工具进行记录和分析。

2.终结性评价

终结性评价主要是对学生期末测试中的笔试测试和非笔试测试成绩的评价。笔试测试指每学期期末由学校组织学生进行统一的考试,再由教师对试卷进行评阅,给学生的地理学科给出一个评价,可以是分数,也可以是等级。非笔试测试指期末时学生通过独立或合作完成相关的地理实践测试作业,如野外考察、模型制作、地理实验、社会调查等,教师根据学生提供的实践作业评出相关的分数或等级。

在终结性评价中笔试测试一般是根据地区或学校的相关要求制定测试的内容、测试的时间、测试的分值、测试的对象。非笔试测试一般是相关的部门给出相应的测试要求,由教师指导学生完成,是地理学科比较有特点的一种测试,有点类似于理化生的实验测试。

终结性评价可以诊断出这个学校或这个年级在这段时间地理教学的状况,对学校、教师和学生地理学科的教学工作有一定的指导作用。

终结性评价与过程性评价是相辅相成的,相互影响的,相互联系的。过程性评价相对较好的教师和学生,一般终结性评价的成绩也是相对较好的。终结性评价成绩较好的,一般其过程性评价也是相对较好的。做好过程性评价,有利于终结性评价获得良好的成绩。

2020年中央公布的《深化新时代教育评价改革总体方案》指出,"遵循教育规律,针对不同主体和不同学段、不同类型教育特点,改进结果评价,强化过程评价,探索增值评价,健全综合评价。"在评价过程中将过程性评价与终结性评价相结合,让评价结果更加客观、公正,也符合评价发展方向,有利于教师对教学计划、教学目的、教学方法、教学内容、课堂练习、课后练习等进行调整,也有利于学生对自己的学习目的、学习态度、学习状况、练习情况等进行调整。

(三)学生评价与教师评价相结合

1.学生评价

评价的主体是学生。学生评价分为自评和他评,主要评价方法是过程性评价、定性评价和定量评价相结合。过程性评价主要从学生的兴趣度,参与度,反馈度三个角度入手。定性评价主要是在教学过程中学生对于自己或同学进行评价。定量评价主要是课后作业,对自己的作业状况,以及同学的作业状况进行达成情况的评价。

2.教师评价

评价的主体是教师。教师评价主要对学生进行过程性评价、定性评价和定量评价。过程性评价主要从学生对于课堂的教学目标、教学内容、教学过程和教学效果进行评价。定性评价主要是在教学过程中使用,如对学生课堂表现,以及课堂练习、课后作业状况进行评价。定量评价主要是对学生的期末测试的评价。

(四)地理认知评价与地理实践评价相结合

1.地理认知

学生对地理事物的认知主要源于课堂学习和课外学习。地理学科观察世界是以独特的视角——空间视角。通过课堂学习和课外学习,运用空间视角去了解地表事物的空间分布,分析事物之间的空间联系,进一步发现地表事物的空间规律,培养学生空间思维能力,提高地理认知水平。

地理学科在运用科学的方法认知世界和地区面临的人口问题、资源问题、环境问题和可持续发展问题等方面具有不可替代的作用。地理学科中提出相应的解决问题的思路和方法,有利于提升学生对人地关系的认识,也利于提升公民的基本地理核心素养,达到全息育人的目标。通过课堂学习和课外学习,运用相关的观察量表,基于地理学科特色设定相关的地理认知评价,判断学生的地理认知水平,提出学生地理认知发展方向。

2.地理实践

地理实践是通过学生实际操作,即地理实验、地理调查、地理观察、地理研学等,从教室走向自然和社会,落实地理认知的实践过程。注重地理实践是地理学科特色之一。课程标准中明确提出"增进学生对地理环境的理解力和适应能力""义务教育地理课程含有丰富的实践内容,包括图表绘制、学具制作、实验、演示、地理实验、社会调查和野外考察等""地理实践力指人们在考察、实验和调查等地理实践活动中所具备的意志品质和行动能力"学生通过地理实践,提升对地理的认知能力,让学生进一步认识地理学科的特色。

因此,在地理课堂上,在自然和社会环境中,通过认知—实践—认知,提升学生的地理核心素养,完成全面育人的目标。

二、中学地理全息育人教学评价的工具

教学评价的工具相对来说是比较多的,例如有问卷、试卷、课堂评价量表、考核表、统计方法等。目前在教学评价的工具中一般认为课堂评价量表是最快捷有效的。王芳教授认为,课堂教学评价量表是一种评分工具,描述的是对某项任务的具体期望,评价量表将任务分解成多个组成部分,并对每个部分合格或不合格的表现进行详细描述。

除此之外,还有课堂观察报告。一般认为课堂观察报告,就是基于课堂教学评价量表,观察者在进行综合阐述课堂教学过程中教师的教学行为和学生的表现的报告。该报告主要通过观察量表,运用统计数据,对教师教的行为和学生学的行为进行分析,说明该节课教师教和学生学的效果,提出优点,指出不足。这是对课堂教学评价量表的总结和补充,相对于课堂教学评价更加全面和规范。

课堂教学评价量表是评价者进行课堂教学的评价而采用的一种评分工具。该工具能让评价者快速掌握评价标准,方便统计评价结果,能够给学生提供明确的学习目标,能够让教师把握学生的学习状况,并不断改善教师的教学方法,提升教学技巧,最终提升课堂教学效果。另外课堂教学评价量表也能促进评价者与授课教师,以及参与者进行有效地沟通,共同探讨课堂教学问题。

(一)中学地理全息育人课堂教学评价量表的优势

课堂教学评价量表成为评价课堂教学快捷、有效的重要工具,主要有以下的优势。

1.定量考核,定性评价

中学地理课堂具有开放性、复杂性和综合性的特点,课堂评价量表也应当是定性与定量相结合进行评价,对于评价各个指标(维度)可以采用定量评价,每个指标(维度)赋予不同的分值或等级。对于课堂的综合评价还可以采用以文字描述为主的定性评价,指出课堂教学的优势和不足。

2.目的明确,选择恰当

课堂教学评价量表主要是围绕整个课堂教学过程,进行有明确的评价目的、评价对象等评价。在制定课堂教学评价量表时,设计者就要根据评价目的、评价对象、评价内容等选择评价维度,设置评价标尺,给出评价比重等。评课人就会依据评价目的,按照评价量表,进行评价活动,而不是以主观臆断随意评价。由于地理学科特点,加上不同学校、不同场合,对评价量表的设定都需要设计者加以思考,根据需要选择与其相符合的评价量表。

3.操作便捷,即时反馈

课堂教学评价量表中有评价维度、评价阐释、有评价权重(分数),评价者能够直接在表上进行判断并给予分值,方便统计,便于操作。课堂教学的教师可以根据评价者的评价量表,针对评价维度和评价分数,发现自己在教学过程中的优势和不足,得到即时反馈。根据评价量表对教学过程中出现的问题做出反馈,有依据,也有说服力,更有利于促进教师专业发展。这个就类似于教师评价学生的作业一样,学生通过教师评价,知道哪些题得好,哪些题得不好,明确知识要点和需要提升的能力。

除了一些专业人士制定课堂教学评价量表外,教师也可以根据自己的教学情况制定相关的评价量表,并在实践过程中进行不断地修订和完善。评价量表没有标准的,由于不同学科、不同区域、不同学校、不同场合需求不同评价量表都需要修订,让其尽量达到目的。

(二)中学地理全息育人课堂教学评价量表的构建

课堂教学评价量表一般由五个部分构成,即评价目标,评价信息,评价维度,评价阐释,评价标尺。

1.评价目标

评价目标一般是指课堂教学评价量表主要的目的。最初评价目标在赛课中运用较多,通过课堂评价量表评价相同课题下赛课教师的课堂教学效果。各个评委根据评价量表进行各个维度评价,打出相应的分数,最后汇总给出总体分数。所有评委的分数统计出来后,就可以确定赛课教师的成绩。随着我国教学改革的进一步发展,大量新的教学模式出现,不少的教师参与到教学科研中,需要开发不少的课堂观察量表。如地理教师教学情况评价量表,在地理情境体验式教学过程中情境的创设与问题设置评价量表,地理问题设计与科学性评价量表,地理课堂教学片段评价量表等。因此评价目标不同,设置的评价思路和方法就有所差异。

2.评价信息

评价信息一般就是一些基础信息,主要涉及评价的时间,授课教师,授课学校和班级,授课的主题或课题,评价人等。

3.评价维度

评价维度是课堂评价量表的最重要组成部分,评价维度是根据课堂评价目标的需要来制定的。一般可以分为一级维度,二级维度和三级维度。大多数情况下到二级维度就可以了。对于整个课堂进行评价,一般一级维度可以是"教学目标""教学过程"

"教学氛围""教学效果""教学内容选择""教学方式""教学环节设计""学生学习现状"等[1],这个维度的评价主体是教师。但随着课堂改革的进一步深化,注重教师为主体的课堂教学评价逐渐减少,一般强化学生主体,教师主导得更多。例如北碚区"双主共学"中学地理课堂教学评价指引(表5-1),就比较注重教师在课堂主导力量,强化学生在课堂主体地位,课堂教学的目标是为了学生的发展。

表5-1 北碚区"双主共学"中学地理课堂教学评价指引

维度	要素	要点	规范课堂	高效课堂	精品课堂
学生主体	自主学习	①发挥学生主体能动性;②掌握自主学习方法;③体现学习的创造性和开放性。	60%达到要求,2个观测点基本达到。	80%以上达到要求,3个观测点基本达到。	90%以上达到要求,3个观测点均完全达到。
	小组合作	①小组合作的参与度;②讨论问题的有效性;③小组评价的多元性。	70%参与,2个观测点基本达到。	80%参与,3个观测点均基本达到。	全员参与,3个观测点均完全达到。
	展示交流	①展示交流的必要性;②展示交流的多样性;③展示交流的有效性。	2个观测点基本达到要求。	3个观测点均基本达到要求。	3个观测点均完全达到要求。
	问题探究	①探究问题的生成;②探究问题的研究;③探究成果的呈现。	1个观测点基本达到要求。	60%的达成,3个观测点均基本达到要求。	3个观测点均完全达到要求。
教师主体	依据学情	①对学情的了解程度;②依据学情确立教学广度和深度;③依据学情确立教学方法。	2个观测点基本达到要求。	3个观测点均基本达到要求。	3个观测点均完全达到要求。
	处理教材	①依据课标理解教材;②依据课标整合教材;③依据课标创造性使用教材。	2个观测点基本达到要求。	3个观测点均基本达到要求。	3个观测点均完全达到要求。
	运用资源	①积极运用信息技术;②合理整合课程资源;③大力开发教学工具。	2个观测点基本达到要求。	3个观测点均基本达到要求。	3个观测点均完全达到要求。
	科学设计	①教学设计具有创造性;②问题设计具有启发性;③活动设计具有实效性。	1个观测点基本达到要求。	2个观测点均基本达到要求。	3个观测点均完全达到要求。
	正确引导	①引导的必要性;②引导的合理性;③引导的有效性。	1个观测点基本达到要求。	2个观测点均基本达到要求。	3个观测点均完全达到要求。
	课堂生成	①关注课堂生成;②课堂生成的价值性。	不做要求。	1个观测点均基本达到要求。	2个观测点均完全达到要求。
课堂效度	"三维"目标达成	①知识的积累,技能的熟练度;②过程的训练,方法的掌握情况;③情感态度价值观的养成情况。	随机抽取10名以上学生进行检测,60%达到合格。	80%达到合格。	90%以上达到合格。

根据不同的评价目的,在制定评价维度时,采用的一级维度就要慎重选择。例如郝志军教授对"教学本质观"进行梳理、分类,他认为课堂教学就是六种关系,即"教师

---

[1] 钱明明.中小学课堂教学评价框架的建构[J].教学与管理,2018(7):74-76.

与课程""学生与课程""教师与学生""学生与学生""教师与课堂文化""学生与课堂文化",由此设计课堂教学评价框架。他提出了"6·13"课堂教学评价的基本框架[1](如表5-2),构建了6个一级指标,13个二级指标。

表5-2 "6·13"课堂教学评价框架表

本质特征	关系维度	指标要素	表现描述
活动 ——实践性	教师·课程	目标确定	明确、具体、可测
		内容设计	主题、结构、呈现
		技术运用	关联性、新颖性、多样性
	学生·课程	学习方式	自主、合作、质疑、探究
		学习效果	学会、学好
社会 ——交往性	教师·学生	提问应答	启发性、挑战性、全体性
		活动引导	任务、责任、路径、时效
		评价反馈	客观、及时、正向
	学生·学生	合作研讨	团结、互助、共享
文化 ——价值性	教师·课堂文化	气氛营造	活跃、轻松、和谐
		程序调节	规范、灵活、机智
	学生·课堂文化	学习状态	有动力、有精力、有活力
		学习体验	感悟、愉悦

由此可以看出对于课堂评价量表的设计需要多思考,多实践,向不同的专家请教指正,提高一级维度和二级维度的准确性和科学性。

4.评价阐释

评价阐释是对二级维度进行一般性说明,是要评价者明白主要评价的内容和标准。这样有利于让不同的评价人掌握相同的评价尺度,对课堂进行客观公正的评价。

例如在地理课堂问题链设计评价量表(部分)中(表5-3),将地理问题链设计为一级指标,将创设问题情境、问题水平较高、问题关联度高、问题层次性强、联系学生生活、及时有效追问、问题有开放性设计为二级指标,对于二级指标有具体描述,让评价者参照阐释进行评判给分。

---

[1] 郝志军.中小学课堂教学评价的反思与建构[J].教育研究,2015,36(2):110-116.

表5-3　地理课堂问题链设计评价量表(部分)

课题：	授课教师：	时间：	评课人：		
地理课程标准					
一级指标	二级指标	二级指标具体描述	权重分值	评分	
地理问题链设计	创设问题情境	在情境为背景下创设问题。	5		
	问题水平较高	提问的答案不能简单用"是"或"不是"回答，一般有理解、说明的句子。	5		
	问题关联度高	问题环环相扣，一般不是单一的，有一定联系。	5		
	问题层次性强	问题与问题之间有一定的梯度，难度有所上升。	5		
	联系学生生活	问题贴近生活，与学生生活相关。	5		
	及时有效追问	针对学生回答及时追问。	5		
	问题有开放性	问题的条件、解决方法、答案不要求唯一性，具有一定的开放性和不确定性，允许有多种答案，且符合学生认知能力。	5		

在上面这个表中，评价量表的开发者就二级指标进行了比较具体的阐释，让评价者可以根据阐释进行课堂评价。一般情况下开发者还应当对评价者进行简单的培训，由于文字上的限制，有一些内容还需要举例说明，让评价者更清晰掌握其标准，只有评价者对评价量表的认识达到大体一致的高度，评价才会更加客观公正。

5.评价标尺

评价标尺也就是评价分数，就是根据评价量表中每个维度标注分数或等级，评价者根据每个维度给予上课的教师分值或等级。制定课堂教学评价量表时，一般是提前确定好需要课堂评价的主要维度，根据每个维度给出具体的权值分值或等级。

评价标尺的大小说明这个维度在评价体系中的地位，一般分值较高的重要性更强。但对于不同的需求一级维度的比例是不一样的，特别是进行一些主题或专项课堂评价的时候，有些维度的比重相对较大。例如对于课堂问题设计的评价，问题设计占的比重应当是最高的，而相对来说教学目标的维度比重就小一些。在二级维度中一般其标尺大小是统一的，二级维度的地位也相当，不要太突出个别维度。评价者观察课堂教学的实际状况，根据课堂教学评价量表，一一对照评价量表中的二级维度，逐项给出相应的分值，最后统计分值，给出课堂教学的评价等级，并可以写出相关的评价，让教师受益更多。

(三)中学地理全息育人编制课堂教学评价量表的依据

编制中学地理课堂教学评价量表的依据主要有课程标准、全息育人架构、学生学情等。

1.课程标准

中学地理全息育人课堂评价量表主要依据就是地理课程标准。教师应当认真解读《义务教育地理课程标准(2022年版)》和《普通高中地理课程标准(2017年版2020年修订)》，通过解读明确章节的教学目标，课堂教学目标应当以它为主要依据。根据地理课程标准已列出的地理学习目标，理解其中相应的评价建议，并在课堂教学中落实下去。

把握地理课堂标准这把尺子时，除了让教师充分认识和理解课程标准外，在具体到每节课的设计时，还应当指导教师把具体的教学目标稍微往上提一提。这样就需要教师根据新的教学目标，适当调整教学活动，让教学走在学生发展的前面，使学生"跳一跳能摘到"，符合"最近发展区"的理论，提升学生的发展水平。

2.全息育人框架

中学地理全息育人课堂评价量表还应当依据中学地理全息育人框架来制定。中学地理全息育人框架是依据《深化新时代教育评价改革总体方案》，其中关于在中学教育中培养德智体美劳全面发展的社会主义接班人，融合了地理课程标准，运用了全息育人理论，总结得出的。

依据中学地理全息育人框架可以构建单元或课时的育人目标，设计单元或课时育人课程评价标准，提升中学地理课堂评价的准确性，提高中学地理课堂的效益。

3.学生学情

中学地理全息育人课堂评价量表应当根据不同地区，不同学校，不同班级，进行适当的调整。由于不同地区经济发展状况不同，例如有东部沿海发达地区与中西部欠发达地区的差别，有城市与农村地区的差别，不同地区自然地理环境和人文地理环境不同，因此评价量表应当有所差异。同一地区还存在不同的层次学校，虽然现在执行的都是就近入学的原则，但由于学校发展不同，不同区域学生素质还是存在一定的差异，因此评价量表应当有所差异。目前每个学校每个年级的班级仍然是有所差异的，这与学生素质，教师教学风格等都有关系，因此评价量表也应当有所调整。

评价量表的调整最好因时因地，根据学生的学情状况进行调整。其调整应当以提升课堂效益，促进学生健康发展为目标。

(四)编制中学地理全息育人课堂教学评价量表

中学地理课堂教学评价量表的种类较多，主要从三个角度编制评价量表，即基于教学目标的评价量表，基于教学内容的评价量表，基于教学课堂专项内容的评价量表。

1.教学目标评价量表

教学目标评价量表主要依据《义务教育地理课程标准(2022年版)》《普通高中地理课程标准(2017年版2020年修订)》,和全息育人的框架体系进行编制,主要是针对中学地理课堂中教学目标的设立进行评价(表5-4)。其构成由一级指标、二级指标、三级指标、权重分值和评价依据构成。一级指标主要是从课程标准和国家提出的培养德智体美劳社会主义建设者出发,五个维度构建。二级指标针对一级指标,运用课程标准和中学地理全息育人的理念构建,即课标呈现和德育育人、科学育人、健康育人、美育育人和劳动育人。三级指标是对二级指标进行进一步的解读。课程标准的解读对于单元教学和课时教学都有很重要的指导作用。把握住课程标准,制定地理课堂教学目标才能与其一一对应,所以解读课标的准确性成为判断的重要依据,评价者主要根据上课教师的教案判断。

对于中学地理全息育人的解读是对中学地理整个教材体系的解读,也是对课程标准的补充解读。教学目标评价量表构建结构时,需对一级指标中德智体美劳五个维度进行梳理,因此三级指标就在德育育人、科学育人、健康育人、美育育人和劳动育人进行具体呈现。教师需明确全息育人的理念在每节课都能实施,每个教学活动也能实施,但不是对所有的指标都全部实施,而是针对两到三个指标实施教学。例如在世界地理教学中,教师在课堂上要实现的教学目标主要是国际理解;在中国地理教学中,教师在课堂上要实现的教学目标主要是家国情怀。有不少的地理课堂实现健康育人可能是有难度的,而有一些特殊章节专门针对健康育人,例如在讲气象灾害、水文灾害、地质灾害时,就应当对学生进行安全教育;而在讲环境污染时,可能就要涉及健康教育等。所以对于全息育人的三级指标,评价者对于上课教师设计的教学目标进行评价,没有出现的指标就不需评价。评价者还要根据其把握的状况给予权重分值。

在中学地理全息育人的体系中,科学育人是每节课都要体现的,即科学知识、科学能力和科学观念。对于中学生来说更多的是学习地理学科知识,同时提升其他素养。因此,在中学地理教学目标设计中科学育人是重要的内容之一。

评价依据应当根据上课教师提供的教案,以及评价者在课堂上观察到的情况进行具体评价。最后可以进行汇总,通过定性进行相关的评价说明。

表5-4　中学地理课堂教学目标评价量表

姓名		学校			授课班级			
时间		课题						
一级指标	二级指标	三级指标	\multicolumn{5}{c	}{权重分值}	评价依据
			5	4	3	2	1	
课程标准	课标呈现	解读课标						教案
德	德育育人	家国情怀						教案+课堂
		国际理解						教案+课堂
		生态文明						教案+课堂
智	科学育人	科学知识						教案+课堂
		科学能力						教案+课堂
		科学观念						教案+课堂
体	健康育人	生存教育						教案+课堂
		健康教育						教案+课堂
美	美育育人	审美情趣						教案+课堂
		健全人格						教案+课堂
		艺术创造						教案+课堂
劳	劳动育人	劳动品质						教案+课堂
		劳动能力						教案+课堂
教学点评								
总分		评议人						
备注								

2.教学内容评价量表

根据《义务教育地理课程标准(2022年版)》和目前我国人民教育出版社(简称人教版)、湖南教育出版社(简称湘教版)、中国地图出版社(简称中图版)出版的义务教育地理学科教材来看,义务教育地理内容主要分成地球地图、世界地理和中国地理。由此从单元设计到课时设计的课堂教学评价量表,可以分成地球地图教学内容评价量表(表5-5)、世界地理教学内容评价量表(表5-6)、中国地理教学内容评价量表(表5-7)。为了体现全息育人的理念,根据教学内容设计了上述三个课堂教学内容评价量表,让教师从整体上把握全息育人的理念,提升课堂教学效益。

下面三个课堂教学内容评价量表都设计有一级指标、二级指标、二级指标解读、权重分值。

表5-5 地球地图教学内容评价量表

姓名		学校		授课班级					
时间		课题							
一级指标	二级指标	二级指标解读	权重分值					说明
			5	4	3	2	1	
教学目标	课程标准	解读课时标准,明确课时要求。						
	全息育人	掌握地球的基本知识,理解基本的地理概念,感受地球、地图之美。						
情境创设	情境氛围	学生专注,对情境感兴趣。						
	情境结构	学生能够回答简单问题,以及较复杂的问题。						
教学内容	紧扣标准	落实课程标准,体现地理学科特点。						
	落实目标	目标有层次性,突破重点难点。						
	贴合教材	灵活处理教材,深广度适宜。						
	明确育人点	教学活动设计合理,育人点明确。						
教学过程	教师教学	教学环节设计合理,有效突破教学难点,突出重点知识,明确全息育人点。						
		激发学生兴趣,培养旺盛的求知欲,学生学习主动、积极、投入,敢于质疑,发表自己的看法。						
		关注全体,重视学法指导,注重生成资源,发挥教学机智,推动五育并举。						
		教学环境有序、互动、民主、和谐。						
		体现地理学科育人价值,增强情境体验,身心愉悦。						
	学生学习	积极参与,独立思考,勤动手、动脑。						
		自由表达,善于合作。						
		思维活跃,兴趣浓厚,实践愿望强。						
教学效果	目标达成	教学情境设置恰当。						
		完成教学任务,落实教学目标。						
		课堂作业达成度。						
		培养空间思维能力和学科思想方法。						
		课堂中渗透全息育人理念。						
	学生状态	积极参与自主、合作、探究学习活动。						
		在德智体美劳方面有所提升。						
		逐步树立科学的人地协调发展观。						
教学点评								
总分		评议人						
备注								

表5-6 世界地理教学内容评价量表

姓名		学校		授课班级						
时间		课题								
一级指标	二级指标	二级指标解读		权重分值					说明	
				5	4	3	2	1		
教学目标	课程标准	解读课时标准,明确课时要求。								
	全息育人	理解基本的地理概念,了解世界概况、主要国家的地理事物和现象,归纳世界区域地理特征和比较区域地理差异,树立全球意识,从德智体美劳确立育人目标。								
情境创设	情境氛围	学生专注,对情境感兴趣。								
	情境结构	学生能够回答简单问题,以及较复杂的问题。								
教学内容	紧扣标准	落实课程标准,体现地理学科特点。								
	落实目标	目标有层次性,突破重点难点。								
	贴合教材	灵活处理教材,深广度适宜。								
	明确育人点	教学活动设计合理,育人点明确。								
教学过程	教师教学	教学环节设计合理,有效突破教学难点,突出重点知识,明确全息育人点。								
		激发学生兴趣,培养旺盛的求知欲,学生学习主动、积极、投入,敢于质疑,发表自己的看法。								
		关注全体,重视学法指导,注重生成资源,发挥教学机智,推动五育并举。								
		教学环境有序、互动、民主、和谐。								
		体现地理学科育人价值,增强情境体验,身心愉悦。								
	学生学习	积极参与,独立思考,勤动手、动脑。								
		自由表达,善于合作。								
		思维活跃,兴趣浓厚,实践愿望强。								
教学效果	目标达成	教学情境设置恰当。								
		完成教学任务,落实教学目标。								
		课堂作业达成度。								
		培养空间思维能力和学科思想方法。								
		课堂中渗透全息育人理念。								
	学生状态	积极参与自主、合作、探究学习活动。								
		在德智体美劳方面有所提升。								
		逐步树立科学的人地协调发展观。								
教学点评										
总分		评议人								
备注										

表5-7 中国地理教学内容评价量表

姓名		学校		授课班级					
时间		课题							
一级指标	二级指标	二级指标解读		权重分值					说明
				5	4	3	2	1	
教学目标	课程标准	解读课时标准,明确课时要求。							
	全息育人	了解我国自然、人文地理环境的基本国情及基本国策,归纳中国区域地理特征和比较区域地理差异,树立家国情怀的意识,从德智体美劳确立育人目标。							
情境创设	情境氛围	学生专注,对情境感兴趣。							
	情境结构	学生能够回答简单问题,以及较复杂的问题。							
教学内容	紧扣标准	落实课程标准,体现地理学科特点。							
	落实目标	目标有层次性,突破重点难点。							
	贴合教材	灵活处理教材,深广度适宜。							
	明确育人点	教学活动设计合理,育人点明确。							
教学过程	教师教学	教学环节设计合理,有效突破教学难点,突出重点知识,明确全息育人点。							
		激发学生兴趣,培养旺盛的求知欲,学生学习主动、积极、投入,敢于质疑,发表自己的看法。							
		关注全体,重视学法指导,注重生成资源,发挥教学机智,推动全息育人实施。							
		教学环境有序、互动、民主、和谐。							
		体现地理学科育人价值,增强情境体验,身心愉悦。							
	学生学习	积极参与,独立思考,勤动手、动脑。							
		自由表达,善于合作。							
		思维活跃,兴趣浓厚,实践愿望强。							
教学效果	目标达成	教学情境设置恰当。							
		完成教学任务,落实教学目标。							
		课堂练习达成度。							
		培养空间思维能力和学科思想方法。							
		课堂中渗透全息育人理念。							
	学生状态	积极参与自主、合作、探究学习活动。							
		在德智体美劳方面有所提升。							
		逐步树立科学的人地协调发展观。							
教学点评									
总分		评议人							
备注									

(1)教学目标

教学目标下面设计有课程标准和全息育人指标。课程标准明确指出本节课应当达到的效果,包含该节课通过教师理解课标应该完成的教学目标内容。全息育人目标根据课程标准在三个课堂内容评价量表中的表述是有差异的。

地球地图教学内容评价量表中强调了科学育人的目标,即掌握地球的基本知识和理解基本的地理概念两个内容,以及美育目标,即感受地球、地图之美。同时应当强化地球地图在教学目标中注重培养学生识图、读图、绘图、图表分析、图文转换、图图转换等地图技能。

世界地理教学内容评价量表中强化了科学育人的目标,即理解基本的地理概念,了解世界概况、主要国家的地理事物和现象,归纳世界区域地理特征和比较区域地理差异。另外将全息育人的理念融合在整个世界地理教学内容中,从德智体美劳确立育人目标,提出树立全球意识。

中国地理教学内容评价量表中仍然强化了科学育人的目标,即了解我国自然、人文地理环境的基本国情及基本国策,归纳中国区域地理特征和比较区域地理差异。全息育人的理念也是融合在整个中国地理教学内容中,从德智体美劳确立育人目标,提出树立家国情怀的意识。这主要是考虑世界地理和中国地理内容相对较多,对评价者要求也相对较高。在实际运用评价量表的过程中,结合中学地理全息育人的框架结构评价者可以具体指出相关的全息育人目标。

(2)情境创设

情境创设可以设计专项主题的课堂教学评价量表,为了突出中学地理全息育人中重要的教学模式——情境体验式的地位,特别在整体课堂教学内容评价量表中增加了情境创设的评价。主要从情境氛围和情境结构的两个维度设计二级指标。情境氛围主要是要求教师的设计情境能够让学生上课提高专注度,例如利用地理演示实验,网络视频,如《舌尖上的中国》《地理中国》《航拍中国》等,让学生对这些地理现象或地理事物产生兴趣,并且符合学生的认知特点。重点评价教师情境设计的合理性。情境结构主要评价教师通过情境创设引导整节课的教学内容,教学内容的完成除了传统的教授法以外,重点是问题导向法,也就是通过情境创设,设置相关的地理问题,让学生通过对问题的思考、探究、讨论、辨析等方法和手段,从而了解知识,理解知识,掌握知识,运用知识。评价者根据教师提供的情境,设置问题的合理性,进行判断与评析,并提出相关的建议。

对于地球地图、世界地理和中国地理,以及中间涉及的自然地理和人文地理内容,教师要思考情境设置的恰当性,问题设置的逻辑性和科学性。

(3)教学内容

教学内容的二级指标主要从紧扣标准、落实目标、贴合教材和明确育人点四个维度来进行评价。教学内容的评价对于大多数教师来说,难度不是特别大,特别是对于长期从事中学地理教学工作的教师们来说。因为每一堂课对于教师来说都将依据课程标准,制定课堂具体的教学目标,运用教材完成教学任务。

只是不少教师对于教材的合理运用有一定的难度。一部分教师对于教材呈现的内容都会一一讲到,没有任何的遗漏,学生觉得老师讲的都是教材上的内容,枯燥无比,没有兴趣学下去。一部分教师对于教材的内容基本不讲,以自己准备的素材为主,让学生觉得上课很有兴趣,但完成作业时,发现找不到知识要点,无法判断教材上的内容,也就无法运用知识要点去完成作业。

(4)教学过程

教学过程的二级指标主要包括教师和学生两个角度。课堂的关键是教师教学和学生学习。所以对教师教学从五个维度,学生学习从三个维度进行评价。

教师教学的评价主要从教学重难点、培养学生兴趣、注重生成资源、教学环境、育人价值角度进行系统评价,并且提出了具体要求。第一,要求教学环节设计合理,有效突破教学难点,突出重点知识,明确全息育人点。第二,对于学生从个体到整体角度进行评价,提出了激发学生兴趣,培养旺盛的求知欲。学生学习主动、积极、投入,敢于质疑,发表自己的看法。第三,关注全体,重视学法指导,注重生成资源,发挥教学机智,推动全息育人实施。第四,强化了教学环境的评价,即有序、互动、民主、和谐的课堂环境。第五,地理学科全息育人提出的情境体验式教学为主要的教学模式,课堂中应当体现地理学科育人价值,增强情境体验,身心愉悦。

学生学习的评价主要从参与度、表达度、思维度进行具体评价。参与度是指观察学生能够积极参与,独立思考,勤动手、动脑。表达度是指在课堂上观察学生敢于参与课堂活动,能够自由表达,善于与其他同学进行合作探究。思维度是指在课堂上观察学生思维活跃的程度,对地理学科知识表现出浓厚的兴趣,并且对于地理实验、地理研学等活动表现出较强的愿望。

(5)教学效果

课堂评价的关键维度之一就是教学效果评价。前面对教学目标、情境创设、教学内容、教学过程的设计和评价,其服务的目标是教学效果评价。一节地理课堂教学效果如何,是评价者最关注的内容。不管是教学理念或教学模式,其核心是提升课堂的教学效果,所以教学评价的最后一部分一般都是指向教学效果的评价。

基于全息育人理念下的地理课堂教学效果评价主要由目标达成评价和学生状态评价组成。目标达成评价主要从教师和学生角度进行。教学目标是否完成对于从事相同学科的评价者来说问题不大，但对于非本学科的评价者还是有难度的，所以对于评价者应当推荐本学科的教师。

目标达成评价第一是对于上课教师运用的教学情境是否恰当进行评价，有教师上课引用了一定的情境，但情境的设置可能与课堂教学内容联系不够紧密。第二是这节课应当完成这节课的教学任务，最终通过相关的课堂练习或课后作业来检测教学目标的落实状况。第三是课堂练习达成度。课堂练习是判断课堂教学效果的手段之一，课堂练习的设计教师应当要考虑学生的认知水平，根据不同的学情设置的难度应当有区分，评价者要了解学生的整体状况，才能判断出课堂练习的质量，根据学生解答正确状况进行判断教学效果。第四是学生空间思维的培养和养成地理学科思维的方法和习惯。根据地理学科特点，在地理课堂中教师应该关注了解学生的空间思维能力和学科思想方法的培养。第五是评价者还应对全息育人理念是否进行了渗透，教师是否理解了全息育人的理念等进行评价。

对于学生学习效果的评价主要从学生参与课堂活动状态进行评价。基于德智体美劳各方面有所提升角度进行评价，符合全息育人的理念。另外基于地理学科的特色，还应对是否树立科学的人地协调发展观进行评价。

一般情况下课堂教学评价量表应当是定量评价与定性评价相结合。通过二级指标的定量评价后，还要进行定性评价，反映评价者对这节课的总体评价或对某个教学环节看法，主要是优点与缺点，或者建议。所以在评价量表的最后一部分设计了对这节课的总体评价，方便评价者与上课者进行书面的有效沟通。

3.教学课堂专项内容评价量表

教学课堂专项内容评价量表是相当多的，特别是随着教师们对专项内容研究越来越丰富，对影响教学课堂效率的要素越来越关注，就会设计出不同的专项评价量表。这里就教师经常使用的一种教学课堂专项内容评价量表——地理课堂学生活动观察量表进行阐释。

例如人教版(2019新版)地理必修1第四章第一节《常见的地貌的类型》，我们以喀斯特地貌为例中，设计了如下教学课堂评价量表(表5-8)。

表5-8 北碚区"全息育人"地理学科评价量表

授课教师			地点		班级		学生人数	
课题				时间			评价人	
评价指标							育人点	
一级指标	二级指标		评价要点				是	否
教学目标	德育育人		了解我国喀斯特地貌的壮美,增强民族自豪感和家国情怀。					
	科学育人		通过图表、实验探究喀斯特地貌形成过程,评价区域开发状况,培养学生综合思维能力和区域认知能力。					
	健康育人		通过观察并归纳生产活动对环境和人体的不利影响,关注环境问题对健康的影响,树立科学的环境观与发展观。					
	美育育人		运用图片、视频感知喀斯特地貌的形态美和色彩美,提升审美情趣。					
	劳动育人		通过模拟实验,培养学生的地理实验能力。					
教学过程	导入		创设情境,引导学生感受形态美和色彩美,培养审美能力。					
	环节1	教师行为	展示石灰岩分布图和降水量图,指导学生提取地理信息,归纳气候特点。					
			通过阅读分布图和学习化学反应式,解读地上喀斯特地貌形成原理。					
		学生行为	阅读石灰岩分布图和降水量图,培养读图析图能力、空间定位能力。					
			整合相关资料,培养概念推导和解读能力。					
	环节2	教师行为	通过观看溶沟形态的图片,让学生了解野外判断地貌类型的基本过程。					
			展示溶沟溶蚀模拟实验视频,帮助学生推测地表喀斯特地貌的形成及演化。					
			通过图片展示地表喀斯特地貌,引导学生判断其类型及演化。					
		学生行为	观察与思考地表水溶沟的形状,培养综合思维能力。					
			观看模拟溶蚀实验视频,树立动手解决地理问题的意识。					
			观察图片,培养地理学科时空综合和要素综合的思维能力。					
	环节3	教师行为	引导小组同学进行溶洞形成的模拟实验,推测溶洞形成过程。					
			展示溶洞动画,引导学生分析地下溶洞形成的过程。					
		学生行为	参与溶洞形成的模拟实验,培养其动手解决问题的能力。					
			观察溶洞形成的动画,理解地理要素间的相互联系。					
	环节4	教师行为	运用化学方程式,引导学生解读喀斯特沉积的过程。					
			邀请学生观察石钟乳和石笋岩石标本,归纳石钟乳和石笋层理构造的特点。					
			展示溶洞内各种沉积景观的图片,引导学生相互交流感受自然美。					
		学生行为	通过标本和动画分析石柱形成过程,理解地理要素相互影响。					
			观察溶洞图片,感知地理景观美,提升审美情趣。					
	环节5	教师行为	展示不同地区的生产图片,引导学生观察不同开发方式对环境的不利影响。					
			运用相关资料,引导学生思考如何因地制宜地开发喀斯特地貌。					
		学生行为	观察生产活动图片,关注环境问题对健康的影响。					
			讨论武隆可持续发展策略,树立科学的环境观与发展观。					

续表

授课教师		地点		班级		学生人数		
课题			时间			评价人		
评价指标							育人点	
一级指标	二级指标	评价要点					是	否
环节6	教师行为	展示旅游业发展前后武隆经济状况,引导学生总结旅游业的促进作用。						
		展示武隆旅游业发展成果图片,感受其给武隆带来的发展与变化。						
	学生行为	分析武隆经济发展数据,引导学生正确认识开发方式。						
		分析武隆相关图表材料,培养获取和解读信息的能力。						
	结束	通过朗读诗句,让学生感受自然美,树立人地协调观。						

这个评价量表主要由教学目标和教学过程构成,可以比较完整地看到课堂评价过程。这个评价量表把教学过程分成了六个环节,分别从教师和学生角度对教学行为进行评价。对评价者来说,只是判断这个教学环节是否达到相关的育人点,操作比较简单,而且不做效果评价。

第三节 中学地理全息育人教学效果评价

地理教学效果评价主要是针对学生在课堂和课后,以及学期结束后,检测学生的学习效果,反映地理教学效果的状况。所以地理教学效果的评价主要分成过程性评价和终结性评价,主要体现在地理作业和期末测评。根据地理教学特点,一般可以将过程性评价分为地理课堂练习和地理课后作业;终结性评价分为地理期末考试和地理调查研究报告。

过程性评价可以根据前面提到工具开发相关的评价量表,对教师教学设计和教学活动,学生课堂学习活动进行评价。由于过程性评价涉及的内容相对较多,为了体现课堂教学活动的有效性,除了定性评价外,我们主张还包括一定的定量评价。所以过程性评价中针对课堂练习和课后作业我们主要采用定量评价来说明课堂教学效果状况。

课堂练习和课后作业都属于地理作业范畴。而地理作业的设计和布置有一定的原则和方法。地理课堂练习和课后作业有其不同的特点和作用,其评价的方式也有不同的地方。

一、中学地理学科全息育人过程性评价

(一)地理作业简述

一般中小学阶段可以把作业分为课堂练习和课后作业。在课堂上除了教师讲解的新知识外,还包括教师设计和指导,学生来操作完成的教学活动,统称为课堂练习。课后作业,一般是中小学阶段根据教师要求,学生在课外时间独立进行的学习活动,在教学活动总量中占有一定比例。它是课堂教学的延伸,有助于巩固和完善学生在课内学到的知识、技能,并培养学生的独立学习能力和学习习惯。

苏联教育家凯洛夫曾指出,作业是教学工作的有机组成部分,从根本上具有独立作业的方法来巩固学生的知识,并使学生的技能和技巧完善化的使命。

义务教育地理课程认为,"地理课程以提升学生核心素养为宗旨,引导学生学习对生活有用的地理、对终身发展有用的地理,为培养具有生态文明理念的时代新人打下基础。"地理学习对"培育学生的人地协调观、家国情怀、全球视野,以及批判性思维、创新精神和实践能力具有重要价值。"

华东师范大学曹传道教授提出地理作业设计的"五性":开放性、生本性、合作性、范例性和实践性。[1]李树民老师提出,地理作业设计要走向生活,学生在生活中挖掘素材,自主设计生活化的地理作业,让地理作业走进生活。[2]王方兵和罗定老师认为,高中地理作业可以分为专题作业、分层作业和自主设计作业三种,强调作业设计不能脱离学生的年龄特征、心理特点和认知水平,还不能脱离教材,要及时矫正和反馈。[3]

所以新课程标准下地理作业的转变方向是从独裁走向对话、从封闭转向开放、从统一转向个性、从书本转向生活、从单一转向多元。[4]其原则与方法:一是不能脱离教材和书本;二是作业的数量与难度要符合学生身心发展特点;三是作业设计不能远离生活。

(二)地理作业设计的原则和方法

1.基本原则

根据新课程标准,在新课改思想指导下,中学生地理作业设计要遵守以下基本原则。

---

[1] 曹传道.地理作业的设计要体现"五性"[J].教育与管理,2005(6):59.
[2] 李树民.地理作业设计走向生活化[J].中国教师,2009(2):18–19.
[3] 王方兵,罗定.新课程中的地理作业[J].中学地理教学参考,2006(11):9–10.
[4] 王宝剑.新课标下的高中地理作业创新研究[D].杭州:浙江师范大学.2009:47–49.

(1)基础性原则

在作业的内容方面要注重学生对基本概念、基本原理、基本规律掌握的训练,引导学生学会基本的解题方法和相关的基本技能。地理作业要注重书面作业和非书面作业相结合。既有书面的练习题,也要布置绘图题,同时结合教材还可以设计野外调查报告、小论文、小制作等。

(2)探究性原则

探究学习是在教学中创设一种类似于科学研究的情境,学生通过实验操作等活动获得知识和技能,提升创新精神的学习方式和学习过程。进行作业设计时,教师要从学生的年龄特征和生活经验出发,编制出具有趣味性的地理作业,使学生在一种愉悦的环境中体验学习的乐趣,促使学生学习的兴趣得以延续,无论在课堂内还是课堂之外,学生都能成为学习的主动者。

(3)开放性原则

作业内容既源于教材又不拘泥于教材,可以向生活开放或向社会开放。作业形式开放,不仅仅只有书面作业,还可以增加观察、制作、讨论、课题研究、实践等综合性作业。作业评价方式开放,教师可以用多种方式来讲评作业,例如学生的自我评价和相互评价的方式。

(4)合作性原则

作业设计中追求小组合作学习完成。小组合作可以通过同学间相互的帮助,解决问题的能力比自己独自解决问题的能力要高。小组合作是学生彼此获得帮助的最佳形式,小组通过合作完成作业任务使学生有机会跨越最近发展区,达到更高一级的水平。

2.基本方法

编制地理作业,要根据新课程标准和考试大纲要求,符合学生使用教材的顺序,符合中学生不同年级的身心发展特点,围绕知识与技能、过程与方法、情感态度与价值观三维目标进行。作业的设计编制和使用,要注意用好教科书上的书面作业和相关地理的实验作业,若补充追加作业,要注意控制数量,不要加重学生课业负担。

(1)设计合理的地理作业目标

地理作业就是根据教学的知识与技能、过程与方法、情感态度与价值观三维目标进行设计,通过设计合理的地理作业了解学生对地理基本知识和基本技能的掌握情况,同时发现学生完成作业过程中体现的方法是否正确,情感态度与价值观是否正向。

(2)地理作业设计要把握"三度"

地理作业设计时要把握"三度",即"量度""难度"和"梯度"。

①量度是指地理作业的数量。教育实践证明,良好教育质量的取得需要学生付出巨大的努力,必须以合理而适度的课业负担作为前提。因此教师要根据学生不同的情况布置不同数量的作业,特别是地理学科的地理实验作业、地理社会调查作业、地理绘图作业,不要求学生急于一天完成,而应当几天或者几周内完成。要坚持"少而有效"的原则。

②同一项地理作业对于知识水平和学习能力不同的学生而言,其难度可能是不同的;同一项地理作业有无学法指导对于同一个学生而言,其难度也可能是不一样的。因此在书面作业布置的时候,特别是高三地理作业的设计时,教师要注重对学生学法的指导,利用课堂时间指导学生学习这一部分相关的知识。

③梯度指地理作业在难度上分出易、中、难不同层次,并且按照学生的认知规律,由浅入深,由易到难,逐渐拔高、循序渐进地进行编排,从而为每一位学生跨越最近发展区提供支持、创造条件。这是生本性思想在地理作业设计中的体现,也是维果茨基的最近发展区理论在地理作业中的具体应用。

(三)地理作业类型

1.地理课堂练习作业

(1)地理课堂练习的概念及分类

地理课堂练习是指地理教师在课前根据中学地理课程标准、学生学情及本节课的育人目标、教学内容、教学重难点设计的,在课堂上要求学生独立或以合作方式完成的练习。这些练习应当强调以基础为主,能促进学生主动探索地理知识,培养地理能力,以实现学生主体能力的综合发展。

地理课堂练习主要分为口头练习、书面练习、实际操作练习等。其中书面练习是最主要的,运用最广泛的。

(2)地理课堂练习的特点

①保障主体地位

学生是课堂教学的主体,教师是课堂教学的主导者。因此在地理课堂练习的过程中,教师设计相关的地理课堂练习,要考虑到完成课堂练习的主体是学生。要让学生在课堂练习有兴趣,能主动地参与其中,只有这样学生的学习能力才能得到长足的发展,学生素养才能得到提升。教师在设计课堂练习时,要明确教师处于导师的角色,精心设计的一系列活动来引导学生完成相关的课堂练习,达到教学设计的要求。

②严格把握时间

地理课堂练习一定要严格把控时间。一节课堂时间需要师生共同完成教学任务,而课堂练习只是教学任务的一部分,而不是主要部分,是辅助教学任务,是检测教学任务的完成状况。因此在设计课堂练习时,教师要考虑地理学科的普遍性和特殊性,特别是学生掌握地图知识的状况。教师合理设计一定数量和相应难度的课堂练习,目的是检测学生课堂学习的效果。在地理课堂练习过程中,一定要注意时间的安排和分配,严格控制好时间,强化学生身心投入课堂,达到练习的效果。

③方式多样性

地理课堂练习可以根据教学情况采用不同的方式。口头练习可以分为集体口头练习和个人回答,例如对于我国省级行政区的名称、简称、行政中心就可以采用全班集体指图回答,也可以让个人指图回答。书面练习和实际操作练习可以教师先示范,学生跟着教师的步骤完成。例如,对于气候统计图的绘制,教师可以先示范如何绘制两维坐标图,如何进行描绘数据,怎么画曲线图或柱状图,标注数据的基本要求和基本方法。学生在课堂边学边绘,掌握基本的绘图方法的同时也检验学生课堂的学习效果。

(3)地理课堂练习的作用

①巩固课堂知识

课堂练习的主要作用就是巩固课堂中教师教的和学生学的相关知识。学生通过练习来检测课堂知识的掌握情况,包括记忆、理解和运用等状况,提升课堂学习的效率。

②提高基本能力

通过课堂练习来提升学生学习的基本能力。在课堂练习中需要学生把握试题中的相关信息能力,能够明确运用哪些地理原理进行解读试题。例如在学习地形图的过程中,教师示范山谷、山脊、盆地、山顶等高线的绘制方法,可以让学生重新绘制山谷、山脊等,也可以通过试题让学生来判断山谷与山脊。

③外延相关知识

教师主要根据课程标准和教材开展教学工作,由于教材的课程资源有一定的滞后性,地理学科的新生事物不断涌现,因此教师可以通过课堂练习来拓展相关的地理知识,扩大学生的知识面。例如利用《中国国家地理》杂志上介绍的相关中国的区域地理知识,可以让学生了解我国不同区域的地理特色,发现美丽中国,激发学生的爱国热情。通过播放汽车的相关视频,了解世界知名汽车企业的生产流程,了解现代工业生产的特点。

④师生有效评价

课堂练习是即时练习、即时反馈的。教师设置课堂练习,在规定的时间内让学生完成相关的任务,再通过学生自评,同学互评,教师点评的方式,促进学生对课堂练习中的问题进行有效评价,找到自己知识和能力的问题,并在教师帮助下,提升学生的地理知识和能力水平,从而达到高效的课堂。让学生通过课堂练习,实现从学会到会学,实现课堂教学的目标多元化。课堂练习的有效评价对课堂教学起到补充的作用,能促进学生情感态度、价值观的优化以及地理能力的提高。

(4)地理课堂练习的设计

地理课堂练习的设计应当依据《义务教育地理课程标准(2022年版)》和《普通高中地理课程标准(2017年版2020年修订)》,以及所使用的教材,通过了解学生的学情状况,在明确课堂教学目标,把控教学重难点的前提下,运用教材的问题、教师自己准备的素材等方式,设计地理课堂练习,以4~5小题为宜。课堂练习可以是选择题,也可以是填空题,还可以是简单的阐述题,但不要过于简单或过于难,目标指向一定要准确。

地理课堂练习题设计步骤。第一步明确目标,即为什么要设计地理课堂练习题。第二步明确内容,即设计的地理课堂练习题的内容是什么。第三步明确形式,即地理课堂练习题以什么形式出现。第四步寻找课堂练习的来源,教师可以利用教材上面的相关练习进行或改造运用。也可以在网上寻找相关课堂练习,结合学情,选择使用。还可以根据教学需求,学生情况,教师自己设计相关的课堂练习。第五步确定课堂练习进行的时刻和时间,也就是什么时间进行练习,练习时间要多长。最后还需要调整练习题的前后顺序,以及练习的难度,要从易到难,从简到繁。

(5)地理课堂练习的评价方式

地理课堂练习的评价可以采用自我评价与同桌相互评价,以及教师即时评价的方式。地理课堂练习教师进行点对点的评价可能性不强,主要通过集体与个别评价相结合。所以对于课堂练习,学生可以根据教师提供的答案进行自我评价,或者同桌之间进行相互评价。教师通过统计结果了解情况,对学生进行集体评价与个别学生评价。对个别练习优秀的学生和个别练习较差的学生进行重点评价,帮助学生认识自己的情况,达到课堂教学的目标。

2.地理课后作业

(1)地理课后作业的概念及分类

地理课后作业是针对地理课堂教学结束后,教师布置给学生在课后完成的练习题。相对于地理课堂练习,主要是时间和场所有所差异,地理课后作业场所可以在学校,也可以在家庭,还可以在野外或周边社会等。

地理课后作业大致分成书面作业和观察作业。具体可以分成以下几个类型,即读图填空类作业、绘制图表类作业、实验观测类作业、体验生活为依托的观察类作业、社会调查类作业、选择题作业和问题分析类作业等。

(2)地理课后作业的特点

①空间性

地理课后作业一般是教室外完成的,大部分是在家里面。如果学生要进行社会调查或野外实践,还要到自然环境中,社会环境中去完成相关的地理作业,这与地理课堂作业在空间上有差异。这有利于学生与自然界、社会接触,提升其地理实践的能力,符合劳动教育的理念。

②时间性

地理课后作业是课后完成,因此从时间上看,学生需要利用自己的课余时间或周末的休息时间去完成。这就需要教师对地理课后作业有一个整体的把控,需要给一定的时间让学生来完成,不能过急,同时需要把任务进行细化。

③难度性

由于学生的课后时间是有限的,因此教师在安排地理课后作业时,一定要统筹安排,既考虑其他学科的课后作业状况,也要考虑学生的休息时间,以及学生完成课后作业的能力状况。一定要控制好地理课后作业的数量和难度,特别是难度要引起重视,不要让学生觉得完成地理课后作业太难,最后放弃完成。有些作业可以考虑学生参与就可以了,不需要过多得出结论和追究原因。

④独立性

地理课后作业一般考虑学生自己独立完成,相对来说都比较独立。一般对于知识性练习要求学生是自己独立完成的,例如对世界大洲大洋的记忆和绘图;中国省级行政区的分布、名称、简称以及行政中心的记忆等。有一些也需要小组来完成,如社会调查项目、地理实验等。

(3)地理课后作业的作用

①检测教学目标达成度

地理课后作业布置的目的是检测学生在课堂学习过程中,是否认真完成了课堂的学习任务,教师通过相关的习题来检测学生达成度的情况。

②学生巩固和运用知识

根据学生学习的一般规律,地理课后作业可以巩固课堂学习的相关内容,另外通过不同背景下的地理试题、调查活动和地理实验等达到学生巩固和运用知识解决问题能力的目标。例如通过学习地图三要素,认识地图,初步学会绘制地图,教师课后可以让学生组成小组,完成对学校平面图的绘制。通过学习商业和交通的布局,可以让学生调查了解某个区域的交通干线布局状况,以及一些快餐店的布局状况,达到了解社会,运用知识阐述基本原理的目的。

③延伸地理课堂知识

完成地理课后作业可以帮助学生延伸学习一定的地理知识。例如布置学生调查身边的地理作业的内容:请根据你的生活经历,列举两至三则有关你的家乡与地理的现象或事物。这不仅能让学生了解家乡、认识家乡,还能激发学生热爱家乡,进而热爱祖国的情感。

④提升学生实践能力

地理课后作业一般要布置地理实验作业,野外实践考察作业,社会调查作业等。例如学习地图三要素后,课后让学生考察学校校园,通过进一步熟悉校园的建筑物分布以及相关的道路、操场等状况,让学生绘制学校的平面图,并且将自己在绘图过程中遇到的困难和问题记录下来,与教师和同学进行讨论,以求得解决方法,并不断完善绘制平面图的方法和技巧。通过类似这些实践活动的培养,有利于提升学生的地理实践能力,实现全息育人的目标。

(4)地理课后作业的设计

地理课后作业应当依据《义务教育地理课程标准(2022年版)》和《普通高中地理课程标准(2017年版2020年修订)》,以及课堂教学目标来设计。课后作业是对课堂教学的补充和延伸,这就决定了课后作业在设计方面的方向和作用。

地理课后作业设计步骤。第一步明确目标,即为什么要设计地理课后作业。第二步明确内容,即设计的地理课后作业的内容是什么。第三步明确形式,即地理课后作业以什么形式出现,是以习题方式还是调查活动方式等。第四步寻找课后作业的来源,教师可以利用教材上的相关内容进行或改造运用。也可以在网上寻找相关课后作业,结合学情,选择使用。还可以根据教学需求,学生情况,教师自己设计相关的课后作业。第五步确定课后作业完成时间要多长,并注重其难易程度。

(5)地理课后作业的评价方式与方法

①地理课后作业评价的方式

地理课后作业的评价主要有自我评价、相互评价、小组评价和教师评价等方式。

②地理课后作业评价的方法

评价方法主要采取等级评价,也可以采用分数评价(如表5-11)。

表 5-11　中学地理课后作业质量评价

作业：	班级：	姓名：		日期：
评价内容	作业完成度	书写状况	错误率	及时订正
学生自评				
同桌互评				
教师测评				
教师评语				综合等级

注：评价等级采用A、B、C、D四级，其中A为优秀，B为良，C为合格，D为不合格

二、中学地理全息育人教学效果终结性评价

中学地理全息育人教学效果终结性评价主要是以书面考试和非书面考试两种类型为主。而目前义务教育和高中教育中地理教学效果终结性评价以书面考试为主，特别是高中地理教育中以高考作为教学效果终结性评价主要标准之一。中学地理教学效果终结性评价中，目前有不少地区地理学科被纳入中考。

（一）地理终结性评价简述

《义务教育地理课程标准（2022年版）》指出"发挥评价功能，促进学生学业进步和全面发展""以考查学生核心素养的发展成就为目标，体现'教-学-评'一致性""终结性评价注重发挥评价学生地理课程学业成就的作用。注重评价主体多元化，让学生在自评、互评的过程中学会反思和自我改进，使评价真正成为教育过程的组成部分。"[1]《普通高中地理课程标准（2017年版2020年修订）》在课程目标的描述上明确了培育"人地协调观""综合思维""区域认知"和"地理实践力"四大学科核心素养，既展现了地理学科对学生核心素养独特的延续与贡献，又体现了地理学科独特的育人价值。[2]由此可以看出教师除了注重过程性评价以外，应当也要注重终结性评价。

终结性评价就是在中学教育活动结束后为判断教和学的效果而进行的评价。可以是一个单元，一个学期或一个学年教学结束后对最终教学效果进行评价。由于义务教育和高中教育的特点，根据国家相关的要求，中学地理一般在一个学期后进行一次终结性评价，平时不进行单元性评价。

一般认为，终结性评价与定性评价相辅相成，对教学效果的公正评价有促进作用。终结性评价对于一学期教学效果进行评价，引发对教育结果的积极关注，通过量化评

---

[1] 中华人民共和国教育部.义务教育地理课程标准(2022年版)[S].北京:北京师范大学出版社,2022.
[2] 中华人民共和国教育部.普通高中地理课程标准(2017年版2020年修订)[S].北京:人民教育出版社,2020.

价结果的客观性,为教育效果提供了一个统一的标准,基本能判断出各个学校,各个年级的教学效果。加上操作简便,结果科学客观,终结性评价在教育教学实践中颇受推崇,也是目前的主要评价方式之一。基于全息育人理念背景下的义务教育和高中地理学科的终结性评价,主要是经过一学期的地理教学活动,通过期末试题测试给出学生地理学科的终结性评价。

终结性评价是地理课堂作业和课后作业评价后的进一步检测学生地理学习效果的评价。它可以结合课堂作业和课后作业以及学生课堂评价等,通过自我评价、同桌评价、小组评价,教师评价相结合,给出学生学期或年度评价。

终结性评价因为其客观性,加上评价的单一性,反对的声音较多,但是对于学生科学知识的评价有其独有的优势,所以在学期或年度末检测学生对地理学科知识的掌握,终结性评价是最直接,方便的方法之一。而对于全息育人理念下考查地理教学的德育育人、科学育人、健康育人、美育育人、劳动育人等内容如何在终结性评价的试题体现出来,这依托于试题的命题人,需要命题人进行比较长时间的思考和实践。

目前义务教育地理学科在期末时会对全体学生进行终结性评价,其主要方式是全体学生通过地理学科的书面考试和非书面考试,主要包括试题测试和地理(实践)作品评价。

1. 书面考试

书面考试主要就是指考试、笔试,是地理期末考试最主要的评价方式。对于义务教育的学生,主要考查知识与技能掌握的情况,完成作业过程中体现的方法,情感态度与价值观的生成,品质观念提升等方面内容。地理学科全息育人理念在地理试题中的体现,从德育育人、科学育人、健康育人、美育育人和劳动育人角度,运用地理情境试题进行测试。允许学生依照亲身的理解,体验对地理试题做出差异性的解答,最终将他们内心的真切感受以地理情感表达反馈出来,表现学生对地理知识原理在实际问题中运用的情况。

对于高中学生来说,主要进行书面检测的内容就是高一和高二的学科期末测试,高三的夏季高考。由于高考在我国的特殊地位和作用,因此在书面测试中,高中的地理期末试题会依据国家考试中心关于高考的评价体系来进行命制和检测。高考命题和期末测试主要依据是高中地理课堂标准,考试中心就高考还提出了高考命题是以普通高中课程标准和高校人才选拔要求为依据,着力考查的内容是"核心价值、学科素养、关键能力、必备知识";考查的要求是"基础性、综合性、应用性、创新性"。[①]

---

① 史辰羲.基于高考评价体系的地理科考试内容改革实施路径[J].中国考试,2019(12):65–70.

2.非书面考试

非书面考试的评价主要是出现在义务教育地理课程结束的学期期末,对于学生利用课后时间完成的相关地理小制作、地理小课题研究、地理科学调查、地理小报等内容进行考查评分。不同的区域,不同的学校,教师根据学校特点,学生状况,分不同的年级设计不同的非书面考试,给予学生较长的时间进行准备,收集学生作品,进行评价。其分值占期末的一定比例。

(二)地理期末测试概述

1.地理期末测试的概念及分类

(1)基本概念

地理期末测试指在义务教育或高中地理课程结束的学期期末,通过区县或学校统一组织学生参加测试活动,并由相关教师进行评价,给出学生相关的等级。义务教育地理期末测试可以分为书面测试和非书面测试。高中地理期末测试主要是书面测试。

(2)分类

①书面测试

全体学生参加由区县或学校统一组织的书面考试,主要是通过期末试题的方式进行测试。可以分为选择题部分和综合题部分,分值可以根据不同年级状况而相应调整。为了减轻学生负担,一般七年级地理和八年级上的地理期末测试会以与生物学科合堂不合卷的方式进行。七年级地理和八年级上的地理期末测试题总分控制在50分。试题以学科知识为背景,体现对德育育人、科学育人、健康育人、美育育人和劳动育人的学生素养的考查。八年级下一般为初中地理结业考试或升学考试。由于各个地区要求不一样,因此按照各个地区要求来完成。

②非书面测试

一般是指在八年级下的地理结业考试中,除了进行书面测试外,还要进行非书面测试,一般其占的分值为20%。

2.地理期末测试的特点

(1)时间性

初高中地理期末测试一般放在一学期的期末进行。一般与其他学科同步进行。

(2)统一性

初高中地理期末测试原则以一个区域或一个学校为单位进行。地理试题一般要求统一命题,统一时间考试,由教师统一阅卷,统一公布分数。

(3)规范性

初高中地理期末测试有比较严格的规范性。试卷的题目须说明考试学年,考试的年级,测试的内容等。例如:"2021—2022学年上期XX县七年级期末地理测试题",试卷还要制定好学校、班级、考号、学生姓名等内容。目前大多数学校采用的是网上阅卷方式,因此对于答卷的制定要求更加规范,对于选择题和主观题都有严格的要求。

(4)总结性

初高中地理期末测试题是对一学期教学情况的总结,涉及教师的教和学生的学。通过地理期末测试,可以明确一学期教学的得失情况,引导教师和学生对自己的教学和学习进行反思。

3.地理期末测试的作用

(1)检测地理学科教学质量

地理学科质量的高度决定于教师的教和学生的学。地理期末测试就是为了检验教和学的状况,让教师明确在课堂教学过程中的得失状况,引导教师在今后的教学过程中注重地理学科的相关知识和能力的培养,通过检测提醒教师拓展相关的地理学科知识和提高教学能力,从而找到提升教学质量的方向和方法。对于学生来说,地理学科期末测试明确自己在地理学科的知识和能力的得失状况,检验地理学科的思维方法,明确相关的地理知识、地理原理,提升自己的地理能力。

(2)评定学生地理学业成绩

评定学生地理学业成绩是评价某个年级学生整体和个体的学习状况及水平。地理期末测试是终结性评价的主要方式之一,也是目前对于减少平时测量,强化期末测量的学生地理学科学业成绩的要求之一。通过区域或学校的统一测试来判断某个年级学生整体和个体的地理学习成绩,检测其是否达到课程标准要求,以及学校或教师预先设定的教学目标达到的程度,为学生今后的地理学科学习提供参考依据,为教师指明后期教学的方向。

期末测试评价能够比较全面地反映学生的知识和能力的状况,达到的相应水平。教师可以根据期末测试的结果,预估学生在后续的地理学科学习中能够达到的高度,为在地理学科后续学习,甚至学生的生涯规划提供必要的参考信息和学习动力。

(3)促进地理学科全息育人

全息育人理念强调全学段、全学科、全过程、全方式,在教学过程中融入育人理念,强调"立德树人",培养德智体美劳全面发展的社会主义接班人。因此期末测试的目的也是促进全息育人理念,通过测试来提升学生整体素养水平,检测在教学过程中的问题,并寻找解决问题的办法。

初中和高中期末测试,以及高考都是为了检测地理学科全息育人理念的深入状况。运用期末测试中的地理试题来检测学生的地理学科学业状况,通过创设相关的试题情境,比较全面地反映学生的知识掌握状况,能力水平的程度,为今后的教学提供参考价值,或为高一级学校提供学生学业状况。

(三)地理期末测试设计的原则

教育部印发《关于加强初中学业水平考试命题工作的意见》提出,试题命制既要注重考查基础知识、基本技能,还要注重考查思维过程、创新意识和分析问题、解决问题的能力。结合不同学科特点,合理设置试题结构,减少机械记忆试题和客观性试题比例,提高探究性、开放性、综合性试题比例,积极探索跨学科命题。拓宽试题材料选择范围,丰富材料类型,确保材料的权威性,杜绝政治性和科学性错误。充分考虑城乡学生学习和生活实际,增强情境创设的真实性、典型性和适切性,提高试题情境设计水平。

地理学科期末测试设计的原则主要有课标性原则、适切性原则、综合性原则、时代性原则等。

课标性原则,命制的地理试题主干、核心知识要依据《义务教育地理课程标准(2022年版)》。

适切性原则,命制的地理试题要考虑不同学年学生实际情况,针对不同学年制定不同的命题思路和试题难度。根据学生在生活中体验和发现的地理问题形成试题的地理背景,通过试题考查,提升学生生活品位,增强其生存能力,符合全息育人的目标。例如七年级的试题和八年级的试题在命题思路和试题难度上有一定的差异。七年级的命题思路强调学生对地理学科的初步认识,加之学习的主要是世界地理部分,因此对地图要求相对较高,认识区域是核心部分。八年级学生已经完成了世界地理的学习,对于地理基本原理和基本方法已经掌握,在学习中国地理,对祖国的大好河山相对来说了解较多。因此试题考查较多的是运用原理解释一些地理现象,特别是对学生身边的地理事象的解释相对较多,试题难度可以有所加大。

综合性原则,自然地理环境各要素之间、自然地理环境和人类活动之间的复杂关系,反映了地理环境的综合性。因此地理试题的命题应当考虑多要素的综合,让学生能够分析它们之间的相互关系,提升认识事物的综合能力。地图是地理学科的第二语言,地理图表能够表达出相关的地理事象和相关规律,通过对地理图表的考查培养学生获取地理信息能力。

时代性原则,社会热点与地理学科关联性较强,命制试题时,可以以社会热点问题为背景材料,设置问题情境,考查考生对地理原理和规律的运用能力,体现课程标准提出的"学习对生活有用的地理"课程理念,让地理试题符合时代要求,激发学生学习兴趣!

第六章 中学地理全息育人学科研修

戈登·德莱顿在《学习的革命》中这样写道:"如果没有把主要的重点放到教师培养或不断地培训上,那么也没有任何教育改革会取得成功。"对于中学地理全息育人的教育实践而言也是如此,在密切关注地理课程设计、课堂教学以及中学生本学科学情发展的同时,中学地理教师的学科研修同样需要贯彻全息育人的理念和方法。本章将从全息育人理念下中学地理教师学科研修内涵的厘定、特征的解析、原则策略的阐释以及相关的模式和实践案例等方面,对中学地理全息育人学科研修进行解读。

第一节 中学地理全息育人研修内涵

联合国教科文组织的罗沙·玛丽亚·托雷斯曾明确指出,一个国家的教育工作者最终能够取得什么样的教育教学成就,主要取决于他们能够干什么和乐于干什么。

教师的职业具有很强的特殊性。教师的职责是培育社会下一代,既需要向学生传播社会文明已有的知识成果,又需要用自己的智慧和人格去启发学生的智慧和自我成长,从而让学生成为一个健全的、具有适应性和发展性的人。而在这个过程中,教师要保障课堂能够正常甚至高水平地向学生输出自己的智慧与能量,就需要教师经常性地输入新鲜的并且足够丰富的知识与能量。正是由于教师职业的这种动态性和持续性并且需要不断创新的特殊性,还有教师职业学科背景本身的专业性,每一位教师都需要以所教授学科为中心点不断进行学习、研究和进修,即教师的学科研修。

由于中学地理教师学科培训的广泛深入开展,大部分教师对于中学地理教师学科研修这一基本概念并不陌生,但是究竟什么才是"研修"呢?我们所谓的研修,即以"研"带动,引领"修",鼓励教师从自己的实际和亲身经历出发,发现新的问题,形成有针对性的研修主题,并且通过自我反思、同伴互助、专业引领,提高教师中学地理教育教学的能力和水平。那么"研修"与常见的"教师培训""教师教研""校本研究""校本研修"究竟具有怎样的共同点和区别?全息育人理念下的中学地理学科研修又应该具有什么样的特征呢?本书从研修的现状、研修价值和研修内涵三个方面进行探讨。

一、中学地理学科研修的现状

(一)中学地理校本研修的含义

教师"研修"常常与"教师培训""教师教研""校本教研""校本研修"联系在一起,那么它们之间有什么样的区别和联系呢?

20世纪末以来,在推动教师专业化发展的浪潮下,"教师培训"在我国开始逐渐发展起来。21世纪初,随着新课程改革的推进,针对性解决教育实际问题的"以校为本"教学研究也迅速发展起来。只有真正面向教师在日常教学、工作学习中的问题,才能切实地提高研修的时效性和有效性,而"校本研修"就是要解决教师作为教学实践者以及教学实践中的问题。这样一来,"教师教育""实践问题"在"校本培训"和"校本教研"中聚集在一起了。与此同时,"培训"和"研究"也就聚焦到了一起,由此形成的新概念就是"校本研修"。

所谓中学地理校本研修,是以开展中学地理教育教学工作为基准,以中学地理教师为研修主体,由学校策划、组织、实施的有利于解决地理教育教学实践问题,有利于促进地理教师专业发展,进而有效推动地理教育教学工作持续健康发展的有机统一的教育教研活动。其中,"研"的本意为琢磨问题,"修"的本意为整治提高。地理教师的研修既是地理教学在实践过程中对实际问题的琢磨和探究,又是对地理教师本身素质水平进行整治和提高。因此,中学地理校本研修既是对传统的地理教师的培训、教研的一次整合,又是对已建立的现有地理教师培训、教研的一次超越。"校本",即"以校为本",常常可以理解为"为了学校""基于学校""在学校中进行"。简单而言,自从学校本身作为固定的教学实践场所正式出现以后,就已经成为地理教师作为地理教学理论实践者最为主要的教育工作实践阵地,在这里有着最为满足和贴近实际地理教学工作中教师专业化的教学动力和实践需求,有着最为丰富的可综合利用开发的地理专业化教育资源,因此中学地理研修活动"以校为本"往往是地理教学实践中最为广泛的出发点和落脚点。

从目标上来说,中学地理校本研修就是以努力促进地理教师专业化发展和提高学校地理教学质量水平为主要目的的一种教师研究培训的活动。中学地理校本研修是以学校为研修场所,以研究地理教育教学理论、实践问题为研修内容,以自我反思、同伴互助、专家引领为研修途径,以解决教学实际问题,助力地理教师专业成长,促进教师和学生主动发展和健康成长,实现教师和学校的可持续发展为研修主要目的的,它是一种集开展教育工作、学习、研究活动于一体的促进地理教师专业成长的方式。

从原则上来说,中学地理校本研修是一种以人为本、以教师为本的地理教师专业化活动。"研"就是探求事务的真相、性质、规律等,这里指地理教师的教研、科研,也就是教育科研。"修"就是学习和锻炼,这里不仅仅是地理教师学历上的进修,更是指修身、修养、修业,也就是教师的道德素养、师德师风水平以及地理学科素养的修炼。无论是"研"还是"修"都是以教师作为活动的主体,反映地理教师作为主体具有研修自主意识、研修自主能力,并且在研修活动过程中具有强烈的独立性、主动性和创造性。

从实质上来说,校本研修所指的就是地理教师和学生作为主体的专业健康成长。由于教师职业的特殊性,学生的成长与教师的成长实为一体,没有教师的成长很难会有学生的成长。因此校本研修归根结底就是为了教师和学生的专业健康成长,以各种方式和途径来提升教师的专业能力素质和学生的发展,最终推动和形成教师的专业成长和学生的健康成长。

(二)中学地理校本研修的现状

随着我国基础地理教育课程改革的不断深入,中学地理教育新课程在课程目标、课程内容以及校本研修课程的结构上正经历着巨大的发展,如何贯彻落实中学地理新课程改革实施的目标,这给大部分中学地理教师的校本研修带来了巨大的机遇和挑战。

根据对北京市中学地理教师的调查,目前中学地理教师大多数为大学本科及以上的学历,已经基本达到要求,绝大多数中学地理教师都能够参加所在区县组织的教育活动。但是目前我国大部分偏远地区的中学地理专业教师的校本研修发展才刚刚起步,还是存在许多的制约其发展的因素。

说到中学地理教师校本研修的现状,要清楚地理学科在中学阶段的基本概况。首先,在应试教育的观念和实际影响下,学生和家长的教育价值观产生偏差,片面追求考试成绩的功利化,从而影响到不同阶段的课程教学。由于大部分地区初中地理不与"初升高"升学考试挂钩,在此背景下,初中阶段地理学科长期存在被学生和家长忽视的情况,学习过程也缺乏主动性和积极性;而高中阶段,因为地理学科为高考学科,学生和家长对于地理学科的主动性和积极性就要重视很多。其次,学校对教学成绩功利化的教学评价标准导致"学科歧视"现象在实际教学工作中广泛存在。中学地理教师常处于学科不受重视以及自身工作价值不受重视的角色边缘化体验之中,很多初中地理教师往往身兼好几项非专业的学校职位,这也导致了中学地理教师存在极为普遍的职业懈怠感。最后,由于地理学科长期不受重视,在很多以往的中学地理教师群体尤其是初中学段中大量存在非专业对口的情况,而在教师教育和培训过程中也往往忽视了对于基础专业知识的培训和提升。

以上的情况导致了中学地理教师的专业水平整体偏低,也导致了在当下的中学地理教师校本研修中集中出现了以下四个问题。

第一,在专业发展能力上,中学地理教师缺少足够的自我教学反思能力。一方面,中学地理教师不清楚怎样进行有效的教学反思,并将反思成果反馈于教学实践之中,盲目的对自己的教学方式方法进行调整。另一方面,由于专业能力较弱,中学地理教师的教学研究意识不强、能力也较弱,很难将自己的教育反思形成高质量的教研报告或教学论文。

第二,在专业发展意识上,中学地理教师的专业发展理念存在偏差。一方面,大部分地理教师对专业发展的观念还停留在依赖集中性的教育培训活动上,缺乏自主专业发展的意识。另一方面,中学地理教师对于自身职业的专业化发展缺少明确的规划,没有明确的发展目标。另外,中学地理教师之间也缺乏交流沟通,缺乏专业成长上的合作与分享。

第三,在专业发展组织上,中学地理教师学科研修缺乏有效的组织领导。部分学校虽然比较重视校本研修工作,管理者和教师也对其有一定的了解,但没有形成一套的完整制度,学校整体较为松散,教师发展不均衡,研修计划和内容缺乏统一的规划和相关的监督指导,从而导致在培训内容上与地理教师最希望的"更新和扩展地理学科知识"有所偏差,没有从根本上满足教师的需求。

第四,在专业发展时间上,由于中学地理教学任务相对繁重,用于研修的时间很难保证。由于很多中学的地理任课教师都不能按照需求进行配备,每周15个课时的工作量对中学地理教师而言是较为正常的,有时每周超过20个课时的情况也不在少数。再加上有些教师需要承担学生社团、选修课、班主任等工作以及需要跨年级教学的情况,能够参加研修的时间和精力都十分有限,无形之中加剧了中学地理教师的"工学矛盾。"[1]

依据中学地理教师研修的现状,目前急需解决的问题就是如何切实地提高中学地理教师自主的专业发展能力,树立具有积极主动内在驱动力的专业发展意识,建立健全有效的专业发展研修制度,保障教师的研修时间和精力,从而建立起完善的中学地理教师研修体系。

二、中学地理全息育人研修价值

(一)影响研修效果的因素

校本研修的效果主要取决于研修过程中教师这一主体的主动性和积极性的调动情况,而教师主动性和积极性调动程度的影响因素在以下几个方面。

第一,研修活动的组织者是否为参加教学研修的教师提供了足够丰富的研修形式,可以让参与的教师进行自主选择研修方式。

第二,研修活动的可选择性不仅仅是为了体现教师在研修活动中的主体地位,更是为了提高研修活动对于每一位教师的针对性。

第三,研修活动的针对性直指中学教师在研修教育理论教学和实践工作中的实际

---

[1] 张宪国.北京市中学教师校本培训现状和对策研究——以地理学科为例[D].北京:首都师范大学,2004.

情况和问题,因此这也是研修活动能否在实践中取得实际效果的重要因素和条件。

第四,研修活动的实际效果,极大影响了教师对于参与研修活动的积极性和主动性,只有通过有明确效果和成果的研修活动才能有效激发和提高教师参与和开展研修教学活动的积极性和主动性。

因此,由以上的分析我们可以得出研修活动的多样性、可选择性、针对性、实效性会直接地影响中学教师参与和开展研修活动的积极性和主动性。而在此基础上,研修活动才能真正有效地开展。这是由于教师内在的驱动力得到调动,从而真正地达到开展研修活动的目标。[①]

(二)全息育人研修价值

全息育人学科研修强调全学段、全学科、全过程、全方位,具有形式上的多样性、方式上的可选择性、内容上的针对性和目标上的实效性,因此能激发教师主体积极性和主动性。

第一,全息育人研修强调以研修参与者即教师的专业成长为目标,追求促进教师的专业素养成长和解决教育实际问题的有机统一。对于研修内容的确定一定是源于教师主体的教学实践,依据研修参与者的真实能力水平,制定切合实际的研修目标和主题。而不是生硬地制定不符合教师现实需求的研修内容。

第二,全息育人研修围绕研修目标进行系统性、整体性的研修设计。全息育人强调全学段、全学科、全过程、全方位,不是研修方法或研修技术的改变和革新,也不是只孤立地解决现阶段的教学需求,而是在全息育人理念的指导下将各个独立的研修活动纳入整体性的安排,并按照其内在逻辑进行系统化的研修设计和实施。

第三,全息育人研修以教师的自我反思作为内在驱动力,并实现与研修活动之间的有效互动和相互促进。一方面,教师作为研修活动的参与者要有"消费者"的心态,来审视研修活动对实际教育教学问题解决的效果,并继续发现问题、研究问题。另一方面,教师在研修后的教育实践中面对学生要保持"生产者"的心态,要总结反思学生的反馈评价,并在其中寻求可以继续成长突破的方向。另外,全息育人也要求研修活动的组织者与设计者同样有自我反思的意识,通过研修实际效果的反馈不断调整研修理念、研修设计、研修方式和研修状态,从而获得更好的研修效果。

第四,全息育人研修必须要以及时反馈和评价为保障。这种反馈与评价是双向互动的,研修活动的组织者与参与者之间必须就研修活动的全程性体验和效果性评价进

---

① 陈大伟.有效研修[M].沈阳:辽宁师范大学出版社,2006:11.

行双向信息反馈。这就要求整个研修过程必须是互动的,而不是单向的传播或灌输。这也对研修过程的有效监控和管理提出了更高的要求。

第五,全息育人研修同时也是研修设计的重要策略。理念首先表现为对某一个问题的统一性认识,其次在认识问题和解决问题的过程中,把这种统一性认识作为行动的规则。[1]全息育人学科研修是一种理论,与此同时它也是一种策略,研修活动的开展与设计需要结合全学段、融合全学科、渗透全过程、体现全方位,将"五育融合"的思想融入其中,直指"立德树人"根本任务。

三、中学地理全息育人研修内涵

中学地理全息育人学科研修是指学校依据"立德树人"根本任务、社会主义核心价值观、学生发展的核心素养、学科的核心素养等,以中学地理学科全息育人的教学目标为基础,挖掘"育人点",建构基于德育育人、科学育人、健康育人、美育育人和劳动育人五个维度的中学地理学科全息育人课程框架,推动中学地理学科全息育人研修活动从局限于基础学科知识、教学实践能力到中学教师专业化发展、全面发展的转变,联系其他地理学段的要求,结合地理交叉学科的特征,贯穿于中学地理教学的全过程教师全息育人研修的方法、路径、策略等。

第一,中学地理全息育人研修在目标上以促进教师专业发展为根本。中学地理全息育人研修不仅强调教师的专业发展,同时还特别强调解决教学问题和促进教师专业发展的有机统一。一方面,从对教育教学实际问题解决出发,通过参与教育问题解决过程来促进教师专业发展,将问题解决的理论过程转化为促进教师专业发展的实质过程。另一方面,通过促进教师专业发展,进而推动对教育教学实际问题的最终有效解决。

第二,中学地理全息育人研修在活动主体上强调中学地理教师的主体性。中学地理全息育人研修活动既要解决改变组织者自己是主体、教师是被动主体的现有研修状况,又必须要彻底改变专家是教育理论的"生产者"、教师是教育理论"消费者"的研修现状。要改变传统意义上专家是培训者、教研指导者的单一角色,向专家是研修活动的策划者、组织者、引导者等多种角色的转变,保障教师在研修活动中的主体地位。

第三,中学地理全息育人研修在发动方式上特别强调教师的内在驱动力。全息育人研修不拒绝外部力量的推动和组织,并且在教师研修缺乏自我组织条件的情况下,外力的驱动、政策的推动是全息育人研修的基本保障。但是研修的理想状态在本质上

---

[1] 陈大伟.有效研修[M].沈阳:辽宁师范大学出版社,2006:9.

是属于教师自己,而教师成为全息育人研修活动的参与者和主体,教师是自身内在问题的研究者和解决者,同时也是自我培养和发展的设计者和驱动者。理想的全息育人研修,其发动方式以内在驱动力为主,使得研修的活动始终处于一种自我组织发动的状态。

第四,中学地理教师全息育人研修在主题和内容的选择上虽然强调对实际地理问题的高度关注,但解决实际问题不是就事论事,浅尝辄止,而是既反对从教学理论到实践理论的"空对空",又反对过分地纠缠于实践问题的"地对地"。研修提倡教学理论与实践反思相结合,实践反思与专业指导引领相结合。这样既可以有效地解决实践反思问题,又极大地提高了中学地理教师的理论实践水平,促进中学地理教师的全面专业发展。并且教师通过自主反思、同伴教学互助、专业指导等的引领,将教师认识和掌握解决问题的实践过程进一步转变成了实现中学地理教师专业发展的理论过程。

第二节 中学地理全息育人研修的特征与原则

中学地理全息育人学科研修要求将学校课堂作为地理教师工作和实践的主要活动场所,尊重地理教师作为个体的发展和愿望,在研修的理念、内容、方式上贯彻全息育人,构建全面的地理学科育人知识体系,针对中学学校和地理教师的自身实际需求面向课堂教学的每一个环节和活动,实现五育中某一个或多个育人目标的基本需求,充分利用学校全方位的地理教育信息,灵活地采取多方式的研修方法,培养中学地理教师的五育素养,渗透地理教师的中学地理教学实践,实现地理学科独特的全息育人价值。因此,中学地理全息育人学科研修的基本特征主要可以体现在五育素养的融合、交叉学科的融合和多元方式的融合三个方面,从而需要遵循整体性、综合性、参与性和发展性的原则。

一、中学地理全息育人研修的特征

(一)五育素养融合

"五育"素养融合包括了德育、智育、体育、美育、劳育五个主要方面,而五育素养融合将德育放在首位，奠定各育的培养灵魂和发展方向，引领各育的和谐发展，以贯彻落实"立德树人"教育目标，构建德智体美劳全面培养的综合素质教育体系，从内在的品质、能力等出发，通过课堂学习和参加学校的教育实践活动来培养和提高学生个人的思想品德、智慧、体能、审美、劳动五个组成部分的素质和水平。五育是一个整体，德智体美劳既相互独立，有各自的教育素养内涵和目标要求，又相互联系、促进，构成五育的一体化，形成全面健康发展的体系。中学地理全息育人在中学地理课程建设实施的过程中五育素养与目标的有机融合实现学生全面发展。

中学地理教师在研修过程中的五育素养融合，要求在研修过程中以人（教师）为本、追求教师的全面发展，对于过去只偏重教学能力的研修模式进行否定。五育素养融合不是对德智体美劳进行强拉硬扯、齐头并进，而是在研修过程中，结合有效的教学资源，进行联结，实现教师德智体美劳的多方面发展。五育融合并不是意味着教师在研修过程中德智体美劳的平均发展，而是强调在专业学科研修活动中，结合研修目标、教师现状、教研内容等，将德育、智育、体育、美育、劳育合理地加入其中，围绕"立德树人"目标，以学科知识为载体，将五育协调于育人实践过程，建立教师全面培养体系。

教师是教学活动的主导者，学生在学习过程中必然需要得到教师的帮助和引导，教师自身的教育素养在为学生传道授业解惑的实践过程中深刻影响到了学生的思想观念、学习效果、行为习惯等各个方面。教师确立五育素养融合的观念，会在教师和学生交流互动过程中产生强烈的共振，以点带面，从而有效培养学生的五育素养融合的意识，帮助教师和学生更好地在学科教学过程中有效开展学习，促进学生的全面健康发展。教师树立五育素养融合观念，明确五育素养融合对于学生全面健康发展的重要作用和意义，有助于教师进一步提高学科教育的格局，以更加全面的教育视角去认识、看待、分析传统教育素养发展中的问题，不拘泥于传统教育人才培养的某一种教学方式、道路或某一种办法，开展更加高质量的教学活动。

教师是学生在学习生活中的密切接触者。由于教师角色的特性，学生在学习生活中的意识看法大部分源于教师，对于学生而言，小到教师的言谈举止，大到教师的学习习惯，都是对学生的一种示范，加之建立在良好师生关系基础上毫无条件的信任，从行为到意识，从外到内，学生都会对教师进行一定程度的模仿和顺应。这就是《学记》中提出的"亲其师，信其道；尊其师，奉其教；敬其师，效其行"。教师可以充分利用自身的角色特性，从细节入手，引导学生实现自身的全面发展。

(二)交叉学科融合

中学地理学科全息育人研修要求在研修内容中进一步实现与交叉学科的融合。学科交叉融合,即多学科交叉的融合,涵盖了多个学科的交叉、学科的融合,是通过构建协调发展的交叉融合体系,打破与传统交叉学科之间的壁垒,促进各学科的融合,促进多学科多形式的交叉。

地理学是一门主要分析研究地球表层的人文地理要素、自然地理要素及其相互关系的综合性基础科学,本身就具有较强的区域性特点,再加上地理教学内容广泛,包括了地质、气候、水文、土壤、生物、人口、城市、经济等,因此地理是一门高度综合的学科。地理作为一门学科以其独特的学科结构特性成了诠释各学科间密切联系的最好实践案例。教师通过将地理与语文、数学、物理、化学、生物、历史、政治、美术等学科知识进行渗透与融合,可以在丰富地理课堂教学内容的同时培养学生的创新能力。

而中学地理教师由于自身学科背景和学习经历的不同,对于交叉学科内容的掌握程度差异较大。要实现中学地理课程的交叉学科融合,必须在教师赖以成长的研修活动中体现出来。而在研修过程中的交叉学科融合也包括了两个方向:一是学科内容交叉的知识型内容研修,例如中学地理常与物理、化学、生物的相关知识融合;二是对于课程内容呈现途径交叉的研修,例如在课堂教学中课程内容呈现过程常使用计算机、美术、语文等学科的能力。

(三)多元方式融合

中学地理全息育人学科研修不要求按部就班,更不能生搬硬套,它作为学校工作的一部分,虽然有具体的规范性安排,但可以依据情况灵活调整。

全息育人研修在人员组合、场所安排、指导者、内容设计等各个方面都具有充分的灵活性。在全息育人研修的过程中,研修人员可以是进行集中的培训和学习,也可以是分散的教师个体进行"一对一"指导和学习;研修场所可以在学校内,也可以在学校外;研修指导者可以是专职的培训师,也可以是教师间的相互指导和学习;研修内容可以是教师提前确定的,也可以是现场生成的。因此,全息育人研修不是完全固定程序化的,而是紧紧围绕学校教师的工作实践,以促进教师在学校的工作和生活中学习成长和提升综合能力为基准。

中学地理全息育人学科研修应以学校和每位教师的实际情况和需求为主要研修的起点,灵活应对,有的放矢,分类组织指导,分层组织实施,不搞"一刀切"。针对不同的学校,制定不同的校本研修侧重点和策略,形成不同的校本研修特色;针对不同年龄层次的教师,确定不同的校本研修目标和活动内容;针对不同专业和年级的教师,制定不同的校本研修目标和难度,设计不同的校本研修活动形式;针对不同的校本研修目标和主题,采取不同的校本研修内容和方式。这些灵活的策略,能够促使所有的教师都可以有收获和提高。由于每所学校的办学管理水平和每位教师的专业能力都存在着较大的差异,实际的需求也都会有所不同,因而对于研修不要单纯拘泥于一成不变的研修范式,遵循同样的原则和程序来组织和开展,而要对具体情况进行具体分析,灵活地应对。

中学地理全息育人研修是需要针对不同年龄和不同层次的中学地理教师来进行制定其培养目标,提出不同的全息育人发展的要求,合理地分层组织实施,助推其加速成长的。每个人都有其长处与短处,教师长期在一所学校任教,对于相互之间的长处、短处都十分了解。对校本的研修可以充分激发中学地理教师的创造性和潜能,使得教师能够互相学习,取长补短,共同提高。例如,年轻地理教师教学经验不足,不能很好把握课程进度和难度等,经验丰富的教师可针对这些问题对年轻教师进行指导;年纪较大的教师对于现代教学技术的掌握和应用能力可能较为薄弱,年轻教师也可以手把手地指导他们。孔子曰:"三人行,必有我师焉。"只有教师间相互学习,取长补短,方能进步得更快。

二、中学地理全息育人研修的原则

(一)整体性原则

中学地理全息育人研修必须严格遵循整体性原则。整体性原则的基本含义主要是先着眼于整体,分析整体,再着眼于分析部分。先看整个全局,再看局部;先看整个全过程,再看某一阶段;先看长远,再看当前。具体到中学地理全息育人研修,就是把整个中学地理全息育人研修的课程内容和过程看作由中学地理教师的素养和能力共同形成的有机整体,从整体与部分之间相互依赖、相互制约的有机关系中来对中学地理教师进行全息育人研修的课程设计以及执行。

教师的研修课程是由许多具体的实践性教学理论与教学实践技能共同结合起来的,它们之间相互联系,互为基础,形成一个有机整体。同时,参加研修教师的理念转变是一个从低水平向高水平逐步发展的、循序渐进的实践性过程。这就要求研修课程的设计者在研究设计课程时必须始终采取整体与分段相结合的课程设计原则。

在注重整体设置培训课程的同时,还应注重分段目标的细化和分段课程的设计。除了注意遵循整体、有序的原则,还应注意教师专业发展的内在规律,以及培训内容分段版块之间的内在联系,前后协调统一,环环夯实基础,这样才能保证培训的系统性和分段性。例如在课程设置中可以先安排师德师风建设、学习认知理论、学科前沿理论、基础性知识等方面的课程,再安排教育教学基本技能、教学管理技能等方面的技能培训,最后进行教学活动技能、培训专业技能的展示与指导等实践课程培训。这样的培训课程设计,既保证了课程设计的整体性,又注重了分段课程的阶段目标和任务,强调了培训课程内在的逻辑顺序,可以为发挥培训的整体系统功能提供有力保障。①

(二)综合性原则

中学地理全息育人学科研修必须遵循综合性原则。综合性原则是指在设计和组织研修活动开展的过程中,必须以促进教师五育综合素养的均衡发展为研究目的,围绕某一课程的主题或者某个方面,以教师的教学经验为理论基础,配合其他的能力、兴趣和实践需要,在全息育人研修活动中促进教师的多层次、多角度均衡发展。

教育教学活动具有复杂性,教师在教学过程中需要调动知识、能力、态度等多种要素,并在各要素间互相协调中完成教学。很多研修活动的目标偏重于单一的教师技能的提升,忽视了教师在教学双边活动中也有内在发展的需要,进而忽略了教师的专业发展。要素之间紧密联系、互相作用,不是简单地相加,而是具有很高的融合度。基于此,教师专业发展是个动态的过程,教师的价值认同、教学观念、职业态度、学科基础知识、教学技能等时刻都在不断调整、变化。随着教师的专业发展水平不断提升,教师的整体素质和教育的整体水平也在不断提升。因此,在设计教师研修课程时,应当具有全局观念,把夯实教师整体基础、培养教师队伍的整体素质作为基本要素,并在研修实施时将其贯彻到各个环节中。

(三)参与性原则

中学地理全息育人学科研修必须严格遵循参与性的原则。所谓参与性原则,是指要以教育者和受教育者双方平等参与为基本条件。一方面,要求研修活动组织者平等地了解和参与;另一方面,要求所有参加研修的教师都充分地了解和参与。

教师的反思、同伴的互助、专家的引领是教师参与研修的三个侧重点和核心要素。教师对教学实践的反思是参与研修的重要理论基础,是促进教师专业发展的重要前提。通过同伴的互助,同伴提出的意见和建议将帮助教师自身形成对教学实践行为交流反馈的良好机制。教师之间的广泛交流是提高教学能力最有效的方式,但是处于同一教学领域、同一技术水平的教师交流和反馈不能对教学实践问题进行广泛而深入的

---

① 朱福荣.浇根式改善型教师培训[M].重庆:西南师范大学出版社,2016:44.

研究,还需要相关专业技术人员、教研工作人员以及中小学教育一线的优秀教师多方参与交流讨论,进行教学专业的引领。

(四)发展性原则

中学地理全息育人研修必须严格遵循发展性原则。发展性原则不仅要充分关注教师初步形成的基本综合素养和心理品质,而且还要充分考虑当前教师发展的重要性,特别是分析在该发展阶段所出现的特点,这对于教师研修的发展具有重要指导意义。

教师专业发展是一个周期性、螺旋式上升的过程,往往要求教师经历从"入职教师"到"合格教师"再上升到"风格化教师"这样的一个漫长的磨砺过程。教师的成长和发展离不开不同的形式、不同知识层级的教师专业研修。这里教师研修活动最核心的目的就是培养和提升教师的专业素养和职业道德素养。教师专业发展的实质就是教师能够内化作为教育专业所必需的各种知识、技能、价值、态度的统一发展过程。教师专业发展还应该要着眼于促进教师的健康全面可持续发展,解决以往只注重于局部的发展问题。

教师专业发展的最终目标是促使教师不断地适应变化的教学实践环境,不断地增长其专业能力,从而更好地胜任其角色,进而更好地达到自我实现。教师在现实职业发展的压力下所产生的专业发展需求变化是推动教师专业能力发展的主要驱动力,也是教师研修的关注焦点。在基础教育课程改革的大背景下,教师必须着眼于其自身现有的专业素质与课改之间的差距,因此必须引导教师尽可能地理解和适应课改的要求,同时也要充分考虑教师对专业能力发展的要求。

第三节 中学地理全息育人研修模式

模式一词的范围甚广,它清晰标志着事物之间所存在的各种规律关系,而这些规律不仅仅是简单的图像、图案,更是思维的一种表现方式。模式所强调的规律是形式上的规律,而非实质上的规律。简单地说,就是从不断重复出现的事件中抽象得出的规律,例如对解决某一类问题的实践经验的总结。研修模式其实就是对解决某一类教学问题的方法论。中学地理全息育人研修模式即在全息育人研修理念下所形成的中学地理学科研修的基本做法,本节将着重介绍以下四种全息育人研修活动设计模式。

一、主题式研修模式

中学地理全息育人研修是解决实际教学问题的研修,而发现与生成研修主题是研修活动的先导。在确定的主题驱动下,将主动权交还给教师主体,从而激发教师的主动性与积极性。

(一)主题式研修模式的定义

主题式研修模式是建立在建构主义理论框架下的一种研修模式,指在教师研修过程中,参与者在活动组织者或专家的引领帮助下,紧紧围绕一个共同的研修主题,在教师主题研究强烈动机的引导和驱动下,参与者可以在学习研修的过程中进行创造性的探索,通过对现有的研修理论与实践资源的整合和利用,进行教师自主问题研究和教师互动讨论的一种研修活动。[1]在这个过程中,教师会不断获得成就感,从而激发他们更大的研修欲望,进而形成一个良性的开放式循环,培养中学地理教师独立探索、协调合作、勇于开拓的专业化成长能力。

主题式研修模式是在充分分析中学地理教师已有的教学水平、学习能力、学习动力的基础上确定研修主题,结合地理学科教学实际而构建的一种教师研修模式。主要由主题、模块、内容、方式四个部分所构成[2],其中最为重要的就是主题的提炼。

1.研究主题的确定与生成

研究主题要立足校情,针对三个层面的研修实际情况进行综合分析,并加以确定。第一,研究主题是对教育政策与发展的分析,即根据当前国家和有关地方执行教育政策与发展的要求,结合本校落实在教育政策过程中的困难与突出问题,确定研修的重点与主题。第二,研究主题是对学校执行教育政策过程中可能出现的重大难点与焦点问题的分析。第三,研究主题是本校教师在教学中可能遇到的实际问题与对专业发展的基本要求等的确定与分析,并且此方面的分析研究应该是生成研修主题的重要理论基础,也是研修活动应该重点研究解决的关键问题。

2.主题的表述

第一,主题表述的规范。通常认为主题的表述方式应该简洁、明了,直奔陈述最核心的问题,尽量少用不必要的修饰语,尽量不用任何比喻或隐喻,尽量不用否定的方式

---

[1] 林颖,李闽,林宝森.引领式+任务驱动式教学模式在中学师资培训中的应用——福建教育学院体育与艺术研修部2010—2011年普通高中教师远程研修综评[J].福建教育学院学报,2011,12(6):70-73.
[2] 吴伦敦,葛吉雪.中小学教师主题式培训模式:内涵与结构[J].教师教育论坛,2016(1):86.

进行陈述,字数最多不能超过20字。第二,主题表述的方式,即一个主题应以什么样的陈述句式进行呈现。通常认为主题的呈现陈述方式大致可以分为这样几种。一种是肯定式的主题陈述句,其中陈述所涉及的主题和核心概念应该尽量控制在两个以内,以免因核心概念过多而使读者无法准确地厘清其相互关系,如"初一世界地理教学策略"。另一种陈述是正向的疑问句,如"高中地理课堂如何开展小组合作学习?"。还有一种语义概念式,但这种概念表述语义的方式通常会用一个副标题的形式来对其内容做进一步的语义表述,如"专业化评课——使用课堂观察量表"。

(二)主题式研修模式的特点

主题式研修模式的特点是以研修任务为主线,研修组织者为主导,研修参与者(教师)为主体,颠覆了往常"专家讲座,教师听讲"的模式,改变了教师被动接受灌输的状况,创造了教师主动参与、相互交流协作、探索创新的新型研修模式。

通过实践发现,采用主题式的研修模式有利于充分激发和培养教师的学习兴趣,培养和提高教师在实际教学实践中研究和分析教学问题、解决实际问题的意识和能力,提高教师的自主组织学习及与他人沟通协作的意识和能力。

(三)主题式研修模式的原则

主题要具有适切性。即要明确体现出对象的适切性和问题的适切性,具体而言就是要体现出教师在确定主题方面应该达到问题解决的程度,这样的程度通常可以有四个水平,即了解、理解、掌握和运用。

主题要具有可操作性。即要明确实现主题目标的手段与途径,有较为明确的导向,通常可以用"建议通过方式或途径"这样的表述方式。但不意味着将操作的全流程以类似于使用说明书的形式告知教师,而是让教师在此路径上有充分的自我探究的空间。

主题要具有明确导向性。即要充分体现和突出主题这一个过程实现目标的重要性,促进教师对目标产生新的认识和思考或新的实践行动。对目标的具体表述一定是要尽量做到语言简练,逻辑清晰,直截了当,避免过多讲道理或对目标做过多的解释。

(四)主题式研修模式的程序

中学地理主题式研修模式的基本操作程序如下。

第一,确定研修主题。主题式研修要根据研修参与者的实际问题和可利用的研修资源等确定研修的主题。设计者在确定研修主题时,一方面要与中学地理教师进行沟通,了解教师的实际需求,共同确定研修主题;另一方面也要紧扣时代脉搏,特别是教育改革发展的方向来确定研修主题。

第二,整合研修资源。确定了研修主题之后,再进行研修课程的设计,在此过程中,要做到理论与实践、系统性与碎片化、地理学科课程与其他学科课程的融合,充分发挥现有资源优势,进行研修专家团队的建设。其中专家团队的建设要做到理论专家、培训专家、中小学一线教师相结合,优势互补,相互促进。

第三,实施主题研修。这是主题研修的核心。组织者根据确定的主题和课程设计,对中学地理教师实施研修活动。在研修实施中要注意两个方面:一是对研修形式的多元融合,不局限于某一种形式,要服务于教师主体,激发教师的积极性、主动性;二是要关注生成性的问题,在教师对某一主题的深入探讨过程中要注意记录和总结,并形成新的研修资源。

第四,总结交流提升。每一个研修主题结束后都要进行总结交流,总结的主体是教师,交流的形式尽可能多样化。更为重要的是,要从研修的评价、总结与交流中去发现研修问题,生成新的研修主题,为后续研修提供启示和参照。

二、情境体验式研修模式

中学地理教师研修作为地理教师的职后专业化学习,是一种自主的学习,也提倡在具体的情境中进行。情境体验式的研修方式贴近教师的工作场景和实际生活,更易被教师接受和喜爱。

(一)情境体验式研修模式的定义

情境体验式研修模式主要是根据教师的具体教学需要,模拟、创设出教学的真实事件和情境,并通过让参与者身处其中进行学习、讨论、研究、体验等,从而使参与者找到有效解决情境问题办法的研修方式。教学情境体验能够用于帮助参与教师对教学中所发生的教育事件,以及教学情境问题中参与教师行为产生的缘由和参与教师行为产生的具体思维方式进行反思。

情境学习理论的观点指出"学习是情境性的认知,知识的学习离不开知识运用的情境,离开情境的知识学习,只能是记忆一些毫无意义的呆滞的知识,不可能产生迁移和实际运用的效果。"[1]这种脱离教育情境还原理论的学习,只会有限度地让更多的参与教师死记硬背,不能让参与者吸收和理解并内化其中真正的意义和内涵,更不会让教师的教学实践和行为真正发生改变。基于情境学习和还原理论的教育教学案例都是充满教育

---

[1] 黄英.教师的学习特征与在职培训[J].教育探索,2008(1):138–139.

情境的,在这种教育实践情境中能很好地唤起更多参与者的兴趣和回忆,能很好地激发他们的反思。基于情境的教师研修能够很好地帮助更多地参与教师对已经在实践中发生的事件和原有教学实践情境中的案例进行反思总结,这里的反思,不仅仅是对教师在教育实践中原有的事件,或者对教学实践经历的具体过程和结果进行反思,更重要的是对其行为产生的缘由和教学实践行为产生的教学思维和方式进行反思。

(二)情境体验式研修模式的特点

1.情境体验式研修具有很强的趣味性

所谓情境式的体验就是教师要将比较枯燥的说教以生动有趣的教学方式充分展现出来,激发教师的学习探究兴趣,调动他们的创造力和思维,培养他们的科学探究创新意识。捷克著名教育家夸美纽斯认为:"学习和知识的开端永远是从视觉感官接触得来的。"在情境体验式研修的过程中要以各种灵活多样的教学方法,去刺激参与教师的视觉感官和神经,引发学习兴趣。

2.情境体验式研修具有简明性

研修的情境,都是组织者经过精心设计与选择的,其主题集中、明了。通过鲜活的情境,从视觉、听觉、思维、行为等方面给参与教师以冲击力,使他们在短时间内产生感性的认识,进而引发理性的思考。

3.情境体验式研修具有真实性

无论是模拟情境的角色扮演,还是教学片段的情境还原,都是教师们亲身经历和课堂中真实发生的某个场景。把真实情境中呈现的事件和教学片段作为研修资源,能让教师有一种亲切感、共鸣感,能很好地引导他们去经历、观察、思考、辨别,通过真实情境的还原认识问题的根源和本质,从而达到解决问题的目标。[1]

4.情境体验式研修具有启示性

进行情境体验式研修的目的就是通过对情境的体验,唤起教师的实际参与、互动意识和研究兴趣,启发思维,有利于进一步的研究和探讨,因而在研修中所需要创设的情境必须要具有较强的启示性。

(三)情境体验式研修模式的原则

情境体验式研修基于教育教学中的真实情境进行角色扮演,基于教学中的某个真实片段进行情境还原,以引领教师分析、讨论,找到解决问题的方法,从而实现教师教学行为的改善和能力的提升。在具体的研修操作中要注意以下几点。

---

[1] 朱福荣.浇根式改善型教师培训[M].重庆:西南师范大学出版社,2016:97.

1.创设情境要小

组织者精心设计的角色扮演或情境还原,选择的情境要小。因为情境大了,教师达不到要求,就会失去信心。例如,"在中学地理课中进行爱国主义教育"这样创设的情境就比较大,教师无从下手,也不知道如何进行角色分工、扮演。又如,让教师还原"20分钟的新授课"片段,执教教师在没有学生的情况下很难还原,也不愿意花这么长的时间来还原,更谈不上对片段的分析与讨论。所以在情境体验式研修中,选择的情境要小,时间要短,一般来说5分钟左右为宜,这样才有利于教师们的分析、讨论。

2.多元化的情境创设

情境体验式研修选择的情境,可以是优秀的教学情境,也可以是有病理的教学情境。好的情境,要通过情境体验,引领教师分析出好在哪里、为什么好、对今后的教学有什么启示,并进行模仿。不足的情境,要引导教师通过讨论交流,明白问题在哪里、问题的根源是什么、怎么改进提升。

3.不同情境对比分析

对于角色扮演的情境,在研修过程中可以让两个不同的组选择同一情境进行扮演,类似于同课异构。这样更能引发教师的思考,也能激发教师的创造性,使情境更加鲜活,更有利于教师的分析、讨论。同一情境的差异展现,有利于教师进行情境对比,促使他们发现问题。

4.及时调整矫正

情境体验式研修,就是通过情境创设让教师亲身经历交流讨论、情境对比、总结反思等过程,在专家的指导下找到问题症结之所在,及时矫正,从而达到解决问题的目的。在实际操作中,还可以把达成共识的解决方法,再一次进行情境还原,使参与者在情境中加深理解,真正内化于心,外化于行。

(四)情境体验式研修模式的程序

第一,情境创设准备。情境创设需要组织者与参与者的共同努力,选择适合的情境是关键。好的情境具备以下几个特点:一是情境的主题明确,围绕一个中心进行的;二是情境故事线索清楚;三是具有一些关键性、标志性的事件;四是在情境过程中的地理资料丰富翔实。

第二,体验和研究研修情境。这是情境体验式研修模式的核心,这一环节一般做到三点:一是深入体验情境,感受情境创设中的地理事物和地理现象;二是找到情境中所反映的突出地理问题;三是结合情境中所提供的资料和已有知识背景对该地理问题进行研究和讨论。

第三,体验研修总结。情境体验中设计者与参与者的角色定位是平等的。在情境讨论中,需要充分地展示过程性的资料和分析讨论思路,并从理论研究的角度做好引领。参与的教师往往能从既定的研修情境中体验、发现意料之外的地理问题。

三、工作坊研修模式

人际协作和沟通能力是21世纪中国公民的重要核心文化素养之一。教师的研修十分重视沟通和协作,提倡在教师团结协作中沟通、分享。在参与研修的过程中,通过建立协作工作坊,能有效地分享参与教师的经验,发挥其差异优势,有效地激发教师的内驱力,促进参与教师提高知识的广度和深度。工作坊研修模式提倡为教师构建起工作和学习的共同体,营造和谐融洽的学习环境和氛围,增进教师与同伴之间的各种情感,互动交流,实现知、行、情的统一。

(一)工作坊研修模式的定义

工作坊的这个概念最早出现在教育学和心理学的两个领域。20世纪60年代,美国著名的风景园林师劳伦斯哈普林将"工作坊"的基本概念和应用引入到了都市计划之中,使其逐渐发展成为不同立场、族群的都市人们共同思考、探讨和相互沟通交流的一种生活方式,成为一种能引导和鼓励人们积极参与、创新及探索找出有效解决问题对策的工具和方法。后来工作坊被逐渐引入中国的教育教学和教师研修的领域,形成了目前比较流行的研修模式之一。

工作坊教师研修是一个多人共同参与的场域与实践过程,参与的人员在共同的研修过程中往往能够相互通过对话进行沟通、共同地思考、进行调查与综合分析、提出解决方案或进行规划,并一起参与讨论如何让这个解决方案进一步完善,如何付诸实践,以及在采取行动后如何反思、改进。中学地理学科教师研修的工作坊是以一名在相关学科课程领域比较富有经验的教师为学习核心,10~20名教师参与。工作坊地理研修团队在该学科教师的共同指导下,通过活动、讨论、训练等多种的方式,共同参与探讨地理学科课程教学的某个主题。在进行中学地理学科工作坊研修的教学实践中,教师研修的模式往往实际上是以一个工作室的形式组织开展的。

(二)工作坊研修模式的特点

1.强调整个团队的领导作用

工作坊作为学习共同体组织,是一种基本的组织单位,是一个组织研修学习活动的全体参与者为了更好地实现共同的目的或完成学习任务,围绕共同的学习主题,通过协作参与研讨、互动、对话交流等多种方式为参与者构建一个内部和谐、资源共享、相互促进的学习团体。它更加注重工作坊内部成员之间、共同体之间的学习知识传递、学习经验分享,在提高成员个体的同时提升整个团队的综合实力。

2.注重参与者过程的交互

工作坊研修强调参与者在传递知识、训练技能、培养情感的过程和实践中的互动。它以建立于资源共享之上的研修小组协作互动为基本的策略,以追求教师参与轻松、丰富、快乐、有意义的研修为基本的宗旨,通过与同伴间的相互沟通交流、相互的倾诉唤醒参与教师对专业素养的需求,通过与同伴间的相互帮助,共同建构起工作与学习的共同体,实现教师的专业培养与发展。

3.关注参与者情感的表达和体验

学习活动是现代人的一种生活方式,内心的体验是参与者形成认识、转化为行动的原动力。工作坊研修提倡在和谐氛围中让教师充分享受自我升华的学习过程,教师只有在享受学习过程中才能获得"众里寻他千百度,蓦然回首,那人却在灯火阑珊处"的感悟和体验,才能真正促成教师自身理念的转变和重建。

(三)工作坊研修模式的原则

1.工作坊的组建方式要科学

组建工作坊要严格遵循以学习任务为中心的共同体原则,同时要注意严格控制成员的规模和数量,以6~8人左右为宜。工作坊内部根据成员进行任务和角色的分工,例如总结者、研究者、组织者、记录者、支持者、观察者等。同时,可以按照对活动内容和主题的实际需要让工作坊成员之间进行各种自由组合,以达到增强协作互动的学习效果。

2.协作氛围要和谐

行为是学习者对环境刺激所做出的反应,安全舒适的环境能让人的轻松思维更为活跃。高效的协作互动离不开和谐的氛围,和谐的互动氛围有利于研修效果的提升。工作坊成员在研修期间可以通过各种趣味性的热身活动,如健身操、小魔术、小分享等,调动成员的情绪及情感状态,增强其安全感和归属感。

3.互动环节要完整

互动的过程要求完整,从开始的任务分配到最后的总结、反思,互动环节要一直贯穿其中。注意对工作坊成员互动成果的提炼,要引导成员们将互动的成果进行归纳、提炼和展示。成员间的展示交流一定要务实,不说空话大话,让成员感受到实实在在的收获。

(四)工作坊研修模式的程序

浙江师范大学的杨光伟老师将整个工作坊的实际操作与其运行流程分为六步,即信息的分享、主题的设计、意见的发表、实践理论教学、研习教学、成果的展示。

一般而言,工作坊团队课程研修的前期操作通常会被划分为以下三个主要的阶段:第一,前期的设计阶段。工作坊团队参与者准备大量的学习资料,通过分享整合现有的资料,参与者在平等的条件下互相沟通、讨论、交换意见,从而有限度地反省自己的学习行为。第二,过程中的实施讨论阶段。通过对前期主题的学习进行创造性的深入探讨,形成广泛的共识,逐渐建立新的学习价值观与标准。第三,后期的推进学习阶段。通过团队中成员间就不同的价值观、立场进行阐述探讨的成果,并与其他成员进行小组的交流,多角度地分析、巩固前期学习的成果,寻求今后的努力发展方向。

四、"五九问题"式研修模式

(一)"五九问题"式研修模式的定义

所谓"五九问题"式的研修工作模式是在多年的实践基础上所研究和总结的,其中"五"即研修人员围绕问题开展研修的过程共五步,"九"即研修的模式共九种,这一模式以研究发现存在的问题到结合实际需要形成特色课程再开展研训,最后实践效果检验为研修工作主线,旨在努力促使教师和研修人员的工作由单一的指导型向研修互通型转变。

"五九问题"式研修活动的主要形式有以下九种。

1.撰写教育研修叙事

撰写教育研修叙事,又叫撰写教育研修随笔,就是由教师们撰写有关自己的教育研修教学的真实事例和教育研修感想。这类的叙事,围绕研修的主题可以被认为是一项有意义的研修教学活动,一个非常有意义的研修设计。撰写新时代教育的叙事是一种非常具有活力的研训教学方式,它对于教师的知识和理论的功底要求不高,适用性强。在教师写新时代教育研修叙事中,教师们往往可以生动地阐述自己对新时代教育的深刻理解,叙述自己对新时代课堂理念的深刻感悟,其中所需要展现的新时代教育思想和智慧、课堂理念和艺术、教育实践案例和对教育实践中遗憾之处的深刻反思,往往都能在学生和教师的群体中迅速引起广泛的影响和共鸣。

2.教学实践反思

教学实践反思是指一个教师对自己的教育思想及其教学实践行为或认识所需要

的科学分析和判断进行思考,是推动一个教师专业生涯发展的核心驱动力和要素。美国的心理学家波斯讷曾在书中提出,教师的专业生涯成长过程计算公式为:教学经验+实践+反思=成长,即教师的成长是一个不断进行纠错和完善的过程。我国的教育心理学家林崇德也曾在书中提出,优秀教师=教学实践+反思。

3.临堂问题诊断

学校组织当前骨干教师进行临堂答题听课,提炼当前教学骨干教师的具体特点和自身长处,加以分析研究和推广,找出教师的难点问题,及时地加以解决,总结和提出教师的一些具有共性的大难点和小问题。

4.课例的研讨

课例的研讨即从具体的角度把课例研讨作为载体,通常可以采用"多人同备一人上"和"同课异构"两种教学模式。"多人同备一人上"是先由教师确定一节课的主题,指定一个专业学校的教师,然后集体进行备课,把一节课的内容做精、做细,最后一人上课进行展示。"同课异构"是两个学校、两个专业的教师上同一个学校的课题,进行上课、听课、评课,然后经过多次反复的理论交流与评议,形成有理论共识、有实践个性的课堂教学实施方案。

5.课堂教学专题研讨

课堂教学专题研讨就是对课堂教学具有特点和共性的具体教学问题和方法进行聚焦性的研讨。例如,在备课的过程中,教师要充分显示学生思想的轨迹,留下修改的痕迹,化之为学生成长的足迹。在教学的过程中,在具体地组织课堂教学中,学生的投入状态一直是课堂教学的重要基点,提高课堂教学实效的关键是学生投入状态的参与度和教师的参与面;具体的组织课堂教学的方法和策略主要是"不需不教,调控需要",而对教学方法的运用和选择要"因类而择,扬长顾短"。课堂教学的各个环节教师要特别注意"启、承、转、合"。"启"主要是指恰当的课堂教学切入点;"承"主要是指充实的课堂教学知识体系架构;"转"主要是指一个闪亮的教学创新突破点;"合"主要是指完美的教学系统性。

6.优秀教师示范课程观摩

就是邀请优秀教师做一堂观摩课,然后邀请全体的教师围绕课例进行分析、研讨、反思、交流。操作教学流程:首先由优秀教师做课,做课教师讲课,谈教学的设计与反思,然后围绕着对课例的分析进行了研讨交流,教师达成共识,对教学设计进行优化,最后实现内容的共享,推广成果。通过开展这项教学活动,可以在全体教师中起到资源共享,以点带面的推动作用。

7.微型课程讲座

每次研修活动的结束后,针对研修的侧重点和主题,进行一次微型的讲座,主讲人一般可以是教研员和学校的骨干教师。

8.学校学科采用视频式和录像式会诊

就是先将学校学科教师所在课堂教学和视频会诊研修过程实践中的视频录像整理出来,或者直接借用学校学科名师的视频录像来授课,然后针对学校教师们在课堂教学研修过程实践中的具体实际教学问题,在教师课堂教学研修中同时进行视频回放,例如视频录像,微格视频分析,专题研讨,这种传统视频录像会诊教学形式的几个最大优点是教学过程可以具有较高的图像真实性、开放性。

9.计算机网络技术研修

计算机网络技术研修是同时使用计算机网络作为主要技术支撑,以网络技术探究、交流、研讨等作为主要的学习内容的研修学习形式,所需要采用的平台和载体主要有网络博客、论坛、QQ群、电子邮件等。其优势:①学习不受时间和学习人数的限制;②学习信息具有多样性;③学习和交流的内容范围广;④学习的氛围轻松,双方的顾虑小。

(二)"五九问题"式研修模式的特点

研修的问题目标明确。有意义学习理论认为"人类的学习是以原有的知识经验状况为基础的,学习者已经掌握了什么是影响学习者学习最为重要的因素"。"五九问题"式研修是一种有目的的学习,它不是漫无目的地走流程,而是以教师自身的问题和发展作为研修的基点。

研修活动的方式灵活。在研修活动中,根据研修的主题和中学地理教师的需求,可以实行网络个体研修、分组研修或者是二者相结合的方式。在研修过程中,可以听取专家、资深教师的报告或讲座,也可以是沙龙式的相互探讨,还可以进行课例观摩下的交流,或是同课异构后的交流。

(三)"五九问题"式研修模式的原则

1.研修任务要明确

"五九问题"式研修有明确的目标指向,要完成相应的研修任务。只有教师将任务与活动相结合、需求与交流相结合、交流与问题相结合、问题与思考相结合,其研修活动才会有真正的、实质性的收获。

2.互动交流要高效

由于中学地理教师在认知能力、研究方向、观察视角和思维方式上的差异,同样的研修方式,教师个体的反应会有所不同。高效的交流是有主题的交流、有共识的交流和有意义的交流。在交流中要加强过程引导,确保交流始终围绕特定的主题进行。

3.反思探究要持续

"学而不思则罔、思而不学则殆"有效的研修还应该是带有反思的考查。教师对问题的反思越深,研修的效果越好,研修的收获越多。提倡中学地理教师以理性的视角去看待日常教学中的问题,对研修中获取的信息进行深刻的反思并探究背后的原因,以便修正自己的教学行为。"好记性不如烂笔头",参与的教师要注意在研修的过程中认真做好笔记,将其所见、所闻、所思详细记录。

(四)"五九问题"式研修模式的程序

"五九问题"式研修的教学模式具体操作包括三个流程:研修课程的设计、开发和实践。通过听课、调研、访谈等多种方式及时发现研修教师在技术上和基础知识上可能存在的一些问题,有针对性地设计和开发自己的研修教学课程,通过各种研修活动来解决存在的问题,进而通过各种实践活动检验问题和研修的效果,及时地反馈研修信息,进行问题分析、处理,从而在实践中发现新的问题和关注点,聚合知识形成新的问题和研修教学工作思路。

第四节 中学地理全息育人研修案例

一、活动策划

校本研修主要目的是解决教学中普遍存在的问题并为教学这一核心所服务。当教学效果与教学目标存在差距、不一致时,我们就需要找出教学实践中存在的问题、教学中遇到的困惑,也只有以实实在在的问题和困惑为目标才能将教师研修落到实处,避免空洞无效的研修活动。

作为研修活动的策划者,首先是一位"学者",要能准确把握我国教育教学改革的理念和目标,清楚各层次教育教学的课程标准,明确具体的教学任务和评价标准,所以对其有一定的理论素养要求。其次策划者还是一位"医生",能为教育教学活动把脉诊断,找出问题所在、问题根源,还能根据不同教师群体的需求开具"药方",尤其要考虑教师年龄、学历、工作环境等差异。

1. 选主题,定内容

作为活动的策划者,平时要注意搜集教育教学中遇到的问题。问题是普遍性的,并具有一定代表性,而非个体的、个性化的问题。然后通过组内教师一起就原因、初步解决方案研论形成思考,并将其凝练成一个教研主题。主题的选择尽可能是小切口的,能真正解决实际教学问题的。

2. 选模式,重效果

教师研训的形式是多样化的,比较常见的形式有自主研修、同伴交流、专题讲座、课例研修,还有近年来兴起的地理学科特有的野外考察。无论是哪种,研修的效果和意义都在于改变教师,改变教学理念和意识进而改变教学行为。

例如,针对中学地理全息育人的推进和实施,在前期做全息育人的理念普及时适合选择专题讲座的形式。通过专家的讲解,让更多一线教师初步认识和理解什么是全息育人,为什么要开展全息育人以及具体的学段、学科怎么开展全息育人等,此时参加研训教师更多的就是听取讲座、与专家交流以及撰写学习心得等,以达到改变教师教学理念的效果。

3. 集反馈,写反思

研修活动结束后,要向参加研训的教师们收集活动意见或反馈,以便后期活动的开展更有针对性和时效性。收集意见的方式比较多,例如谈话法、调查法。在网络条件下,比较通用的是扫码选填反馈意见。一方面,对每个观点的人数有清晰的数据显示,另一方面也避免部分教师不好意思当面反馈的尴尬。结合反馈的数据和文本信息,策划方或者组织人要积极撰写研训反思。

二、活动组织与实施

活动组织与实施因研训模式、活动形式而有较大差别,其主要内容包括研修场地、专家或授课教师、研修内容和时间、研训任务以及人员分工等。下面就以"某区全息育人研修活动方案——推进情境体验式教学模式在全息育人中的实施"活动为例,说明如何实施研训活动。

【案例】某区全息育人研修活动方案——推进情境体验式教学模式在全息育人中的实施

一、活动背景

在党和国家提出"立德树人"的背景下,我区着力思考如何落实全面育人,并创造性地提出了全息育人的教育教学理念,并在幼儿园、中小学逐步推行。按照中学地理课程标准的要求,我区地理学科尝试采用情境体验式学习来达到全息育人的目标,即教师是情境的创设者,学生是情境的体验者,在情境创设、问题设计、学生活动中渗透德智体美劳的五育内容,达到五育融合的教育效果。而中学地理教师面对新的教育教学变革,及时积极更新教学理念、改变教育教学行为,努力成为一个全息育人的教师已经成为面临的共同挑战和使命。

二、活动目标

1. 通过专家讲座,参训教师初步认识中学地理全息育人的提出、理念、体系建构及含义。

2. 通过专家引领、范例展示,呈现中学地理全息育人下的情境体验式教学,使教师们初步感受与传统课堂的差异。

3. 通过授课专家对本节课的教学设计阐释,理论联系实际,理解情境体验式教学模式的实施步骤和方法。

4. 参训教师通过观摩学习和交流讨论,能够反思总结自己的教学,切实改变教学观念、改进教学方法和教学手段,以适应国家全面育人的发展要求。

三、活动主题

情境体验式教学模式在中学地理全息育人中的实施。

四、活动形式

专家讲座、课例研修、互动交流。

五、研训内容

(一)专家讲座:中学地理全息育人概述。

1. 时间安排:40分钟。

2. 主讲人:周××。

3. 内容简介:中学地理全息育人的提出、理念、体系建构及含义。

(二)专家引领

1. 时间安排:40分钟。

2. 授课人:李××。

3. 授课内容:通过巴西被发现的故事导入,以巴西被殖民的一个重要原因——红木为线索,创设红木大礼、红木之泪、红木再红三个情境,学习巴西的自然地理环境特征。

(三)课例阐释

1. 时间安排:10分钟。

2. 责任人:李××。

3. 内容简介:结合本节课的教学设计,阐释情境体验式教学模式的实施步骤和方法。

(四)研讨交流

1. 时间:20分钟分组讨论,然后各组选一位教师做交流。

2. 组织:教研组长。

第一组:小组长A

课堂观察及评课关注点:教学目标是否符合全息育人。

第二组:小组长B

课堂观察及评课关注点:教学活动是否符合情境体验式教学的理念和要求。

第三组:小组长C

课堂观察及评课关注点:教学效果是否达到全息育人的要求和目标。

(五)专家点评

六、活动时间:2021年5月。

七、活动组织

(一)确定研修的场地、多媒体设备以及相关负责人。

(二)研修期间的拍照、摄像以及写简报的人员。

附页：

课堂观察报告
××中学地理课堂观察报告

一、背景

(一)任教教师

杨××老师。

(二)内容主题

美洲第二课时新授课。

(三)授课时间与班级

2021年4月10日上午第×节,初一×班。

(四)课程标准

运用地图和其他资料,归纳某大洲地形、气候、水系的特点,简要分析相互关系。

(五)观察者

黄××,米××,陈××,罗×,薛××,张××,邱×,杨××,包××。

(六)观察维度(视角)

1. 学生学习(学生主体性、学生倾听)。

2. 教师教学(教学环节时间分配、师生对话、教师站位、活动设计)。

3. 课程性质(课程内容、资源)。

二、课堂观察结果

(一)学生学习

1. 学生主体性

观察者:黄××。

观察对象:8位学生。

观察点:学生发挥主体性的时间、自主学习形式、学习材料、自主活动目标层次、教师引导方式。

观察结果:

(1)本堂课学生的自主活动共有7个。学生发挥主体性时间为15分钟,占课堂时间的37%。

(2)学生自主学习形式由个人活动和师生互动两部分组成,分别占比43%、57%。

(3)学生学习的材料由教材(42%)、视频(16%)和地图(42%)组成。

(4)7个自主活动的教育层次性目标分别是知识(28%)、分析(44%)、应用(28%)。

(5)教师引导方式为补充材料(30%)、提问(70%)。

2. 学生倾听

观察者：罗××。

观察对象：甲、乙、丙、丁4位学生(注：甲、乙为同桌,丙、丁为同桌)。

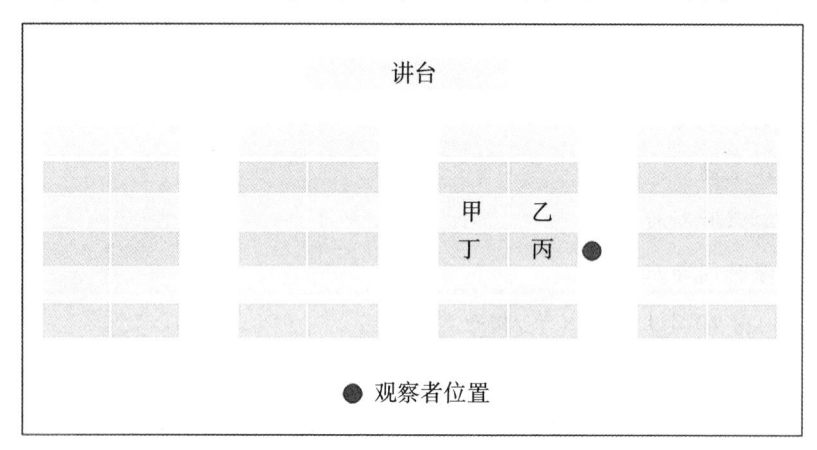

学生倾听观察示意图

观察点：倾听教师讲课的人数及时间、倾听同学回答的人数、倾听时的辅助行为(记笔记/查阅/回应)。

观察结果：

(1)甲、乙、丙3名学生倾听教师讲课,其中甲、乙倾听时间为40分钟,丙倾听时间为20分钟。

(2)4名同学均倾听同学发言。

(3)倾听时,学生的辅助行为如下：甲学生快速记录完整的笔记,有时间查阅以往知识点,小声回应教师提问；乙学生完整地抄同桌笔记,无查阅与回应；丙学生选择性记笔记,无查阅行为,回应方式多为"嗯"或者点头；丁学生没有倾听教师讲课,无记笔记等辅助行为。

(二)教师教学

1. 教学环节时间分配

观察者：张××。

观察对象：授课教师的时间分配。

观察点：教师活动时间、学生活动时间、师生互动时间。

观察结果：

(1)教师讲解、演示、归纳、提醒的教学时间为16.5分钟,占比例为41%。

(2)学生看视频、阅读教材、自主思考等自己学习的时间为13.5分钟,比例为34%,学生站立回答为4分钟,比例为10%。

(3)师生互动时间为6分钟,比例为15%。

总体来看,学生自主学习、阅读分析以及回答问题的时间为59%,并且教师在16.5分钟的讲解过程中会注意学生的学习进度,给学生思考和回答以及修改错误的时间。

2. 师生对话

观察者:陈××、米××。

观察对象:教师提问与回答问题的学生。

观察点:问题数量、引入、类型、提问模式、候答时间、回答方式、学生应答、回答水平。

观察结果:

(1)本节课一共设置了21个问题。

(2)从问题的引入方式来看,以地理图像引入问题的方式为主。其中有12个问题用地理图像引入来问题,约占总问题的57%,有9个问题用非地理图像引入问题,约占总问题的43%。

(3)问题的类型以知识性问题为主,一共是19个,约占问题的90%。

(4)从提问模式来看,以教师提问后学生共同回答和教师提问指定学生回答两种模式为主。这两种提问模式的问题,都为8个,分别占到了总问题的38%。

(5)从提问后的等待时间来看,教师候答时间以0~3秒为主。

(6)从教师提答方式来看,以追问和无评论两种方式为主。其中追问方式的问题为8个,占问题总量的38%。无评价的问题为6个,占总问题的29%。

(7)从学生对问题的应答形式来看,以学生举手回答为主。其中有5个问题是教师点名回答,占总问题的24%,有11个问题是学生自己举手回答,占总问题的52%,有5个问题是群体共同回答,占总问题的24%。

(8)从学生对问题的回答水平来看,学生基本能正确回答。其中2个问题学生回答错误,占总问题的10%,8个问题学生回答不全面,占总问题的38%,11个问题学生回答正确,占总问题的52%。

教师提问观察量表

			频次	占问题总个数的百分比
问题引入方式	地理图像方式引入		12	57%
	非地理图像方式引入		9	43%
问题水平	低水平	知识性问题	19	90%
		理解性问题	2	10%
		应用性问题		
	高水平	分析性问题		
		评价性问题		
		启发性问题		
等待时间	小于3秒		19	90%
	3秒至5秒之间			
	大于3秒		2	10%
提问模式	简单肯定		7	33%
	简答重复			
	打断或代答			
	简单否定			
	追问		8	38%
	无评价		6	29%
学生应答形式	群体		5	24%
	个体	教师点名	5	24%
		学生举手	11	52%
学生对问题的回答	不正确或偏题		2	10%
	不够全面		8	38%
	全面		11	52%

3. 教师站位及师生互动情况

观察者：杨××。

观察对象：教师与回应老师的学生。

观察点：教师站位、师生互动。

观察结果：

（1）从面向黑板的方向看，教师大部分时间集中站在讲台左侧。

（2）从师生互动情况看，左侧与中间前三排积极性最强。右侧后三排学生与教师几乎无互动。

4. 活动设计

观察者：薛××。

观察对象：教师的教学活动设计。

观察点:活动内容、活动类型、活动时间、师生参与度、学生完成度、活动探究性。

观察结果:

(1)活动内容:阅读教材北美洲与南美洲地形分布格局异同,完成P25北美洲、南美洲地形简图。

(2)活动类型:自主学习。

(3)活动时间:2分钟。

(4)学生参与度:共观察5个学生。教师发布任务后,5个学生都开始阅读教材地形图,完成简图。

(5)教师参与度:学生活动期间,教师在教室走动,观察学生的完成情况,并提示学生关注地形分布图。

(6)学生完成度:观察的5个学生中,有2个学生在限定时间内完成了活动任务,另外3个学生在教师额外给出的时间里补充完成地形简图。

(7)活动探究性:活动以学生读图填图为主。

(三)课程性质

1. 内容

观察者:包××。

观察对象:教师对教材重难点地把握。

观察点:情景创设、学生活动、教师提问人数、过渡。

观察结果:

本节课教学的重难点是地形和气候。

(1)在地形教学上:①情景的创设:教师让学生阅读课本,思考北美洲、南美洲的地形轮廓简图具有怎样的特征。②学生的活动以自学为主,阅读课本。③教师分别提问了两个学生,在提问的过程中引导学生依次看图的顺序。

(2)过渡:高大的山脉产生怎样的气候影响。

(3)在气候教学上:①情景的创设:教师借助西欧的气候图与北美的气候进行对比,分析出狭长的落基山脉对北美气候尤其是其温带海洋性气候的影响;再运用北冰洋的冬季寒冷气流图理解气流对北美中部的影响(从中有视频应用);借助粉笔盒、图片等工具阐述五大湖冰川其形成的原因。②学生的活动以自主学习课文阅读材料为主。③教师分别提问了三个学生,最后都进行了总结。

2. 资源

观察者:邱××。

观察对象:教师对课程资源地运用。

观察点:预设资源、生成资源。

观察结果:

图片:北美地形图、气候图、欧洲地形气候图;五大湖区冬季格陵兰岛地图、美洲农耕文明分布。

视频:炸弹气旋侵袭美国东岸。

文本:媒体呈现少量文本信息。

模型教具:粉笔盒、粉笔刷。

三、收获与反思

1. 教师引导的重要性

(1)积极的引导可以让学生发挥主观能动性。学生的主体性离不开教师积极的引导,教师的引导就是要让学生真正发挥主观能动性。

(2)恰当的引导可以让学生达成学习目标。初一学生自身知识水平和接受能力有限,需要教师引导以达成学习目标。

2. 因材施教的实施方法

(1)运用多种教学方式。学生具有个体差异性,教师要运用多种教学方式,呈现丰富的教学材料,满足不同学生的学习需要。

(2)学生相互合作与督促。同桌之间的学习习惯是可以相互影响的,比如同桌具有良好的学习习惯可以为其同桌形成示范作用。因此,在以后的教学设计中可以考虑多设计一些同桌之间相互完成和督促的任务,由此体现学生对学生的督促作用,更利于因材施教。

3. 教师提问的技巧

(1)问题要有梯级性,通过追问启发思维。课堂追问是比较好启发学生思维的方法,在提问之后及时展开追问,以便对知识深入剖析。

(2)运用地理图像引出问题。通过地理图像引出问题可以使地理事物较直观地呈现,增强学生的感性认识,降低学生学习地理的难度。因此,在提出抽象问题时,教师可以多使用具有地理学科特色的地理图像来引出问题。

4. 课堂内容的加工与处理方式

(1)充实的课堂知识量有利于拓展学生的知识面,提高课堂效率。这就要求教师备课时要从多方面准备教学材料,比如音频处理、数据收集等。

(2)处理新学的知识点时,可以运用对比的形式。如在讲授北美气候时运用了欧洲的气候图进行对比,分析出狭长的洛基山脉对北美气候的影响。在教学中,通过对比学习可以加深对知识点的理解。

(3)处理抽象概念时,可以运用身边的简易教具。比如,杨老师所使用的粉笔盒。

5.活动的设计与开展

(1)了解学情再设计活动。活动既要有探究性又要符合学生认知水平。如本节课的活动中要求学生根据北美洲、南美洲地形分布图,完成简图,符合初一学生的认知水平。

(2)活动设计时间设置要合理。如在学生完成北美洲、南美洲地形简图时,教师设置时间两分钟,大部分学生都完成了活动。

(3)师生共同参与活动。在学生完成活动期间,教师要在教室走动并观察学生活动完成情况。

附录

义务教育阶段湘教版地理全息育人点

课标	教材中位置		育人点
了解家乡、中国和世界的地理概貌，了解家乡与祖国、中国与世界的联系。	七年级上册第一章第一节 我们身边的地理	德育育人	1.通过了解我们身边的地理，增强对地理事物和现象的好奇心，提高学习地理的兴趣以及对地理环境的审美情趣。 2.通过认知乡土地理，培养关心家乡的环境与发展，关心我国的基本地理国情，增强热爱家乡、热爱祖国的情感。
		科学育人	1.通过了解我们身边的地理，培养创新意识和实践能力，善于发现地理问题，收集相关信息，运用有关知识和方法，提出解决问题的设想。 2.通过各种途径感知身边的地理事物和现象，积累丰富的地理表象；初步学会根据收集到的地理信息，通过比较、分析、归纳等思维过程，形成地理概念，归纳地理特征，理解地理规律。
		健康育人	通过认识我们身边的地理环境对我们生命健康的影响和危害，树立正确的环境观。
		美育育人	1.通过乡土地理图片、地理问题认知、乡土开发案例，了解家乡的自然美、地理美。 2.通过人地和谐的案例介绍，使学生认知人地和谐的审美内涵。
		劳动育人	地理课程内容紧密联系生活实际，突出反映学生生活中经常遇到的地理现象和可能遇到的地理问题，有助于提升学生的生活质量和生存能力。
		活动建议	学生可以通过收集身边的资料，运用掌握的地理知识和技能，进行以环境与发展问题为中心的探究性实践活动。
1.在地图上辨别方向，判读经纬度，量算距离。 2.根据需要选择常用地图，查找所需要的地理信息，养成在日常生活中使用地图的习惯。 3.列举遥感图像、电子地图等在生产和生活中应用的实例。	第一章第二节 我们怎样学地理	德育育人	通过了解现代遥感技术和各类电子地图，了解中国在制图方面的科技水平，树立国家荣誉感。
		科学育人	1.结合生活实例和课堂实践操作，初步树立"地图是地理学科的第二语言"这一观念，了解现代地图在生产和生活中的用途，学会根据不同的生活情境选择不同的地图。 2.了解地图八个基本方向和符号，通过案例实践学会在地图上判断方向。 3.结合地图和实际问题掌握比例尺的概念、计算方法和三种表达方式，并学会利用比例尺在地图上量算距离。 4.通过观看遥感图像和电子地图的实际应用案例，理解二者在生产生活中的用途、优缺点和意义。
		健康育人	通过认识遥感地图在环境监测方面的应用实例——水环境监测、大气环境监测，感受水和大气对人类身体健康的影响，树立正确的环境观。

续表

课标	教材中位置		育人点
		美育育人	1.通过观看各种形式和各个历史阶段的地图,感受地图制作的构图之美。 2.通过绘制地图,感受和体验地图绘制的过程,提高审美创造力。
		劳动育人	1.通过课上实际使用电子地图,掌握日常生活中使用交通地图的方法。 2.通过课后作业绘制地图,提高绘图制图能力。
		活动建议	1.在地图上查找地名并选择到达该地点的最佳交通路线。 2.使用地图、手持定位仪等进行"定向越野"活动。 3.选择周围的生活场地,动手制作地图。
1.了解人类认识地球形状的过程。 2.用平均半径、赤道周长和表面积描述地球的大小。 3.用简单的方法演示地球自转和公转。 4.用地理现象说明地球的自转和公转。 5.运用地球仪,说出经线与纬线、经度与纬度的划分。 6.在地球仪上确定某地点的经纬度。	第二章 第一节 认识地球	德育育人	通过了解人类认识地球形状的过程,领悟人类对世界的认识是一个由感性到理性、由定性到定量的过程,激发探究学习的兴趣,领悟追求真理的精神,树立求真务实的科学态度。
		科学育人	1.了解人类认识地球形状的过程,能比较详细地描述地球的形状,以及用地球的半径、赤道周长、表面积来描述地球的大小。 2.通过地球仪的演示过程,说出地球自转和公转运动的基本规律以及地球自转和公转产生的地理意义。 3.在地球仪上指出经线和纬线,说出经线和纬线的特征以及经度和纬度的划分,逐步建立地理空间思维。 4.能正确说出和书写任意地点的经纬度坐标位置。
		健康育人	通过活动寻找原油泄漏的地点,了解原油泄漏对生态环境和人类生产、生活的不利影响。
		美育育人	通过观看地球卫星图片"蓝色弹珠",感受地球的形象美。
		劳动育人	1.通过收集人类认识地球形状过程的材料,培养获取信息的能力。 2.利用地球仪演示地球的自转与公转,研究地球自转与公转带来的地理意义,提高用材料印证和解决地理问题的能力。
		活动建议	1.开展地理观测、动手制作等活动。例如,观察不同季节(或一天内)太阳光下物体影子方向和长度的变化。 2.用乒乓球或其他材料制作简易地球仪模型。
		德育育人	1.通过认知大洋分布,形成祖国和世界的关系理解,培养家国情怀,增进国际视野。 2.通过认知海陆分布的特点,使学生认识土地资源的可贵,培养保护资源,合理开发的环境观念。 3.通过认知海陆分布的特点,使学生认识海洋资源的重要性,培养领水、领地、领空三位一体的主权意识。

235

续表

课标	教材中位置		育人点
1.运用地图和数据,说出地球表面海洋、陆地所占比例,描述海陆分布特点。2.运用世界地图说出七大洲、四大洋的分布。	第二章第二节世界的海陆分布	科学育人	1.运用地图和数据说明海陆比例,培养学生读图和分析数据的科学探究能力。2.通过世界地图说明大洲大洋的位置,培养学生使用地图分析地理信息的能力。
		健康育人	略。
		美育育人	通过图片欣赏世界七大洲、四大洋独特风光,让学生认知自然环境的差异美,区域地理的独特美。
		劳动育人	1.通过绘画七大洲、四大洋地图和简图,培养学生运用图表表示地理信息的地理实践力。2.通过设计洲际旅行,培养学生运用地理知识解决生活问题的实践能力。
		活动建议	开展拼图游戏、模拟演示等活动。例如,开展七大洲、四大洋拼图游戏。
1.在等高线地形图上,识别山峰、山脊、山谷,判读坡的陡缓,估算海拔与相对高度。2.在地形图上识别五种主要的地形类型。	第二章第三节世界的地形	德育育人	通过讨论家乡地形对人们生产、生活的有利和不利影响,树立因地制宜的生态发展观。
		科学育人	1.通过图片动画展示,理解地形、海拔、相对高度等基本概念。2.对比地形鸟瞰图、平面地图和分层设色地形图,了解分层设色地形图的制作过程及优点。3.阅读课本了解五种基本地形的形态特征,并能在分层设色地形图上识别典型的平原、高原、山地、盆地、丘陵五大地形类型,并能对照地图说出最著名的山脉、高原、平原和盆地的名称以及他们所在的大洲。4.理解等高线的基本概念,学会从地形图上识别山峰、山脊、山谷,判读坡的陡缓,估算海拔与相对高度。
		健康育人	关注当地地形类型和分布特点以及对生产、生活的影响,产生对家乡的热爱之情。
		美育育人	1.通过图片欣赏世界著名地形,感知自然地理事物之美,提升审美情趣。2.制作五种基本类型的地形模型,培养学生的审美表达力。
		劳动育人	1.在自制地形模型的过程中提高地理的实践能力,以及动手操作能力。2.讨论家乡地形对人们生产、生活的有利和不利方面,理解地形等地理环境要素对人类活动的影响,掌握不同地形下适宜的人类活动。

续表

课标	教材中位置	育人点	
		活动建议	利用超轻黏土或其他材料,制作等高线地形立体图,熟悉五大地形。
1.举例说明地球表面海洋和陆地处在不断的运动和变化之中。 2.知道板块构造学说的基本观点,说出世界著名山系及火山、地震分布与板块运动的关系。	第二章 第四节 海陆变迁	德育育人	通过了解板块构造学说,认识自然环境的往复变迁,培养学生关心自然环境,保护自然环境的人地和谐观。
		科学育人	1.通过图片、动画展示,说明板块构造学说的基本观点,渗透科学史教育和科学兴趣的培养。 2.认知海陆变迁的过程,培养万物处于不断运动的自然哲学理念。
		健康育人	1.能够判断家乡的火山、地震灾害的发生频率高低,增进乡土地质灾害认识。 2.能够认知板块运动的影响以及火山、地震的正确避灾措施,形成训练有素的防灾避灾小帮手。 3.培养避免灾害,珍爱生命的生命观念。
		美育育人	通过动画,认识海陆变迁和板块运动,理解自然环境的运动美,韵律美。
		劳动育人	1.通过乡土地质灾害校园、社区宣讲,培养学生运用地理知识带动校园、社区防灾和避灾的实践能力。 2.通过安全演练,培养学生应对地质灾害的自救能力。
		活动建议	自选实验材料或使用计算机,设计实验,模拟海底扩张、大陆漂移。
运用地图和其他资料归纳世界人口的增长特点。	第三章 第一节 世界的人口	德育育人	1.认识到人口问题与社会可持续发展之间的关系,树立正确的人口观和可持续发展观念。 2.认识到人口老龄化加重社会负担,并引发许多老年人的问题,必须采取种种措施,尊重、关心和爱护老年人,使他们安享幸福的晚年。
		科学育人	1.通过不同年代的世界人口总数,说明世界人口增长速度的变化、世界人口持续增长的情况。 2.了解人口分布特点形成的原因。 3.结合事例说出人口数量过多对环境、经济的影响。
		健康育人	1.人口的增长造成环境污染等问题,导致各种灾害,引发学生对健康良好的人类生存环境的思考。 2.人口增长过快引发医疗问题,需要控制人口增长,以满足人们的健康需求。
		美育育人	展示中低纬度的临海地带形成的人口稠密区,感悟自然界为人类的生产生活提供的优美的发展环境,感悟保护环境就是保护我们人类自身。

续表

课标	教材中位置		育人点
		劳动育人	1.能从各种常见的图表以及其他简单的资料中读出不同时期世界人口的数量。 2.学会阅读世界人口分布图,说出世界人口分布的特点。 3.学会计算人口增长率和人口密度,并能运用各种资料,比较不同国家和地区人口增长的快慢。
		活动建议	1.播放世界人口数量增长视频,了解影响人口增长的因素,领悟"人口爆炸"的含义。 2.世界各国面临的人口问题不尽相同,现在很多国家都出现了乡村人口向城市大规模迁移的现象。以角色扮演的形式,从农村居民的角度谈为什么想搬到城市居住;以城市居民的身份来谈农村居民大量迁入城市后对自己生活的影响。
说出世界三大人种的特点,并在地图上指出三大人种的主要分布地区。	第三章第二节世界的人种	德育育人	树立科学的种族观念,拒绝种族主义,各种族之间一律平等。
		科学育人	1.了解人种的划分及世界三大人种的体质特征。 2.运用地图,掌握世界三大人种的主要分布地区,并简单了解人种与地理环境的关系。
		健康育人	略。
		美育育人	不同的人种保留的不同的语言、习俗等,构成了美丽多样的世界人类文明,感悟人类多种族历史文化之美。
		劳动育人	1.通过调查周围的环境污染问题,找出造成污染的原因,提升学生对生存环境的感知力与调查能力。 2.培养学生阅读、分析地理图表的能力,以及分析全球性环境问题的成因的能力,提高学生搜集、分析资料的能力。
		活动建议	提供15世纪中叶至19世纪末的奴隶贸易相关材料,了解罪恶的奴隶贸易这一历史悲剧,从而认识到黑人人种分布于美洲的原因,领悟到种族主义是危害世界和平的重要因素。
		德育育人	正确对待不同的宗教信仰,树立科学的世界观。

续表

课标	教材中位置	育人点	
运用地图说出汉语、英语、法语、俄语、西班牙语、阿拉伯语的主要分布地区。	第三章第三节世界的语言与宗教	科学育人	1.了解世界重要语言的种类及其作用,知道世界三大宗教的基本特点。 2.掌握汉语、英语、法语、俄语、西班牙语、阿拉伯语的主要分布地区,以及世界三大宗教的主要分布地区。
		健康育人	略。
		美育育人	1.引入语言的起源,感受人类文明的传承与发展之美。 2.欣赏宗教特色建筑,感知建筑结构之美。
		劳动育人	略。
		活动建议	引入宗教产生的原因,使学生认识到宗教是人们日常生活的自然力量和社会力量在人们头脑中的歪曲、虚幻反映,以培养科学的世界观。
1.运用图片描述城市景观和乡村景观的差别。 2.举例说出聚落与自然环境的关系。	第三章第四节世界的聚落	德育育人	了解聚落与自然环境相互制约、相互作用的关系,树立人地协调发展的环境观念。
		科学育人	1.了解聚落的主要形式,以及聚落的形成和发展。 2.掌握聚落的位置、分布、形态、建筑与自然环境的关系。 3.了解城市的发展过程。
		健康育人	了解城市在发展过程中产生的环境污染、噪声干扰等影响人体的身体健康,要求学生提出解决这些问题的建议,树立健康生活的意识。
		美育育人	1.展示不同自然环境下的传统民居,感受民居建筑之美。 2.了解世界文化遗产,感受历史悠久的文化名城、古镇、古村落等文化遗产之美。
		劳动育人	能够举实例说出聚落的位置、分布、形态、建筑与自然环境的关系。
		活动建议	1.介绍和比较世界各地的典型民居,帮助学生理解聚落建筑风格与自然环境之间的关系。 2.介绍罗马大斗兽场、马丘比丘古城遗址、复活节岛石像等世界遗产,感受自然环境作用下各民族的文化特征。

续表

课标	教材中位置		育人点
区分"天气"和"气候"的概念,并能正确运用。	第四章第一节天气和气候	德育育人	能举例说明天气和气候对生产、生活产生的影响,对大气环境持有正确的态度和价值观。
		科学育人	1.了解天气和气候的概念,能够正确地区分。 2.认识常用的天气符号和简单的天气图。 3.了解空气质量日报的基本内容,了解人类活动对空气质量的影响及应采取的措施。
		健康育人	1.了解近年来大气污染的问题,关注大气环境监测,培养健康生活习惯。 2.扩展感冒指数、穿衣指数、防晒指数、风寒指数、紫外线指数、运动指数等气象指数,树立健康生活的意识。
		美育育人	1.认识天气符号,了解符号设计的实用、美观意义。 2.展示卫星云图,感受科技之美。
		劳动育人	1.能识别常用的天气符号,看懂简单的天气图,逐步养成收听、收看天气预报节目的习惯。 2.能通过简单的天气图判断某地可能出现的天气情况。
		活动建议	1.设计"小小天气预报员"活动,引导学生模仿天气预报员,根据简单的天气图播报当地的天气状况。 2.扩展PM2.5相关资料,了解空气质量对人体健康的影响。
阅读世界年平均气温和1月、7月平均气温分布图,归纳世界气温分布特点。	第四章第二节气温和降水	德育育人	略。
		科学育人	1.了解气温的含义。 2.了解降水及降水的类型。 3.能根据世界年降水量分布图归纳出世界降水分布特点。
		健康育人	补充体感温度资料,了解体感温度和空气温度的差异,空气温度对体感温度的影响,以及体感温度对人体健康状态的影响。
		美育育人	通过气温差异领略地球的绚丽多姿,感受我国南北景观丰富多彩之美。
		劳动育人	1.掌握降水量的观测方法,学会制作简单的雨量器。 2.能运用气温和降水资料,绘制出气温变化曲线和降水逐月分配图,并能依据图示说出气温和降水的时间变化特点。

续表

课标	教材中位置		育人点
		活动建议	1.把学生分成小组,按要求绘制出家乡的气温和降水图,并能结合生活体验总结出家乡的气候特点。 2.教会学生制作雨量器,并进行实地测量。
1.举例说明纬度位置、海陆分布、地形等因素对气候的影响。 2.用地理现象说明地球的自转和公转。	第四章 第三节 影响气候的主要因素	德育育人	认识人类活动对气候状况产生深刻的影响,树立气候变化的全球观念及关心环境的情感、态度、价值观。
		科学育人	1.知道太阳直射与斜射下太阳辐射强弱的差异,能分析地球形状对气候的影响。 2.了解地球运动造成地球表面太阳辐射的时间和空间分布差异,能举例说明地球运动对天气、气候的影响。 3.知道并能简单分析海陆分布对气温变化的影响。 4.能举例说明地形对气温和降水的影响。
		健康育人	人类活动中排放的氯氟化合物破坏高空的臭氧层,导致地面太阳紫外线辐射增强,进而危及人类健康。
		美育育人	1.通过视频或图片欣赏两极地区极昼之美。 2.地球公转使得地球出现了春、夏、秋、冬的四季变化,领略大自然的变化之美。
		劳动育人	1.通过比较沙土在阳光直射和斜射条件下的温度差异,探究太阳直射与斜射下的地球不同地区间太阳辐射量的差别。 2.通过沙土和清水在同等阳光照射条件下温度的变化,探究海陆温度变化的差异。
		活动建议	1.使用手电筒和地球仪来直观演示太阳高度与昼夜分布状况。 2.组织开展"人类与气候"的主题演讲比赛。
运用世界气候类型分布图说出主要气候类型的分布。	第四章 第四节 世界主要气候类型	德育育人	1.学会运用气温曲线和降水柱状图归纳气候特点,培养定量分析的科学态度。 2.了解热带雨林作为"地球之肺"对于人类生存的重要意义,树立环境危机意识。
		科学育人	1.学会看世界气候分布图,并能运用分布图说出世界主要气候类型的分布。 2.学会气候直方图的阅读方法,能根据气候资料归纳一个地区的气候特征。
		健康育人	理解亚热带气候条件对于人类健康生存的重要意义。

241

续表

课标	教材中位置	育人点	
		美育育人	展示热带景观、亚热带景观、温带景观、寒带及高山高原景观图片，感受地球壮美多姿的风景。
		劳动育人	学会根据实地景观初步判断出景观所反映出的气候特征。
		活动建议	分小组搜集不同气候类型中特色景观图和人类生产与生活的典型案例，制作手抄报进行展览和交流，感悟气候对自然环境和人类生活的影响。
1.通过实例，认识不同地域发展水平存在差异。2.运用地图归纳发展中国家与发达国家的分布特点。	第五章第一节发展中国家与发达国家	德育育人	通过发展中国家与发达国家的学习，尽管世界各国存在着经济发展的差异，但各主权国家地位平等，激发学生对我国坚持改革开放的认同感和民族自豪感、自信心，并能正确认识我国的发展阶段，培养建设祖国之志。
		科学育人	1.了解当今世界形形色色的国家和地区，认识到发展中国家与发达国家发展水平所存在的差异。2.了解发展中国家与发达国家的分布特点，了解"南北对话"与"南南合作"。
		健康育人	略。
		美育育人	略。
		劳动育人	引导学生学会搜集世界各国的主要经济数据，能进行经济发展差异的对比分析。
		活动建议	1.探究活动：以小组为单位，分别选取一个发达国家和发展中国家，搜集反映这两个国家发展水平的资料，比较两个国家发展水平的差异，并讨论其原因。2.实践活动：要求学生以小组为单位，搜集10年前住房、饮食、家用电器、交通状况等资料，与现在的状况进行对比，并设想10年后的发展情况。

续表

课标	教材中位置	育人点	
用实例说明加强国际经济合作的重要性。	第五章第二节国际经济合作	德育育人	在对待国际经济合作的态度上，培养开放的心态和合作的精神，以及维护国际和平、全球共同发展的观念。
		科学育人	1.知道经济全球化所带来的影响及应对的主要措施。 2.了解国际经济合作中的重要组织。
		健康育人	略。
		美育育人	略。
		劳动育人	学会从报纸、杂志、电视、网络等途径搜集资料，培养分析、整理资料的能力和辩证思维能力。
		活动建议	分小组汇报不同的国际经济合作组织，了解国际经济合作。
1.运用地图说明某一大洲的纬度位置、海陆位置。 2.运用地图和有关资料归纳出某一大洲的地形、气候、河流特点及其相互关系。 3.运用有关资料说出某一大洲存在的人口、环境、发展等问题。	七年级下册第六章第一节亚洲及欧洲	德育育人	通过了解渝新欧铁路材料，了解经济全球化为中欧经济、文化交流带来的影响，培养学生全球视野。
		科学育人	1.运用图表说出亚洲和欧洲的纬度位置与海陆位置，培养判读地理位置和地理分布的能力，学会描述地理特征的方法，培养区域认知的方法。 2.运用地图和其他资料，归纳对比亚洲和欧洲地形、气候、水系的特点，简要分析其相互关系，培养综合思维能力。 3.对比亚欧人口问题，培养学生区域认知素养。
		健康育人	了解欧洲工业区先污染后治理的发展历史，警示我们不要重蹈覆辙，培养学生生态环境意识。
		美育育人	1.通过欣赏亚洲和欧洲水平地带分异规律，培养学生欣赏自然美的能力。 2.通过了解亚欧文化交流，体会不同文明碰撞产生的民俗之美。
		劳动育人	借鉴学习亚洲和欧洲的基本方法，以"我们最关注的大洲"为主题，收集相关资料，开展小组合作学习。

续表

课标	教材中位置		育人点
		活动建议	略。
1.运用地图说明某一大洲的纬度位置、海陆位置。2.运用地图和有关资料归纳出某一大洲的地形、气候、河流特点及其相互关系。3.运用有关资料说出某一大洲存在的人口、环境、发展等问题。	第六章第二节非洲	德育育人	通过对比非洲丰富的物产和撒哈拉以南非洲国家所面临的发展困境,深入理解国际贸易对地区发展的影响,拓展学生全球经济视野。
		科学育人	1.运用地图等资料,简述非洲的纬度位置和海陆位置,学会描述地理位置。2.学看气温和降水量分布图,掌握读图的方法。3.通过介绍非洲的地形、气候、水系之间的相互关系,培养学生的综合思维的素养。4.通过非洲的地理位置、地形、气候、河流、物产的介绍,培养学生的区域认知的素养。
		健康育人	通过视频了解非洲,初步接触了解一些野外生存知识。
		美育育人	1.通过欣赏非洲自然景观,培养学生欣赏自然美的能力。2.通过介绍非洲的气候分布特点,培养学生欣赏地理形式美中的韵律美的能力。
		劳动育人	通过观看纪录片《动物世界》,并选取其中一个点分析背后的地理原因,最后与家人分享成果。
		活动建议	略。
1.运用地图说明某一大洲的纬度位置、海陆位置。2.运用地图和有关资料归纳出某一大洲的地形、气候、河流特点及其相互关系。3.运用有关资料说出某一大洲存在的人口、环境、发展等问题。4.通过实例说明某一大洲内部的经济发展水平是不平衡的。	第六章第三节美洲	德育育人	通过对比南北美洲的发展不平衡,了解殖民统治对区域发展的影响,树立全球经济视野。
		科学育人	1.运用地图等资料,简述美洲的纬度位置和海陆位置。2.通过介绍北美洲的地形、气候、人口的相互关系,培养学生的综合思维的素养。3.运用地图和其他资料,对比南北美洲的地形、气候、河流、人口、经济等地理特征,培养学生区域认知素养。
		健康育人	了解热带雨林对全球人类生存健康的重大意义,了解绿色植物的生态意义。

续表

课标	教材中位置	育人点	
		美育育人	通过阅读美洲移民文化资料,了解多元文化在美洲的融合发展,感受文明交流之美。
		劳动育人	收集关于美洲独特的自然特点以及人文特色,选取感兴趣的某一点,以"发现美洲"为主题撰写演讲词,进行三分钟的演讲比赛。
		活动建议	略。
1.在地图上找出某一地区的位置、范围、主要国家及其首都,读图说出该地区地理位置的特点。 2.运用地形图说明某一地区主要河流概况,以及河流对城市分布的影响。	第七章 第一节 东南亚	德育育人	通过阅读文本材料中国——东盟自由贸易区,了解中国在国际参与中的地位,培养学生全球视野,尊重多元文化,积极参与国际事务。
		科学育人	1.运用图表说出东南亚由中南半岛与马来群岛组成,比较两地地形、气候、水文等自然条件,并说出其差异,了解主要国家及其首都,培养判读地理位置和地理分布的能力,学会描述地理特征的方法,培养区域认知的方法。 2.通过阅读地图,了解中南半岛河流特征,分析河流对城市分布的影响,培养综合分析能力。 3.通过阅读图片、文字等方法,了解东南亚的物产,学会认识地理事物分布的规律和特点。 4.运用板块学说,分析东南亚地区多火山、地震等地质灾害的原因,学会地理要素之间的相互联系,分析其形成过程。
		健康育人	1.通过阅读火山的图片和文本材料,理解火山喷发会引发巨大灾害,培养人类应该远离火山的意识;同时火山周围会形成肥沃的土壤,培养正确的环境观和资源观。 2.通过阅读新加坡图片和文本材料,了解"花园城市"新加坡,理解城市环境对人类健康的重要性,保护好生态环境。
		美育育人	1.通过阅读图片和文字等材料,了解东南亚独特的自然风光和人文景观,感知热带地区独特的自然美,体验独特的热带城市风光。 2.通过观察火山的形状图感知火山结构的锥形形象美;通过视频感知火山喷发时的壮观美。
		劳动育人	通过演示河流冲积扇形成过程实验,探究河流地貌形成原理,理解聚落分布规律。
		活动建议	1.运用图表、文字等材料来认识东南亚地区的自然地理特征,火山活动特点。 2.通过视频感知东南亚地区的风土人情,理解多元文化。 3.通过演示河流冲积扇形成过程实验,培养地理实验探究能力。

续表

课标	教材中位置		育人点
1.运用地形图和地形剖面图，描述某一地区地势变化及地形分布特点，说出地形与人类活动的关系。 2.运用图表说出某一地区气候的特点以及气候对当地农业生产和生活的影响。	第七章第二节南亚	德育育人	1.通过收集和阅读材料、观看视频，了解南亚多元文化及与中国的渊源，培养学生的文化视野、文化认同和全球交流意识。 2.通过阅读图文材料，了解南亚地区的人口、经济特征及联系，树立正确的人口观和发展观。
		科学育人	1.通过读图、填图，了解南亚的地理位置和空间分布，培养学生区域认知的方法和读图、识图能力。 2.通过读图、填图、填表，了解南亚地势变化及地形分布特征、气候特征，了解地形、气候与河流之间的相互联系及对农业生产生活的影响，培养学生区域认知方法、要素综合能力和读图、析图能力。 3.通过收集、阅读图文材料、自主学习、合作探究，了解南亚人口、城市、宗教和文化，培养学生时空综合、要素综合和地理信息的收集与处理能力。
		健康育人	1.通过中国与南亚地区人的外貌、服饰对比，引导学生关注太阳辐射对身体健康的影响，树立健康的生活方式。 2.通过印度沙漠的时空变化，引导学生正确认识土地荒漠化对人类生存安全的影响。
		美育育人	通过观看风土人情的视频和图片，感知南亚地区的河流的形象美、建筑文化美、服饰文化美、饮食文化美、节庆仪式美。
		劳动育人	通过收集图文材料，培养学生收集、阅读地理资料的兴趣和获取信息的能力，养成探究地理知识的态度。
		活动建议	1.运用地图资料来认识南亚地区的地理位置和分布。 2.通过观看视频和收集图文材料，了解东南亚地区的风土人情、印度沙漠的时间变化。
1.运用地图和资料，指出某一地区对当地或世界经济发展影响最大的一种或几种自然资源，说出其分布、生产、出口等情况。 2.运用资料描述某一地区富有特色的文化习惯。	第七章第三节西亚	德育育人	1.通过读图，了解古丝绸之路，培养学生的家国情怀，增强民族自豪感。 2.通过西亚石油海上航线运输的学习，树立全球经济视野的意识。 3.通过阅读材料，培养学生全球文化视野和对他国文化的尊重、包容、理解。
		科学育人	1.通过读图，描述西亚地区的地理位置，掌握描述一个区域地理位置的方法。 2.通过读图，了解石油生产和销售为西亚地区带来的影响，培养学生要素综合与区域开发分析能力，了解地区发展差异和交通运输线的空间分布。 3.通过读图，归纳西亚石油资源生产和出口特点，培养学生空间分布和区域综合思维能力。 4.通过阅读图文材料，了解西亚特色的文化习惯，增加学生世界居民和宗教文化的地理知识。

续表

课标	教材中位置		育人点
		健康育人	1.通过以色列节水农业的学习,培养学生水资源短缺威胁人类生存安全的意识。 2.通过石油输出国组织材料的阅读,了解矿产资源属于不可再生资源,培养学生资源枯竭影响人类安全健康生活的观念。
		美育育人	1.通过阅读枣椰树材料和图片,培养学生生物美的审美情趣。 2.通过读阿拉伯联合酋长国迪拜"帆船"酒店图片,欣赏现代建筑的结构美和形象美;通过读耶路撒冷古城一角培养学生欣赏古典建筑文化艺术美的能力。
		劳动育人	1.通过读图,培养学生查阅地图的实践能力。 2.通过制作节水模具,培养学生的动手能力和解决生产实践问题的能力。
		活动建议	通过搜集资料了解西亚战乱频繁的原因。
1.举例说出某一地区发展旅游业的优势。 2.说出某一地区最有影响的区域性国际组织。	第七章 第四节 欧洲西部	德育育人	1.通过了解"欧洲联盟"组织,认识国际交流对当今世界的重要作用。 2.通过认识欧洲西部多个国家的不同节日,树立对多元文化理解、尊重、包容的意识。 3.通过分析欧洲西部工业与农业的发展特色,树立因地制宜的生态发展观。
		科学育人	1.通过阅读材料,了解欧洲西部的经济特征及工农业发展情况和特色。 2.通过情景体验,了解欧洲西部著名旅游胜地的分布状况,并综合分析欧洲西部旅游业发达的优势条件。 3.通过阅读材料,了解国际组织——"欧洲联盟"主要成员及其在国际经济中发挥的重要作用。
		健康育人	通过分析欧洲西部自然环境与欧洲人强健体魄的因果关系,认识良好的生态环境对个人健康的积极影响。
		美育育人	1.通过影像资料欣赏欧洲西部自然景观,感知自然地理事物美,提升审美情趣。 2.通过影像资料欣赏欧洲西部不同国家的城市、建筑、节庆,感知人文地理事物美,培养审美意识与方法。
		劳动育人	通过收集与查阅资料,以欧洲西部某国为例,绘制"西游记"手抄报,培养学生搜集和处理信息、绘制图表能力。
		活动建议	模拟一次暑期出国旅行,选择旅游路线,说出经过的主要国家和城市,描述可能见到的景观。

续表

课标	教材中位置		育人点
说出两极地区自然环境的特殊性以及开展科学考察和环境保护的重要性。	第七章第五节两极地区	德育育人	1.通过图文、视频等材料了解世界各国在两极地区的科学考察,树立学生的全球视野;通过了解我国在两极地区的科考事业,树立学生对祖国的认同感,增强民族自豪感。 2.通过创设情境了解两极地区独特的生物资源,培养学生人地和谐相处的价值观念。 3.通过阅读材料,了解北极地区的土著居民,引导学生对多元文化的理解、包容与尊重。
		科学育人	1.了解南极、北极地区地理事物的地理位置、地理分布以及地理特征;通过对比读图,培养学生的读图能力和空间定位能力。 2.通过问题研究的方法,重点探究两极地区地理位置与极地地理环境特征之间的关联,理解极地地理环境的特殊性,培养学生的综合思维能力。 3.通过探究南极地区煤炭成因,初步培养学生时空综合的思维能力。
		健康育人	1.通过了解两极地区地理特征,明确低温和强紫外线对人体健康的危害,引导学生学会应对危害健康环境的方法,树立学生健康生活的意识。 2.通过阅读图文材料引导学生关注两极地区存在的环境问题,并思考应对的策略,培养学生的环保意识。
		美育育人	利用景观图、影像等资料,引导学生欣赏两极地区冰雪地貌的色彩美、独特生物的形象美、浩渺星空的壮丽美、科考建筑的结构美,帮助学生习得审美的方式,并提升学生的审美情趣。
		劳动育人	1.通过了解两极地区的科学考察与探险,引导学生感知科学家们强烈的实践动机、坚韧的实践意志、积极创新的实践态度,熏陶学生的实践品质。 2.通过模拟南极考察,了解开展科学考察与探险的一般方法。
		活动建议	以"我们的伙伴——燕鸥"为创设情境的主线,设计不同的教学双边活动,从而引导学生以燕鸥的视角来认识两极地区的地理位置、地理特征,并感受和理解地理环境的特殊性;通过活动,进一步了解两极地区的科学考察和环境保护的重要意义。
1.在地图上指出某国家地理位置、领土组成和首都。 2.根据地图和其他资料概括某国自然环境的基本特点。	第八章第一节日本	德育育人	通过与我国比较,认识到我国纬度位置、海陆位置所带来的优越性,培养学生的家国情怀,增强民族自豪感。
		科学育人	1.运用P69图8-1日本地形图说出日本地理位置、领土组成,培养判读地理位置和地理分布的能力,学会描述地理特征的方法,培养区域认知的方法。 2.通过阅读P70图文材料,了解日本多山的地形特征,分析这些地形特征形成的原因,培养综合分析能力。 3、通过阅读P70、P71图文材料,了解日本的气候特征,并分析这些具有海洋性气候的原因,培养综合分析能力。
		健康育人	略。

续表

课标	教材中位置	育人点	
		美育育人	观察P70图8-2富士山的景观图片感知火山结构的锥形形象美;通过视频感知火山喷发时的壮观美。
		劳动育人	略。
		活动建议	略。
运用地图和其他资料,联系某国家自然条件特点,简要分析出该国因地制宜发展经济的实例。	第八章第二节埃及	德育育人	1.通过收集和阅读材料、观看视频,了解埃及文化的渊源,培养学生的文化视野和全球交流意识。 2.通过读图文材料,了解埃及地区的人口、经济特征及联系,树立正确的人口观和发展观。
		科学育人	1.通过读P76图8-13埃及地形分布图,了解埃及的地理位置和空间分布,培养学生区域认知的方法和读图、识图的能力。 2.通过读P76、P77图示,了解埃及地形地势分布特征、气候特征,了解地形、气候与河流之间的相互联系及对埃及人口、城市分布的影响,培养学生区域认知方法、要素综合能力和读图、析图的能力。 3.通过读P79、P80图文材料、自主学习、合作探究,了解埃及工农业、旅游业的发展,培养学生时空综合、要素综合能力和地理信息的收集与处理能力。
		健康育人	通过埃及沙漠的时空变化,引导学生正确认识荒漠化对人类生存的影响。
		美育育人	通过观看风土人情的视频和图片,感知埃及地区的沙漠中河流的形象美、建筑文化美、服饰文化美、饮食文化美。
		劳动育人	通过收集图文材料,培养学生收集和阅读地理资料的兴趣和获取信息的能力,养成探究地理知识的态度。
		活动建议	略。
		德育育人	1.通过阅读俄罗斯民族、语言和宗教,培养学生全球文化视野和对他国文化的尊重、包容、理解。 2.通过中俄油气输送工程,让学生了解国家能源状况,了解矿产资源属于不可再生资源,培养学生资源枯竭影响人类安全健康生活的观念。 3.通过俄罗斯境内的第一亚欧大陆桥,使我国通过陆路与亚欧大陆其他国家的联系加强,有利于增加学生的民族自豪感。

续表

课标	教材中位置		育人点
1.举例说出某国家在自然资源开发和环境保护方面的经验、教训。 2.根据地图，说出某国家交通运输线路分布的特点。	第八章 第三节 俄罗斯	科学育人	1.通过读P81图文材料描述俄罗斯的地理位置，并了解俄罗斯的地形分布区域。 2.通过读P82图文材料，了解俄罗斯气候类型，人口分布特点及原因，培养学生要素综合与区域开发评析能力。 3.通过读P82、P83图文材料，归纳俄罗斯资源分布，及不同区域资源开发的差异，培养学生空间分布和区域综合思维能力。 4.读P83图文材料，了解俄罗斯铁路分布的特点，并分析原因。
		健康育人	通过气候特征，了解其气候对其发展带来的限制性因素，及当地人种的特性。
		美育育人	1.通过图片或者视频欣赏俄罗斯建筑的结构美和形象美，培养学生欣赏古典建筑文化艺术美的能力。 2.以俄罗斯传统工业区的煤铁资源开发中的问题及整治措施，利于培养学生的自然审美能力。 3.通过第一亚欧大陆桥沿途自然人文风光，增强学生的国际视野和审美能力。
		劳动育人	通过交通图的延伸，利于提高学生的读图能力和空间定位能力。
		活动建议	略。
举例说出某国家与其他国家在经济、贸易、文化等方面的联系。	第八章 第四节 法国	德育育人	通过认识法国多元的文化，树立对多元文化理解、尊重、包容的意识。
		科学育人	1.通过读P86、P87图文材料，了解法国地理位置、地形特征、气候类型等自然特征，培养学生要素综合与区域开发评析能力。 2.通过创设情景，了解法国旅游胜地的分布状况，并综合分析其旅游业发达的优势条件。 3.通过资料，了解法国的艺术文化类别，并分析能享誉世界的原因。
		健康育人	通过分析自然环境与欧洲人强健体魄的因果关系，认识良好的生态环境对个人健康的积极影响。
		美育育人	通过欣赏秀丽的自然风光、灿烂的历史文化、高雅的文化艺术培养学生审美感知能力。
		劳动育人	略。

续表

课标	教材中位置	育人点	
		活动建议	略。
用实例说明高新技术产业对某国家经济发展的作用。	第八章第五节美国	德育育人	1. 美国农业发展具有明显的地域差异,同时在农业发展的过程中也对自然环境产生了环境污染和生态破坏,通过此案例,有利于增强学生生态文明意识。 2. 美国是世界主要的农业出口国,众多农产品出口居世界前列,通过此案例,有利于增加学生国际视野意识。 3. 在硅谷有众多世界著名跨国高科技企业入驻,利于学生全球经济视野的形成。 4. 美国居民构成比较复杂,融合各大洲人口,是人口快速迁移的变现,利于学生国际视野、家国情怀的形成。
		科学育人	1. 通过读P90图8-39美国地形分布,了解美国地理位置、地形特征,培养判读地理位置和地理分布的能力。 2. 通过读P91图8-40美国本土工农业分布,了解美国工农业经济发展的区域差异。 3. 以美国硅谷的发展,了解美国高新技术产业的分布及对美国经济的影响。 4. 通过读P94-96的图文资料,了解美国人口组成和各具特色的城市分布。
		健康育人	通过了解美国南北区域地理特征,明确低温和强紫外线对人体健康的危害,引导学生学会应对危害健康环境的方法,树立学生健康生活的意识。 在农业发展前期,对自然环境产生的影响,培养学生的环境安全意识和环保意识。
		美育育人	1. 通过阅读"黄石国家公园""科罗拉多大峡谷"的介绍,可以让学生领略美国的自然风光,提高学生的审美意识。 2. 硅谷地区企业众多、环境优美,通过对一些标志性建筑的欣赏,利于学生建筑审美意识的增加。
		劳动育人	略。
		活动建议	略。
		德育育人	1. 了解"地球之肺"热带雨林的生态功能,以及热带雨林的现状,利于提高学生可持续发展意识。 2. 通过了解巴西农业产品、矿产资源大量出口的认识,利于培养学生的国际视野;通过了解利用自然资源发展经济也取得发展,但要注意自然资源的有序利用,这有助于学生生态意识的形成。 3. 巴西人口人种的构成,说明世界联系加强,利于国际视野的形成。 4. 民族中有土著民、外来移民后裔结构复杂,利于学生国际视野形成和引导学生对多元文化的理解、包容与尊重。

251

续表

课标	教材中位置		育人点
根据地图和其他资料，说出某国家的种族和人口（或民族、宗教、语言）等人文地理要素的概况。	第八章第六节巴西	科学育人	1.通过读P97图8-51巴西地形分布及文字材料，了解巴西地理位置、地形特征，河流、植被等自然特征，培养判读地理位置和地理分布的区域认知能力。 2.通过读P99图8-56巴西矿产及工农业分布，通过对巴西主要的农业资源、矿产资源分布、工业分布区域的了解，从而了解巴西经济发展状况。 3.通过读P100图8-59巴西人口和城市分布图，了解巴西人口、城市主要分布地区。 4.以巴西民族分布为例，了解巴西民族的构成与分布，并分析其原因构成。
		健康育人	通过地理特征，湿热环境对人体健康的危害，引导学生学会应对危害健康环境的方法，树立学生健康生活的意识。
		美育育人	1.了解亚马孙河，赞叹大自然的壮丽之美。 2.利用照片、影像等资料，引导学生欣赏具有巴西特色的民族文化。 3.利用影像资料，引导学生欣赏巴西热带独特生物的形象美，帮助学生习得审美的方式，并提升学生的审美情趣。
		劳动育人	略。
		活动建议	略。
用实例说明某国家自然与社会环境对民俗的影响。	第八章第七节澳大利亚	德育育人	1.民族中有土著民、外来移民后裔，结构复杂，利于学生国际视野形成和多元文化的融合。 2.通过创设情境了解独特的生物资源，培养学生人地和谐相处的价值观念及"牵一发而动全身"的生态环境理念。
		科学育人	1.通过读P103图8-62大洋洲行政图、P104图8-63澳大利亚地形分布图及文字材料，了解澳大利亚地理位置、组成、地形特征等自然特征，培养判读地理位置和地理分布的区域认知能力。 2.通过读P106活动，了解澳大利亚人口与城市分布的主要特点，并分析人口、城市分布与气候之间的关系。 3.通过读P104、P106图文材料，分析形成澳大利亚人口分布特点的原因。 4.通过读P107图文材料，了解澳大利亚所具有的独特古老动植物存在的原因。
		健康育人	略。

续表

课标	教材中位置	育人点	
		美育育人	1.通过阅读"艾尔斯巨石""大堡礁"的介绍,可以让学生领略澳大利亚的自然风光,提高学生的审美意识。 2.利用照片、影像等资料,引导学生欣赏具有澳大利亚特色的民族文化。 3.世界独有的古老动植物,让人类了解更多自然界,更加领略自然的神奇与美丽。
		劳动育人	略。
		活动建议	略。
1.运用地图说出我国的地理位置及其特点。 2.记住我国的领土面积,在地图上指出我国的邻国和濒临的海洋,说明我国既是陆地大国,也是海洋大国。	八年级上册第一章第一节中国的疆域	德育育人	1.通过与其他国家比较,认识到我国纬度位置、海陆位置所带来的优越性,培养学生的家国情怀,增强民族自豪感。 2.通过世界主要国家的面积排序认识到我国疆域辽阔,通过海岸线、岛屿和领海的学习,认识到我国是一个海洋大国,激发学生的自豪感,树立学生的国土意识、主权意识和海洋意识。 3.通过海陆位置及其影响的学习,培养与周围邻国合作的国际视野与国际合作意识。
		科学育人	1.通过阅读中国在世界上的位置图,描述中国的地理位置,并掌握描述一个区域地理位置的方法(包括纬度位置、海陆位置、半球位置和相对位置),掌握基本的区域认知的方法。 2.评价我国地理位置的优越性,初步培养学生的综合思维能力。 3.通过读中国的疆域图,熟悉我国的四至点,并记住我国的领土面积;通过计算我国的经度差和纬度差,认识到我国纬度和经度跨度大对生产生活的影响,培养学生的综合思维能力。 4.通过读我国疆域图指出我国东部和南部濒临的海洋(渤海、南海、东海、黄海和太平洋)以及重要的岛屿(海南岛、台湾岛、崇明岛、南海群岛等)等基本的领海知识。 5.通过活动部分图1-7指出我国陆上14个邻国和6个隔海相望的国家。
		健康育人	通过领海宽度的解读和钓鱼岛、三沙市等材料强化学生的海洋国土意识、资源安全意识、经济安全和政治安全的意识。
		美育育人	1.学会欣赏因经纬度位置而导致的我国南北东西的差异美。 2.通过读图1-5认识到我国海洋线曲折,让学生感知到海岸线的形状美。
		劳动育人	1.通过绘制我国轮廓图的活动,帮助学生构建心理地图,提高学生的绘图能力和空间观念。 2.通过计算我国东西两端的经度差、南北两端的纬度差,提高对地理数据的处理和分析能力。

续表

课标	教材中位置		育人点
		活动建议	本节内容有些属于常识,建议收集时事素材,以帮助学生理解我国的地理位置对生产生活产生的影响,以及加强领土认同感,进行爱国主义教育。
在我国政区图上准确找出34个省级行政区,记住它们的简称和行政中心。	第一章第二节中国的行政区划	德育育人	通过行政区划分,尤其是港澳台,开展爱国主义教育;通过简称的由来,渗透中华传统文化培养家国情怀。
		科学育人	1.通过读图1-7,掌握目前我国行政区划的基本概况,并强调台湾是中国的一个省份,香港和澳门已回归,是中国的两个特别行政区。 2.通过搜集部分省份简称的由来,了解我国的自然和历史文化。 3.通过绘图(有条件的学校可采用拼图),认识我国各省级行政区划的轮廓以及周边的行政区划单位。
		健康育人	认识到我国领土完整性,强化国土安全意识。
		美育育人	通过省级行政区划的简称由来培养学生的历史文化审美能力。
		劳动育人	绘图、拼图以帮助学生更熟悉我国34个省级行政区。
		活动建议	1.行政区划的轮廓是难点,可以鼓励学生通过联想形成脑图记忆,也可开展手绘地图,帮助学生认识区域轮廓和位置。 2.简称包含着丰富的传统文化知识,建议搜集资料,进行中华传统文化渗透。简称在生活中常出现在车牌号中,建议以车牌号为载体,增加活动的趣味性。
1.说出我国人口总数,运用有关数据说明我国人口增长趋势,说出我国的人口国策。 2.运用人口分布图说出我国人口的分布概况。	第一章第三节中国的人口	德育育人	1.形成对我国国情的基本认识,形成基本的国情认识,培养家国情怀。 2.通过引入目前我国人口结构数据和图文材料,认识到我国人口结构的不合理尤其是人口老龄化会影响我国经济和社会发展,树立正确的人口观。 3.树立科学的人口观,意识到人口的增长要同经济、社会的发展相适应,理解计划生育和二胎政策在不同阶段的现实意义。
		科学育人	1.读图1-9,知道我国目前人口总量已达13.7亿,成为世界第一人口大国。 2.通过P12活动绘制新中国成立以来我国人口增长曲线图并进行相关计算,掌握阅读、绘制和分析人口增长曲线图的方法和技能。 3.通过读图1-10中国人口分布图,掌握我国人口分布的基本特点是以黑河——腾冲一线为界,东南部人口密集,西北部人口稀疏。 4.通过给出我国地形图、气候图、交通分布图以及经济GDP等信息,初步了解影响人口分布的主要因素,培养学生综合分析的思维能力。 5.通过P15活动逐步归纳出我国人口的基本特征并认识到计划生育是我国一项长期的基本国策。

续表

课标	教材中位置	育人点	
		健康育人	略。
		美育育人	略。
		劳动育人	1.通过绘制、分析人口增长曲线图,培养学生的绘图能力和分析处理数据的能力。 2.调查家庭情况了解我国目前大多数家庭结构的现状,培养基本的社会调查能力。
		活动建议	1.通过P12活动绘制新中国成立以来我国人口增长曲线图并进行相关计算,对人口增长过快有更加直观形象的认识。 2.调查家庭情况了解我国目前大多数家庭结构的现状,培养基本的社会调查能力。 3.主题讨论:针对"全面放开二孩""三胎政策"展开讨论,分析当前我国人口问题和人口政策调整的原因,正确理解我国计划生育的基本国策,增强社会责任感。
运用民族分布图,说出我国少数民族分布特征。	第一章第四节中国的民族	德育育人	1.形成对我国国情的基本认识,培养家国情怀。 2.明确中国的历史是由全国各族人民创造的,消除民族隔阂,促进民族团结;了解我国的各民族和平共处的民族政策,尊重各民族传统文化习俗,培养民族认同感和对多元文化的理解、尊重和包容。
		科学育人	1.通过部分少数民族的典型习俗的图文或视频资料,认识到我国有五十六个民族,并且各民族地位平等。 2.通过读图1-14中国民族分布图归纳出我国民族分布的特点是"大散居,小聚居,交错杂居"并且少数民居主要分布在西南、西北和东北部地区。
		健康育人	树立各民族平等的观念对维护我国社会稳定具有重要的意义,增强学生的社会安全意识。
		美育育人	培养学生的历史文化审美、色彩美、动态美等的欣赏能力。
		劳动育人	有少数民族的同学可以讲述或展示自己民族的民族风情。
		活动建议	1.可以采用图片、视频等方式增强对我国的少数民族文化的了解。 2.课前通过小组合作的方式,分工负责搜集感兴趣的少数民族政策和不同民族文化传统的资料开展分享活动。

续表

课标	教材中位置		育人点
运用中国地形图,说出我国地形、地势的主要特征。	第二章第一节中国的地形	德育育人	1.通过我国主要山脉以及五岳名山,领略祖国的大好河山,激发学生热爱祖国大好河山的情感,培养学生的家国情怀。 2.通过了解山区面积广大的影响,培养学生因地制宜的发展观。
		科学育人	1.通过读中国主要山脉分布图,认识到我国山脉纵横交织,并初步认识我国主要的东西、南北、东北—西南、西北—东南及弧形山脉。 2.结合板块构造知识,分析塑造地表形态的主要力量。 3.通过读图2-8并结合阅读材料,认识我国主要山脉、四大高原、四大盆地、三大平原和主要丘陵并归纳得出我国地形复杂多样的特点。 4.通过读图2-17中国的地形类型构成归纳我国以山区面积广大的特点,并通过材料归纳得出山区发展经济的优势和劣势、常见的自然灾害和生态问题,培养学生的归纳能力和综合思维能力。 5.通过读图2-19归纳我国的地势特征、认识三大阶梯的分界线和主要地形区以及我国地势特征对气候、河流和人类活动的影响,并掌握描述地势特征的一般方法。
		健康育人	通过认识我国地势整体特征,为地理野外实践活动提供参考。
		美育育人	1.借助视频资料展示中华五岳,培养学生欣赏自然与人文之美的能力(色彩美、形态美、地貌美等)。 2.通过不同地形区的图片,感受我国的差异美。 3.通过欣赏三大阶梯不同的自然人文景观,学会欣赏美(形态美、自然美、人文美、差异美),掌握审美方法,提升审美情趣。
		劳动育人	1.学生逐一绘制各种走向的主要山脉简图和30°N附近的地势剖面图,培养学生的绘图能力。 2.通过读地形图,培养学生的读图能力。
		活动建议	1.搜集主要山脉和地形区的图片、介绍,丰富学生对地形的认知。 2.通过对比的方式学习四大高原、三大平原和四大盆地、三大丘陵等,找出他们有的特征。 3.通过手绘地形图的活动,帮助学生构建地形的脑图。
		德育育人	1.了解我国的基本国情,为合理利用气候资源和规避气象灾害提供参考,激发学生对自然的好奇心,并形成关心家国大事的责任感。 2.根据南蔗北菜、森林—草原—荒漠等案例引导学生初步形成因地制宜的发展观。 3.通过"山竹"超强台风等的影响及应对措施培养学生热爱生命的人文情怀。

续表

课标	教材中位置	育人点	
运用资料说出我国气候的主要特征及其影响因素。	第二章第二节中国的气候	科学育人	1.通过读图2-22和2-23,归纳我国冬夏季气温分布的特点并分析原因,掌握气温分布这一核心概念,同时培养学生的综合思维。 2.通过读图2-24了解我国的五个温度带分布及其对农作物种类的影响。 3.通过读图2-25归纳我国降水的时空分布特点及并分析原因,掌握降水分布这一核心概念,同时培养学生的综合思维。 4.通过读图2-27和阅读材料,了解我国的四个干湿地区分布及对自然植被和农业生产的影响。 5.通过读图2-28,归纳我国气候复杂多样和季风气候显著的特征以及影响我国气候特征的主要因素和对生产、生活的影响。 6.通过读图2-30,说出季风的概念,我国季风区和非季风区的分界线和影响我国季风气候的冬夏季节的风向及性质。 7.通过阅读材料,从利弊两方面梳理出季风对我国的影响,尤其我国旱涝灾害频繁等气象灾害。 8.通过视频资料,说出寒潮、梅雨、台风、沙尘暴的天气特征、影响和措施。 9.运用地图归纳出寒潮、梅雨、台风、沙尘暴的多发地和多发季节,并理解其形成、影响和措施。
		健康育人	通过寒潮、梅雨、台风、沙尘暴的天气特征和影响学会科学规避灾害,提高个人和社会活动的安全性。
		美育育人	1.通过我国气温和降水的差异学会欣赏因冷暖、干湿带来的自然美。 2.通过与其他国家比较认识到因夏季风导致了我国成为"回归线的绿洲",学会欣赏差异美。 3.通过卫星云图认识台风的结构美。
		劳动育人	1.通过计算我国1月最高温和最低温的差值,并与7月比较,形成对冬季南北温差大的感性认识。 2.通过绘图法说出影响我国台风的主要移动路径,从而意识到台风监测和预警的重要性。
		活动建议	1.本节内容涉及等值线图的判读,教学中应重视读图、归纳能力。 2.关于气温、降水和气候特征等的影响,建议搜集身边的素材,加深学生的理解。 3.以身边多发的气象灾害为主题举办研讨会,探讨其成因及其影响,增强环保意识,初步形成尊重自然,与自然和谐相处的观念。
		德育育人	1.通过阅读京杭大运河,了解其古今意义,树立民族自豪感,培养家国情怀。 2.通过塔里木河水量减少的案例,树立正确的资源观、发展观和环境观,培养人地协调观。 3.通过欣赏我国主要湖泊的图片或者视频资料,感知祖国壮美山河,培养家国情怀。 4.通过欣赏虎跳峡、三峡大坝、黄河九曲十八弯、壶口瀑布等景观,激发民族自豪感,培养家国情怀。 5.通过长江的开发利用和治理,树立因地制宜的发展观。 6.通过洞庭湖水域面积变化的成因分析,培养人地协调观。 7.通过黄河的地上河、水旱灾害以及凌汛的成因分析,梳理正确的发展观和环境观,培养人地协调观。

257

续表

课标	教材中位置	育人点	
在地图上找出我国的主要河流,说出长江、黄河的概况。	第二章第三节中国的河流	科学育人	1.通过读图2-40,找出我国主要的内流河和外流河并归纳内、外流河的分布特征。 2.描绘内、外流区的分界线并与等降水量线对比,说出其大致穿过的地理事物,并辨析内流区和外流区,培养辩证思维。 3.阅读P49活动"认识河流的水文特征"掌握描述河流水文特征的一般方法。 4.通过读图2-41,找出外流河水文特征的异同内外流河的分布特征(我国河流水文特征的南北差异)和水文特征。 5.通过阅读塔里木河,了解内流河的主要补给方式和水文特征。 6.通过阅读中国的湖泊,掌握常见的湖泊分类方法并了解我国著名的湖泊。 7.通过读图2-46,说出长江水系特征概述(发源地、流经省区和地形区、注入地、长度、流域面积、径流量、主要支流和湖泊、上中下游的划分)。 8.通过对比长江上中下游的河谷地貌,并结合地形图,分析各河段的水文水系特征。 9.通过活动2分析长江主要的开发利用方式——水能开发和航运条件。 10.通过洞庭湖水域面积的变化图,分析长江洪涝的原因及治理措施。 11.通过读图2-53,说出黄河水系特征概述(发源地、流经省区和地形区、注入地、长度、流域面积、径流量、主要支流)。 12.读图2-53黄河水系图、图2-58黄河干流纵剖面及主要水文站观测数据,归纳黄河上中下游各河段的水系和水文特征,培养学生读图归纳的能力。 13.通过阅读材料"河水一石,其泥六斗"分析黄河中游水土流失的原因和下游"地上河"的原因,培养学生的要素综合和时空综合思维。 14.通过阅读"黄河断流",分析黄河面临的主要问题以及解决措施。 15.通过活动中"凌汛"的图文信息,分析凌汛的成因及危害。
		健康育人	通过长江洪涝、黄河旱涝以及凌汛等自然灾害的视频,学会规避洪涝灾害,保护生命。
		美育育人	1.通过欣赏我国主要湖泊的图片或者视频资料,感知湖泊的色彩美。 2.通过欣赏虎跳峡、三峡大坝等景观,感知长江的壮美,欣赏动态美、形态美。 3.通过欣赏黄河九曲十八弯、壶口瀑布等景观图,学会欣赏其壮阔美、动态美。 4.通过实地考察家乡的河流或者某河段,用地理的视角审视自然美。
		劳动育人	1.通过读图2-41,培养学生分析和处理地理数据的能力。 2.通过描绘长江干流形状,培养学生的绘图能力。 3.野外考察家乡的河流或者某河段,培养学生野外调查的能力。

续表

课标	教材中位置	育人点	
		活动建议	1.搜集我国主要湖泊的图片或者视频资料,增加对湖泊的认识。 2.充分利用教材的活动,完成对长江和黄河的探究,帮助学生自主建构知识。 3.考察家乡的河流,用地理的视角审视自然美。
举例说明可再生资源和非可再生资源的区别。	第三章 第一节 自然资源概况	德育育人	通过我国矿产资源的主要特征,了解我国的国情,理解我国提倡节约资源的意义,培养学生正确的资源观、环境观,形成可持续发展意识。
		科学育人	1.通过举例的方式,辨析自然资源并能说出资源的概念和主要分类。 2.通过风力发电和森林砍伐的案例,理解可再生资源和非可再生资源,并对比两者的差异。 3.通过我国主要能源矿产和金属矿产分布图,归纳我国矿产资源的主要特征。 4.通过P65活动,理解我国提倡节约资源的意义,并认识常见的新能源。
		健康育人	通过节约资源保护环境的活动,培养学生的健康观。
		美育育人	通过节约资源保护环境的活动,感受人地和谐美。
		劳动育人	通过动手做环保产品或者践行节约资源保护环境的活动,培养学生的地理实践力。
		活动建议	1.环保行动:播放有关"环保创意"视频,学一些资源节约和环境保护的小窍门,运用到生活中,做成环保产品,进行展示,培养实践动手能力。 2.国情论坛:了解我国自然资源的现状,找出存在的突出问题,讨论相应的对策,增强忧患意识、责任意识。
运用资料,说出我国土地资源的主要特点,理解我国的土地国策。	第三章 第二节 中国的土地资源	德育育人	1.通过我国土地资源特点,树立正确的资源观,培养人地协调观。 2.通过对乔木是否是"抽水机"的讨论,培养因地制宜发展理念。 3.通过调查了解家乡耕地的现状和变化,及其对家乡社会、经济的影响,增强爱护家乡的环保意识。
		科学育人	1.通过读图3-10归纳并分析我国"人多地少"的土地现状,培养学生的读图归纳的能力。 2.通过读图3-12、3-13、3-14和3-15归纳我国土地资源的主要类型及其分布特征。 3.通过阅读"中国耕地保护的红线",理解并能说出我国的土地政策。
		健康育人	通过土地污染的图片和视频,培养学生健康观念。

续表

课标	教材中位置		育人点
		美育育人	通过林地和草地的景观图,欣赏大自然的颜色美。
		劳动育人	通过调查家乡主要的土地利用类型,培养分析能力、收集能力、处理信息能力、合作交流能力、语言表达能力。
		活动建议	1.调查活动:调查家乡主要的土地利用类型并针对家乡难以利用土地提供"金点子",培养分析能力、收集能力、处理信息能力、合作交流能力、语言表达能力。 2.调查当地农村土地整理的现状,理解我国耕地保护的意义。
1.运用资料说出我国水资源时空分布的特点及其对社会经济发展的影响。 2.结合实例说出我国跨流域调水的必要性。	第三章第三节中国的水资源	德育育人	1.通过读图3-20,了解我国水资源空间分布状况,了解国情,树立正确的资源观,培养人地协调观。 2.通过南水北调工程的学习感受祖国的优势,并通过调查家乡的河流,感受家乡美,培养爱国情怀。
		科学育人	1.通过读图3-20,归纳我国水资源时空分布特征并结合所学气候和水文知识解释其原因,培养学生的要素综合能力。 2.通过阅读材料南水北调,说出其工程的重要意义。 3.通过讨论,归纳解决我国水资源时空分布不均匀的主要措施。
		健康育人	通过水污染事件,培养学生的健康观。
		美育育人	通过节水活动,感知人地和谐美。
		劳动育人	1.调查家乡的河流,培养实践能力。 2.通过华北地区干旱缺水的探究,培养学生解决实际问题的能力。
		活动建议	1.调查家乡的河流,培养实践能力,增加对家乡热爱,同时培养科学探究精神。 2.主题板报:结合"世界水日",举办地理板报,宣传正确的资源观和环境观。
		德育育人	1.通过阅读"历史悠久的中国农业",了解我国农业发展的历史,培养民族文化认同和家国情怀。 2.通过农业生产分布及其原因分析,树立人地协调观。 3.通过农业技术的案例,当地或我国农村农业发展的典型案例,激发学生热爱祖国、建设祖国的情怀。

续表

课标	教材中位置	育人点	
运用资料说出我国农业分布特点，举例说明因地制宜发展农业的重要性和科学技术在发展农业中的重要性。	第四章第一节农业	科学育人	1.通过景观图，辨析农业，并归纳出农业的概念和主要类型。 2.通过读图4-2的数据说明我国农业在世界上的地位。 3.通过举例说明我国因地制宜发展农业的典型案例，归纳我国农业生产的分布特征，培养人地协调观。 4.通过举例说明科学技术对农业发展的重要性。 5.通过辨析区分主要的粮食作物和经济作物。 6.通过P87活动，归纳出小麦和水稻的主要分布特点。 7.通过读图4-10，归纳主要经济作物的分布。 8.通过读图4-11，说出我国四大牧区畜牧业的分布并分析其主要优势条件。 9.通过读图4-10和景观区对比我国东部、南部的畜牧业与西部、北部相比的畜种、饲养方式以及饲料来源等方面的差异及主要原因。
		健康育人	通过多样化的农业发展，认识到农业发展是事关民生的大事，更是保障我国健康的重要基础条件。
		美育育人	1.通过农业景观图，学会欣赏农作物蓬勃生长的动态美，丰收时的色彩美和和谐美。 2.通过农作物分布，欣赏我国地大物博的差异美。
		劳动育人	通过实地考察本地主要农作物即耕作制度和特色农业生产基地等，培养学生的实地调查能力。
		活动建议	1.视频"舌尖上的中国"，了解中国饮食文化博大精深的背后是悠久的农业历史和发达的农业。 2.搜集视频图片补充农业最新相关技术。 3.实地考察：参观本地某特色农业生产基地等，了解当地农业生产方式和主要农作物，体会因地制宜发展农业必要性。 4.收集当地农作物分布及耕作制度等资料。
运用资料说出我国工业分布特点，了解我国高新技术产业的发展状况。	第四章第二节工业	德育育人	1.通过我国工业发展历史，了解其艰难的发展过程，培养家国情怀。 2.通过主要工业类型的分布，培养因地制宜的发展观。 3.通过我国石油和铁矿石进口数据，培养国际理解意识，以促进国际交流和合作。 4.通过首钢搬迁的利弊分析，培养学生的环境观和资源观。
		科学育人	1.通过案例辨析工业与农业生产活动，并归纳出工业的概念和对生产生活的影响。 2.通过读图4-17及网络数据归纳我国工业发展现状和布局变化。 3.通过图文资料，归纳我国煤炭工业、石油工业、水力发电、钢铁工业、机械工业、纺织工业的分布特点。 4.通过视频或者结合生活经历，说出我国高新技术产业发展的现状、主要的发展领域和集中分布区。
		健康育人	通过首钢搬迁案例，说明工业污染对环境、对身体健康的影响，培养环境健康观。

续表

课标	教材中位置	育人点	
		美育育人	略。
		劳动育人	通过实地调查,询问长辈或查阅资料,感受家乡较大的工业企业,分析其发展的优势条件,并了解家乡的工业发展带来的生活方式改变,认识祖国在经济发展方面的成就。
		活动建议	1.利用虚拟现实技术,体会技术对生产生活的影响,培养家国情怀。 2.实地调查:询问长辈,查阅资料,感受家乡较大的工业企业,分析其发展的优势条件,并了解家乡的工业发展带来的生活方式改变,认识祖国在经济发展方面的成就。
1.比较不同变通运输方式的特点,初步学会选择恰当的交通运输方式。 2.运用地图说出我国铁路干线的分布格局。	第四章第三节交通运输业	德育育人	1.通过家乡和我国交通运输业发展尤其是高铁的发展给生活带来的便利,培养家国情怀。 2.通过阅读海洋航运、管道运输,与世界各国建立联系,培养国际理解、国际合作的意识。 3.通过我国铁路分布特点,培养因地制宜的发展观。
		科学育人	1.通过搜集到的图文数据,归纳我国交通运输业在交通运输方式、交通线路长度和运输能力等方面的发展。 2.通过创设真实的生活情境,归纳五种主要交通运输方式的优缺点,并根据实际情况做出正确的选择。 3.通过读图4-34,归纳我国铁路干线的分布特点并结合我国地形图、人口分布图等分析其主要原因。
		健康育人	略。
		美育育人	略。
		劳动育人	调查所在城市对内、对外主要联系的交通运输方式及其发展变化给我们生活带来的影响。
		活动建议	1.搜集视频资料,例如辉煌中国——交通运输,认识到中国交通运输近五年来发展速度快。 2.通过P109旅行方案,践行学习对生活有用的地理。 3.调查所在城市对内、对外主要联系的交通运输方式及其发展变化给我们生活带来的影响。
		德育育人	从大尺度区域认识我国国土广袤,存在明显地区差异,了解南北方不同的物质和非物质文化,如民居和主食等差异,培养家国情怀。

262

续表

课标	教材中位置	育人点	
1.在地图上找出秦岭、淮河,说明"秦岭—淮河线"的地理意义。 2.在地图上指出北方地区、南方地区、西北地区、青藏地区四大地理单元的范围,比较它们的自然地理差异。	八年级下册第五章第一节四大地理区域的划分	科学育人	1.运用地图,说出秦岭—淮河线作为中国东部重要的地理界线。运用比较法,了解和分析秦岭的南北两侧,自然环境、地理景观和居民的生产生活习惯的明显差异。 2.通过学习四大地理区域,认识到我国幅员辽阔,自然环境复杂多样,形成了各具特色的地理区域。
		健康育人	略。
		美育育人	1.运用地图和图片,了解和感知南北方地区的自然观景差异,培养审美情趣。 2.通过阅读材料,了解南北方物质文化和非物质文化的差异。
		劳动育人	通过乘飞机看到了白色中国、黄色中国、绿色中国图片和音乐《我爱你中国》等创设情境了解我国区域差异。
		活动建议	运用地图和图片发现南北方地区的景观差异,比较南北方在自然和社会经济方面的差异。
用事例说明四大地理单元自然地理环境对生产、生活的影响。	第五章第二节北方地区和南方地区	德育育人	通过观看南北方的农业生产、住宅特点的视频景观图,对比南北方生产、生活的差异,树立因地制宜的发展观,培养学生的家国情怀。
		科学育人	1.通过读四大分区图,知道北方和南方的具体范围和地理位置。 2.通过北方地区和南方地区的地形图和气候资料图,概括南北方地区的自然地理特征。 3.通过南北方生产、生活的景观图,概括南北方人口、产业、生活等特征。 4.通过对比北方地区,掌握区域学习的方法。
		健康育人	略。
		美育育人	通过南北方的自然和人文景观,领略色彩美、形态美,感知差异美、和谐美。
		实践育人	通过观看《舌尖上的中国》视频搜集并整理南北方差异素材,培养学生搜集、整理信息的能力。

续表

课标	教材中位置		育人点
		活动建议	从《舌尖上的中国》和《航拍中国》等纪录片中选取典型情境,通过直观对比,学习生活中有用的地理。
在地形图上指出西北地区和青藏地区的范围,比较它们的自然地理差异。	第五章第三节西北地区和青藏地区	德育育人	1.通过学习西北区干旱环境对人类生产、生活的影响,培养学生因地制宜的发展观,树立正确的人地协调观。 2.通过古诗人对西北地区的描述、青藏区的藏族文化学习,增强对少数民族文化的理解和尊重。 3.通过青藏铁路的开通,培养学生建设边疆、稳定边疆、团结民族、热爱祖国的家国情怀。
		科学育人	1.通过西北和青藏地区示意图,知道西北和青藏地区的具体范围和地理特征。 2.通过地形图、气候图和矿产资源分布图等,概括西北和青藏地区的自然地理特征,并通过其典型景观的形成,培养学生的综合思维。 3.通过西北和青藏地区少数民族的风俗习惯、生活方式,知道西北和青藏地区的人口、产业等特征。
		健康育人	1.通过青藏铁路的开通培养学生的领土安全意识,明确政治安全、经济安全对于国家安全的重要性。 2.了解区域可能出现的灾害,树立正确的防灾减灾意识。
		美育育人	1.通过描写西北地区的古诗词领略西北苍凉壮阔之美。 2.通过少数民族的建筑、服饰、节日等图像资料,领略我国少数民族物质和非物质文化的多元化和差异化,感受其与自然融为一体的和谐美。
		劳动育人	通过搜集某区域的资料,培养学生搜集、整理信息的能力。
		活动建议	1.通过绘制地理简图,掌握西北和青藏地区的位置和范围。 2.通过搜集某区域的资料,认识该区域的典型特征及其影响。
1.运用地图简要评价某区域的地理位置。 2.在地形图上识别某区域的主要地形类型,并描述区域的地形特征。 3.运用地图与气候统计图表归纳某区域的气候特征。	第六章第一节东北地区的地理位置与自然环境	德育育人	通过图片和文字材料,了解东北地区物产丰富等特征,培养学生家国情怀、民族自豪感。
		科学育人	1.通过读图,明确东北地区的行政区划范围,并从经纬度、海陆位置等方面归纳东北地区的地理位置特征和重要性,从而掌握认识区域地理位置的方法。 2.通过分层设色地形图和地形剖面图,认识东北地区的主要地形区并归纳地形特征,从而掌握区域地形分布特征的学习方法。 3.通过气候资料图,归纳东北地区的气候特征。 4.通过气温和降水分布图,掌握区域气候分布特征的学习方法。

264

续表

课标	教材中位置		育人点
		健康育人	通过东北地区的区域图,了解东北地区相邻国家,树立国土安全意识。
		美育育人	1.通过东北地区的图片,体会东北地区自然环境的独特性,形成正确的自然审美观。 2.通过东北地区地形图片,长白山天池图片,体验其色彩美、形状美、朦胧美等。 3.通过东北地区乡村冬季景观、大兴安岭森林景观、长白山植被垂直变化示意图,体验其气象美、水文美、生物美、色彩美、动态美、朦胧美等。
		劳动育人	通过阅读各种地图,培养学生的数据处理能力和读图能力。
		活动建议	运用地图法了解东北地区的自然和人文地理特征,掌握区域位置和分布的学习方法。
运用地图和其他资料归纳某区域人口、城市的分布特点。	第六章第二节东北地区的人口与城市分布	德育育人	1.通过"闯关东"的历史,激发学生建设祖国的热情。 2.通过少数民族的服饰、生活方式等图文资料,增强对少数民族文化的理解和尊重。
		科学育人	1.通过东北地区人口分布和主要民族分布图,归纳东北地区人口分布的特征和主要少数民族的主要分布地区。 2.通过东北地区少数民族的服饰与生活方式的探究,归纳影响东北地区人口分布的主要因素。 3.通过东北地区城市与铁路分布地图,归纳东北地区城市分布的特点及对城市发展的影响。
		健康育人	略。
		美育育人	通过相关图片,领略旗袍服饰美,少数民族地区的建筑文化美、饮食文化美、语言文字美、节庆仪式美、传统工艺美等。
		劳动育人	通过计算东北三省的人口密度,培养学生处理数据的能力。
		活动建议	通过图表、文字等相关资料,丰富学生对东北地区的区域认知。

265

续表

课标	教材中位置		育人点
运用地图和其他资料说出某区域的产业结构与产业布局特点。	第六章第三节东北地区的产业分布	德育育人	1.通过东北地区农业在我国的地位,增加学生民族自豪感,激发学生建设祖国的热情。 2.了解东北工业基地的战略转型,引导学生树立正确的资源观、环境观和发展观。
		科学育人	1.通过图片,结合生活体验,认识东北地区主要的粮食作物和经济作物,并结合地图,找出主要农产品的分布地区。 2.结合东北地区的地形图、气候资料图和黑土地的相关资料,归纳东北地区成为我国重要商品粮基地的优势条件,培养学生的综合思维。 3.通过地图,了解东北地区矿产资源与主要工业中心分布,并归纳辽中南工业基地发展的优势条件和工业结构的特征。
		健康育人	通过辽中南工业发展中面临的资源短缺和环境污染问题的学习,培养学生的资源安全观和环境安全意识。
		美育育人	略。
		劳动育人	通过计算东北地区部分农产品的产量,培养学生数据处理的能力。
		活动建议	1.通过阅读图表,学会简单的数据分析和处理,掌握区域产业结构的学习方法。 2.通过搜集辽中南工业发展的相关历史,归纳整理资源在枯竭型城市发展过程中面临的主要问题。
举例说明祖国内地与香港、澳门经济发展的相互促进作用。	第七章第一节香港特别行政的国际枢纽功能	德育育人	1.通过阅读香港特别行政区区旗和区徽的文本材料,引导学生了解香港的历史文化。 2.通过香港经济繁荣的相关影像资料,感受香港回归以来所取得的成就,加强学生政治、文化认同感,培养学生的培养家国情怀。
		科学育人	1.通过读香港的地理位置图和气候资料图,认识香港的地理位置、归纳香港的地形和气候特征并分析对香港生产、生活带来的影响。 2.通过图像资料,理解发达的交通为香港贸易和服务业的发展提供了便利的条件并了解香港贸易和服务业在世界的重要地位。
		健康育人	通过香港回归的影像资料,理解坚持"一国两制"对我国的国家安全的重要性,树立领土安全意识。
		美育育人	通过自然和人文景观图,感受香港特别行政区经济高速发展带来的人文艺术美。
		劳动育人	略。

续表

课标	教材中位置	育人点	
		活动建议	1.通过计算香港的人口密度增加对香港人多地少的认识。 2.通过制定香港旅游攻略,增加对香港自然和社会经济的认识。 3.通过讨论,认识祖国内地与香港在经济、文化方面的密切联系
运用有关材料和资料说出某区域的发展特点。	第七章第二节澳门特别行政区的旅游文化特色	德育育人	1.通过阅读澳门特别行政区区旗和区徽的文本材料,引导学生了解澳门的历史文化。 2.通过澳门经济繁荣的相关影像资料,感受澳门回归以来所取得的成就,加强学生政治、文化认同感,培养学生的培养家国情怀。
		科学育人	1.通过读澳门半岛地图,知道澳门的主要范围,并理解澳门填海造陆的原因。 2.通过澳门地理位置及气候资料图,理解澳门旅游业发达的优势条件。
		健康育人	通过澳门回归的影像资料,理解坚持"一国两制"对我国的国家安全的重要性,树立领土安全意识。
		美育育人	通过澳门著名的景观图片,感受澳门与大陆深厚的文化渊源,领略文化之美。
		劳动育人	通过搜集澳门旅游发展的相关资料,培养学生收集、整理信息的能力。
		活动建议	1.通过制定澳门的旅游攻略,增加对香港自然和社会经济的认识。 2.通过讨论,认识祖国内地与澳门在经济、文化方面的密切联系。
运用有关资料分析说明外向型经济对某区域发展的影响。	第七章第三节珠江三角洲区域的外向型经济	德育育人	1.通过深圳发展的历程,了解我国对外开放的基本国策,并通过深圳发展的影像资料,树立道路自信、理论自信、制度自信和文化自信。 2.通过珠三角发展历史,了解侨乡对我国经济发展所做出的贡献,培养学生对华侨的认同感,激发学生建设祖国的热情。 3.通过粤剧、粤菜、岭南画派、岭南建筑、岭南园林等影像资料,领略珠江三角洲深厚优秀的历史文化,增强文化自觉和文化自信。
		科学育人	1.通过珠江三角洲地形图,知道珠江三角洲的形成原因,并归纳珠江三角洲的地理位置的重要性。 2.通过阅读资料,归纳珠江三角洲发展外向型经济的优势条件、特点及发展面临的问题。

续表

课标	教材中位置	育人点	
		健康育人	略。
		美育育人	通过丰富的粤菜、粤剧剧目欣赏、画作和建筑等领略我国传统文化之美,感受色彩美、形状美、结构美等,培养学生创造美的意识。
		劳动育人	通过读东莞市进出口的相关数据,培养学生处理数据和信息的能力。
		活动建议	1.通过查阅知名华侨的事迹,了解爱国华侨在教育、医疗和经济领域所作出的巨大贡献。 2.通过查阅港珠澳大桥建设的相关影像资料,认识港珠澳大桥的通车对三地经济发展的重要性。
1.举例说出河流在区域发展中的作用。 2.举例说出区际联系对区域经济发展的意义。	第七章第四节长江三角洲的内外联系	德育育人	通过上海浦东新区乃至长江三角洲区域取得了瞩目的成就,树立道路自信、理论自信、制度自信和文化自信。
		科学育人	1.通过长江三角洲地形图,认识长三角的范围和位置特点、归纳地形和水系特征。 2.通过读长三角的交通分布图,找出长三角对内对外联系的主要交通运输方式,理解发达的交通是长三角发展的重要条件。 3.通过讨论,认识到长江对于长三角经济发展的重要性。 4.通过搜集资料,说明上海对长三角区域经济发展的带动作用。 5.通过读长三角综合经济分布图,掌握经济地图的阅读方法,并认识长三角内部的经济发展差异。
		健康育人	略。
		美育育人	1.通过上海城市景观图,领略经济高速发展带来的建筑景观美。 2.通过西湖的水文美、气象美、天文美、色彩美、动态美、朦胧美。 3.通过苏杭名胜古迹、特产感受我国悠久的历史,激发学生创造美的意识。
		劳动育人	通过实地调查、采访等形式理解嘉陵江对家乡发展的重要意义。
		活动建议	调查家乡河流,并通过访谈了解它对家乡发展的促进作用。

续表

课标	教材中位置	育人点	
1.举例说明区域内自然地理要素的相互作用和相互影响。 2.运用资料比较区域内的主要地理差异。	第七章第五节长株潭城市群内部的差异与联系	德育育人	1.通过岳麓山、橘子洲、马王堆等名胜古迹,认识长沙市作为长株潭城市群群众的历史文化地位,树立文化自觉和文化自信。 2.通过长株潭城市群建设"两型社会"(资源节约型和环境友好型社会),引导学生树立良好的资源观、环境观和发展观。
		科学育人	1.通过读长株潭城市群的位置图和交通图,说出长株潭城市群的地理位置特点及主要交通运输方式。 2.通过图文资料,说出长株潭城市发展的优势条件及主要发展方向。 3.通过图文资料,找出长株潭在建设"两型社会"中做出的努力,并归纳其主要措施。
		健康育人	略。
		美育育人	1.通过岳麓山、橘子洲、马王堆等名胜古迹,了解其物质文化和非物质文化,领略自然和人文之美。 2.通过长株潭的绿心城市建设的景观图,感受城市发展的和谐之美。
		劳动育人	通过调查家乡在建设资源节约型社会和环境友好型社会方面所做出的努力,培养学生的社会调查能力。
		活动建议	1.通过讨论,理解长株潭城市群不同发展方向的原因。 2.调查家乡在建设资源节约型社会和环境友好型社会方面所做出的努力。
运用资料说出首都北京的自然地理特征、历史文化传统和城市职能,并举例说明其城市建设成就。	第八章第一节北京市的城市特征与建设成就	德育育人	1.通过四合院、京剧、故宫、长城、颐和园等感受北京深厚的文化底蕴,增强文化自信,激发民族自豪感,培养家国情怀。 2.通过查阅资料和交流,了解北京作为特大城市面临的发展问题和解决措施,树立正确的资源观、环境观和发展观。
		科学育人	1.通过北京地形分布图,说出北京市的地理位置并归纳北京地形分布特点。 2.通过气候的相关数据,说出北京的气候类型和气候特征,并通过与周边城市的对比,说明北京气候的形成原因。 3.通过图文资料,理解北京政治文化中心的地位。 4.通过北京城市功能区分布图,了解北京城市建设所取得的成就和发展中面临的主要问题。
		健康育人	通过北京城市发展面临的问题,引导学生关注环境污染与健康的关系,并通过北京的绿化建设,培养学生健康的生活观念和人地和谐的观念。

续表

课标	教材中位置		育人点
		美育育人	通过北京四合院、京剧、故宫、八达岭长城、天坛、颐和园、北京世界文化遗产分布和北京前门大街,体验北京丰富的物质文化和非物质文化,激发学生创造美的意识。
		劳动育人	1.通过对比北京与周边城市的气候,培养学生分析和处理地理数据的能力。 2.通过上网查阅北京发展面临的问题和采取的措施,培养学生搜集、整理信息的能力。
		活动建议	1.尝试从不同角度和不同形式制作北京旅游攻略。 2.通过小组合作交流、小报等方式,聚焦北京城市发展的某个问题。
1.认识台湾省自古以来一直是祖国不可分割的神圣领土。 2.在地图上指出台湾省的位置和范围,分析其自然地理环境和经济发展特色。	第八章第二节台湾省的地理环境与经济发展	德育育人	1.通过阅读台湾是中国的神圣领土的文本资料,培养家国情怀。 2.通过台湾与祖国大陆的贸易状况,了解祖国大陆对台湾省发展的重要性以及侨乡对我国经济发展所做出的贡献,培养学生对华侨的认同感。
		科学育人	1.通过台湾省的位置与范围图,说出台湾省位置与范围。 2.通过台湾岛地形图和地形剖面图,归纳台湾省的地形特点。 3.通过台湾省气温、降水和气候类型分布图,归纳台湾省的气候类型和气候特征,并找出主要影响因素。 4.通过图文资料,说出台湾岛主要农矿产品分布、交通及主要工业中心分布。 5.通过图文资料,归纳台湾省人口、民族和城市分布特点。
		健康育人	略。
		美育育人	通过阿里山、日月潭、故宫博物院等,领略台湾地质地貌美、水文美、色彩美、建筑美等。
		劳动育人	通过计算台湾省与祖国大陆的贸易差额,培养学生处理数据的能力。
		活动建议	1.从地缘、血缘、历史、文化和经济等方面收集资料,说一说台湾与祖国大陆有着深厚的渊源关系。 2.查阅相关资料,制作台湾旅游攻略。

续表

课标	教材中位置		育人点
以某区域为例，说明我国西部开发的地理条件以及保护生态环境的重要性。	第八章第三节新疆维吾尔自治区的地理概况与区域开发	德育育人	1.通过西部大开发的资料，了解西部大开发的主要省份、目的和主要成就，培养学生的国家认同感和家国情怀。 2.通过坎儿井的图文资料，认识到坎儿井是当地劳动人民智慧的结晶，培养学生的文化认同和家国情怀。 3.通过新疆丰富的物产，培养学生的民族自豪感和家国情怀。 4.通过新疆的地理位置，增强学生的民族认同、政治认同。 5.通过新疆主要的生态问题，培养学生正确的资源观、环境观和发展观，树立人地和谐观。
		科学育人	1.通过新疆位置与范围图，说出新疆位置的特点与重要性。 2.通过新疆的地形与矿产资源分布图，归纳新疆的地形特点，并能说出新疆主要的矿产资源。 3.通过我国气候类型分布图和新疆部分城市的气候资料图，说出新疆的气候类型和气候特征，并指出其优势气候资源。 4.通过影像和文字资料，找出新疆棉花、瓜果和畜牧业发展的优势条件。 5.通过新疆交通变化、口岸开放等资料，说出新疆工业和旅游业发展的优势条件。 6.通过影像资料，说出新疆在发展过程中面临的生态环境问题，并结合新疆的自然和社会状况找出主要原因和措施。
		健康育人	1.通过新疆的地理位置、资源状况、民族特征、生态问题，增强学生的国土安全、资源安全、政治安全、生态安全等意识。 2.通过干旱、盐碱化等生态问题，培养学生科学的生活理念和生活方式，学会合理规避灾害、污染等环境问题。
		美育育人	通过新疆丰富的旅游资源，领略自然的色彩美、形态美，以及少数民族创造的人文美，激发学生创造美的意识。
		劳动育人	略。
		活动建议	1.在《航拍中国》中获取新疆的素材，增强对新疆的认识和了解。 2.制定新疆旅游攻略。
根据资料，分析某区域内存在的自然灾害与环境问题，了解区域环境保护与资源开发利用的成功经验。	第八章第四节贵州省的环境保护与资源利用	德育育人	1.通过贵州省石漠化的相关资料，培养学生正确的资源观、环境观和发展观，树立人地和谐观。 2.通过贵州省旅游发展的相关资料，培养学生的家国情怀。
		科学育人	1.通过贵州省地形图，归纳贵州的地形分布特征和典型地貌。 2.通过与重庆、武汉、上海等城市的气候资料比较，归纳贵州的气候特征及主要影响因素。 3.通过图文资料，说出贵州发展面临的主要自然灾害与生态环境问题，并找出相关原因和措施。 4.通过贵州发展的成功案例，归纳贵州应对缺水的有效策略和推动旅游发展的有效措施。

续表

课标	教材中位置		育人点
		健康育人	略。
		美育育人	通过黄果树瀑布与织金洞;感受地质地貌美,水文美,色彩美,形状美,动态美以及石漠化治理后绿水青山的人地和谐美。
		劳动育人	略。
		活动建议	1.从《航拍中国》中获取素材,进一步感受贵州发展取得的成就。 2.通过网上搜索石漠化地区贫困的资料与现状做对比,感受我国脱贫致富给老百姓生活带来的巨大影响。
以某区域为例,说明区域发展对生活方式和生活质量的影响。	第八章第五节黄土高原的区域发展与居民生活	德育育人	1.通过水土流失的图文资料,培养学生正确的环境观和发展观,树立人地和谐观。 2.通过山西、陕西地区传统的生活方式,引导学生了解中华优秀传统文化,培养学生的文化理解和文化认同,培养家国情怀。
		科学育人	1.通过黄土高原地形图,说出黄土高原的范围和位置,归纳其主要地形特征。 2.通过黄土高原千沟万壑的地貌景观图,说出黄土高原面临的主要生态环境问题及主要原因。 3.通过山西、陕西等传统生活方式图文资料,理解自然环境对当地居民的生产、生活方式的影响。 4.通过对比黄土高原治理前后图片,归纳治理水土流失的主要措施。
		健康育人	通过山西食醋的案例,培养健康的生活方式。
		美育育人	1.通过山西、陕西的传统生活方式的相关影像资料,领略人文之美,激发学生创造美的意识和热情。 2.通过黄土高原治理前后的对比图,领略人地和谐之美。
		劳动育人	通过上网搜集黄土高原治理前后的资料,培养学生搜集、整理资料的能力
		活动建议	上网搜集黄土高原水土流失治理前后的资料在班级进行分组展示。

高中阶段人教版地理全息育人点

课标	教材中位置		育人点
运用资料,描述地球所处的宇宙环境,说明太阳对地球的影响。	必修第一册第一章第一节地球的宇宙环境第二节太阳对地球的影响	德育育人	1.通过读中国风云四号气象卫星拍摄的地球图片,展示我国航天技术的成就,培养学生家国情怀和民族自豪感。 2.通过分析不同的图表信息得出地球是一颗既普通又特殊的行星,培养学生"自然环境是人类赖以生存和发展的基础"的人地观念。 3.通过阅读文本资料和图片,认识到地球上存在生命的原因,理解太阳辐射能和太阳活动对地球的影响,从宇宙角度让学生感受到地球孕育生命的伟大之处。
		科学育人	1.通过图像资料,结合天文观测活动,描述各类天体的特点和天体系统的层次结构,培养学生归纳和总结信息的能力。 2.运用天体系统示意图,指出地球在天体系统中的位置,描述地球的宇宙环境,了解地球所处的宇宙环境。 3.通过解读教材图1.4和表1.2,从八大行星运动特征的角度说明地球的普通性。 4.通过阅读人类对地外文明的探索等资料,说明目前只有地球上具备适宜高级智慧生命生存和繁衍的条件,培养学生科学的认知和总结归纳能力。 5.通过读人类对太阳能的利用资料,说明太阳对人类生产生活的影响,了解太阳辐射对地球的重要意义,增加学生对太阳重要性的认识。 6.通过读"北半球大气上界太阳辐射分布图"和"热带雨林和亚寒带针叶林生物量的差异"图表材料信息,说出不同纬度地区太阳辐射的分布规律,培养学生解读地理信息和分析归纳能力。 7.通过阅读太阳结构示意图和太阳活动图表资料,了解太阳大气的主要结构和太阳活动现象,举例说明太阳活动对地球的影响,培养学生描述和阐释地理事物的能力。
		健康育人	1.通过阅读资料,了解观测太阳的方法及注意事项,增强学生保护眼睛的意识。初步培养学生对于宇宙环境、大气圈、水圈等生存条件的重要性认识。 2.通过掌握太阳活动可能对地球产生灾害的影响,培养学生太阳活动威胁人类生命安全、影响人类正常生活的安全意识。
		美育育人	1.通过阅读杨利伟描述在太空看到的地球的文字和"风云四号"卫星拍摄的地球图片,让学生从宇宙空间的视角感受地球之美、宇宙之美。 2.通过观看太阳系八大行星运动示意图,欣赏不同天体、天体系统运动景观图像,感受天体层次美与运动美。 3.通过欣赏太阳大气结构示意图和太阳活动示意图,感受太阳大气的层次美、色彩美和太阳活动的形态美。
		劳动育人	1.通过阅读资料和图片,使学生了解观测工具的选取和使用方法,掌握观测太阳活动、日食的步骤。 2.通过开展月相观测活动,培养学生探究实践能力。 3.通过探究活动分析太阳黑子的变化周期,总结太阳黑子活动周期,培养学生获取和解读地理信息的能力。
		活动建议	参观:利用当地天文馆或者观看有关宇宙探索的影像资料,了解科学家探索宇宙的故事,树立正确的宇宙观。
		德育育人	1.通过观察澄江三叶虫化石,激发学习兴趣,增强民族自豪感。 2.通过观察各地质年代生物图片,结合地质年代表,了解全球的生态变化过程及演变历史,形成更加全面的全球视野。 3.通过了解地球各个阶段的海陆格局、气候变化、生物状况,激发探究地球历史激情和爱护地球的情感。

273

续表

课标	教材中位置	育人点	
运用地质年代表等资料，简要描述地球的演化过程。	第一章第三节地球的历史	科学育人	1.通过观察澄江三叶虫化石，知道化石、地层的概念，了解研究地球历史的方法。 2.通过阅读运用地质年代表及文本资料，说出沉积岩地层、古生物化石与地质年代表构建的关系，认识不同时期地球演化阶段的整体性和差异性。 3.通过阅读不同地质年代古生物、古海陆格局，推测对应年代的气候环境，培养学生整体性思维和综合思维素养。
		健康育人	通过观察图片、阅读文本资料，了解不同地质时期的生物类型，提高学生保护生物多样性的意识。
		美育育人	通过观察图片、生物化石标本，欣赏不同地质时期生物、岩层的构造之美。
		劳动育人	1.通过描述、填绘图1.31活动，体会地球演化的阶段性和整体性，培养学生迁移能力。 2.通过制作时间表盘，将地质年代与一天时间对应填入表盘，加深学生对地质年代的理解，培养学生动手实践能力。 3.通过进行野外地理实践，寻找岩石、生物化石，了解山地、丘陵的形成历史及发育过程，培养学生从体验中反思和学习的能力。
		活动建议	1.参观当地自然博物馆或者观看关于地球演化、恐龙等内容的纪录片，增强对地球演化的理解。 2.模拟实验：用黄豆、绿豆、红豆、黑豆、动物玩具等模拟不同时期的沉积岩、化石与地球演化的关系。
运用示意图，说明地球的圈层结构。	第一章第四节地球的圈层结构	德育育人	通过阅读文本资料，了解人类生存的生物圈与其他圈层的关系，增强学生对于良好生态建设重要性的初步认识。
		科学育人	1.通过阅读教材，了解利用地震波探究地球内部结构的基本方法和过程，培养学生探究地理事物的兴趣和能力。 2.通过读图1.34地球内部地震波传播速度与圈层结构示意图，说出地震波的分类及速度差异，进一步说明科学家划分地球圈层结构的方法，说出主要的圈层结构和分界面，培养学生解读、分析地理信息的能力。 3.通过读图说出岩石圈的范围，说明地球圈层之间的相互联系、相互作用，形成科学空间观和地理观。 4.通过阅读地球外部圈层结构示意图，了解岩石圈在自然地理环境中的作用，举例说明地球各圈层相互关系，培养学生综合思维能力。 5.通过阅读地球内、外部圈层结构的图片，培养学生从整体上把握地球的内外部圈层，认识各圈层内部结构的差异性。
		健康育人	1.通过图文资料，认识地震波特点，提高学生对地震的防范规避意识。 2.通过了解大气圈的大气运动变化，培养学生关注地理事物发展，规避自然灾害保护自身安全的能力。

续表

课标	教材中位置		育人点
		美育育人	1.通过阅读地球内外部圈层结构示意图,丰富对地球内外部圈层多样性的认识,感知地球圈层的结构之美。 2.通过阅读各圈层结构图文,了解圈层内部结构特点,培养学生欣赏圈层内部的和谐美。 3.通过阅读凡尔纳科幻小说材料信息,体会文学创作的想象美。
		劳动育人	通过制作地球圈层结构模型,培养学生对于材料选取、使用工具的劳动能力,在认识地球圈层结构的过程中体验劳动乐趣。
		活动建议	模型制作:制作地球内部圈层结构的模型,培养地理实践能力。
运用图表等资料,说明大气的组成和垂直分层,及其与生产和生活的联系。	第二章第一节大气的组成和垂直分层	健康育人	1.通过阅读材料"了解大气含氧量减少对人体产生的影响",理解大气主要成分的占比对人体健康的影响,学会用科学激发运动员的潜力。 2.通过臭氧保护的视频,知道紫外线对人类身体健康的影响,树立正确的健康观。
		美育育人	通过欣赏气象景观,学会欣赏自然要素之美,领略生活中的自然美,提高审美意境和情趣。
		劳动育人	通过科学家对气温、气压等的测量和对高空大气的探索,培养学生探求科学本质的热情,培养学生的科学探究精神。
		活动建议	通过鲍姆加特纳的特质宇航服,激发学生进一步探索地球大气层的兴趣。
运用示意图,说明大气受热过程与热力环流原理,并解释相关现象。	第二章第二节大气受热过程和大气运动	德育育人	1.通过城市热岛效应和温室效应的分析,培养学生正确的人地协调观和科学的发展观。 2.通过温室气体的发现过程,学会从猜想到实验,培养学生的科学研究精神,并树立解决全球变暖的国际合作意识。
		科学育人	1.通过大气受热过程示意图,理解大气受热的过程以及知道近地面是对流层大气的主要直接热源。 2.通过大气保温作用示意图,理解大气逆辐射的意义,理解温室效应的成因,并提出相应措施。 3.运用大气热力环流示意图,理解大气运动的原理和规律,并能解释海陆风和城市风的形成。 4.利用风向与力的关系示意图,理解风的形成和基本规律,并能在实际的等压线图上判读风向和比较风速。
		健康育人	通过城市热岛效应,树立建设宜居城市的健康观。

275

续表

课标	教材中位置		育人点
		美育育人	通过受热过程和热力环流过程,感受自然科学的逻辑美。
		劳动育人	绘制大气受热过程示意图、热力环流示意图、城市风示意图、海陆风示意图、风的形成示意图等,培养学生动手绘图的能力。
		活动建议	1.对比地球和月球的昼夜温差,理解大气对太阳辐射的削弱作用和对地面的保温作用。 2.学生可以动手绘制海陆风和城市风示意图,也可以结合生活中空调和暖气的安装位置来理解热力环流。 3.在海平面等压线图上,利用水平气压梯度的概念比较风速,利用风向与力的关系,判读风向。
运用示意图,说明水循环的过程及其地理意义。	第三章第一节水循环	德育育人	1.通过对《宋书·天文志》中关于我国古人对水循环思考的描述的学习,引导学生体会中华优秀传统文化的魅力。 2.通过"从人类利用的角度说明水体更新速度与水资源储量的关系图",培养学生正确的资源观、发展观和环境观,树立人地协调观。 3.结合"宁夏砂田案例",感悟劳动人民的智慧,培养家国情怀,同时培养学生因地制宜的发展观。 4.通过自学窗"塞纳河的水从哪里来",培养学生吃苦耐劳、实事求是的精神。 5.补充当地海绵城市的案例,培养热爱家乡、建设家乡的家国情怀。
		科学育人	1.了解地球表面各种水体的名称和含义。 2.运用水循环示意图,说出水循环的过程和主要环节,指出水循环的类型。 3.从水循环环节和过程中,分析其中包含的物质迁移和能量转换,要求学生要透过现象看本质。 4.结合实例,分析水循环对自然环境的影响,说明水循环的地理意义,体会水量动态平衡的思想,培养学生的综合思维。 5.结合"宁夏砂田案例",说明人类活动对水循环的影响,体现了人类利用自然、改造自然的聪明智慧。
		健康育人	1.通过水平衡原理,树立尊重自然的观念,科学应对旱涝灾害。 2.通过水污染案例,树立环保意识。
		美育育人	1.看黄河的视频,欣赏其动态美、形态美。 2.通过朗诵古诗词"黄河之水天上来,奔流大海不复回",感知语言美、科学美。 3.通过佩罗观测塞纳河上游的景观,感知自然形态美、色彩美和动态美。
		劳动育人	1.绘制并运用水循环示意图,培养学生绘图和析图能力。 2.通过对"宁夏砂田案例"的学习,引导学生学会观察景观图片和统计图,培养学生的读图技能和获取信息、分析问题、解决问题的能力。 3.通过对"河水是从哪里来的"的自学,引导学生养成运用定量计算研究地理问题的意识,培养学生的科学探究精神。

续表

课标	教材中位置		育人点
		活动建议	1.通过"从人类利用的角度说明水体更新速度与水资源储量的关系图",培养学生正确的资源观、发展观、和环境观,树立人地协调观。 2.通过看宁夏砂田瓜的视频、教材上的景观图片和统计图,分析砂田影响的水循环环节。 3.如有条件可实地考察当地海绵城市的案例,激发热爱家乡、建设家乡的家国情怀。
运用图表等资料,说明海水性质对人类活动的影响。	第三章 第二节 海水的性质	德育育人	1.通过我国潜艇372号遇到"海中断崖"成功脱险的实例,培养学生的爱国热情和民族自豪感。 2.结合"深海网箱养鱼"技术、"新加坡滨海堤坝案例"等,培养学生因地制宜的发展观。 3.通过海水性质对人类活动的影响各种案例的学习,帮助学生树立正确的资源观和人地协调观。
		科学育人	1.通过海边游泳、冲浪等生活案例引导学生理解温度、盐度和密度的概念,明白其是海水重要的理化性质。 2.运用图表等资料,通过观察、探究、推理、对比,归纳总结海水温度、盐度、密度的影响因素和时空分布规律,培养学生的区域认知、综合思维和求异思维。 3.充分运用图表、实例等资料,分析海水性质对人类活动的影响,引导学生尊重自然规律,发挥人的主观能动性,利用改造自然,同时要关注人类活动对海水性质的影响。 4.通过对"新加坡滨海堤坝案例"的探讨,培养学生创造性的地理思维。
		健康育人	1.通过我国潜艇死里逃生的案例,引导学生遇到危难要临危不惧,充分发挥主观能动性,保护人身安全。 2.通过直接用海水冲厕等案例,提倡学生合理利用水资源,节约用水。 3.通过观看"雪龙"号极地科考的破冰之旅的视频,让学生认识到海水结冰对航海速度、安全的影响,在冰封海域我们需要特殊的破冰设施,引导学生要合理利用自然资源。
		美育育人	通过观看图片和视频,发现海洋的色彩美、动态美、生物美、声音美等,培养学生要善于发现美,懂得欣赏美。
		劳动育人	1.引导学生通过图表、图片等资料探究温度、盐度、密度的分布规律,提高其对地理数据的处理和分析能力。 2.通过对"分析海水温度对游泳活动的影响"和"分析红海盐度高、波罗的海盐度低的原因"的探究学习,培养学生的读图技能,获取信息、分析问题解决问题的能力。
		活动建议	1.通过对"分析海水温度对游泳活动的影响"的学习,要求学生根据数据图表,分析三个不同纬度海洋站海水表层温度的季节变化特点,体会海水温度对人类活动的影响。 2.通过对"分析红海盐度高、波罗的海盐度低的原因"的探究学习,引导学生准确分析总结。

续表

课标	教材中位置	育人点	
运用图表等资料，说明海水运动对人类活动的影响。	第三章 第三节 海水的运动	德育育人	1.通过对"纽芬兰渔场的形成与衰落"的学习,说明人类过度捕捞将导致海洋生态环境失衡,引导学生要保护资源、保护环境,遵循可持续发展的原则,培养学生的人地协调观。 2.通过展示冲浪运动的视频,感受运动员驾驭海浪的勇气,体会他们利用海洋特点开展体育运动的智慧,培养学生不畏困难、勇于探索的精神。 3.通过海浪活动、潮汐规律、洋流影响等知识的学习,培养学生的全球性观念,学会在认识地理事物的共性时把握区域的个体差异。
		科学育人	1.通过诺曼底登陆等故事引导学生对海浪、潮汐、洋流的概念进行探讨,了解其是海水运动的基本形式。 2.运用视频、图表等资料,说明海浪、潮汐和洋流对人类活动的影响,从利弊两方面分析,培养学生的综合思维以及解决地理问题的能力。 3.结合实例说明人类对海水运动规律的具体运用,引导学生树立正确的海洋资源观和海洋环境观,要善于认识规律,利用规律为人类服务,使学生认识到地理知识在人类活动决策中的价值。 4.结合实例,具体说明洋流对地理环境产生的影响,分析渔场分布、气候、海洋污染、航海与洋流的关系,培养学生的综合思维。
		健康育人	1.通过对太平洋垃圾带图片的观看,培养学生保护海洋环境的意识。 2.通过对"1953年荷兰遭受风暴潮袭击"的学习,了解目前各沿海国家已开始重视对风暴潮的防御,培养学生的安全意识。
		美育育人	通过观看"钱塘江大潮"的视频并结合图文,让学生感受潮汐的壮观美、声音美,欣赏大自然的魅力。
		劳动育人	通过海浪活动、潮汐规律、洋流影响等知识开展小组讨论和探究性学习,让学生学会合作学习,激发学生探究问题、解决问题的兴趣,提高学生的对比分析和归纳能力。
		活动建议	通过观看视频、图片等资料,结合具体实例,以小组合作探究的形式,分析洋流对人类活动的影响。
		德育育人	1.通过资料、视频、图像等挖掘各种地貌与人类活动的关系,以培养学生的人地协调观。 2.通过章末"如何提升我国西南喀斯特山区的经济发展水平"的问题探究活动,引导学生关注地貌与人类活动的关系,以培养学生可持续发展观、资源观、人地协调观。 3.通过"寻找隐藏在红柳沙包中的环境变化信息"的自学窗,培养学生人地协调观。 4.利用教材中观察家乡地貌的活动,帮助学生进一步了解自己的家乡,增强对家乡的情感。

续表

课标	教材中位置		育人点
通过野外观察或运用视频、图像，识别3~4种地貌，描述其景观的主要特点。	第四章第一节常见地貌类型和第二节地貌的观察	科学育人	1.将各种具体地貌类型的研究落实到具体的区域案例中，帮助学生在具体自然环境中识别地貌类型并描述地貌景观特点，以培养学生区域认知和综合思维。 2.通过教材活动"分析世界最大单口径球面射电望远镜选址贵州平塘的原因"，引导学生归纳大窝凼所在区域特征，以培养综合思维和区域认知。 3.通过"认识雅鲁藏布江中游河谷的风沙地貌"活动，引导学生描述沙丘所在区域环境特点，培养学生综合思维和区域认知。 4.通过"寻找隐藏在红柳沙包中的环境变化信息"的自学窗，感知科学态度、科学方法。 5.通过徐霞客"对比黄山天都峰与莲花峰高度"的实例，引导学生获得地貌高度观察的方法，培养学生的科学精神。
		健康育人	1.通过案例"年轻的黄河三角洲"，引导学生关注地貌与环境的关系。 2.通过图片、资料、视频等展示风沙地貌的危害及成功治理经验，以培养学生安全与健康意识。 3.通过章末"如何提升我国西南喀斯特山区的经济发展水平"的问题探究活动，引导学生认知人类活动对喀斯特地貌的影响以及生态重建的措施，培养学生安全与健康的观念。 4.通过图片、视频、实验等方式，探究地貌与自然灾害的关系，培养学生环境安全的意识。
		美育育人	1.通过四类地貌极具美感的照片，"以美设疑""以美启智"，感悟自然地貌之美，体悟人地和谐之美。 2.通过实景图片、视频等素材，感知真实地貌由宏观到微观的复杂结构，培养学生的审美能力。 3.通过五种地形的景观图、典型图像，培养学生的审美能力。
		劳动育人	1.通过野外实地观察或结合学生的游学旅行开展活动，在观察中识别主要地貌，记录并描述其主要特征，以培养学生的劳动能力。 2.通过资料、视频等介绍野外观察地貌的基本方法，培养学生的劳动能力。 3.学生应用地貌观察技术和方法，实地观察或者利用视频、图像等资料观察生活中常见地貌，以培养学生劳动能力。 4.通过"寻找隐藏在红柳沙包中的环境变化信息"的自学窗，培养学生劳动能力。 5.进行一次家乡或学校周边的地貌考察活动，让学生设计观察方案、学会简单地貌考察工具的使用、制作家乡地貌的模型，培养学生劳动能力。 6.通过实验模拟常见地貌的相关原理，培养学生的劳动能力。 7.利用海拔测量仪器、手机软件或等高线地形图，培养学生使用地理工具的能力。 8.利用徐霞客两次考察黄山留下的游记，帮助学生感知徐霞客不畏艰难，勇于探索大自然的劳动品质。
		活动建议	1.进行野外实地观察(或结合学生的游学旅行开展活动)，在实地观察中识别主要地貌，记录并描述其主要特征。 2.通过观看视频和收集图文材料，探索四种常见地貌的特征。 3.使用不同的教学方式探究四种地貌，比如观察法、实验法、案例探究法、讨论法、实地调查法。 4.地貌观察这一节实践性强，组织学生进行野外实地观察为佳，或利用网络资源体验地貌观察的方法、工具等。

续表

课标	教材中位置		育人点
通过野外观察或运用视频、图像，识别主要植被，说明其与自然环境的关系。	第五章第一节植被	德育育人	1.通过了解植被垂直分层结构，增强学生的生态环境意识。 2.通过了解世界气候分布图，利于增强学生的全球视野；对主要森林（植被）类型特征的了解，利于增强学生生态环境意识。 3.通过森林、草原、荒漠等植被景观的认识，利于增强学生的国际视野能力；了解荒漠的产生原因，利于培养学生的生态环境意识；学习要素的变化利于增强学生生态环境观和发展观。
		科学育人	1.运用P82-83图文材料，了解植被的概念和植被垂直结构，增强学生对核心概念的理解能力，培养学生的区域认知方法和综合分析能力。 2.通过世界气候分布图，展示各类森林的分布，并比较主要森林类型特点，增强学生要素综合能力和区域差异的学科能力。 3.通过教材P84-87图文资料，能够说明森林、草原、荒漠等植被与自然环境的关系。 4.通过对不同区域景观的认识，增强学生的区域认知能力。 5.通过对不同景观的特征及周围自然环境分析，利于增强学生要素综合能力和区域综合能力。 6.通过教材P87自学窗学习，让学生体会到保护天然植被、因地制宜营造人工植被的重要性，让学生从案例中得到启示，利于增强学生对乡土地理、家乡环境的思考与分析。
		健康育人	1.通过不同地区植被图片的观察，增强学生维持生物多样性的人地和谐意识。 2.通过了解荒漠与自然景观的关系，利于增强学生对资源枯竭的环境安全意识和维持生物多样性的必要性。
		美育育人	1.通过植被垂直分层图片观察，利于增强学生洞察生物美的意识和对立体层次美的审美能力。 2.通过不同森林（植被）分布，不同季节森林（植被）色彩的变化，利于增强学生对大自然色彩美的感知能力和对自然事物的审美意识。 3.通过森林、草原、荒漠等植被景观的认识，利于增强学生对大自然色彩美的感知能力和对自然事物的审美意识。 4.通过植被与周围自然环境的关系，增强学生审美感知意识和对生物美的审美能力。
		劳动育人	通过校园实地调查、查阅资料，利于培养学生参与实践的兴趣和增强学生进行探究实践的能力。
		活动建议	1.以校园植物为研究对象，探究植物与自然环境的关系。 2.专题研讨：调查本地森林或者草原在开发中面临的问题，并小组讨论其主要保护措施。
		德育育人	1.增强学生对家乡土壤的认识，利于培养学生对家乡的热爱。 2.理解土壤的主要组成要素，利于增强学生的生态发展观念。 3.了解土壤的功能，利于增强学生对家乡的认同感，培养生态资源观、发展观。

续表

课标	教材中位置		育人点
通过野外观察或运用土壤标本,说明土壤的主要形成因素。	第五章第二节土壤	科学育人	1.通过读P85-89文字材料,学会实地观察或运用土壤标本,了解土壤的组成、颜色、质地和剖面构造,掌握观察土壤的基本内容和方法,培养学生的区域认知能力。 2.通过实地了解家乡的土壤,利于培养学生对地理信息的搜集和处理等实践能力。 3.通过P91-92图文材料,说明土壤的主要形成要素,并能解释常见的土壤现象,利于增强学生对核心概念的认知能力及区域认知和要素综合能力。 4.结合案例,了解土壤的功能和养护途径,体会养护土壤的重要性,利于培养学生乡土地理知识和地理实践能力。
		健康育人	通过对土壤功能的了解,增强土壤结构变化、土壤污染对人体健康影响的认识。
		美育育人	1.通过对砂土、壤土、黏土及森林土壤剖面图片的分析,利于增强学生对大自然色彩美的感知能力和对自然事物的审美意识。 2.以生物循环,培训学生对自然环境动态美的感知。
		劳动育人	1.通过实地了解家乡的土壤,利于培养学生参与实践的兴趣和对地理信息的搜集和处理等实践能力。 2.通过案例,增强学生对家乡土壤问题的调查,资料的搜集能力。
		活动建议	实地考察:选择学校或家附近出露的土壤剖面,通过观察、触摸等方式观察土壤,并做好记录。
运用资料,说明常见自然灾害的成因,了解避灾、防灾的措施。 运用地理信息技术与方法,探究有关自然地理的问题。	第六章第一节气象灾害第二节地质灾害第三节防灾减灾第四节地理信息技术在防灾减灾中的应用	德育育人	1.通过视频素材或真实案例,引导学生感知我国"一方有难、八方支援"的精神,培养学生的家国情怀。 2.通过教材活动"认识地震专业救援队",了解地震救援的专业性、及时性和国际合作的重要性,培养学生的国际理解能力。 3.通过教材中的地震预警系统案例,引导学生收集和交流我国在地震预警方面取得的成果,以增强学生的民族自信心和自豪感。 4.通过图片、视频等素材,引导学生了解我国北斗卫星导航系统,培养学生对我国技术的自豪感,强化国家认同。
		科学育人	1.通过世界洪涝灾害分布图、相关气候、地形等资料,引导学生分析影响洪涝灾害的因素,培养学生的学科能力以及掌握核心概念。 2.通过华北地区的气象及社会经济发展状况的资料,探究华北旱灾最严重、最频繁的原因,提升学生的综合思维能力。 3.通过教材活动"认识自然灾害的关联性",引导学生认识自然灾害之间的内在关联性以及关注家乡的自然灾害,以培养学生的科学能力和思维。 4.通过教材中的遥感图像,加深学生对遥感技术在防灾减灾中工作原理和作用的理解,提升学生的地理实践力。 5.通过教材活动"利t用信息技术判断舟曲泥石流灾害的影响",引导学生勾勒泥石流范围,获取遥感图像的判读方法,培养学生地理实践力。 6.通过教材中图6.26,引导学生关注不同要素图层叠加实现"要素综合",不同时段叠加实现"时空综合",培养学生的综合思维能力。 7.通过问题探究"救灾物资储备库应该建在哪里"中的图6.29,引导学生确定不同自然灾害的分布范围,增强区域认知能力。

续表

课标	教材中位置	育人点
	健康育人	1.通过图片、视频以及数据资料或教材案例"贵州望谟'6.6'山洪灾害"等让学生列举洪涝灾害的具体危害,引导学生认识洪涝灾害对生态环境、其他灾害的影响,培养学生环境安全观。 2.通过寒潮的图片和视频资料,帮助学生了解寒潮对农业、社会经济带来的危害,培养学生环境安全观。 3.呈现旱灾的图片和视频,让学生体会旱灾对农业及农民生活带来的影响。 4.通过图片、视频或者案例的形式呈现地震对人类活动的影响,尤其是对生命健康、灾区人们心理健康的影响,培养学生的健康安全意识。 5.通过教材活动"利用信息技术判断舟曲泥石流灾害的影响",引导学生探究问题,树立科学的灾害观和减灾意识。
	美育育人	略。
	劳动育人	1.通过教材活动"分析我国洪涝灾害与旱灾的时空分布特征"引导学生处理表格信息,培养学生的地理劳动能力。 2.利用图片、视频帮助学生学习防灾减灾的措施,提供灾害情境,让学生开展演练或者模拟操作,培养学生劳动能力。 3.组织学生参观水文站,了解水文监测的基本知识,培养学生的劳动能力。 4.通过活动"认识地震专业救援队"中的问题,引导学生提取信息和简单计算,培养学生的劳动能力。 5.通过活动"了解身边的应急避难场所",引导学生用信息技术查找应急避难场所的位置及前往的最佳线路,培养学生的空间定位能力。 6.通过提供地理信息技术软件,引导学生结合具体案例上机操作简单的信息技术,培养学生的劳动能力。
	活动建议	1.利用教材中的案例和相关图片、视频材料,营造具体灾害情境,引导学生认识和分析自然灾害相关内容。 2.通过图片、视频、案例等,引导学生了解防灾减灾的手段,提供灾害情境,让学生开展演练或者模拟操作。 3.利用教材案例同时结合地理信息技术的示意图和相关资料帮助学生认识地理信息技术在防灾减灾中的具体应用。 4.主题教育:以当地多发的自然灾害为主题举办研讨会,探讨其成因和影响,初步形成尊重自然的人地和谐观。 5.主题板报:举办防灾减灾为主题的板报,展示我国防灾减灾成就,增强防灾减灾的意识。
	德育育人	1.通过阅读时区和国际日界线图、全球昼夜长短变化、全球正午太阳高度变化,培养学生建立全球视野。 2.通过阅读二十四节气指导农事材料,了解古代中国灿烂文明,增强民族自豪感。

续表

课标	教材中位置	育人点	
结合实例，说明地球运动的地理意义。	选择性必修1 第一章 第一节 地球的自转和公转 第二节 地球运动的地理意义	科学育人	1.通过阅读星轨照片和模拟在南北极上空观察地球自转，了解地球自转的论证方法和方向及周期，培养学生探究论证的地理问题的能力。 2.通过计算地球自转的角速度和线速度，总结角速度和线速度的变化规律，培养学生归纳和总结地理知识的能力。 3.通过阅读经纬网图和相关材料，准确地计算某地地方时和区时及区时转化，培养学生综合思维能力。 4.学会运用地球表面水平运动偏转规律，解释相关自然现象及人类生产、生活现象，综合培养学生地理实践的能力。 5.通过模拟地球公转运动，理解黄赤交角的产生及影响，掌握太阳直射点的移动规律，培养学生综合思维的能力。 6.通过阅读正午太阳高度和昼夜长短变化图，归纳总结其变化规律，能够解释相关的地理现象，服务生活，培养学生区域认知和地理实践能力。
		健康育人	1.通过绘制并描述当地正午太阳高度的变化规律，理解太阳辐射随纬度的变化，指导生活中要做好防晒措施，培养防晒伤的健康生活观念。 2.通过阅读自学窗材料，了解二十四节气与太阳周年运动的关系，节气的变化也反映了气候、物候的变化，指导人们在生活中预知冷暖雨雪，培养学生关注节气变化、关注身体健康的生活意识。
		美育育人	1.通过阅读星轨照片和地球公转示意图及实验模拟，体会地球运动的动态美。 2.通过阅读二分二至日昼夜分布和正午太阳高度示意图，感受自然规律的对称美和变化美。 3.通过阅读四季和五带的划分材料，观看不同热量带形成的植被景观图，培养学生欣赏生物美的审美情趣。 4.通过阅读"东方智慧"材料，了解二十四节气特殊意义，培养学生感知和理解传统文化的文化美。
		劳动育人	1.通过计算地球自转速度和时间、观察模拟地球自转和公转运动、绘制太阳直射点回归运动图等活动，培养学生探究实践的地理能力。 2.通过阅读二分二至日正午太阳高度和全球昼夜长短变化图，培养学生读图、分析图的能力。
		活动建议	1.运用简单实物模拟或者借助于动画演示地球自转和公转的过程，增强真实感，化难为简，培养学生的动手能力。 2.测量当地遮阳棚、楼间距、房檐等数据，感悟正午太阳高度在生活中的利用。 3.搜集生活中与地球运动的意义相关的现象并就原理做交流分享。
		德育育人	1.通过图片、视频、案例等资料，引导学生感知交通建设过程中防范自然灾害，减少对环境的破坏，培养学生的生态文明观。 2.通过图片、视频等资料，展示我国交通建设取得的成就、克服的各种难题，引发学生的民族自豪感。 3.通过图片、视频等展示河流对人类活动的有利影响，引导学生感知保护河流的重要性，培养合理的生态文明观。 4.通过问题研究"崇明岛的未来是什么样子"，引导学生思考人类活动对崇明岛的影响，培养学生正确的生态观。

续表

课标	教材中位置	育人点		
1.运用示意图,说明岩石圈物质循环过程。 2.结合实例,解释内力和外力对地表形态变化的影响,并说明人类活动与地表形态的关系。	第二章 第一节 塑造地表形态的力量 第二节 构造地貌的形成 第三节 河流地貌的发育	科学育人	1.通过教材活动"识别塑造地表形态的内力作用",引导学生感知地貌形成的时间变化,培养学生的综合思维。 2.利用中国地貌分布地图、视频等资料,引导学生了解不同区域地貌的主导外力作用,培养学生的区域认知能力。 3.通过教材活动"认识海水侵蚀作用对地表形态的影响",引导学生预测未来这一景观的演变趋势,培养学生认知地理过程的能力。 4.利用教材自学窗"现在是了解过去的一把钥匙",引导学生感知人们了解地貌演化过程的科学方法,培养学生的科学能力。 5.通过教材案例"红海的形成与扩张",引导学生感知红海的演变和未来发展方向,培养学生的地理过程认知能力。 6.通过教材活动"了解影响山区公路选线的因素",引导学生思考山区公路选线因素,培养学生的综合思维。 7.通过教材活动"通过遥感影像图探究曲流变化规律",引导学生感知河流地貌的演变过程,培养学生的科学能力。 8.通过问题研究"崇明岛的未来是什么样子",引导学生推测未来的崇明岛,培养学生的科学能力。		
^^	^^	健康育人	1.通过图片、视频的等资料,引导学生认知山地地质构造复杂,易对交通和人员安全构成威胁,培养学生的健康安全意识。 2.通过图片、视频等资料,展示河流地貌对聚落选址的影响,引导学生感知河流地貌上选址要规避自然灾害,培养学生的健康安全观。		
^^	^^	美育育人	1.通过自然界各种奇特地貌的图片、视频等资料,引导学生感知地貌的自然之美、壮阔之美。 2.通过常见岩石的图片、视频、或者有条件的情况下提供岩石标本,引导学生发现、感知、触摸不同类型的岩石,培养学生的审美情趣。 3.利用图片、视频等资料,引导学生感知褶皱、断层在自然界中的各种存在形态,培养学生的审美能力。 4.通过图片、视频等资料,展示河流典型地貌,比如瀑布、三角洲、蛇曲等,引导学生欣赏河流塑造不同地貌之美。		
^^	^^	劳动育人	1.通过图片、视频等,引导学生理解岩石圈的物质循环过程并绘制岩石圈物质循环图,培养学生的劳动能力。 2.通过教材活动"结合自然景观分析褶皱和断层的形成过程",引导学生获取并加工景观图中的信息,培养学生的劳动能力。 3.通过教材活动"通过遥感影像图探究曲流变化规律",引导学生获取和加工遥感影像信息,培养学生的劳动能力。		
^^	^^	活动建议	1.利用模型、模拟实验、视频等多样化的教学方式,演示内外力作用对地貌的塑造。 2.探究活动:设计大陆漂移假说的探究活动,激发学生大胆猜想、发现问题并同时进行科学史教育。 3.参观考察:组织学生参观地质博物馆,认识各种岩石,或者选择学校附近的典型地质地貌观察点,组织学生进行实地考察,培养地理实践力。		
		德育育人	1.通过阅读"大气中二氧化碳变化与人类活动"的案例,培养学生正确的资源观和环境观,逐步培养人地协调观,以及面对全球性环境问题需要的国际合作意识。 2.通过自学窗"全球合作,保护臭氧层",树立正确的环境观和全球合作意识。		
		科学育人	1.通过干洁空气成分的体积分数统计图,知道大气的组成成分、占比以及对人类活动的影响,培养学生的人地协调观。 2.运用大气垂直分层示意图和视频资料,说明大气的垂直分层的划分依据、特点以及对人类活动的影响。		

续表

课标	教材中位置		育人点
运用示意图,分析锋、低压(气旋)、高(反气旋)等天气系统,并运用简易天气图,解释常见天气现象的成因。	第三章第一节常见的天气系统	德育育人	通过"梅雨""昆明准静止锋"等天气的成因和对生产生活影响的学习,培养学生的家国情怀和乡土观念。
		科学育人	1.通过示意图,理解气团、锋面、冷锋、暖锋、低压(气旋)、高压(反气旋)的概念。 2.通过锋面和气压系统的动态示意图,学会从气压、湿度(降水)、风等方面描述天气特点及其变化。 3.结合寒潮、沙尘暴、梅雨、台风等案例,培养学生迁移能力。
		健康育人	通过梅雨、寒潮、台风等天气的案例学习,掌握科学的应对措施,减少气象灾害对人类生产生活的影响。
		美育育人	通过欣赏各天气或气象图,学会欣赏自然美、结构美,并培养学生的审美能力和审美情趣。
		劳动育人	1.通过学习冷锋,学生动手绘制暖锋的示意图和学习反气旋绘制气旋示意图等,增强读图能力和绘图能力。 2.运用简易天气图分析天气,学会科学地预报天气,培养读图能力和表达能力。
		活动建议	1.借助于中央电视台天气预报的气压形势图,预测未来24小时或者48小时的天气状况,并尝试做天气预报员,增加职业体验。 2.观察天气:观察并记录某一次天气变化过程,分析造成天气变化的天气系统并绘制简图描述过程。
运用示意图,说明气压带、风带的分布,并分析气压带、风带对气候形成的作用以及气候对自然地理景观形成的影响。	第三章第二节气压带和风带第三节气压带和风带对气候的影响	德育育人	1.通过麦哲伦航行的案例,培养学生勇敢坚毅的科学探索精神。 2.通过非洲动物大迁徙的案例分析,理解气压带、风带对气候形成的作用,培养学生的综合思维和区域认知能力,形成人地和谐观。
		科学育人	1.运用三圈环流示意图,理解三圈环流的形成过程,并掌握气压带和风带等基本概念和分布规律。 2.通过1月和7月等压线分布图,理解高低气压中心的形成并掌握其时空分布规律。 3.通过东亚季风示意图,理解季风的形成过程,并掌握其基本规律,再结合季风对我国的影响,培养学生的综合思维和人地协调观。 4.通过气候与天气的对比,理解气候的基本概念,并掌握描述气候的基本方法。 5.通过非洲动物大迁徙的案例分析,理解气压带、风带对气候形成的作用,培养学生的综合思维和区域认知能力。 6.通过生产、生活的案例理解气候对自然地理形成的主导作用,培养学生的综合思维。
		健康育人	通过各种气候特征的学习,学会应对不同气候,减小气象灾害带来的影响。

续表

课标	教材中位置		育人点
		美育育人	1.通过三圈环流的形成过程,培养学生严密的逻辑思维,感受自然科学的逻辑美。 2.通过非洲动物大迁徙,学会欣赏自然界的差异美和雄壮美,提高审美能力,培养审美情趣。 3.通过气候与之对应的自然景观的欣赏,学会欣赏大自然的色彩美、形态美。
		劳动育人	1.通过动手制作三圈环流模型,培养学生的动手实践能力。 2.通过气候资料图的判读,培养数据处理和数据分析能力,并形成归纳能力。
		活动建议	1.尝试动手制作三圈环流的模型,从平面到立体,增强对三圈环流的理解。 2.加强气候资料图的判读,培养数据分析和数据处理能力。
绘制示意图,解释各类陆地水体之间的相互关系。	第四章第一节陆地水体及其相互关系	德育育人	1.通过对南水北调工程的介绍,培养学生的民族自豪感和爱国热情。 2.通过对自然环境和人类活动的关系的了解,引导学生树立正确的人地关系,科学对待自然资源和自然环境。
		科学育人	1.结合材料,说出陆地水体的主要类型、典型特征及地球上各种水体的数量关系,培养学生的比较分析和总结归纳能力。 2.结合贝加尔湖、南水北调工程等实例,说明陆地水体对自然环境和人类活动的影响,培养学生的区域认知和综合思维。 3.通过长江与洞庭湖的案例,引导学生分析河流与湖泊、河流与地下水、河流与冰川积雪之间的关系,绘制陆地水体间相互关系示意图,解释陆地各水体之间的相互关系,帮助学生掌握分析自然地理问题的思路和方法,实现知识和能力的迁移,培养学生的综合思维。 4.运用河流年内各月径流量示意图,总结河流径流季节变化特征,结合区域特征判断河流补给类型,学会初步归纳影响河流水情变化的因素,培养学生的区域认知能力。
		健康育人	通过学生对地球上各种水体数量关系和我国西北地区水资源严重短缺的状况的了解,引导学生了解淡水资源的重要性和稀缺性,水资源短缺对人类生产生活造成的严重影响,树立珍惜和合理利用水资源的意识。
		美育育人	绘制的陆地水体关系示意图要准确、美观。
		劳动育人	1.通过观察嘉陵江、红旗水库,分析其水源的补给方式,培养学生观察生活、发现地理的意识。 2.通过绘制陆地水体间相互关系示意图,培养学生的绘图和析图能力。 3.通过列表的方式归纳总结河流的补给类型、季节、特点、分布区、影响因素,培养学生地理学的时空观念和总结归纳能力。
		活动建议	1.学生通过对"了解影响科罗拉多河径流的因素"进行自主学习、小组合作探究后归纳总结,培养学生读图和分析材料提取有效信息的能力。 2.课题研究:搜集家乡某河或河段的相关资料,对该河流的开发和治理提出自己的建议。

续表

课标	教材中位置	育人点	
运用世界洋流分布图,说明世界洋流的分布规律,并举例说明洋流对地理环境和人类活动的影响。	第四章第二节洋流	德育育人	1.学生通过对"富兰克林和湾流"自学窗的学习,培养学生在学习中要有热情、有好奇之心,具有严谨的科学态度、发现精神和持之以恒的精神,去探寻知识的奥秘。 2.通过对"洋流对自然环境的影响"的学习,培养学生的全球性观念,要充分利用洋流规律,保护海洋资源。
		科学育人	1.通过对世界表层洋流分布图的学习,使学生了解不同海区的表层洋流分布状况,据图说出其名称,比较其差异,重在让学生观察、比较和归纳,培养学生的读图分析和归纳地理规律的能力。 2.通过分析洋流分布模式,归纳世界表层洋流的分布规律,说明全球风带模式和洋流模式的关系,培养学生的区域认知、读图归纳、知识迁移和综合思维能力。 3.结合实例,说明洋流对地理环境和人类活动的影响,培养学生的区域认知和综合思维。
		健康育人	保护和合理利用海洋资源。
		美育育人	通过总结洋流分布规律,认识科学美、形状美。
		劳动育人	1.通过"绘制世界洋流模式图"的活动,培养学生读图获取地理信息、绘制地图,建立地理空间的思维。 2.通过"科隆群岛"的活动,学生先根据图提取经纬度坐标,推测其差异,找出原因,分析洋流对气候的影响,培养学习读图获取地理信息的能力,同时要求学生要学会知识迁移、学以致用。
		活动建议	"绘制世界洋流模式图"和"认识洋流对气候的影响"两个活动,以小组合作探究的形式进行。
运用图表,分析海一气相互作用对全球水热平衡的影响,解释厄尔尼诺、拉尼娜现象对全球气候和人类活动的影响。	第四章第三节海一气相互作用	德育育人	1.通过厄尔尼诺、拉尼娜现象对全球气候和人类活动的影响的学习,培养学生联系的观点、全球意识和正确的人地协调观。 2.通过对"厄尔尼诺现象——奥秘与探索"的自学,明白科学家仍在进一步观测、研究,引导学生形成正确、严谨、科学的探索精神。
		科学育人	1.运用图表,引导学生说出海一气相互交换的过程,分析其对全球水热平衡的影响,帮助学生构建知识框架体系,培养学生的综合思维能力。 2.通过海一气相互作用原理,运用图表解释厄尔尼诺、拉尼娜现象对全球气候和人类活动的影响,培养学生的区域认知和综合思维能力。
		健康育人	应对厄尔尼诺、拉尼娜现象是全社会的责任,应通过多种途径采取应急行动,学会必要的安全措施。
		美育育人	略。

续表

课标	教材中位置		育人点
		劳动育人	1.小组合作分别绘制大气环流示意图、水循环示意图和大洋环流示意图,巩固复习已学知识,同时培养学生的绘图能力。 2.通过对图表的解读,培养学生的读图技能,获取信息、分析问题解决问题的能力。
		活动建议	以小组合作探究的形式进行"了解水量平衡原理"和"分析太平洋中东部海水温度变化对气候的影响"两个活动。
运用图表并结合实例,分析自然环境的整体性和地域分异规律。	第五章第一节自然环境的整体性第二节自然环境的地域差异性	德育育人	1.通过小龙虾生存环境的认识,增强生态环境的认知和对小龙虾原产地的了解,增强学生的国际视野能力。 2.以江南地区的前世与今生地理环境变化,增强全球环境视野及生态环境观。 3.联系学生的家乡,增强学生热爱家乡、发展家乡、发展国家的家国情怀。 4.了解地域差异产生原因,增强学生生态观念。 5.通过收集和阅读材料、图片,增强学生的生态环境意识和全球环境意识。 6.我国自然资源丰富,有利于增强学生的国家认同感。
		科学育人	1.以小龙虾的生存环境,了解自然环境要素的组成,利于增强学生对地理核心知识的认识,同时利于增强学生对地理要素综合能力的培养。 2.以小龙虾现在生存环境与之前的变化,让学生理解地理要素之间的相互联系,即自然地理环境具有统一的演化过程,有利于增强学生要素综合能力和区域差异的学科能力。 3.以小龙虾现在生存环境中某一要素的变化,让学生理解某一要素受到外界干扰而变化,会导致其他要素及整个地理环境发生改变,利于增强学生对家乡的区域认知能力、要素综合能力和区域综合能力。 4.通过P86文字材料,了解地域差异产生的原因,增强学生地理核心知识和要素综合能力。 5.通过P87-89图文材料,结合世界气候分布图,理解植被带的地域分异规律(从赤道到两极的地域分异规律、从沿海到内陆的分异规律、垂直地域分异规律、地方性分异规律),利于理解世界气候等区域知识,增强区域综合认识和区域综合能力。 6.通过了解地方性的地域分异,利于学生对小尺度区域范围的认识,增强其要素综合能力。
		健康育人	1.了解小龙虾生存环境,增强学生对自然环境的保护意识和食品安全意识。 2.了解环境的变化带来的负面影响,有利于增强学生人地和谐、环境安全意识。 3.了解不同地区自然植被差异,增强学生环境资源安全意识。 4.通过不同地区植被图片的观察,增强学生维持生物多样性的人地和谐意识。
		美育育人	1.通过观察小龙虾生存环境,增强自然审美能力。 2.通过不同景观图片的展示,增强学生对自然景观的审美感知能力,同时感知不同色彩美。 3.通过不同地区自然植被差异,增强学生对植被的审美意识。 4.通过不同地区植被图片的观察,增强学生对植被的审美意识和对生物美的审美能力。

续表

课标	教材中位置		育人点
		劳动育人	通过模拟长江上游植被的变化实验,增强学生参加探究的实践态度和地理实验能力。
		活动建议	搜集自己旅行中拍摄的自然景观照片,感悟整体性和差异性,增强尊重自然的意识。
运用资料,描述人口分布、迁移的特点及其影响因素,并结合实例,解释区域资源环境承载力、人口合理容量。	必修第二册第一章第一节人口分布第二节人口迁移第三节人口容量	德育育人	1.了解我国目前的人口情况,加强对国情的认识,实事求是,树立正确的人口观和爱国主义情怀。 2.通过分析影响环境承载力和人口合理容量的因素,使学生树立正确的资源观、环境观和发展观。 3.分析人口国际迁移的基本特征,培养学生从全球角度思考人口迁移,树立全球意识和国际视野。
		科学育人	1.通过图表信息说出世界人口和中国人口的分布特征。 2.结合案例和生活实际,讨论分析影响人口分布的因素并对其进行归类。 3.通过判断人口流动和人口迁移的案例,区分人口流动和人口迁移,掌握人口迁移核心概念。 4.通过阅读美国、爱尔兰、沙特阿拉伯的人口迁移案例,总结国际人口迁移的基本特征和影响因素。 5.了解我国人口迁移历史,分析我国人口迁移的基本特征。 6.学习木桶短板效应,结合图表信息,说出影响区域环境承载力的基本因素。 7.通过分析我国人口政策的变化,理解人口合理容量的基本概念,总结确定人口合理容量需要考虑的因素。
		健康育人	通过分析影响人口迁移、环境承载力和人口合理容量的因素,感受环境对人类身体健康的影响,树立正确的环境观。
		美育育人	通过学习各种图表,感受地图和专业图表制作的构图和严谨之美。
		劳动育人	1.调查家庭人口迁移情况,绘制家庭人口迁移路线,提高社会调查能力。 2.收集有关我国人口政策的宣传图片,了解我国人口政策,培养地理信息的收集与处理的能力。
		活动建议	1.收集资料,了解农民工现状,分析农民工对我国经济发展的作用和面临的难题,探讨解决农民工难题的对策与途径。 2.选择周围的城镇或乡村,收集当地的人口迁移情况,并结合数据或案例分析人口迁移对该地的影响。 3.主题讨论:针对全面放开二孩政策展开讨论,分析当前我国人口问题和人口政策调整的原因。

续表

课标	教材中位置		育人点
结合实例,解释城镇和乡村内部的空间结构,说明合理利用城乡空间的意义。	第二章第一节乡村和城镇空间结构	德育育人	通过理解合理规划乡村与城镇的空间结构的意义,感悟人类活动与自然环境相协调的重要性,树立人地协调观。
		科学育人	1.通过具体的案例观察乡村和城镇的土地利用和功能分区,总结乡村和城镇内部的空间结构。 2.阅读图表和城镇各功能区的图片信息,掌握各功能区的基本特征,并分析城镇功能分区的影响因素。 3.了解巴西利亚的城市功能分区,结合身边实际案例总结合理利用城乡空间的意义。
		健康育人	分析土地利用类型和功能区分布选址的条件,了解环境对人类生产生活的影响。
		美育育人	阅读诸葛村、唐代长安城和巴西利亚等聚落的功能分区图,感受城市布局的结构美。
		劳动育人	1.通过分析长安城行政区、商业区和居住区的分布特征,培养从图中获取信息和分析信息的能力。 2.调查学校附近某一功能区的形成和变化,提高社会调查能力和问题解决能力。
		活动建议	1.搜集自己旅游中所见的聚落的图片,并探究其聚落的形态、分布与自然地理环境的关系。 2.通过所在城镇或乡村的空间结构变化,分析目前的空间结构的利弊。
1.运用资料,说明不同地区城镇化的过程和特点,以及城镇化的利弊。 2.通过探究有关人文地理问题,了解地理信息技术的应用。	第二章第二节城镇化	德育育人	1.通过学习城镇化在发展过程中出现的问题,学生能用全面发展的观点分析城镇化,树立正确的发展观。 2.对比发达国家与发展中国家城镇化进程,培养国际视野,吸取发达国家在城镇化过程中的经验和教训,找到中国城镇化发展的特色道路。
		科学育人	1.通过分析具体的案例,结合图表信息,分析总结城镇化的基本内涵及意义。 2.分析图表内容,了解典型国家城镇化进程,总结世界不同类型国家城镇化发展特点及各阶段表现。 3.结合包括我国在内的世界城镇化发展现状和图片,找出城镇化过程中出现的问题,并掌握地理信息技术在城市管理中的应用。
		健康育人	1.结合生活实际,了解在城镇化过程中对身体健康和自然环境方面带来的负面影响。 2.认识地理信息技术在城市抗灾减灾方面的功能,可以有力保障人民群众生命财产安全。 3.了解地理信息技术提供环境规划与决策、监测、评价、预测与模拟,可以对城市多种信息如大气、水、土地、噪声等进行管理和处理,保障人民群众的安居乐业。
		美育育人	1.观看城市景观图,体会城镇化给地区经济带来的繁盛之美。 2.结合在城镇化过程中出现的问题,观看污水、垃圾、交通拥堵等图片,激发对美丽环境的向往之情。 3.依托地理信息系统强大的数据管理、图层分析、制图等功能,感悟科技之美、严密逻辑之美。

续表

课标	教材中位置		育人点
		劳动育人	1.学习并结合生活常用软件了解地理信息技术在城市管理中的应用。 2.调查当地在城镇化过程中产生的问题,并应用地理信息技术为城市合理规划提出建议。
		活动建议	1.查阅资料,调查所在城市过去的城区图和老照片,制作成PPT,梳理城市发展历程。 2.收集资料,分析并论证人口居住郊区化带来的问题,以及对城市的影响。 3.引入未来"智慧城市"的相关资料,思考"智慧城市"主要应用了哪些地理信息技术,以及具有哪些功能。
结合实例,说明地域文化在城乡景观上的体现。	第二章第三节地域文化与城乡景观	德育育人	1.欣赏国内各地的地域文化和城乡景观,感受中华历史文化的博大精深,增强对国家的热爱之情。 2.通过阅读瓦尔帕莱索、佛罗伦萨等世界不同地域的文化景观,开阔文化视野。
		科学育人	1.结合不同地区的图片或文字,说出地域文化和城乡景观的含义和特点。 2.通过实际案例,分析地域文化与乡村景观之间的关系,理解不同区域地域文化之间的差异及成因。
		健康育人	了解乡村景观的布局特征,了解自然环境与人类活动的协调关系,特别是灾害规避和身体健康。
		美育育人	1.通过图片欣赏世界地域文化和城乡景观,感知地域文化之美,体悟城乡风貌和个性,提升审美情趣。 2.了解特色文化与环境之间的关系,感受人地和谐之美。
		劳动育人	调查当地特色文化景观,分析该景观如何反映当地的地域文化,是否受到了保护。
		活动建议	1.调查当地特色文化景观及其保护。 2.收集中国3~5个古镇的开发建设情况,综合分析古镇开发目前存在的利弊情况。 3.分享交流:举办地方文化讨论会,从地理视角解读我国各地文化特色。
结合实例,说明工业、农业和服务业的区位因素。	第三章第一节农业区位因素及其变化 第二节工业区位因素及其变化 第三节服务业区位因素及其变化	德育育人	通过对产业布局区位因素和区位条件的分析,认识到产业发展需要因地制宜、因时制宜,培养学生正确的发展观、人地协调观。
		科学育人	1.通过对区域的自然因素和人文因素的综合分析,总结区域的农业区位因素、工业区位因素和服务业区位因素的状况,培养学生的要素综合能力和分析能力。 2.通过观察地形图、气候资料图、人口分布图、交通分布图等,分析区域发展农业、工业和服务业的区位条件,培养学生区域认知方法、地理图表和地理信息的分析能力。 3.通过对区域内区位因素尤其是人文因素发展变化的分析,总结农业、工业、服务业区位因素变化的规律和趋势,培养学生时空综合能力、要素综合能力。
		健康育人	通过农业、工业和服务业布局的区位因素的环境需求和产业在发展过程中对于环境的影响,提高人地协调观认识,培养学生正确的环境保护观念、可持续发展理念和个人健康意识。

续表

课标	教材中位置	育人点	
		美育育人	通过观看农业、工业、服务业景观、形态和分布的资料图片,感知产业在发展过程中所形成的景观之美、形态之美和产业分布的科学结构之美,感受因地制宜进行产业发展的和谐之美。
		劳动育人	通过阅读文字、图表等材料信息,了解产业之间的生产合作关系,提高学生对于劳动分工与合作的整体发展认识。
		活动建议	1.通过对本区域学生较为熟悉的某一典型产业的布局发展作为案例,组织学生进行调查和材料收集,进而分析产业在发展过程中区位条件的影响和变化。 2.实地考察:考察当地主要的粮食作物和经济作物的耕作制度,并向当地农民了解农业生产过程面临的困难。 3.参观:选择当地某特色农业生产基地,体会因地制宜在农业生产中的应用。 4.调查当地正在筹建或者停产拆迁的工厂,了解工业布局的条件并分析其决策的科学性。
结合实例,说明运输方式和交通布局与区域发展的关系。	第四章第一节区域发展对交通运输布局的影响第二节交通运输布局对区域发展的影响	德育育人	通过阅读图片、文字资料,说出我国重点交通线路建设与区域经济发展的关系,增强学生对国家建设项目的了解,提高学生的家国观念和正确的区域经济社会发展观念。
		科学育人	1.通过对交通运输布局一般原则以及交通运输需求、资金对于交通运输布局影响的分析,总结交通方式和线路布局的一般规律,培养学生要素综合能力和区域分析能力。 2.通过查阅图片、文字资料,了解我国交通运输布局建设,结合交通枢纽发展,理解并说出交通运输的布局和变化对不同地区发展的影响,培养学生的区域认知、综合思维能力。
		健康育人	通过阅读文字、图片资料,了解选择不同货物运输工具的合理性和必要性,例如石油、天然气的运输,培养学生的安全健康意识。
		美育育人	通过查看铁路、公路、航运等交通线路图,了解不同地区站点选择、路线设置的布局情况及原因,感受交通运输线路布局的结构之美。
		劳动育人	通过查看地图,阅读文字资料,结合自然、社会条件,进行交通路线的设计,在实践过程中培养学生的设计、构想等实践能力。
		活动建议	通过学校所在区域的交通线路的布局、变化与区域经济发展的相互关系进行分析和推测,并组织学生尝试自我规划合理的区域交通运输布局。

续表

课标	教材中位置		育人点
运用资料,归纳人类面临的主要环境问题,说明协调人地关系和可持续发展的主要途径及其缘由。	第五章第一节 人类面临的主要环境问题 第二节 走向人地协调——可持续发展	德育育人	1.感悟人类与环境相互依存的关系,树立保护环境人人有责的公民意识。 2.通过了解世界范围内环境问题的区域差异,培养人类命运共同体价值观。
		科学育人	1.理解人类社会与环境的相互关系。 2.知道人类面临的主要环境问题。 3.了解世界范围内环境问题的区域差异。
		健康育人	了解八大环境公害事件,归纳环境问题对人类生存健康的影响。
		美育育人	1.通过人类对环境作用的前后对比图,感悟自然环境的优美,人类活动对自然环境的破坏。 2.赏析自然与人类相互协调的城市规划设计,感悟人地和谐之美。
		劳动育人	1.通过调查周围的环境污染问题,找出造成污染的原因,提升学生对生存环境的感知力与调查能力。 2.培养学生阅读、分析地理图表的能力,以及分析全球性环境问题的成因的能力,提高学生搜集、分析资料的能力。
		活动建议	1.小组合作讨论,校园中有哪些保护环境的方式,并形成一份《校园环保倡议书》。 2.访谈:到当地环保部门访谈,了解本地面临的主要环境问题,撰写一篇有关防治环境问题的小论文。
结合实例,说明国家海洋权益、海洋发展战略及其重要意义。	第五章第三节 中国国家发展战略举例	德育育人	通过阅读文字、图片资料,认识我国的海域范围、海洋权益,了解国家海洋发展战略,培养学生的爱国情感和国际视角。
		科学育人	通过阅读文字、图片资料,认识我国的海域范围及扩展蓝色经济空间、维护海洋权益等海域发展战略,提高学生区域认知能力、综合分析思维。
		健康育人	通过阅读地图、文字资料,了解我国海域、沿海地区的发展现状,培养学生对于社会环境长远发展的重要认识。
		美育育人	通过查阅新闻资料,了解我国海洋发展战略的长远影响及有效保障,增强学生和谐发展观,感受和谐发展之美。
		劳动育人	结合材料,引导学生对不同环境的海洋区域的开发、保护和维护进行规划,培养学生的设计规划、维护国土安全实践能力。
		活动建议	结合某一具体区域的海洋开发、保护和维护,分析海洋开发保护的复杂因素,培养学生的综合分析能力。

293

续表

课标	教材中位置	育人点	
结合实例，说明区域的含义及类型。	选择性必修2 第一章 第一节 多种多样的区域	德育育人	1.通过图文资料，了解我国古代九州的划分，了解国家历史，培养爱国情怀，了解前人的管理智慧。 2.通过讨论汉语方言的分布和查阅戏曲、地名，增强对家乡方言和中国传统文化的热爱。
		科学育人	1.借助广东省平沙岛基本农田保护区、江西省抚州市东乡县野生稻的案例，认识多种区域，能够说明区域是人们按照一定目的和标准进行划定的空间单位。 2.通过中国汉语方言区分布示意图，能够使用区域认知方法说明其中某种方言的分布特点。 3.通过阅读关于不同空间尺度区域的相关文字，培养区域尺度思想，能够举例分析不同区域的尺度大小及其相互关系。 4.通过相关图文材料，对比古今地理位置，从时间、空间角度了解区域划分的变化。
		健康育人	通过阅读野生稻相关材料，了解其具有改良水稻品种的作用，认识到国家设立野生稻保护区对粮食安全的意义，树立节约粮食的观念。
		美育育人	1.通过欣赏农业景观图，感受植物之美、人工美。 2.通过了解汉语方言的分布，查阅相关戏曲和地名，感受中国传统文化之美。 3.通过欣赏《禹贡九州山川之图》，感受图画线条美、中国历史美。
		劳动育人	1.通过阅读区域渐变特征图文材料，明确地图区域界线与现实界线的差异，了解秦岭—淮河一线南北差异以及全球地域分异规律，体会区域的渐变特征，激发实践兴趣。 2.通过开展查阅地方戏曲、地名的活动，培养学生收集处理地理信息的能力。
		活动建议	以学生身边区域为例，并查找相关材料，说明区域的含义和不同类型，比较不同尺度区域的差异和联系。
结合实例，从地理环境整体性和区域关联的角度，比较不同区域发展的异同，说明因地制宜对于区域发展的重要意义。	第一章 第二节 区域整体性和关联性	德育育人	1.通过欣赏山西平遥古城、浙江绍兴古镇的传统建筑景观图，感受我国北方与南方生活的差异，培养热爱家乡、热爱祖国河山的情感。 2.通过探究塞舌尔的旅游发展模式，树立因地制宜的发展观。
		科学育人	1.通过阅读韩国河回村的景观照片及相关文字材料，培养地理要素综合思维，能够说出主要的自然地理要素和社会经济要素。 2.通过分析浙江青田县稻鱼共生系统、阿曼的水渠系统法拉吉、京津冀协同发展等案例，理解区域的整体性与关联性。 3.通过对比长江三角洲与松嫩平原的地理位置差异、自然差异、社会经济发展水平差异，掌握一般的区域认知方法，能够说明因地制宜对于长江三角洲、松嫩平原等区域的重要意义。
		健康育人	1.通过阅读阿曼法拉吉用水制度图文材料，了解干旱地区水资源短缺的现状，培养学生水资源短缺威胁人类生存安全的意识。 2.通过阅读图文材料，了解塞舌尔人的环保意识，树立人地和谐的环境健康发展观念。

续表

课标	教材中位置		育人点
		美育育人	1.通过观看风土人情的视频和图片,感知我国北方和南方地区的自然景观美、建筑文化美、饮食文化美。 2.通过观看"旅游者天堂"塞舌尔的视频,欣赏自然美景,体验不同地域的生活。
		劳动育人	1.通过应用谷歌地球等软件查找塞舌尔的地理位置,培养学生空间定位能力。 2.通过查阅小岛国的相关资料,了解其发展条件,并比较与塞舌尔的异同,培养学生获取地理信息的能力。
		活动建议	1.运用谷歌地球等地理信息技术,培养区域认知素养。 2.播放不同区域纪录片(如《航拍中国》),认识区域的整体性与关联性。
以某生态脆弱区为例,说明该类地区存在的环境与发展问题,以及综合治理措施。	第二章 第一节 区域发展的自然环境基础 第二节 生态脆弱区的综合治理	德育育人	通过对比生态脆弱区不同时期的景观图,树立学生热爱家乡、保护家乡的乡土观念,培养学生的发展观和环境观。
		科学育人	1.通过观察贵州喀斯特山区石漠化景观图和石漠化恶性循环示意图,了解生态脆弱区的脆弱性,培养学生因果联系、要素联系思维。 2.通过读我国北方农牧交错带分布范围示意图以及鄂尔多斯市气候统计图,探究北方农牧带土地退化的自然原因,增强学生区域认知能力。 3.通过阅读文字材料和牲畜数量增加对草场的影响示意图,探究北方农牧带土地退化的人为原因,培养学生要素综合的思维能力。 4.通过读图,了解过垦、过牧对地理环境的影响,培养学生树立正确的人地协调观。 5.阅读文字材料,了解北方农牧交错带土地退化的综合治理措施。
		健康育人	通过了解北方农牧带自然环境特征及生态环境问题,明确土地荒漠化对人体健康的危害。
		美育育人	1.通过读图,感受浑善达克沙地东部夏季草场的生物美。 2.通过陕西定边县荞麦田图,感受北方农牧带饮食文化美。
		劳动育人	通过读图,培养学生查阅地图的实践能力。
		活动建议	观看纪录片《大漠长河》,了解西北地区荒漠化的自然背景、原因及危害,培养学生树立人地和谐相处的观念。

续表

课标	教材中位置	育人点	
以某资源枯竭型城市为例，分析该类城市发展的方向。	第二章第三节资源枯竭型城市的转型发展	德育育人	1.通过学习焦作市煤炭产业的发展，了解过度开采煤炭对产业发展的影响，培养学生形成正确的资源观和发展观。 2.通过图文材料，学习焦作市煤炭开采遗留的环境问题，培养环境观。
		科学育人	1.通过读图，了解资源型城市生命周期过程，明确资源型城市转型发展的必要性。 2.通过读焦作市位置示意图及文字材料，认识焦作市煤炭产业兴起原因。 3.通过学习焦作市煤炭开采遗留的主要环境问题，了解煤炭产业衰落原因。 4.通过学习焦作市的转型之路，学习资源枯竭型城市发展的措施。
		健康育人	通过阅读文字材料，了解矿产资源属于不可再生资源，培养学生资源枯竭影响人类安全健康生活的观念。
		美育育人	1.观察焦作市云台山景观图，感受其地形地质美、河流美。 2.读图感受焦作市物产美。 3.读大庆石化公司生产装置图，感受大型工程美。
		劳动育人	通过搜集资料，培养收集和阅读地理资料的兴趣和获取信息的能力，养成探究地理知识的态度。
		活动建议	组织学生参观重庆渝北矿山公园，了解矿山公园发展历程，培养地理实践力。
以某大都市为例，从区域空间组织的视角出发，说明大都市辐射功能。	第三章第一节城市的辐射功能	德育育人	1.通过阅读郑州、苏州纳米城、武汉的图文材料，感受我国城市的发展及现状。 2.通过阅读纽约的图文材料，感受国际大都市的氛围，培养全球视野。
		科学育人	1.以郑州为例，通过利用区域城市、交通地图，说明区域空间组织的联系和交通对郑州城市辐射功能的影响。 2.主要是以纽约为例，通过纽约港文字材料和伊利运河示意图，分析港口和运河对纽约经济腹地的作用。 3.通过波士华城市带产业分工表、各城市年航空客流量图、各城市人口等级规模图，分析纽约对不同尺度区域的辐射功能，培养综合思维和区域认识素养。 4.以武汉为例，通过阅读图文资料，分析武汉对周围城市的辐射作用及城市群的辐射功能。
		健康育人	通过了解武夷山市以武夷山为依托进行发展和纽约港的位置，认识自然环境对城市发展的影响，从而树立人地协调观。
		美育育人	1.通过欣赏城市景观图，感知城市的建筑美等人文景观美。 2.通过欣赏武夷山风光，感受壮丽河山之美。 3.通过阅读纽约的城市发展阶段图，感知城市发展的历史美。

续表

课标	教材中位置		育人点
		劳动育人	通过阅读图文材料,培养信息获取分析和处理的实践能力。
		活动建议	1.通过城市宣传视频,多角度地感受城市的发展和辐射作用。 2.本节主要是以纽约为例,适当可增加相关数据材料,让学生对其辐射功能有更深刻理解。
以某地区为例,分析地区产业结构变化过程及原因。	第三章第二节地区产业结构变化	德育育人	1.通过分析珠江三角洲、深圳、上海的产业结构变化及其原因,了解和感受我国产业发展情况和产业成就,增强国家经济建设自豪感,树立正确的发展观。 2.通过对比20世纪的上海工业生产的景观图和现在高新技术产业园、证券交易所和集装箱码头景观图,感受国家的产业发展的巨大变化,增强国家经济发展的自信心和培养国际经济视野。
		科学育人	1.通过阅读文字,明确地区产业结构的含义及其影响因素。 2.通过阅读我国四大地区示意图、产业结构数据表格,学会比较区域差异和区域产业结构异同并分析其原因,培养区域认知、区域综合、要素综合和读图析图的能力。 3.以珠江三角洲和深圳为例,通过阅读文字和柱状图,理解区域产业结构升级的表现和原因;以上海为例,通过阅读区域位置图、产业产值比例变化柱状图、生产景观图,分析产业结构变化和原因;以贵阳市为例,通过阅读文字、饼状图,分析产业建设条件和讨论产业结构的可能变化以培养读图析图和描述与阐释地理现象、探讨地理问题的能力。
		健康育人	通过说明区域产业结构异同的原因和分析贵阳建设数据中心基地的有利自然条件,认识到产业的发展与产业结构变化和自然条件有关,树立人地协调观。
		美育育人	1.通过20世纪的上海工业生产的景观图和现在高新技术产业园、证券交易所和集装箱码头景观图的对比,以及深圳近40年景观变化图对比,感受祖国发展的变化美。 2.通过欣赏产业景观图,感受城市的发展美和建筑的数量美。
		劳动育人	1.通过表格转绘为饼状图,培养学生绘制图表能力。 2.通过收集区域产业数据资料,培养信息收集和处理能力。
		活动建议	组织学生参观当地工厂旧址和城市规划馆等,以及播放区域经济发展和产业变化的纪录片,更加直观感受产业结构变化,培养学生的家国情怀和国际经济视野。
		德育育人	1.通过观阅图文材料及视频,认识统一流域的上、下游间的利益冲突关系,造成水污染、水土流失、河道淤积等现象,理解流域协同发展对保护和利用水资源的意义,培养学生"人与自然协调发展"的人地观念。 2.提出改善水资源利用的建议,树立因地制宜的发展观念。

297

续表

课标	教材中位置		育人点
以某流域为例，说明流域内部协作开发水资源、保护环境的意义。	第四章第一节流域内协调发展	科学育人	1.通过分析治理黄河的案例，掌握因地制宜进行水土保持的多种工程措施，了解利用小浪底水库冲刷淤积泥沙的过程，培养要素综合、区域综合的思维。 2.通过读图，了解不同时段黄河年均输沙量的走势，认识流域内部协作治理黄河沙患的重大意义，训练学生读图分析能力。 3.通过阅读图像资料，分析黄河不同河段水资源的利用特点，培养学生解读地图已知信息的能力。
		健康育人	通过了解历史上黄河下游多次洪涝灾害、断流的史料及图表，认识洪涝灾害及河流断流对人类生产、生活和生态环境的严重影响。
		美育育人	1.通过阅读黄土高原水土保持工程措施示意图，认识劳动人民的智慧，感受鱼鳞坑、梯田、水平沟等建筑物的美丽。 2.通过观看黄河的图片与视频，感受黄河的壮美，认识华夏儿女的文化之源。
		劳动育人	通过分析南小河沟的小流域综合治理案例，利用GIS技术，收集小流域的各类数据，初步了解地理信息技术的应用方法。
		活动建议	播放黄土高原水土保持措施的纪录片，引导学生进一步了解水土流失治理的重要意义。
以某区域为例，说明资源跨区域调配对区域发展的影响。	第四章第二节资源跨区域调配	德育育人	通过了解我国东部地区的资源现状，培养学生合理利用资源的发展观、资源观。
		科学育人	1.通过阅读图文材料，明确资源跨区域调配的原因，了解我国主要的资源跨区域调配工程，帮助学生认识区间的联系。 2.通过学习西气东输的原因，培养学生的综合思维与区域认知能力。 3.通过阅读图文材料，从辩证角度看待西气东输对区域发展的影响。
		健康育人	通过学习资源跨区域调配工程对调出区的不利影响，培养学生树立人地和谐观念。
		美育育人	通过观察丹江口水库景观图，感受南水北调工程之美。
		劳动育人	结合材料提取地理信息，培养学生信息获取、数据处理的实践能力。
		活动建议	通过观看纪录片《水问》，了解南水北调工程发生原因、过程及对区域发展的影响。

续表

课标	教材中位置		育人点
以某产业转移为例，说明产业转移对区域发展的影响。	第四章第三节产业转移	德育育人	1.通过了解产业转移的规律和现状，树立全球合作意识和国际视野。 2.通过学习产业转移的影响，找出发展中国家在承接转移时应注意的问题，并提出解决措施，培养平等的世界观。
		科学育人	1.通过阅读文字，明确产业转移的概念和分类。 2.通过阅读P76-77的图文材料，分析影响产业转移的因素，培养综合思维、区域认知、读图析图能力。 3.以东亚和东南亚为例，通过阅读文字，了解产业转移的过程和原因。并通过阅读文字、柱状图和曲线图等，分析产业转移对区域发展的影响，构建地理联系，培养辩证思维。 4.以我国棉纺织工业转移为例，通过阅读P81的文字，分析产业转移的条件、对区域发展的影响，说出在转移过程中的问题和提出解决措施。 5.通过阅读自学窗文字，了解产业转移的规律。
		健康育人	通过分析产业转移的不利影响，树立国家经济安全观。
		美育育人	通过观看东南亚、南亚产业转移的纪录片，感受产业转移促进当地发展变化之美。
		劳动育人	通过读图文资料，培养获取信息、处理信息的能力。
		活动建议	1.播放产业转移的相关纪录片。 2.组织学生收集家乡产业转移相关信息，了解其过程并分析原因，培养信息收集和处理能力，培养热爱家乡和发展家乡的情怀。
结合"一带一路"建设，说明国际合作的重要意义。	第四章第四节国际合作	德育育人	1.通过阅读图文材料，了解全球经济结构由"二元结构"转变为"三元结构"的过程，拓展学生全球经济视野。 2.通过观阅文字材料及视频，认识国际合作的必要性，树立经济可持续发展观。 3.通过阅读图文信息，简单了解"一带一路"沿线国家的特色与风俗，如格鲁吉亚的葡萄酒大量进入中国市场等案例，学会认同、尊重、包容他国文化，树立国家认同与国际理解的意识。
		科学育人	1.通过日本半导体生产案例，认识经济全球化的概念，能够辩证看待经济全球化的利弊。 2.通过阅读图文信息，了解"一带一路"的时代背景，说明"一带一路"建设的重要意义。
		健康育人	通过观看视频，感受东京日本大地震实况，了解紧急避震、自我保护的基本方法，培养学生紧急避险的安全意识。

续表

课标	教材中位置	育人点	
		美育育人	通过观看视频材料,了解"一带一路"沿线国家风土人情,欣赏国际文化交流盛宴,体会服饰文化美、饮食文化美、交通工具美、传统工艺美等。
		劳动育人	通过搜集古丝绸之路的相关资料,深入了解"一带一路"建设的时代意义。
		活动建议	通过实地考察重庆笔记本电脑生产基地与"渝新欧"起点,培养热爱家乡、发展家乡的观念,培养学生探究实践能力。
结合实例,说明自然资源的数量、质量、空间分布与人类活动的关系。	选择性必修3 第一章 第一节 自然环境的服务功能	德育育人	通过了解一棵树的价值,理解自然环境的服务功能,建立可持续利用的发展观。
		科学育人	1.以森林为例,说明自然环境的服务功能,具体包括供给服务、调节服务、文化服务和支撑服务等,理解自然环境对人类生产、生活的影响。 2.讨论修建水坝对自然环境服务功能的可能影响,树立可持续利用自然环境的服务之意识。
		健康育人	自然界中的水能够调节温度的波动幅度、净化空气、容纳和降解人类排放的废弃物等,说明自然环境的调节服务能够为人类提供有利健康的适宜生存环境。
		美育育人	通过欣赏自然环境的文化服务图片,理解人类从自然环境中获得的精神享受、审美体验。
		劳动育人	略。
		活动建议	小讲台:了解我国自然资源的现状,找出存在的突出问题,讨论相应的对策,增强忧患意识和责任意识。 小组讨论修建水坝对自然环境服务功能的可能影响,提出建议平衡河流的运输功能和保障河流鱼类洄游。
		德育育人	通过了解工业化牛奶从生产到消费的过程中各个环节消耗的自然资源和森林资源的有限性,帮助学生树立正确资源观,渗透节约型社会理念。

续表

课标	教材中位置		育人点
结合实例，说明自然资源的数量、质量、空间分布与人类活动的关系。	第一章第二节自然资源及其利用	科学育人	1.运用自然资源的主要类型等表格资料，理解自然资源的不同分类方法，了解自然资源的概念和属性。 2.通过读"工业化牛奶生产到消费的过程"，思考工业化牛奶生产各个环节需要的自然资源，深刻理解现代工业社会需要更多自然资源的原因。 3.通过思考森林资源的更新与可利用量的关系，理解自然资源的数量有限性使其具有稀缺性。 4.以"提铁降硅"技术提高铁矿石品位和不同质量煤炭资源的用途不同为例，理解自然资源的质量对人类生产、生活的影响。 5.通过对比分析北京和湖北水资源状况、产业结构和经济发展水平，理解自然资源的空间分布与社会经济发展区域差异的关系。
		健康育人	通过消耗更多资源获得的"石油农业"产品更加富含营养，现代人"富贵病"频发，引导学生了解健康的饮食结构，建立健康生活意识。
		美育育人	视频展示工业化社会在生产过程中是对自然资源的消耗，感知到现代工业产品的形式美。
		劳动育人	绘制北京、湖北水资源总量与供水总量柱状图以及供水结构图，培养绘图制图能力。
		活动建议	撰写论文：针对当地某种矿产资源在开发利用中存在的问题撰写小论文，提出自己的观点和建议。
运用资料，归纳人类面临的主要环境问题，说明协调人地关系和可持续发展的主要途径及其缘由。	第一章第三节环境问题及其危害	德育育人	通过对比发展中国家和发达国家的人均资源消费量和废弃物排放量，了解经济发展水平不同对区域自然环境的影响，树立全球经济视野。
		科学育人	1.运用示意图等资料，思考分析环境问题产生的原因。 2.运用示意图和文字资料，对比发达国家和发展中国家的人均资源消费量和废弃物排放量，思考人口数量、人均资源消费量和技术水平与人类对环境影响强度的关系，认识到技术进步的两面性，培养学生的辩证综合思维能力和区域认知素养。 3.以雾霾对公众健康的危害、毁林开荒引起的恶性循环为例，理解环境问题的危害，训练学生的区域认知和综合思维能力。
		健康育人	1.了解雾霾会诱发结膜炎、哮喘、气管炎等疾病，影响公众健康。 2.了解DDT难以降解，通过食物链在生物体内富集，最终危害公众健康。
		美育育人	通过阅读日本琵琶湖的污染治理，了解环境治理的过程，通过欣赏治理后人地和谐的美丽风光图片感受自然之美。

续表

课标	教材中位置		育人点
		劳动育人	略。
		活动建议	阅读《春天何以寂静》，选取你感兴趣的某一点，以"春天的美"为主题举办读书沙龙交流活动。
1.能够综合分析各种区域性或全球性资源和环境问题对国家安全的影响，了解国家资源利用现状及政策和法规对维护国家安全的意义（综合思维、区域认知）。2.能够树立和谐的人地关系意识是国家安全的重要保障。	第二章第一节资源安全对国家安全的影响	德育育人	1.通过强调维持资源安全还需要避免衍生其他安全问题，权衡与其他国家和地区之间的关系，培养不以邻为壑，互利互惠的国际合作精神。2.通过"改进滴灌方式提高水资源利用率"培养节水意识。
		科学育人	1.通过"关于金属价格变化趋势的争议"认知资源安全和国家安全相关概念，包括：资源安全、资源安全问题、资源禀赋、常规国家安全、国家总体安全、战略资源、非战略资源等。2.通过"资源供需的平衡与失衡""资源供需失衡的解决途径"，理解资源安全问题产生的地理背景和原理。以我国水资源为例，说明消费对水资源供需关系的影响；以瑙鲁磷酸盐矿资源为例，说明资源对国家经济、社会运行甚至国际安全的影响。
		健康育人	通过学习资源安全概念，理解资源安全对国家安全的重大意义，拓展国家安全概念认知。
		美育育人	1.通过我国资源分布和开发影像信息，认识我国各区域风光美。2.通过我国资源开发的历史，认识我国资源利用进程中的文化传统。
		劳动育人	略。
		活动建议	搜集各国资源安全相关战略和政策，讨论各国资源安全战略的各自意义。
		德育育人	1.通过认知我国资源禀赋，强化家国认同，培养家国情怀。2.通过认知我国能源供需趋势，强化政策理解，培养家国情怀。3.通过认知我国跨区域能源调配战略，强化我国协同发展理解，培养大国公民意识。4.以石油资源和煤炭资源为例，认知我国能源进口现状，认识国际能源市场合作的必要性，培养"人类命运共同体"共鸣；以未来能源，如风能、太阳能、核电、潮汐能、可燃冰为例，认知我国未来能源需求，认识国际能源技术合作的必要性，培养"人类命运共同体"的共鸣。5.通过认知我国能源禀赋，培养节约能源的意识。

续表

课标	教材中位置	育人点	
以某种战略性矿产资源为例,分析其分布特点及开发利用现状。	第二章第二节中国的能源安全	科学育人	1.通过"20世纪50年代末北京公交车上的'大气包'"认知中国的能源安全相关概念,包括:战略性矿产资源。 2.通过活动"分析能源结构对碳排放的影响"认知能源碳排放量、能源碳排放系数、能源消费量等概念。 3.通过统计数据分析,认知中国能源资源的禀赋。 4.通过图2.12中国能源生产量和消费量的变化,图2.13中国与世界能源消费结构对比,图2.14中国石油、天然气的产量、进口量和对外依存度,图2.15中国煤炭和石油的生产和消费的空间格局等图表信息认知中国能源供需的特点。 5.通过图2.19"2005—2050年中国能源结构变化示意图"分析我国未来能源需求变化过程与能源安全变化趋势。 6.以石油资源为例,通过图2.17认知其开发利用现状与国家安全的关系;以煤炭资源为例,通过图2.18分析其开发利用现状与国家安全的关系。 7.通过活动"分析能源结构对碳排放的影响",认知能源结构对碳排放的影响。 8.以"理论创新帮助新中国摘掉'贫油国'帽子"为例,培养理论指导实践,实践检验真理的科学观念。
		健康育人	1.通过认知我国能源供需特点、未来能源需求变化趋势,拓展"安全"理解,强化国家能源安全意识。 2.通过了解我国能源消费和生产过程造成的环境问题,认识环境对人体健康的影响。
		美育育人	通过了解我国能源消费和生产过程造成的环境问题,认知自然之美的难得。
		劳动育人	通过以"理论创新帮助新中国摘掉'贫油国'帽子"为例,学习我国科学家科学创新、科学实践的品质和精神。
		活动建议	通过所在区域能源调查活动,综合利用本节概念、过程、原理知识,培养学生发现、理解、解决地理问题的综合思维能力。
		德育育人	1.通过认知我国耕地资源与粮食生产能力,强化家国认同,培养家国情怀。 2.通过认知"我国古代农业生产中的东方智慧"了解中华传统农耕文明,提高文化自信,增强民族自豪。 3.通过了解"中央储备粮"战略功能,认知粮食安全对国家安全的重大意义。 4.通过认知国际贸易进口粮食是满足粮食需求的重要手段之一,理解国际全球化背景。 5.通过探究活动"讨论规避粮食进口给我带来粮食安全风险的措施",理解国家合作、外交稳定的重要性。 6.通过认识我国耕地资源和粮食安全问题,认识节约粮食,保护耕地,实施农业可持续发展的必要性。

续表

课标	教材中位置	育人点	
运用图表，解释中国耕地资源的分布，说明其开发利用现状，以及耕地保护与粮食安全的关系。	第二章第三节中国的耕地资源与粮食安全	科学育人	1.通过"布朗的担忧"说明中国的耕地资源与粮食安全等相关概念,包括:粮食安全、耕地质量等级、统购统销、中央储备粮、国家粮食安全战略、耕地红线等概念和政策。 2.通过统计数据,认知我国耕地资源与粮食生产能力特征。 3.通过图2.24"中国各省区耕地平均质量"认识我国各省区耕地平均质量。 4.通过图2.25"1949—2016年中国粮食作物播种面积、粮食单产与总产量的变化"及图2.26"提高单位面积产量的主要手段"认知实现粮食安全的途径。 5.以大豆为例,通过活动"讨论规避粮食进口给我国带来粮食安全风险的措施"说明国际粮食是我国保证粮食安全的重要手段。 6.运用图2.29"我国粮食安全面临的主要挑战",说明我国粮食安全面临的主要挑战。 7.通过统计图、地图及图2.30"我国不同类型的中、低产田主要问题区域",认知我国耕地资源区域问题。 8.通过阅读材料"我国古代农业生产中的东方智慧"说明生态农业、精耕细作、水利工程等物质循环的可持续发展技术体系和用地养地原理。
		健康育人	1.学习并理解我国独具特色的现代粮食安全保障体系,培养"先天下之忧而忧"的防患意识,掌握耕地红线的概念,培养规避风险,保持警戒安全的意识。 2.认识我国不合理使用耕地资源的现实问题,理解环境健康与人体健康的密切关系。
		美育育人	1.通过图片2.22"我国南方丰收在望的稻田"认知农作物的自然美,祖国四季的时令美。 2.通过我国粮食产量、耕地数量、耕地质量统计图表,认知数据美。 3.通过理解我国"提高单位面积产量的主要手段"感受科技美。 4.通过阅读"我国古代农业生产中的东方智慧",学习并传承中华传统文化中"天人合一""道法自然""量入为出,食陈储新"的文化魅力。
		劳动育人	阅读并分析粮食资源、耕地资源等多种数据的时空信息,培养地理读图分析的能力。
		活动建议	略。
结合实例,说明海洋空间资源开发对国家安全的影响。	第二章第四节海洋空间资源开发与国家安全	德育育人	1.通过活动"讨论永兴岛开发对我国海洋国土安全的意义",认知三沙市地理位置、海洋空间资源开发的必要性,强化领土意识。 2.通过出示图2.35"三沙市地图与市政府所在地永兴岛的遥感影像",认知我国领土范围。 3.通过强化海洋空间资源概念,增强领水、领土、领空三位一体的主权意识。 4.通过学习国际海洋公约等相关法律法规,认识我国领土的合法性,不容他人侵犯的绝对性。 5.通过理解海洋空间资源的重要意义,正确认识和看待国际海洋利益争端导致的冲突和摩擦。 6.通过学习《联合国海洋法公约》认知和平解决争端,平等进行国际协商的重要性。 7通过活动"讨论永兴岛开发对我国海洋国土安全的意义",认识到在开发海洋空间资源过程中因地制宜开发清洁能源,强化可持续发展观念。

续表

课标	教材中位置	育人点	
		科学育人	1.通过美国"海上漂浮城市——自由号"探讨海洋空间资源与国家安全相关概念,包括:海洋空间、海洋空间资源、滩涂、海洋空间资源开发、海洋国土、国家海洋权益等概念和法规。 2.以滩涂为例,说明人类开发海洋空间的历史进展和未来进程。 3.结合气象状况、海冰以及海水的物理化学性质说明海洋环境与陆地环境的差异性,阐述海洋环境特征对海洋空间资源开发与利用的影响。 4.通过举例说明海洋空间资源开发拓展陆地空间的原理、活动"讨论永兴岛开发对我国海洋国土安全的意义",阐述海洋空间资源开发对国家资源安全的重要影响。
		健康育人	学习并掌握我国主权范围和概念,培养国家安全意识。
		美育育人	通过图片信息、影视信息,认识海洋空间的风光美。
		劳动育人	略。
		活动建议	观看纪录片《航拍中国》认识我国大好河山,根据其中的海南省视频篇了解我国南海领水历史。
举例说明环境保护政策、措施与国家安全的关系。	第三章第一节环境安全对国家安全的影响	德育育人	1.通过阅读示意图和文本材料,理解不同的人类活动对水质标准要求不同,培养正确的环境观和资源观。 2.分析降低环境安全风险的两个基本途径,树立人地协调观念。
		科学育人	1.运用环境安全临界值示意图,了解环境安全问题的含义,培养理解地理基本概念的能力。 2.通过阅读2016年我国地表水质状况及各主体安全用水范围,了解不同的人类活动对最低水质的要求不一样,培养阅读扇形示意图的能力和综合分析能力。 3.通过对比突发性环境安全问题和累积性环境安全问题的时间演化过程曲线,了解不同类型的环境安全问题,学会认识不同类型地理过程的发展规律。 4.运用示意图,分析环境安全问题对国家安全的影响受哪些因素的影响,学会地理要素之间的相互联系,理解降低环境安全风险的基本途径,掌握综合思维能力。
		健康育人	1.通过阅读切尔诺贝利核泄漏图片和文本材料,了解突发性环境安全问题对人类健康的深远影响,理解自然环境对人类健康的重要性,保护好生态环境。 2.通过分析农田重金属累积进入食物链,最终导致人类健康受损的过程,理解自然环境要素对人类健康的影响,树立正确的健康生活方式。 3.通过阅读图表,了解空气质量状况对不同人群身体健康的影响,掌握依据空气质量指数指导自身户外活动的方法。
		美育育人	通过阅读"黑天鹅事件"与"灰犀牛式危机"文本资料,体会比喻修辞手法的语言之美。
		劳动育人	通过收集所在城市空气质量指数数据,统计各级别空气质量天数,绘制柱状图,培养数据收集、整理并绘图直观展示的能力。

续表

课标	教材中位置	育人点	
结合实例,说明污染物跨境转移对环境安全的影响。	第三章第二节环境污染与国家安全	活动建议	略。
		德育育人	1.通过观看视频、收集、阅读图文资料,了解污染物跨国转移的几种方式过程,培养学生的全球视野。 2.通过小组讨论归纳松花江跨境污染事件中俄两国合作应对措施,培养学生的全球交流意识和全球合作意识。
		科学育人	1.通过读图和文本资料,了解伦敦烟雾事件及其对英国国家安全的影响,培养学生区域认知的方法和读图析图能力。 2.通过收集、阅读图文材料、自主学习、合作探究,了解污染物跨国转移的几种方式,培养学生时空综合、要素综合和地理信息的收集与处理能力。 3.通过读区域地图和文本资料,了解莱茵河跨境污染事件引发的国际争端,培养学生区域认知方法和读图识图能力。 4.通过观看视频和阅读图文资料,了解我国禁止"洋垃圾"入境,应对跨境污染问题,培养学生区域认知、归纳信息能力和要素综合能力。 5.通过小组讨论归纳松花江跨境污染事件中俄两国合作应对措施,提高学生读区域图和信息提取能力。
		健康育人	1.通过伦敦烟雾事件中光化学烟雾造成的支气管炎和肺炎等疾病,引导学生关注大气污染对身体健康的影响,树立健康的生活方式。 2.通过英国疯牛病牛肉病毒导致脑衰竭的案例,引导学生正确认识含有毒有害物质的产品贸易对人类生存安全与健康的影响。 3."洋垃圾"造成加工企业集中面临极高的环境安全风险,威胁当地居民健康,引导学生关注周边环境污染对住宅区居民健康的威胁,树立健康意识。
		美育育人	略。
		劳动育人	通过收集图文材料,培养学生收集和阅读地理资料的兴趣和获取信息的能力,养成探究地理知识的态度。
		活动建议	略。
结合实例,说明设立自然保护区对生态安全的意义。	第三章第三节生态保护与国家安全	德育育人	1.通过读图,了解我国生态退化问题的紧迫性,培养正确的发展观。 2.通过伊春市生态修复案例的学习,培养学生家国情怀,增强民族自豪感。 3.通过阅读材料了解我国森林保护措施导致木材进口规模迅速扩大,培养学生全球经济视野。 4.欣赏我国不同类型自然保护区的景观图,培养学生家国情怀,理解自然保护区对培养公众生态文明观念和环境保护意识的重要意义。

续表

课标	教材中位置		育人点
		科学育人	1.通过阅读图文资料,了解不同类型的生态退化及其在不同区域的表现差异,掌握区域认知的方法,提高要素综合分析能力。 2.通过读图,说出我国土壤侵蚀的主要类型和分布情况,培养学生读图归纳、描述地理事物分布特征的能力;分析所在省区土壤侵蚀问题的成因和影响,培养学生要素综合与因果逻辑思维能力。 3.通过阅读图文资料,了解伊春市生态恢复森林生态的措施,培养空间分布和区域综合思维能力。 4.通过阅读图表信息,了解我国自然保护区的类型划分和国家级自然保护区的分布,引导学生认识建立自然保护区对于国家安全的重要保障意义。
		健康育人	1.通过不同区域生态退化案例的学习,培养学生生态退化威胁到人类生存健康的意识。 2.通过我国生态修复成功案例图文材料的阅读,了解良好的生态环境影响国民健康水平,培养学生健康生活的观念。
		美育育人	1.通过欣赏呼伦贝尔大草原围栏封育和斗龙河畔盐碱荒滩变身梅花湾的材料和图片,培养学生生物美、地貌美的审美情趣。 2.通过读我国不同类型自然保护区的景观图,欣赏大自然的生物美、地貌美、水文美、气象美。
		劳动育人	通过读图归纳,培养学生查阅地图的实践能力。
		活动建议	略。
运用碳循环和温室效应原理,分析碳排放对环境的影响,说明碳减排国际合作的重要性。	第三章第四节全球气候变化与国家安全	德育育人	1.通过视频图文资料,了解应对全球气候变化的多项国际公约,培养国际事务、全球环境视野。 2.通过图文资料思考辨析人为累积碳排放与全球变暖幅度的关系,建立正确的资源消费观。
		科学育人	1.通过读示意图,了解全球气温变化与二氧化碳浓度变化的异同点,提高学生读图识图能力,掌握描述地理事物变化发展趋势的方法。 2.分析全球碳循环示意图,解释温室效应加剧的成因,提高学生因果逻辑联系能力。 3.阅读图文资料,理解全球变暖威胁自然环境各种服务功能,影响人类生产、生活的主要表现,提高区域综合思维能力。 4.通过读示意图和文本资料,归纳国际社会应对气候变化的碳减排措施,提高地方与全球联系的能力。
		健康育人	通过案例分析,了解全球变暖引发的极端事件及疾病导致的人员伤亡,引导学生意识到全球气候变化对身体健康的影响。
		美育育人	通过观赏国际环保组织在应对全球气候变化的国际会议中使用的各种宣传海报,感知图案美。

续表

课标	教材中位置		育人点
运用资料，归纳人类面临的主要环境问题，说明协调人地关系和可持续发展的主要途径及其缘由。		劳动育人	通过阅读图文资料，自主学习，了解利用树木年轮推断冰川前进时间，记录气候变化，引导学生了解科学研究方法。
		活动建议	角色扮演：两组学生分别扮演发达国家和地区或者发展中国家和地区，双方在应对气候变化的国际会议上就对方应该承担的义务展开争论。
	第四章第一节走向生态文明	德育育人	1.通过对人类社会发展史的学习，扩宽学生的环境视野，树立正确的环境观和发展观。 2.通过对生态方式绿色化的学习，培养学生绿色健康环保的生活方式。 3.通过对人地关系变化的学习，了解人类与环境关系变化的原因，增强学生对家乡的热爱，激发乡土情怀。 4.通过阅读我们共同的未来，扩宽学生的全球视野，树立可持续发展的观念。
		科学育人	1.通过分析生态文明下资源与环境安全观的特点，增强学生的信息收集和处理的能力。 2.分析安吉县的地理环境特点，了解其环境政策施行的原因。 3.通过所学的地理知识，分析农业、工业、服务业上绿色化方式的不同，增强学生的地理要素综合。
		健康育人	1通过对人地关系的学习，思考节约资源、保护环境对人体健康的影响。 2.通过对安吉县案例的分析，体会人地和谐对环境和人体健康的影响。
		美育育人	1.通过生动的课堂讲解，让学生体会教学的语言美。 2.通过浏览自然环境的图片，感受环境的美感。
		劳动育人	1.通过被动屋和空调屋的比较，增强学生对地理的学习兴趣，提高学生地理信息获取能力和调查能力。 2.通过收集身边绿色化生产的例子，提升学生的地理信息收集能力，增强学生动手能力。
		活动建议	1.运用资料，收集绿色生产的例子，体会身边的绿色生产。 2.通过观看视频和收集图文信息，了解人地关系的转变历程。 3.观看反映全球气候变化的影片，认识全球气候变化对人类活动的影响，增强国际理解和环保意识。
		德育育人	1.明确在资源与环境领域上公民的态度与责任，提高学生的公共参与感。 2.明确国家对战略资源的规划，增强学生对国家战略的了解，培养学生正确的环境观、资源观。 3.通过石油储备政策了解资源储备的重要性，培养学生的资源储备意识。

续表

课标	教材中位置	育人点	
举例说明环境保护政策、措施与国家安全的关系。	第四章第二节国家战略与政策	科学育人	1.通过美国牧场划分的例子,了解国家战略与政策在保障资源、环境领域国家安全上的作用。 2.明确地理区域对国家战略的影响。 3.了解战略资源储备政策的考虑因素。 4.通过结合所学地理知识分析石油储备基地选址的因素。 5.分析资源与环境政策、措施与国家安全的关系。 6.明确在资源与环境领域上公众参与的主要途径。
		健康育人	1.遵循国家可持续发展的战略,培养健康环保的生活方式。 2.通过了解环境保护法中对公民环保义务的规定,培养学生的环保意识,养成健康生活的习惯。 3.通过了解正确的公民生态环境行为,培养高素质的生活习惯。
		美育育人	1.通过浏览有关石油运输的图片,感受其建筑工程美。 2.通过编制学校突发环境事件应急预案,感受知识实践美。
		劳动育人	1.编制学校突发环境事件应急预案,明确突发环境事件的应急流程。 2.对比各国环境战略内容,提高学生的调查能力。
		活动建议	略。
结合"一带一路"建设,说明国际合作的重要意义。	第四章第三节国际合作	德育育人	1.通过分析国际合作的途径,增强学生的全球意识,扩宽学生的全球视野。 2.了解国际合作的必要性,树立可持续发展的观念,增强政治认同。 3.通过对大气问题国际合作示例的分析,了解国际合作的内容,增强学生对国际合作的理解。 4.通过学习中国在环境保护上发挥的国际作用,增强民族自豪感和政治认同感。 5.通过阅读我国国际气候合作的案例,增强学生对国际事务的了解。
		科学育人	1.分析越南湄公河的地理位置,明确国际合作治理湄公河的必要性。 2.分析湄公河流域的气候特征,解释发生旱情的原因。 3.分析各国的地理环境特点,了解国际合作的原因,提高学生的区域综合思考能力。 4.分析国际合作对保障资源、环境领域国家安全的意义。
		健康育人	1.通过对环境保护国际合作的学习,明确保护环境的重要性,了解环境对人体健康的影响。 2.通过对环境污染的学习,了解环境污染对人体健康的影响。
		美育育人	1.通过制作未来计划的手抄报,提升学生的审美表现力。 2.通过调查问卷的制作,展现知识的实践美。

续表

课标	教材中位置	育人点
	劳动育人	1.通过制作中学生资源环境安全意识调查问卷,了解社会调查的方法,提高学生获取信息、处理信息的能力。 2.通过模拟联合国气候变化谈判,引导学生掌握地理探究的方法,培养学生信息收集、语言表达的能力。 3.通过设计未来地球计划,激发学生对地理的学习兴趣,增强学生统计分析的能力,培养学生的社会调查能力。
	活动建议	1.制作调查问卷,了解环境安全的内容。 2.收集国际合作的文献,了解国际合作的原因与目的。 3.搜集一带一路的相关资料,感受国际合作的意义。 4.角色体验:模拟联合国会议,扮演不同国家领导人,对某一国际问题进行探讨,感悟国际合作的重要性。 4.对比分析:以石油资源为例,比较石油在世界的分布、生产和消费状况,懂得国际合作的意义,培养国际交流和合作的意识。

主要参考文献

[1]李家清,户清丽.西方地理课程知识范式演进审思[J].教育科学研究,2012(5).

[2]教育部《基础教育课程》编辑部.中学新课标资源库地理卷[M].北京:北京工业大学出版社,2004.

[3]冯以浤.地理教育国际宪章[J].地理学报,1993(4).

[4]张建珍,段玉山,龚倩.2016地理教育国际宪章[J].地理教学,2017(19).

[5]陈皆兵.中美地理课程标准比较初探[J].江西教育学院学报:社会科学,2008(1).

[6]张莉华,宋保平.地理课程设置的国际比较研究[J].中学地理教学参考,2014(16).

[7]邵光华,顾泠沅.中国双基教学的理论研究[J].教育理论与实践,2006(2).

[8]吴慧,朱雪梅.地理基础教育改革开放40年回顾与展望(连载三)中学地理教育目标改革40年——从双基到三维目标再到核心素养[J].中学地理教学参考,2018(7).

[9]钟小玲.初中地理教学渗透公民意识教育的探究[J].中学地理教学参考,2019(2).

[10]周代许.从身边地理知识到职业生涯规划[J].中学地理教学参考,2017(9).

[11]马卫标.高中地理教学应渗透生存技能教育[J].地理教育,2009(3).

[12]王红.美国公民教育的目标、内容、途径与方法综述[J].外国教育研究,2004(3).

[13]侯萌晗.初中地理德育实施现状及对策研究[D].开封:河南大学.2018.

[14]吴元发.教师德育力从何而来[J].中国教育学刊,2020(7).

[15]徐喆,潘彦君,黄妍.中学地理教学中家国情怀教育策略探讨[J].中学地理教学参考,2019(4).

[16]中华人民共和国教育部.关于培育和践行社会主义核心价值观进一步加强中小学德育工作的意见[Z].2014-04-03

[17]刘洪文.国际理解教育的定义内涵初探[J].江西青年职业学院学报,2015(12).

[18]马苗苗.教育的宽容与宽容教育[D].南京:南京师范大学,2009.

[19]中华人民共和国教育部.义务教育地理课程标准(2022年版)[S].北京:北京师范大学出版社,2022.

[20]中华人民共和国教育部.中小学环境教育实施指南[S].北京:北京师范大学版社,2003.

[21]曾朦瑶.循环经济与经济可持续发展分析[J].科技经济导刊,2020(21).

[22]王小禹.地理课程标准的国际比较研究[D].长春:东北师范大学,2011.

[23](苏)B.A.苏霍姆林斯基.给教师的建议[M].北京:教育科学出版社,1984.

[24]张家辉,袁孝亭.中学地理课程中的地理核心概念:筛选、释义和特征[J].课程·教材·教法,2015(11).

[25]徐雪,袁孝亭.认识地理位置的方法论及其对地理教学的指向性要求[J].课程·教材·教法,2014(3).

[26]方荟蕾."地理空间分布"知识结构和认知方法[J].地理教学,2009(4).

[27]牛文元.理论地理学[M].北京:商务印书馆,1992.

[28]张健珍.中学地理教育走向"田野":意义、方法与保障[M].杭州:浙江大学出版社,2017.

[29]李政涛,文娟."五育融合"与新时代"教育新体系"的建构[J].中国电化教育,2020(3)6

[30]余文森.课堂教学设计的思路及理论依据[J].教育理论与实践,1992(4).

[31]潘舟.初中世界地理核心概念教学现状与改进策略研究[D].长春:东北师范大学,2018.

[32]陈元晖.中国现代教育史[M].北京:人民教育出版社,1981.

[33]黄桂贤.中学地理教育的现状分析与改进意见[J].新课程研究(基础教育),2008(11).

[34]张媛.基于地理信息技术的地理情境创设研究[D].西安:陕西师范大学,2019.

[35]朱承熙,徐志梅.浅谈初中区域地理教学中情境主线的设计与使用[J].地理教学,2016(11).

[36]龙泉.加强地理科学史教育的研究[J].中学地理教学参考,2016(10).

[37]姚本先.论学生问题意识的培养[J].教育研究,1995(10).

[38]谢利民,郑百伟.现代教学基础理论[M].上海:上海教育出版社,2003.

[39]冯文全,冷泽兵,卢清.现代教育学新论[M].成都:电子科技大学出版社,2007.

[40]袁晓薇.基于体验式学习理念的初中地理教学设计[D].武汉:华中师范大学,2007.

[41]俞立中.对中学地理教育改革的几点思考[J].地理教学,2012(5).

[42]黄婉庆.高中地理作业生活化研究[D].上海:华东师范大学,2013.

后记

全息育人这一概念是在"立德树人"的背景下提出来的。"德"在不同时期、不同国家和不同民族中有着不同的含义,而我国现在的教育指向培养全面发展的人。为了培养全面发展的人,我区先后提出了全面育人、五育并举、五育融合等育人理念。我区在总结以往课改实践经验的基础上,研读了大量教育教学理论和政策,最终提出了"全息育人"的理念,构建了德育育人、科学育人、美育育人、健康育人和劳动育人五个方面的育人目标。在周飚老师的带领下,地理学科的主要研究人员历经三年时间,从研究理论到实践反思,逐步构建了地理学科三级指标的全息育人体系。

在全息育人理念的指引下,全息育人教学在全区范围内开展了大量的教学实践,从教研课的主题式研讨到公开课的示范引领,再到常规课的全面推进,一方面实施和影响面较广,另一方面也深刻地改变着我们的教育教学活动,例如广大教师对教材和课标的研究更加深入,通过育人点的挖掘,对教材意图有了更加深刻的理解。虽然一些德育和美育还未能及时、显性地进行评价,但是全息育人关注的不仅仅是各个育人点的评价,更是以人的整个发展过程为研究对象,从小学到中学,涉及全学段的整体联动的改变,在育人效果的后期跟踪上还有待持续深入的研究。

本书是由周飚老师拟定总体框架,统稿工作主要由张华媚老师和李艳华老师完成。每个章节的编写内容主要由以下老师完成:第一章编写人员有周飚、杨永迪、张华媚;第二章编写人员有张华媚、李艳华、蒲小川、廖乾勇、石弋可、刘诗蕾、刘馨橘、李兴科;第三章编写人员有石弋可、李艳华、刘燕;第四章编写人员有张华媚、李艳华、廖乾勇、石弋可、刘信;第五章编写人员有周飚、李兴科;第六章编写人员有缪羽、张勇。本书中附录的育人点梳理涵盖了初中和高中,工作量繁杂,为了使育人点更贴近我们的教学,特别吸纳了广大一线教师,包括重庆市江北中学校李琴、王晓娜老师,重庆市朝阳中学校何缘蕊、罗娜、周云清老师参与其中,诸位老师结合实际教学工作精心梳理了教材中大量可挖掘的育人点供老师们借鉴和参考。

本书的编写得到重庆市北碚区教师进修学院的大力支持。在编写过程中征求了广大高校教师、中学校长和一线地理教师的意见,特别是西南大学教育学部、西南大学地理科学学院、西南大学附属中学、西南大学银翔实验中学、西南大学两江实验学校、重庆市兼善中学、重庆市江北中学、重庆市朝阳中学、重庆市王朴中学给本书提供了很多宝贵建议。本书也得到西南大学出版社的大力支持,在此一并表示感谢!